中国第一历史档案馆 编

皇史宬微信文集(2016-2018) 上册

学苑出版社

图书在版编目（CIP）数据

皇史宬微信文集：2016—2018 / 中国第一历史档案馆编. —— 北京：学苑出版社，2020.8
ISBN 978-7-5077-5988-4

Ⅰ. ①皇… Ⅱ. ①中… Ⅲ. ①中国历史 - 明清时代 - 文集 Ⅳ. ①K248.07-53

中国版本图书馆CIP数据核字(2020)第157164号

责任编辑：战葆红
出版发行：学苑出版社
社　　址：北京市丰台区南方庄2号院1号楼
邮政编码：100079
网　　址：www.book001.com
电子信箱：xueyuanpress@163.com
联系电话：010-67601101（营销部）　67603091（总编室）
经　　销：新华书店
印 刷 厂：河北赛文印刷有限公司
开本尺寸：710×1000　1/16
印　　张：38
字　　数：450千字
版　　次：2020年9月第1版
印　　次：2020年9月第1次印刷
定　　价：198.00元（上下册）

《皇史宬微信文集》（2016—2018）编辑委员会

主　任　孙森林

副主任　李国荣　胡忠良　高建平　韩永福

编　委　（按姓氏笔画排序）

王玉田　王郅文　王金龙　牛永胜

伍媛媛　刘兰青　李　刚　宋　宇

张　晶　张小锐　陈宜耘　郑文富

徐　杰　倪晓一

主　编　胡忠良

副主编　张小锐　刘毓兴

编　辑　张　洁　谢小华　郑海鑫　卢　溪

丁　威　丁　好

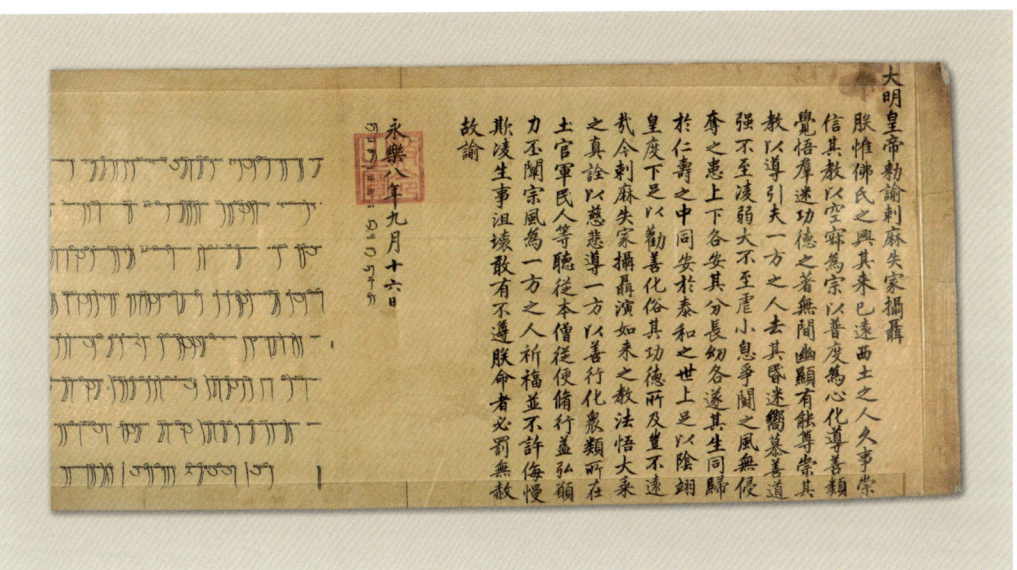

永乐帝敕谕

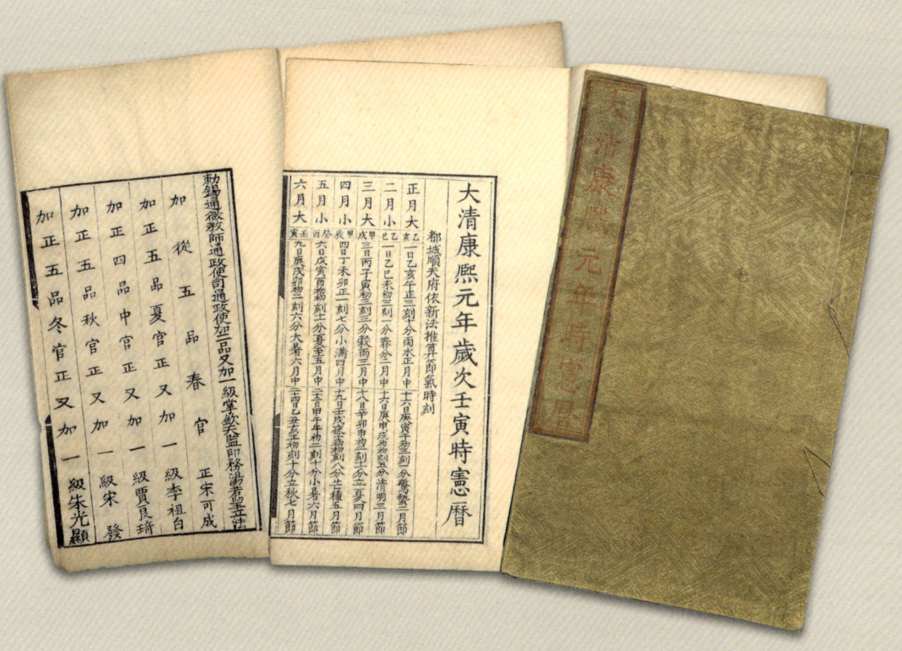

《大清康熙元年时宪历》

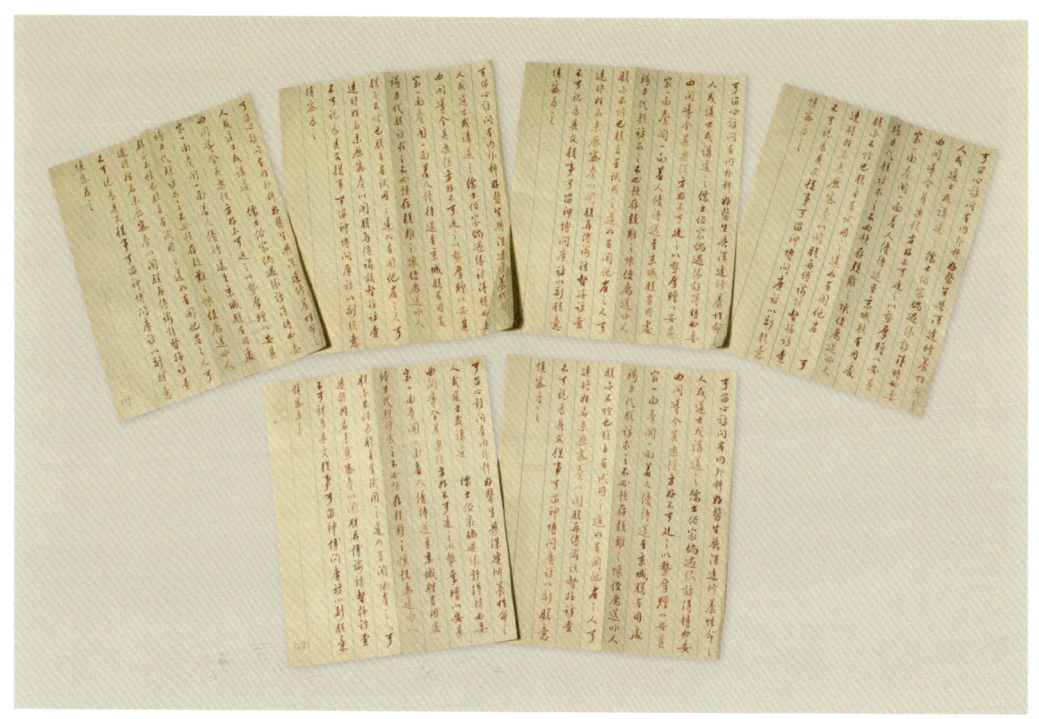

雍正帝朱谕

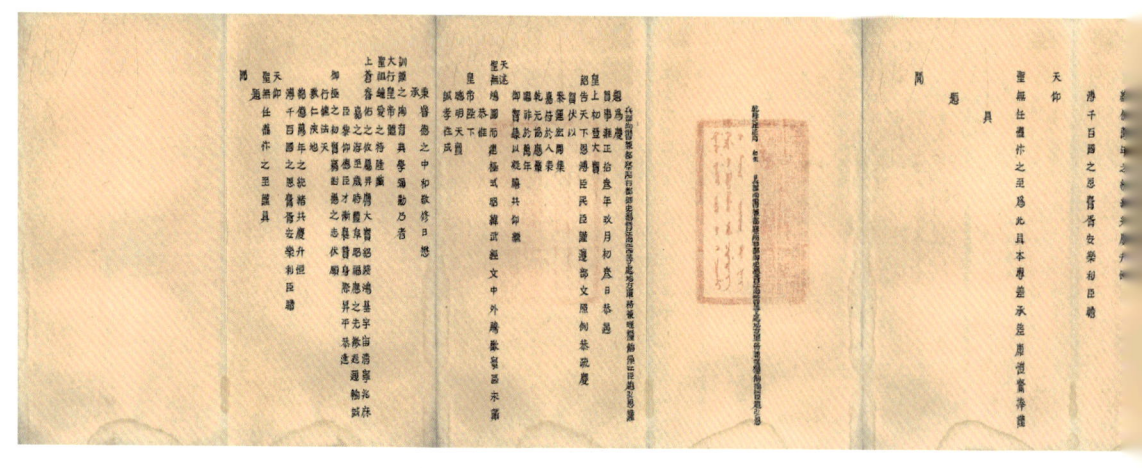

兵部尚书赵弘恩题本

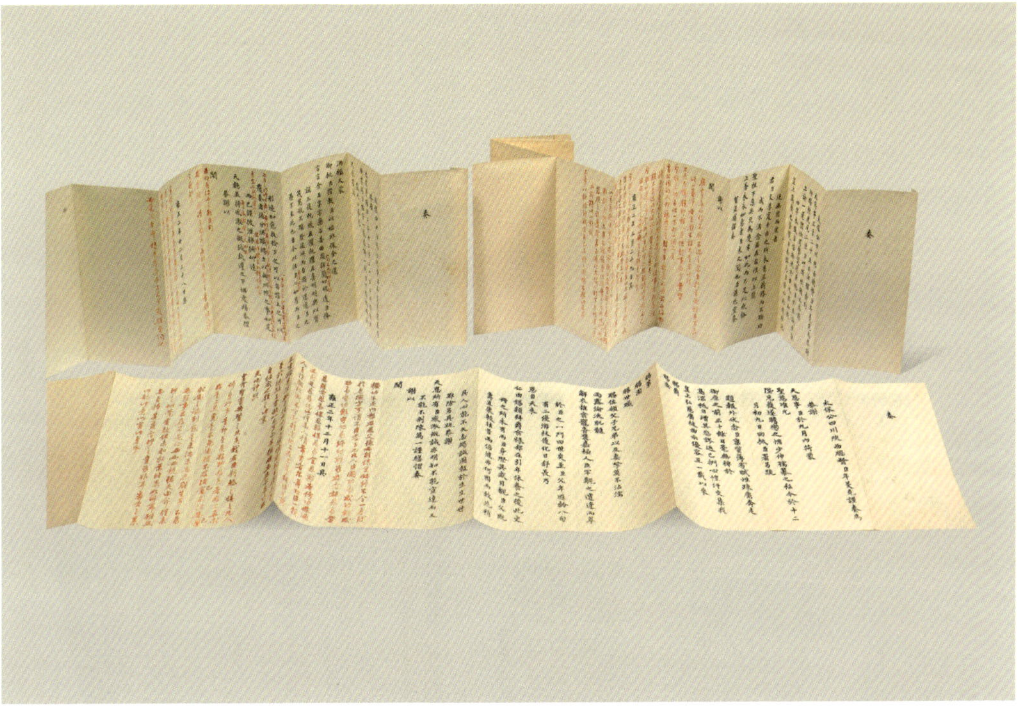

川陕总督年羹尧奏折

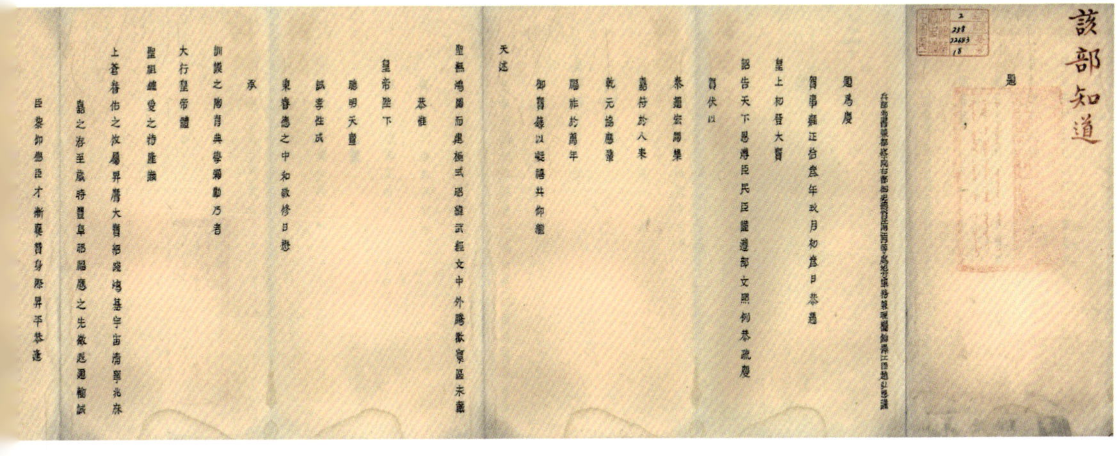

該部知道

題

題為慶
賀事雍正拾叁年玖月初叁日恭遇
皇上初登大寶
詔告天下恩溥臣民臣謹遵部文照例恭疏慶
賀伏以
泰運宏開集
嘉符於八表
乾元協應肇
景祚於萬年
御寶籙以凝禧共仰
天述
聖繩鴻圖而建極式昭纘武經文中外騰歡寰區[illegible]
恭惟
皇帝陛下
聰明天亶
誠孝性成
秉睿慮之中和敬修日懋
承
訓謨之陶育典學彌勤乃者
大行皇帝禮
聖祖鍾愛之特隆[illegible]
上蒼眷佑之攸屬昇膺大寶紹纘鴻基宇宙清寧兆庥
嘉之洊至歲時豐阜啓昌應之先徵遐邇輸誠
臣[illegible]愚臣才衛[illegible]贊身際昇平恭逢

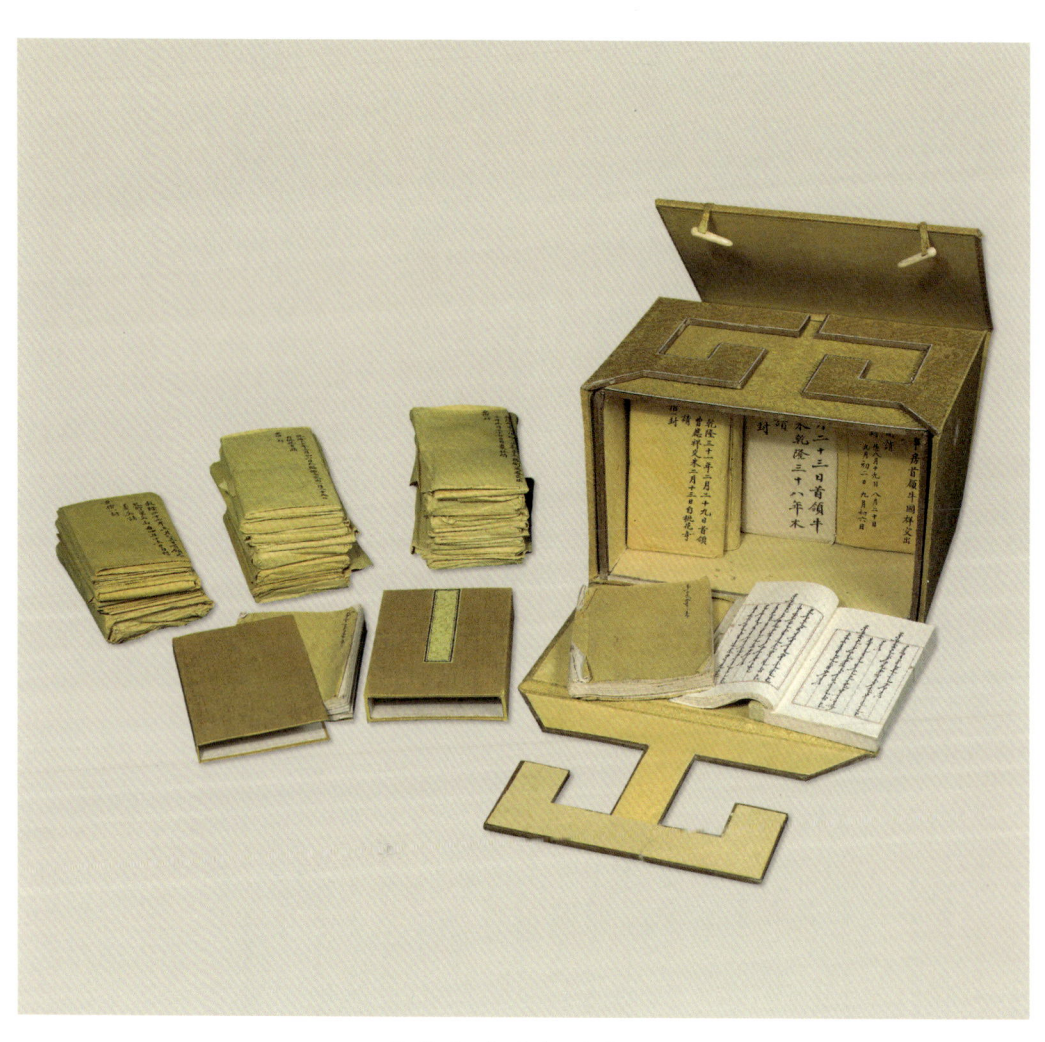

乾隆帝请安折及折匣

目 录

序　言　胡忠良

珍档品读

明朝档案述略　王少芳 /3

大明混一图　覃　波 /8

石室金匮皇史宬　李松龄 /9

赤道南北两总星图　覃　波 /13

内阁藏本《满文老档》　李正达 /15

文献瑰宝 史料渊薮——《清实录》　徐　莉 /18

告天"七大恨"　倪晓一 /20

罕见的满文木牌　倪晓一 /23

庄妃册文　倪晓一 /25

清代"皇历"——《时宪历》　吴焕良 /27

汤若望案与清代内阁密本档　倪晓一 /31

清代内阁满文黄册　赵郁楠 /34

清代内务府奏销档　刘文华 /37

清代内务府来文　刘文华 /40

顺治帝特立铁牌　严禁太监干政　张小锐 /44

嘉言懿行　垂范后世——《清圣训》　徐　莉 /47

清代玉牒　倪晓一 /50

清代皇封诰命　马德玲 /52

清代起居注册　倪晓一 /55

清代题本　宋小明 /58

典制汇集　追本溯源——《清会典》　徐　莉 /62

宫中请安折及其整理　侯文军 /66

西湖各景全图　贾晓东 /69

康熙帝遗诏　张　洁 /72

军机处满文上谕档及其价值　徐　莉 /74

清代金榜　张　洁 /77

选秀女与绿头牌　卢　溪 /80

皇帝用药进药底簿　朱琼臻 /83

康有为"上清帝书"　王　征 /85

端方及端方全宗档案　郑海鑫 /89

清代民政部设立及其全宗档案介绍　郭　琪 /93

旧档细说

朴实之材 济世之效——明清番薯传播小史　卢　溪 /101
明清时期的港珠澳交通　卢　溪 /106
金榜题名话状元　张　洁 /111
清代进士知多少　王金龙 /115
少年康熙、西洋教士与历法之争　罂　峰 /120
了解俄罗斯旧历法　吴歆哲 /124
清康乾年间俄国来文原档与俄语的演变　吴歆哲 /128
一点诚意见圣心　赵郁楠 /131
琉球册封使那些事儿　侯文军 /134
走上驿路去西藏　董　祯 /139
清初的外语官学　李中勇 /143
古莲池畔勤学早　张　蕾 /147
甘肃流民回家之路　邵琳琳 /151
满文呈稿里的中正殿念经处　赵郁楠 /156
字写得不好也能当状元　胡忠良 /159
乾隆帝钟情盘山　张　蕾 /164
老北京正阳门记忆　郑海鑫 /169
满文篆字与清代官印　李健民 /173
乾隆年间同仁堂化解一场危机　郭　琪 /177

闭关锁国的清政府为何留下广州这扇南风窗　李国荣 /182

乾隆帝眼中的翁方纲　刘文华 /187

文渊阁与《四库全书》　丁　妤 /191

乾隆帝规范满洲官员的姓名　韩晓梅 /194

清代命案如何侦破　陈　茜 /199

清代文书"抬头"有讲究　石文蕴 /205

和珅家的孩子们　赵郁楠 /211

状元迟到误终身　王金龙 /215

和珅长孙女嫁了个穷顺王　赵郁楠 /219

"铁头老鼠"为何闻风而逃　李正达 /224

清末云南奏销受贿案　张　洁 /229

慈禧太后政变成功因为有它支持　刘文华 /233

官印丢失之后　董　祯 /237

碧海忠魂——"经远舰"和她的将士们　卢　溪 /242

"一线光明"——京师大学堂的创办　傅育红 /246

若死而中国能强，死亦何妨　伍媛媛 /251

大清银行的前世今生　关　航 /255

邮票里的历史档案　周欣华 /259

"老夫聊发少年狂"　树风亲为李家驹　李　宇 /263

国学大师王国维与内阁大库档案　伍媛媛 /268

皇帝管家借钱不还惹官司　刘文华 /271

序 言

胡忠良

中国第一历史档案馆是我国中央级国家档案馆,是专门保管明清两代中央政府和皇室档案的机构。1925年10月故宫博物院成立,下设图书馆文献部,专门负责管理明清档案,文献部即中国第一历史档案馆的前身。斗转星移,光阴荏苒,中国第一历史档案馆历经95年的事业发展,目前馆藏明清档案1000余万件,时间最早为明朝洪武年间,最晚为清朝末代皇帝溥仪小朝廷时期,横跨500余年。这些明清档案蕴藏着巨大的历史文化信息,具有原始性、系统性和唯一性,是我国乃至全世界的珍贵文化遗产。

进入21世纪,中国第一历史档案馆在积极推进"互联网+"的大时代背景下,创新工作思路和方法,利用新技术、新媒体、新平台,加大服务社会的力度。经过精心准备,于2016年3月16日正式开通了微信公众号,命名为"皇史宬"。"皇史宬"即明清时期的皇家档案库,建成于明嘉靖十五年(1536年),收藏明清两朝皇家实录、圣训等珍档,被誉为"石室金匮",现为国家重点文物保护单位,归属中国第一历史档案馆管理。

"皇史宬"作为中国第一历史档案馆官方微信公众号开通4年多来,坚持定期推文,寻踪传统文化、关注时政热点,已累积发表微信文章200余篇,累计阅读量已达72万余人次,社会反响良好,关注度屡创新高,转发转载数量稳步上升,并多次在"全国档案微信公众号TOP100"排行榜中名列前茅。

"皇史宬"公众号推送的原创文章,内容涵盖了清代宫廷节令习俗、明清历史和人物、馆藏珍贵档案、明清档案工作等方面。作者主要为本馆从事明清档案业务工作及爱好明清历史的档案工作者。他们依托丰富的馆藏明清历史档案,以档说史,文章短小精悍,深入浅出,通俗易懂。文章经过形式多样的配图,雅俗共赏,面向大众,为读者很好地解读了馆藏明清档案价值所在,让明清档案活了起来。

为大力弘扬中华优秀传统文化和宣传明清档案工作的时代特色,吸引社会各界读者的阅读兴趣,集中展示微信工作成果,激励档案工作者更加深入挖掘明清档案宝藏,我们从"皇史宬"微信公众号2016年开通至2018年底所刊发的文章中遴选142篇结集出版,以飨读者。从适合图书出版和读者阅读的角度,我们对文章进行了适当的文字和配图编辑,全书按照文章内容分为"珍档品读""旧档细说""宫苑趣事""工作掠影"四个部分,每部分依据文章反映的朝代兼顾发文先后进行排序。书中档案插图全部来自馆藏档案。

本书的编辑出版,得到了馆领导的大力支持,在文章编选过程中,文章作者给予了积极配合,在此表示衷心感谢!

由于我们水平有限,本书中不当之处在所难免,敬请广大读者指正。

珍档品读

明朝档案述略

王少芳

中国第一历史档案馆（以下简称"一史馆"）馆藏的明朝档案，在中华人民共和国成立前迭遭焚毁散离之厄，损失极重，万不存一。现存之孑遗明档，传为清初修纂《明史》诏征而来。民初又与大库档案一同流散播迁，几经辗转销损。1948 年底至 1949 年初，故宫博物院将南京存有的精品档案与"中央研究院"史语所藏档案迁运台湾，前者不乏明太祖朱书御笔、嘉靖朝吏部考功司题奏等珍品明档，后者则有数以千计的天启、崇祯朝题行稿。其余离散诸档，中华人民共和国成立后，相继由北京大学、东北图书馆、历史博物馆、中国人民大学、东北文物保管委员会等单位移交一史馆。

明朝档案全宗作为一史馆馆藏 77 个全宗之首，所收档案主要是明末天启、崇祯两朝的兵部档案。文种为兵部题稿、行稿、科抄题本、奏本以及武职选簿等。还少量存有各朝（建文、正统、景泰、天顺、弘治除外）官私文书，如敕谕、诰命、奏表、手本、塘报、咨文、呈文、揭帖、启本、状文、舆图、税票、宝钞、户帖、契约等。

按接收来源分为：

1. 来自故宫文献馆时期内阁大库留存的部分题行稿与武选簿，编有《明题行稿目录》《明选簿目录》。

2.1952 年北京大学文研所取消后移交的出自内阁大库的题行稿、科抄题奏等及北大文研所史料整理时期抄录搜集的明史料，有《北大文研所移交明档目录》。

3.1952年东北图书馆移交的由罗振玉带去的部分题行稿及揭帖、塘报、呈文等明朝档案，编有《内阁大库史料目录甲编·卷一》。

4.1950年7月东北文物保管委员会文物处移交的少数题行稿残件，补记于东北移交明档目录后。

5.1970年中国人民大学档案系移交的以徽州契约文书为主的明朝杂档，只有移交清单。

6.一史馆向社会上征集的少数明档，归入征集接受捐赠全宗。

7.原中国历史博物馆移交的部分明档，2010年我馆重新整理编目，归入内阁全宗历博移交类下。

8.归入内务府全宗舆图类下的舆图类明档。

这些来源各异的明档在移交一史馆前大抵都进行过整理，编有详略不等的目录，但存在着体系构架不清、组卷混乱、修裱分件错谬等问题。

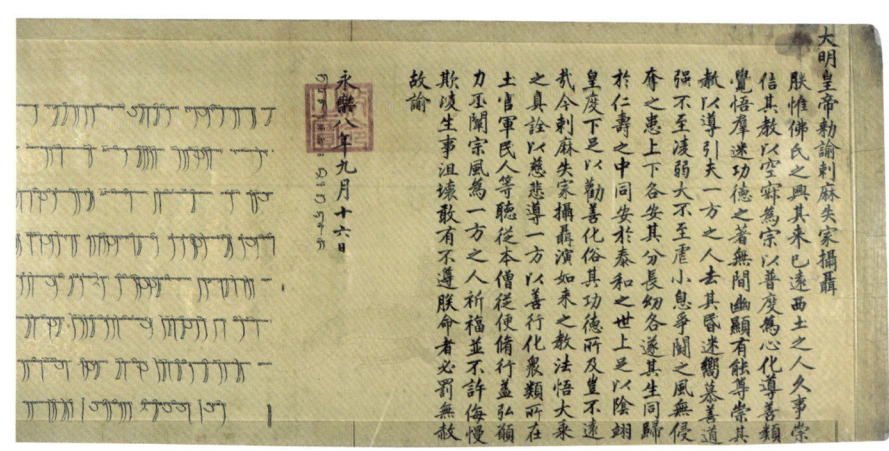

永乐帝敕谕（局部）

为此，2016年一史馆整理处对明朝档案全宗实施了类项优配、科学组卷、考证分件的重新整理。类项设置上以文种统合来源，即以题行稿、武选簿、杂件作为二级档号类，其下各以来源分项归类，保证了分类逻辑和档案流传历史的有机统一。此外，还进行了系统的勘误工作，使很多原注"残缺"的文件得以合璧，纠正了一些"文革"期间的人为裱接错误。

2016年8月，一史馆整理处完成了明朝档案全宗的整理著录工作。明朝档案全宗计有3类9项264卷3846件。

一史馆馆藏明档的内容按类撮要可分为：

1. 题行稿类。

此类档案馆藏占全部明朝档案的93%，主要是天启、崇祯两朝题稿、行稿、题行稿与科抄题本、奏本，另有少数揭帖、塘报、启本等。

内容上有官员升迁调补、议叙纠参、休致故亡及坛庙祭祀、外藩入贡等内政礼仪类；有核实边备、修筑边墙、设探放哨、募勇调兵、整饬驿站、筹办军饷、海防备夷、内剿流寇、外御奴虏等军务战争类，如奢安之乱、招抚郑芝龙、澎湖驱逐红夷、剿抚农民军及杏山、松山、锦州战役等；有清查积欠、漕运地租等财政粮饷类。这些作为明末内政外交、社会经济、阶级矛盾和民族战争等的原始史料，弥足珍贵。

2. 武选簿类。

主要是万历二十二年（1594年）重修的武职选簿、优给优养簿、兵部行移簿及朝鲜迎接天使都监都厅仪轨等。

武职选簿是记载明代卫所职官袭替补选情况的登记簿，按亲军、左军、右军、中军、前军和后军的顺序排列。主要添记籍贯、从军缘由、

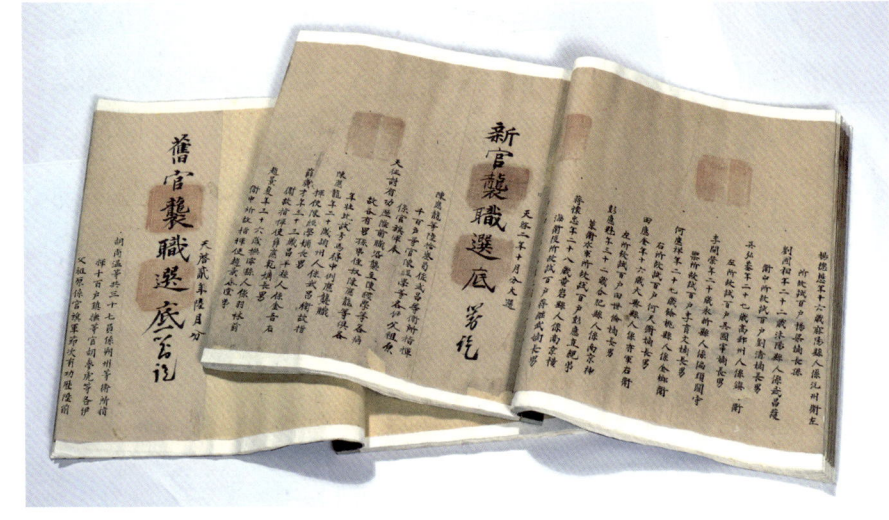

兵部武选簿

袭替时间及历代升降调迁、功次赏罚等情况，共计13446人次。范围上遍及明代二京十三布政司、五都司全域。时间上自洪武、永乐，下迄天启、崇祯。作为系统史料，价值极高。

如：府军前卫、天策卫、神策卫、龙骧卫、豹韬卫、鹰扬卫、燕山前卫、沈阳左卫、定海卫，三万卫、宁远卫、平凉卫、镇番卫、宁夏中屯卫、云南左卫、临安卫、安南卫、高邮卫、苏州卫、金山卫、归德卫、沅州卫、清浪卫、平溪卫，汀州卫、兴武卫、密云卫、兴州左屯卫、延庆卫，卢龙卫、德州卫、天津卫、开平卫、保安卫、镇房卫、玉林卫、云川卫、大渡河守御所、凤梧守御所。

3. 杂件类。

主要归集：明代御制诗文集、隆庆万历诰命、永乐帝敕谕、永乐朝词臣献颂、天启朝题本抄存、崇祯朝锦衣卫题本档、熹宗宝训残叶、大明会典残叶、律例汇抄、明史传稿、户帖、田契、宝钞、手札等零星存于其他全宗中。如在舆图汇集全宗内有大明混一图、九州山镇川泽图、九边图、海防图等7件舆图；在内阁历博移交类下有28件明档题行稿；在内阁全宗故宫文献馆原藏类外交专案项下有万历三十一年（1603年）册封琉球王尚宁诏书1件；在征集接受捐赠全宗内有《出书稿》、契约、隆庆诰命、冯其庸捐正德罪己诏（誊黄）、许宝蘅藏题行稿等57件。

大明混一图

覃 波

"大明混一图"是我国现存时间最早、尺寸最大的古代世界区域地图。它绘制于明洪武二十二年（1389年），绢本设色，汉文，453厘米×347厘米。原为四幅条屏，后装裱成一幅。清康熙年间，以满文音译名签覆盖原汉文地名，现满文名签偶有脱落。该图所绘版图东起日本，西达西欧，南到南非，北至蒙古。图中详细描绘了山脉、河流、湖泊、海洋及岛屿、镇寨堡驿等，所标地名达数千个。

此件档案现存中国第一历史档案馆，已被列入《中国档案文献遗产名录》。

大明混一图（局部）

石室金匮皇史宬

李松龄

皇史宬，是中国现存最完整的皇家档案库，现属中央级档案馆中国第一历史档案馆。一史馆馆藏着世界上数量最庞大、内容最丰富、管理最系统的明清两代皇家档案。古老的石室金匮见证了500多年历史的风雨沧桑，也将在文化自信的新时代里焕发出新的勃勃生机。

早在西周时期，就有"以金为匮，以石为室"，用以保藏重要典籍的记载，直到明嘉靖时期皇史宬的建造，古人的创意才真正成为现实。皇史宬位于北京市东城区南池子大街136号，是我国目前保存最完整、最古老的明清档案库房。

皇史宬大殿

丘濬上疏

丘濬（1421-1495年），字仲深，明代中期著名思想家、史学家、政治家，被史学界誉为"有明一代文臣之宗"。明弘治五年（1492年），时任内阁大学士的丘濬上疏，奏陈收集、整理历代"经籍图书，立为案卷，永远存照"，以备"今世赖之以知古，后世赖之以知今"之用。为此，他建议仿照古代"石室金匮"之意，修建一所"不用木植，专用砖石垒砌"的档案库房。

丘濬这项提议并未被当即采纳，直到40多年后的明嘉靖年间，皇史宬才开始兴建。这是由于当时明宫管理不善，经常发生火灾，大量书籍、档案焚毁，损失严重。据记载，明英宗正统四年（1449年），"北内大火，文渊阁内所藏之书悉为灰烬"。武宗正德四年（1509年），文渊阁又发生一次火灾。嘉靖十年（1531年），宫中再次发生火灾。宫中频繁发生火灾，促使嘉靖帝"命内阁诸臣建造神御阁于南内"（神御阁后更名皇史宬）。嘉靖十三年（1534年）七月，正式动工兴建神御阁，历时两年，嘉靖十五年（1536年）七月竣工，距今已有483年的历史。

纶绋勿易

神御阁最初是为敬奉皇帝画像而建，所以命名"神御阁"。工程完工后，嘉靖帝又决定用于存放皇帝的实录和圣训，而皇帝画像则另修景神殿（今劳动人民文化宫内）供奉，乃将"神御阁"更名为"皇史宬"。"宬"，《日下旧闻考》援引《燕都游览志》注释说："宬与盛同义。"

《说文解字》曰："宬，屋所容受也。"明崇祯朝进士孙承泽在《春明梦余录》上记载，皇史宬的名字是由嘉靖帝钦定的。也有传说认为，神御阁建成后，嘉靖帝题写匾额，忽发奇想，欲命名为"皇史藏"，却不慎笔误，写成了"皇史宬"，发觉写错一字后，在旁陪侍的大学士张孚敬替皇帝解围道："惟天子孝文御书即为纶绋，请勿更易"。意思是说皇帝您写成什么就是什么，不用改写。结果将错就错，皇史宬的名字便使用至今。现在，皇史宬大殿正上方所悬满汉文合璧的"皇史宬"匾额，为清朝所遗石匾。

格局精巧

皇史宬由皇史宬门、皇史宬正殿、东配殿、西配殿和御碑亭五部分组成。整个院落围以高墙，总面积达8463平方米，建筑面积3400平方米。

皇史宬门，三券门南向，左右各一个小门，左称"鳝（lóng）历左门"，右称"鳝历右门"。门拱是莲菱图案，为典型的明代建筑风格。

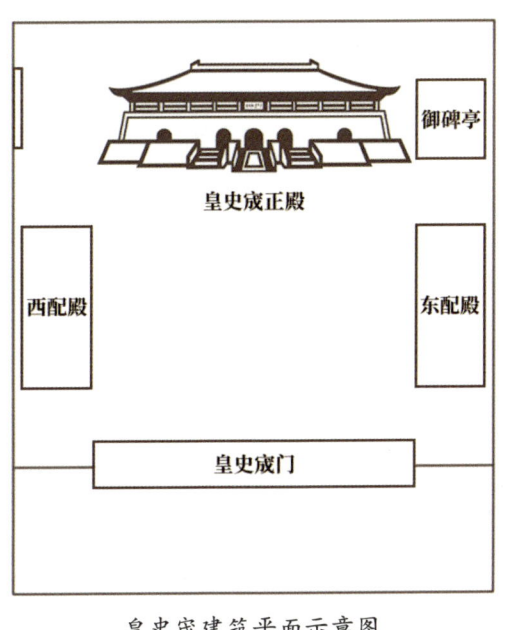

皇史宬建筑平面示意图

皇史宬正殿，坐落在142厘米高的石基上，四周环以汉白玉石栏，四角由四个大的螭兽镇角，兼具排水功能。殿前是一宽敞的平台，前为丹陛，绕以汉白玉雕栏。正殿屋顶盖以黄琉璃瓦，吻兽相向，梁柱斗拱，窗棂椽子，全为砖石所砌。皇史宬正殿为庑殿顶式建筑，四面为坡，四条垂脊上各有9个吉祥琉璃小兽，琉璃小兽按照坡脊的长短和柱高安设，基本上是二尺配装一件。皇史宬安设9件，表明建筑规格具有很高的地位。正殿为北京最大的无梁殿建筑，东西九楹，正中券门五座，石门重达几吨，凭一人之力，难以开启。皇史宬的东、西配殿，形制相同，二殿规模较小，亦非无梁殿。

御碑亭是清嘉庆十二年（1807年）重修皇史宬时所建，是院内唯一的清代建筑。亭内有御制重修皇史宬碑一座，记叙了皇史宬的兴建历史、建筑功能、重修原因等内容，距今有200多年的历史。

皇史宬大殿建筑全部采用砖石结构，且外墙四面采取梯形的建筑形式，具有典型的"石室"特点，具有良好的防火性能和防震作用。南墙厚6.10米，北墙厚5.84米，东、西墙厚3.70米，坚实的墙壁可使殿内冬暖夏凉，温湿度相对稳定。

殿外地基高1.42米，殿内有1.42米高的石台，且石台与墙壁离开一定距离，殿外四周各有疏水漏口，因而有利于档案防水、防潮、防霉。东西对开的窗子，加上穹隆式的殿顶更容易通风，便于净化调节室内温湿度，从而达到相对稳定的状态。

正是皇史宬建筑的这些功能和特点，从防火、防水、防霉、防盗等多方面，为档案的保管、保护、保存创造了条件。在约500年前的明代，仅用两年时间，就建成了这样一座设计精巧、坚固耐久的档案库房，实属不易，也为我们后人留下了宝贵的财富。

赤道南北两总星图

覃 波

《赤道南北两总星图》现珍藏于中国第一历史档案馆。该图为纸本，木印彩绘，宫裱蓝绫，屏挂式。全图纵171.5厘米，横452厘米。分8幅纵向拼组而成，每幅宽56.5厘米。此图绘制于明崇祯七年（1634年）七月，是由礼部尚书、文渊阁大学士徐光启主持测绘，德国传教士汤若望精心设计，意大利传教士罗雅谷严格校订，钦天监众多官员参与制作的一幅高水准天文学星图。

《赤道南北两总星图》分两幅主图，一幅是《南赤道所见星图》，一幅是《北赤道所见星图》。在两幅主图之间及外沿，分别绘有《赤道图》和《黄道图》等各种小星图共12幅，还有《黄道经纬仪》等各种天文仪器图4幅。在整幅图的首尾，可见大学士徐光启所撰《赤道南北两总星图叙》，及传教士汤若望署名的长篇图说《赤道南北两

赤道南北两总星图

总星图说》。

  此图一直收藏于明清两代的宫廷内府,保存完好。图中所用各项数据,不仅引用了我国古代星图的知识,而且还吸取了当时欧洲天文学的成果,代表了这一时期东方星象学的最高水平,是我国目前所见传世最早的大型全天星图,在世界天文学史上具有突出重要的地位。

  2014年,《赤道南北两总星图》被列入联合国教科文组织《世界记忆亚太地区名录》。

内阁藏本《满文老档》

李正达

《满文老档》是清太祖、太宗年间形成的以满文记注政务活动的档册,分为原本和重抄本,重抄本又有草本和正本之分。满文老档见证了满文从初创的无圈点老满文过渡到有圈点新满文的转变,是研究早期满洲历史不可或缺的重要史料。这里我们要说的是重抄本的《满文老档》,即清乾隆年间重抄本的正本及草本,其中的内阁藏本现存于一史馆。

《满文老档》原本为太祖朝、太宗朝各20册,共计40册。到了乾隆年间,档册年久糟旧,虽经托裱,精心收存,但仍不能解决原本永久保存和经常使用的矛盾。乾隆三十九年(1774年)底,乾隆帝决定重抄《满文老档》原本,由大学士舒赫德、于敏中、阿桂等负责,

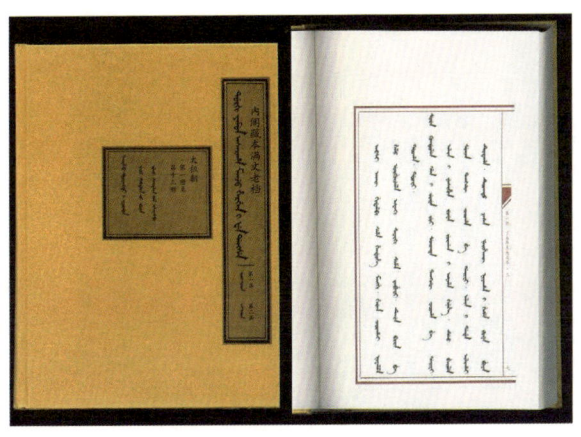

《内阁藏本满文老档》(出版物)

从乾隆三十九年（1774年）至乾隆四十四年（1779年），用时5年完成。

重抄本共37册（剩余3册未经托裱，后归入原本）。先期抄写的草本，是为解决原本多处涂抹、勾画、增添、删改和用新满文转写等问题。重抄本分为新满文转写的"音写本"和照抄老满文原本的"照写本"两部，每部26函180册。依据草本再抄写正本，正本亦是新满文本和老满文本两部，每部26函180册。重抄满文老档依照存放处所又区分为"内阁藏本""上书房本"和"崇谟阁本"，前两部收藏于宫中，后一部则收藏于盛京（今沈阳）崇谟阁。

内阁藏本满文老档，抄成时间最早，重抄时对原本内地名、人名、时间、官职、文字，进行了必要考证和注释。共分四部：老满文书写的《无圈点字档》正本及草本，新满文书写的《有圈点字档》正本及草本。全书编排均以时间为序，按一定厚度装订成册，若干册分装一函，四部书衣书名签上，分别用新老满文书写《tongki fuka sindaha

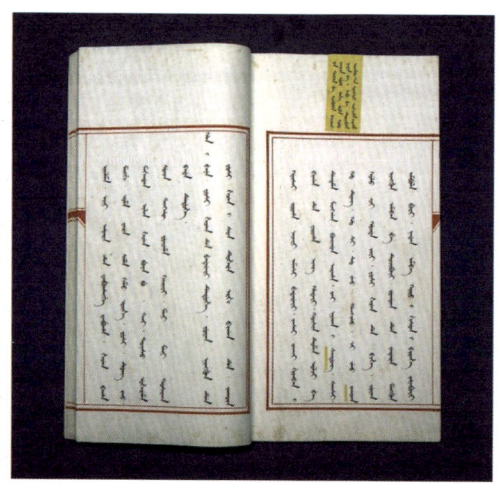

《有圈点字档》正本

hergen i dangse》和《tongki fuka akū hergen i dangse》，即汉译《有圈点字档》和《无圈点字档》。

正本，页面纵 39.4 厘米，横 23.5 厘米，半页版框纵 28.5 厘米，横 18.3 厘米。线装包角，白口，四周双边朱丝栏，单鱼尾，无界行，半页 7 行。书页为白鹿纸，册衣为黄绫，楷书。每段落起始有朱色○符号，凡

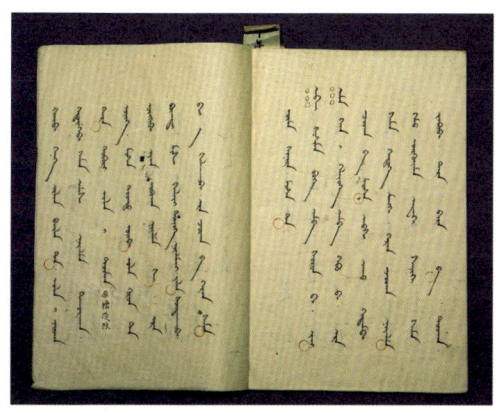

《无圈点字档》草本

原档残缺之处均贴黄纸签，上书汉文"原档残缺"。在注释地方的书眉上贴有黄纸签注。

草本，页面纵 30.2 厘米，横 22.5 厘米。线装，无版框，半页 7 行。书页为台连纸，册衣为黄榜纸，行书。草本上标有诸多整理抄写所用的符号和文字。

内阁藏本满文老档，内容记载了清入关前政治、经济、军事、社会、民族、文化、习俗、天文、地理以及与周边邻国、部族交往等重大史事。其记载极少见于其他史籍，是清代官修史籍的基础资料。内府藏本更有其他抄本所未见的签注，在古籍版本中独树一帜。

2011 年，一史馆出版了馆藏《有圈点字档》正本，最大限度地保留原版本特征，冠名《内阁藏本满文老档》。

文献瑰宝 史料渊薮
——《清实录》

徐 莉

《清实录》是清代历朝皇帝实录的总称,是清代官修编年体史籍,专门记录某位皇帝在任时期的大事。清朝继承了自唐代以来的制度,新皇帝嗣位后即为逝去的前一朝皇帝纂修实录。

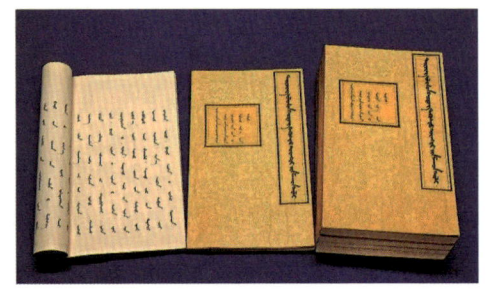

蒙文小黄绫本《清实录》

有清一代,自开国之初的努尔哈赤至清末的光绪帝,均有实录传世,另有末代皇帝溥仪的《宣统政纪》,与实录体例一致。清实录计有4400余卷。

《清实录》的纂修,由按例开设的实录馆完成,书成即裁撤。纂修史料的收集经皇帝特许,可以调阅起居注册、上谕、题本、奏折及其他档案。编纂体例除《满洲实录》外,基本一致。实录由卷首和正文

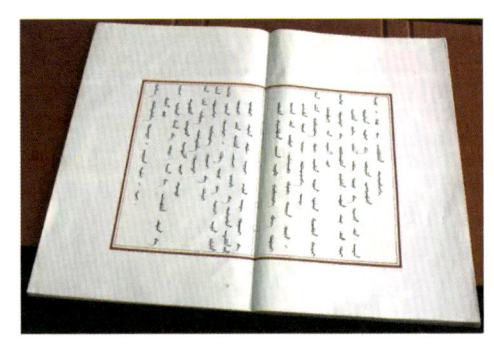

满文大红绫本《清实录》(蝴蝶装)

两部分组成,卷首主要有御制序、修纂凡例、目录、进实录表、纂修官等内容。正文以时间为序,汇编成卷。实录内容涉及广泛,包括皇

帝的主要言行及国家的政治、经济、军事、文化、外交等各个方面的史实。

《清实录》分别用汉文、满文、蒙文3种文字书写，依据其装帧特点和开本大小区分为小黄绫、小红绫、大红绫3种文本。其中小黄绫本是进呈皇帝御览审定用本，然后按皇帝审定后的小黄绫本，以汉、满、蒙3种文字缮写，并以红绫为封面，装订成册，分别保存。纂修实录满、汉文正本一般有5部：小黄绫本1部，存于内阁实录库；小红绫本2部，分别藏于乾清宫和内阁实录库；大红绫本2部，分别藏于皇史宬和盛京（今沈阳）崇谟阁。蒙文正本有4部。实录的稿本则沿袭明朝旧制，在西苑蕉园焚毁，但也有部分稿本存世。实录属于内府秘籍，只有当皇帝需阅读时，才由内阁实录库提供；未经皇帝特许，臣工不得阅看，更不许刊印。《清实录》的纂修并非完全照史料编纂，而是依统治者需要，甚至会对已纂修完成的实录加以删改。

汉文大红绫本《清实录》

中国第一历史档案馆现藏《清实录》汉文本从太祖至德宗，大红绫本及小黄绫本各1套；满文本和蒙文本从太祖至穆宗，小黄绫本及大红绫本各1套，小红绫本2套，保存均较为完整。

告天"七大恨"

倪晓一

自古征战,师出有名。起兵一方在战前公开宣战,并告天誓师,进行战争动员。在《尚书》中即记载《甘誓》《汤誓》《牧誓》等诸多誓词,以夏启、成汤、武王等上古王公之名发布。誓词主旨是说明战争的意义,明确军纪,在起兵之前谕告全军,进行动员。这一传统在中国数千年的历史发展中得以传承。

在中国第一历史档案馆藏珍贵档案中,有一件皇太极入关攻打永平(今河北卢龙)时发布的榜文。档案时间为天聪四年(1630年),文中完整复述了其父努尔哈赤起兵伐明时的"七大恨"誓词,揭示出对明宣战的七大理由,故称《金国汗攻永平誓师安民谕》,习称"七大恨"榜文。

天命三年(1618年)四月十三日,努尔哈赤起兵伐明,以"七大恨"告天,书之成文,正式拉开了对明公开宣战的

清太祖努尔哈赤朝服像

序幕,后世遂以"七大恨"作为努尔哈赤与明朝公开决裂、发起对明全面战争的宣言。据考证,努尔哈赤时期的"七大恨"原稿已在誓师时焚毁。今存档案为天聪四年(1630年)正月印刷黄榜。档案曾保存

于北京大学研究所国学门,后移交一史馆。

"七大恨"全文除见载此件档案外,尚有《明神宗实录》《满文老档》《大清太祖高皇帝实录》等各文本,因均系追述所成,故内容不尽相同。正如修昔底德《伯罗奔尼撒战争史》所言:"关于在战争临近时或者过程中发表的演说,其中有些是我亲身听到的,有些是我通过其他一些渠道了解到的,二者同样难以被精确复述。"而此件榜文,恰可发挥印证史实的作用。经著名历史学家孟森先生考证,在迄今可见的各种"七大恨"内容版本的文献中,一史馆所藏的这件天聪四年(1630年)榜文当属最接近13年前努尔哈赤原始"七大恨"的文件。

此件档案是清朝开国史上一份重要而特殊的文书。集告、檄、谕

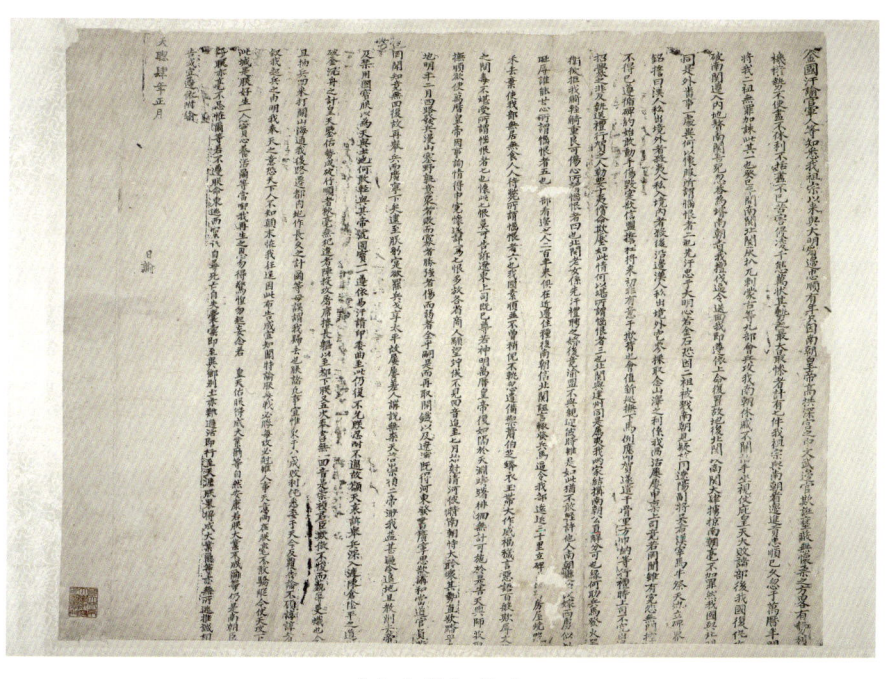

"七大恨"榜文

等形式内容为一体，行文、格式质朴简单，别具一格。它既是告天誓词、出兵檄文，也是安民榜示。全文以汉字书写，纸质印刷，纵75厘米，横100厘米。虽系以一国之主名义发布，但文体不拘一格，通体顶格书写，纸质也相对粗糙，可用于宣读和张贴。档案中完整地复述了努尔哈赤起兵伐明怀有的"七大恨"，以此"叙我起兵之由，明我奉天之意"。这"七大恨"的内容是：1. 明朝无故杀害努尔哈赤祖父和父亲；2. 明朝偏袒叶赫、哈达女真，欺压建州女真；3. 明朝违反双方划定的范围，强令努尔哈赤抵偿其所杀的越境人命；4. 明朝在建州与叶赫的部族争战中出兵帮助叶赫部；5. 明朝支持叶赫部背弃盟誓，将已许嫁努尔哈赤的女儿转嫁蒙古；6. 明朝驱逐居住在边境的建州百姓，毁坏其房屋田地；7. 明朝派遣官员赴建州作威作福。

学界对"七大恨"文本非常重视。孟森先生发表《清太祖告天七大恨之真本研究》一文，在学界引发了学术讨论，并引领了利用原始档案研究清史的风气。对于明末清初的历史研究，此件档案发挥着不可替代的作用。

罕见的满文木牌

倪晓一

满文木牌,形成于清入关前,是一种用满文书写在木牌上的公文档案。传世的满文木牌仅有30件,实物现存于中国第一历史档案馆。

木牌形状各异,其长度、宽度、厚度均有不同,最长32.5厘米,最短18厘米;最宽4.8厘米,最窄2厘米;厚度约0.3至0.5厘米。木牌末端有小孔用于贯绳系之。

满文木牌的发现,要追溯到1934年。当时,故宫博物院文献馆(一史馆前身)的工作人员在清理清代内阁大库档案时,偶然发现一个写有满文的高丽纸包,包内存有一组满文书写、白木削制的木牌。时任

观众在观看满文木牌

文献馆馆长的沈兼士先生委托满文专家李德启先生对这组奇特的文书载体进行考释和翻译。李德启先生于1935年5月出版《阿济格略明事件之满文木牌》专著,向社会报道了满文木牌的研究成果,引起学界的极大关注。

这些木牌上的满文记载,主要反映的是崇德元年(1636年)满洲将领武英郡王阿济格率兵进攻北京周边等地,与明军交战的情形。阿济格是清太祖努尔哈赤的第十二子,骁勇善战,后封和硕英亲王。据

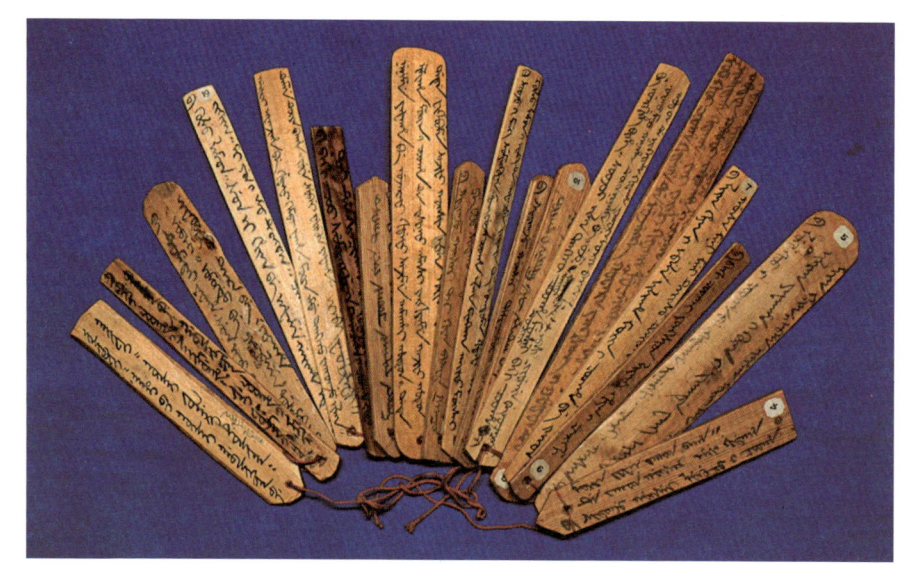

满文木牌

《清史稿》记载,崇德元年(1636年),阿济格被封为武英郡王,"偕饶余贝勒阿巴泰及扬古利伐明,自雕鹗堡入长安岭,薄延庆。越保定至安州,克昌平、定兴、安肃、宝坻、东安、雄县、顺义、容城、文安诸县,五十六战皆捷,俘人畜十余万"。木牌所记,与《清史稿》记载相符,但更为生动、具体,反映了历史的细节。

木牌上的满文,既有无圈点老满文,也有加圈点新满文,还有处于二者之间过渡型的满文。清太祖努尔哈赤时期,创制了无圈点的老满文,清太宗皇太极加以改进,加圈点成新满文。崇德元年(1636年)正处于新、老满文字交替过渡阶段。满文木牌的文字生动地体现了这一特点,为研究满文的发展提供了重要参考依据。2010年,一史馆藏满文木牌被列入《中国档案文献遗产名录》。

庄妃册文

倪晓一

册,亦称册书,清代文书之一种。册的使用范围很广,作用也有所不同。皇帝封授妃嫔用册,属凭证性文书。凡册皆有册文,由翰林院撰拟,移送中书科书写,进呈钦定。

庄妃,原名本布泰,博尔济吉特氏,系蒙古科尔沁贝勒寨桑之女,皇太极五宫后妃之一。崇德元年(1636年),皇太极称帝,改金为清,改元崇德,并宣布立中宫、封后妃,木布泰即被册封为永福宫庄妃。崇德三年(1638年),庄妃诞下皇九子福临。福临六岁继承皇位,改元顺治。

"庄妃册文"记载了崇德元年(1636年)七月初十日册封庄妃的史实。册文中所述"本布泰系蒙古廓儿沁国之女,夙缘作合,淑质性

庄妃册文

成。朕登大宝,爰仿古制,册尔为永福宫庄妃"。反映出清初沿袭前朝旧制,建立了册封后妃制度。

"庄妃册文"用满、蒙、汉三种文字书写,红绫封面,纸册红字,表面饰以黄绫,边框金绘龙纹,钤有"制诰之宝"之印。

此件档案现存中国第一历史档案馆,2010年被列入《中国档案文献遗产名录》。

清代"皇历"
——《时宪历》

吴焕良

历法是根据天象变化的自然规律来计量较长时间间隔、判断气候变化、预示季节来临的法则。我国颁行历法历史悠久,相传最早的历法是夏朝的《夏小正》。"历以数始,数自律生,故律历既正,寒暑以节,岁功以成,民事以序,庶绩以凝,万事根本由兹立焉。"可见,历法的制定不仅影响岁时农耕,更蕴含深刻的政治意义。汉代的《太初历》、

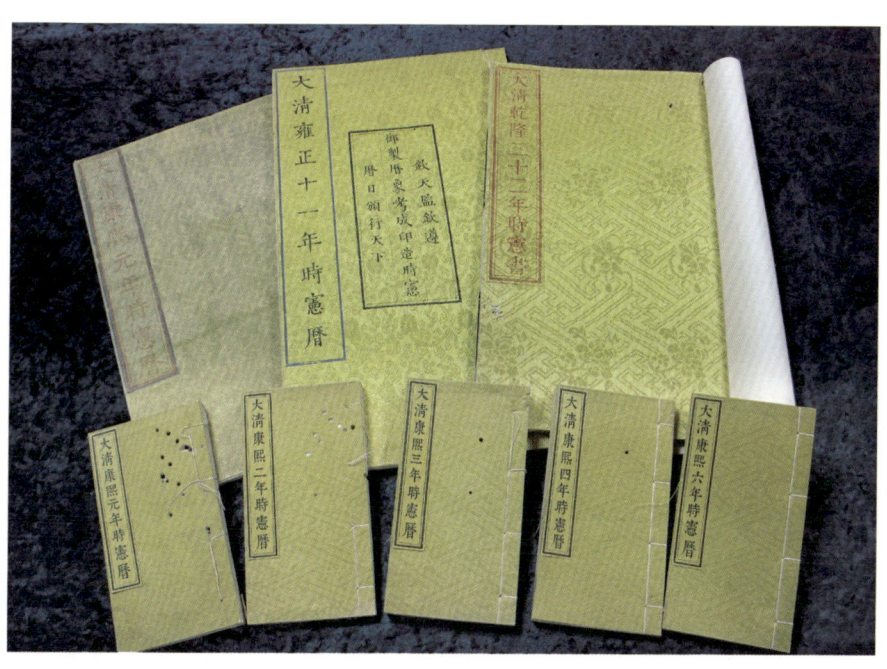

《时宪书》

唐代的《大衍历》、宋代的《应天历》、元代的《授时历》、明末的《崇祯历书》等历法的推衍颁行，都充分体现了各代帝王对历法的重视。

清顺治元年（1644年）七月，礼部提出："定鼎燕京，应颁宝历。据钦天监称，改用新法推注已成，请易新名。伏候钦定，以便颁行。"随后清廷发布摄政王多尔衮谕令，依据耶稣会士汤若望呈《西洋新法历书》（即原明《崇祯历书》）修订的"新法正历"作为新王朝的法定历书，以《时宪历》之名颁行天下。

顺治二年（1645年）规定，每年的十月初一日颁行次年《时宪历》，若遇新君即位、皇帝"北狩""西狩"等特殊情况，颁历时间则有不同。乾隆帝即位后，为避其"弘历"之名讳，改"历"为"书"，更名为"时宪书"。钦天监依例，于九月初将新刻成的历书，送至太和门交内务府官转呈皇帝御览。十月初一日，诸王贝勒暨文武各员接受颁赏，在午门外须穿朝服行礼跪领。

由于清代疆域辽阔，全国统一定于十月初一日颁行历书，在送达一些边远地区出现新年已至而历书未到。因此，各省府州县另有颁行历书的时间表。钦天监于每年二月初，将推算完毕并刊刻成板的下年度《时宪书》式样呈送御览。待皇帝批复后，照式刊刻刷印。于四月初，以"厚毯包裹、坚木夹板、粗壮麻绳封缚"，送交兵部驿递，转行颁发各省。历书除通行的汉文本外，还有颁布给各地驻防将军及蒙古、回部等各郡王贝子伯克数量不等的满文、蒙古文及批红汉书本《时宪书》。

各王公大臣、官员接到颁赏的《时宪书》后，依例呈折谢恩。地方布政使会动用正项经费，将《时宪书》照式印刻，并钤盖各省所存

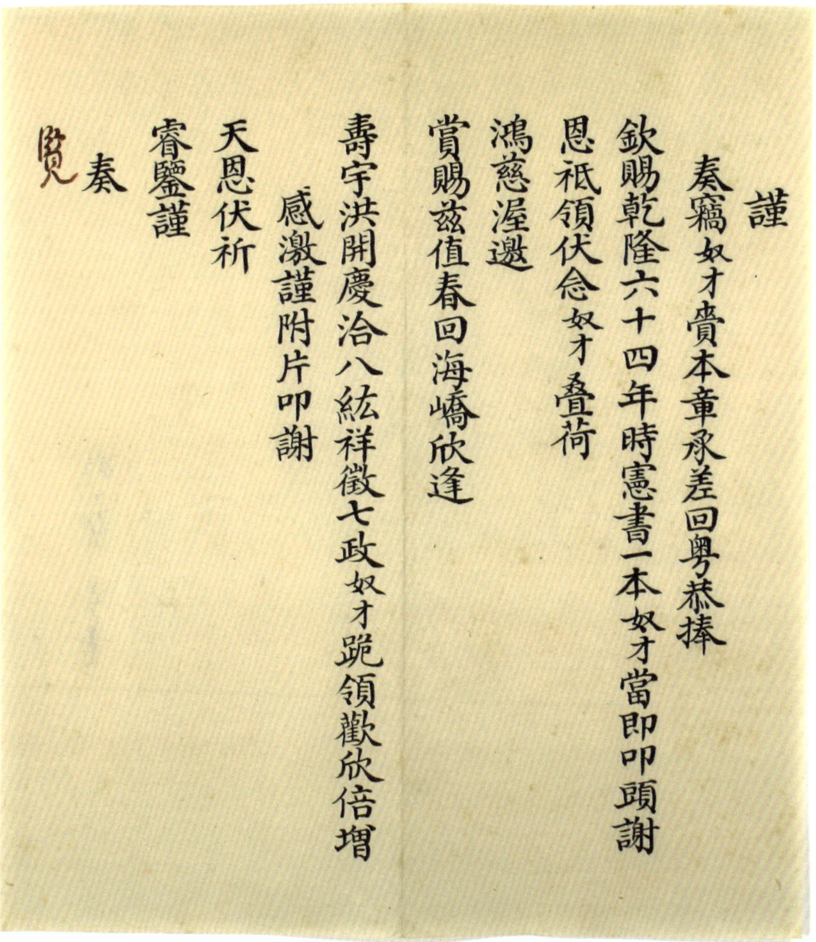

谨

奏窃奴才赍本章承差回粤恭捧

钦赐乾隆六十四年时宪书一本奴才当即叩头谢

恩祗领伏念奴才叠荷

鸿慈渥邀

赏赐兹值春回海峤欣逢

寿宇洪开庆洽八纮祥徵七政奴才跪领欢欣倍增

天恩伏祈

睿鉴谨

奏

览

广东某官员为收到御赐乾隆六十四年时宪书谢恩事奏折

钦天监时宪书印信。该印专用于每年翻刻《时宪书》后钤印。值得注意的是，上图谢恩折中"乾隆六十四年"的表述，多被认为是乾隆帝在乾隆六十年（1795年）让位嘉庆帝后在内廷使用的非官方纪年。而此折所见该名官员收到的《时宪书》仍沿用乾隆年号，可能是作为对太上皇权威尊重的一种礼遇，或是凸显一定范围内的君臣特殊关系，故仍称乾隆而并未改作嘉庆。但就现存实物所见，另有通行本嘉庆年号的《时宪书》，也许，这才是正式颁行天下臣民的"正本"。

印刻好的历书，每本官价定为银1分2厘，严禁私刻或提价贩卖，违者将从重治罪。地方督抚大员如查究失职，一并严处。一史馆藏清宫档案中就有记载地方官查办私刻历书、贩卖书版或书册的多起案件。

除兵部向蒙古、新疆、青海、西藏等王公、伯克、活佛、扎萨克等颁历以示统辖外，《时宪书》还体现了"朝贡体系"下的宗藩关系。每年朝鲜差使进京，迎取《时宪书》，由礼部负责接待、赐宴或行文户部发给赏银。琉球国使用的《时宪书》，则由闽浙总督负责发交。

一部"皇历"并不仅仅是记日指时之用，而是凝聚着颁赏刊刻印行的整套制度体系，蕴含着丰富的政治内涵。

汤若望案与清代内阁密本档

倪晓一

在中西文化交流史上，由于文化背景的差异，中西文化冲突事件屡有发生。清初顺治末年至康熙初年，发生了震惊朝野、影响中外的"历法之争"，因此案涉及17世纪西洋传教士汤若望，故也称"汤若望案"。

汤若望，德国天主教耶稣会传教士，明万历四十六年（1618年）来华传教。由于通晓天文历法、学识渊博，崇祯七年（1634年）被聘至宫中，专修历法。在徐光启等主持下，汤若望与耶稣会士罗雅谷、龙华民共同编成《崇祯历书》，该书堪称一部集欧洲古典天文学知识和数学知识的百科全书。

汤若望像

清顺治初年，清廷设立钦天监，专门掌管天文气象和历书编制等事务，汤若望对《崇祯历书》加以修改，编成《西洋新法历书》。由于汤若望推行的西洋新法准确推算出日食的时间，因此受到重用，被任命为钦天监监正，负责推算、制定新历和预测天气。清廷正式采用汤若望所修《时宪历》，推行全国。这是中国历法史上的一次重大变革。

在中国历史上，聘请一位欧洲人担任皇家"天文台台长"，实属

清代内阁满文密本档

闻所未闻之事。康熙初年，新安卫官学生、安徽歙县人杨光先状告钦天监监正汤若望新法十谬，杨、汤二人对簿公堂，围绕天文历法、宗教信仰等多方面问题展开了针锋相对的大辩论。最终，汤若望等数十名西洋传教士被判下狱，由汤若望主持修订颁行全国的《时宪历》被废止，各地传教建堂活动也被禁止；李祖白等5位涉案官员被处死，多名官员受到革职、流放等处分。

"历法之争"这一事件，从表面上看是中西方在编制历法上的不同意见所引起的学术之争，实际则是长期以来中西方文化在清代统治集团内部激烈冲突的表现。

有关这一案件的翔实记载，现珍藏于中国第一历史档案馆内阁满文密本档中。档案中有24件以满文记载的密本档，较为集中地反映17世纪西洋传教士在华活动情况，其中详尽记载了康熙四年（1665年）

审理汤若望案的始末。如康亲王杰书等会审案件时，汤若望、杨光先对九十六刻、百刻、春分、中四星、置闰、四余、选择荣亲王葬期等问题的口供供词；礼部尚书祁彻白等审讯利安当、金尼阁等5名西洋人的全过程；处理天主堂、天主画像的决议；刑部尚书尼满等议免汤若望等传教士罪名等。

清代内阁密本档，是系统抄录官员呈进密题本而成的档册。自顺治十年（1653年）至康熙十九年（1680年）正月，每月或半月为一册，共计153册。密本档作为清初中枢机关权力机构形成的文书档案，具有极高的史料价值。内阁密档是中国文化宝库中的珍品，更是世界文化遗产的组成部分，不仅入选《中国档案文献遗产名录》，并于1999年被列入联合国教科文组织《世界记忆遗产名录》。

时至今日，清代内阁密本档的价值受到越来越广泛的关注。

清代内阁满文黄册

赵郁楠

内阁黄册,明清两代的官文书。清代沿用明代称谓,因册面概用黄色,故统称黄册。清代黄册的应用范围较广,适用于京内外各衙门题奏事项之附册,包括河工报销、营建工程、钱粮报销、朝审秋审等,但主要作为题本附件用于经费及钱粮的奏销。

中国第一历史档案馆现存内阁黄册2万余册,目前汉文黄册正在整理、数字化中,满文黄册已整理完成。满文黄册时间始于顺治十年(1653年),止于光绪二十九年(1903年)。据统计,满文黄册现有1345卷,3790余册。其中顺治朝数量最少,乾隆朝数量最多。文字种类既有满文、满汉合璧,也有部分汉文。纯满文3700余册;满汉合璧60余册,如光禄寺黄册40册,全部为满汉合璧;纯汉文30余册,均残缺不完整。

内阁满文黄册主要是作为内阁题本的附件而进呈御览的。造报机构以中央部院为主。档案内容主要是中央部院销算钱粮银米,以及六科注销承办已完未完事件、吏部京察和刑部秋审重囚招供等。各衙门题报时间不一,工部和光禄寺钱粮册,题报时间是按月报;六科注销已未完结及已未逾限事件册,按季题报;宗人府销算册,一年一报;吏部京察册,三年一报;还有礼部题报坛庙祭祀斋戒日期等,又是今年报明年应报事项。最为珍贵的是宗人府销算册,仅有满文册档。

内阁满文黄册,册面多用黄绫,封面粘有册签,逐页骑缝及册签

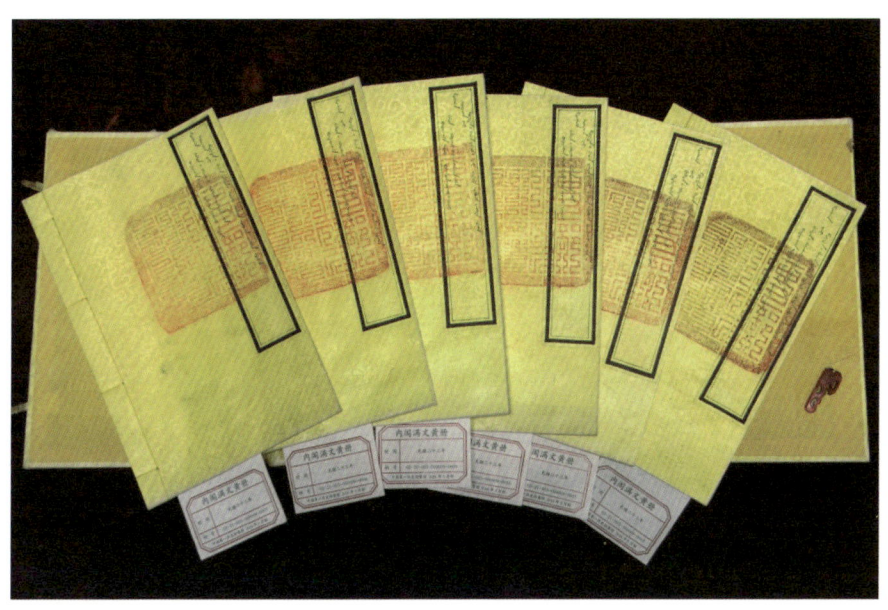

吏部之陵寝及盛京各衙门笔帖式京察册

粘合的地方,均钤有印章或关防。其规格大小不同,薄厚不一。现存满文黄册中以吏部京察册最大,长53.1厘米、宽29.2厘米;以黑龙江将军富森等奏闻剩余勘合火牌数目册最小,长23.5厘米、宽14厘米;而最厚的是户部银库大出钱粮黄册,厚达25.3厘米。

清代黄册统一由内阁大库贮藏。《清会典》载:"凡部院衙门及直省督抚等奏销册籍,奉旨留览者,俱于年终自内发出,付典籍贮库。"一般认为,清代黄册造报始于顺治八年(1651年)。通过现存满汉文黄册档案的粗略对比,可以发现清代各部院进呈的黄册,除汉文外,一般均另备满文一份。内容与汉文册相同。进呈时,或与汉文合订一本,或同装一函。但也有原无汉文册,仅造满文册的,如宗人府销算册。

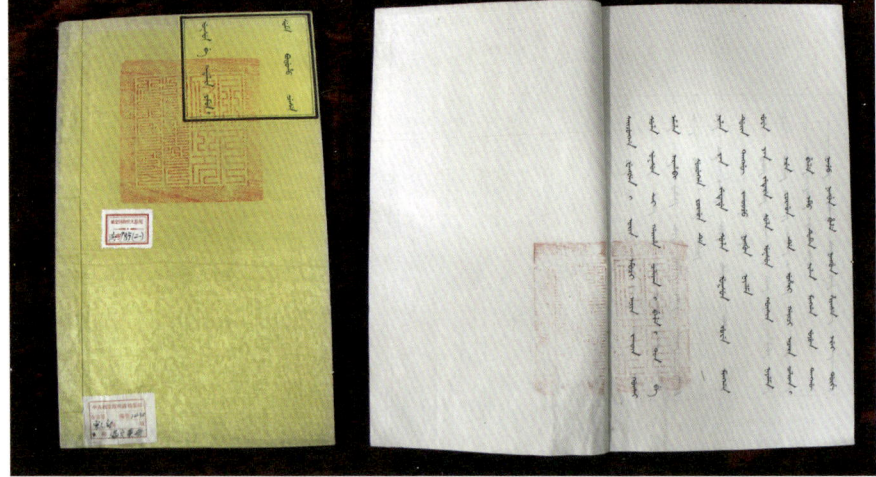

宗人府销算册

现存内阁满文黄册，可与汉文黄册互补。汉文黄册记载不全或缺失部分或者所用名词有晦涩难解的，可用满文黄册补充并对照直译进行破解，从而可以为清史研究提供弥足珍贵的新史料，进而深化清代皇族经济、八旗生计、官员考课、中央财政、国库收支、经费审计及重案审理等相关领域的研究。

清代内务府奏销档

刘文华

内务府全称总管内务府。清初设立，其主要职责，据《清会典》记载："掌上三旗包衣之政令与宫禁之治，凡府属吏、户、礼、兵、刑、工之事皆掌焉。"包衣是直属皇帝的奴仆。内务府"掌上三旗包衣之政令"，就是管理内务府三旗人员及相关事务。此外，它还掌管所有皇室宫廷事务。因此，内务府是清代主管皇室宫廷事务和管理上三旗包衣人员的重要机构。

内务府所辖机构众多，有"七司三院"，七司即广储司、都虞司、掌仪司、会计司、营造司、庆丰司、慎刑司；三院是上驷院、武备院、奉宸苑。此外，还管理着御茶膳房、三织造处、武英殿修书处、养心殿造办处、敬事房等40余个机构，职官多达3000余人。

中国第一历史档案馆所藏内务宗全宗档案数量庞大，类项众多，内容丰富。主要包括：内务府杂件、来文、呈稿、奏案、奏底、月折、题本、题稿、奏稿、堂谕堂交、上谕、领、结、事筒及内务府簿册等。其中的内务府簿册类档案以内容翔实、记录系统著称，向来被研究者所重。簿册类档案包括奏销档、红本档、上传档、陈设档、内务府堂簿册、内务府堂清册、府属各司院簿册（以广储司、升平署、造办处为多），总数近10万册。其中内务府奏销档，是内务府上奏给皇帝的文书奉旨后抄录存案的簿册。内务府奏销档有900多册，内容之丰富、体系之完备，在馆藏档案中亦属少见。

从时间跨度来看，内务府奏销档几乎涵盖整个清代，最早的形成于顺治十一年（1654年），最晚的是1914年。总计900多册奏销档中，顺治、康熙年间的奏销档约170册，在馆藏顺治、康熙朝档案较少的情况下，这170余册奏销档更显珍贵。

从文字种类来看，内务府奏销档满、汉文皆有，其中顺治、康熙时期的全部用满文书写，雍正以后开始使用满文、汉文两种文字书写，至道光朝以后，全汉文书写较为常见。

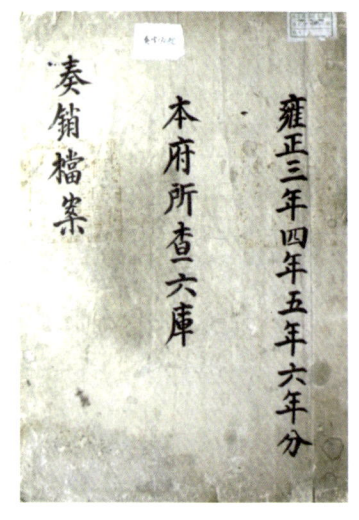

雍正朝内务府奏销档

从档案内容来看，凡属内务府所办理的事务，均包括在内。顺治、康熙时期奏销档所录较杂，与后世不同，此时可能尚未形成相关规范，但也因而更为丰富。内务府将日常经办的各项事务，以口奏、绿头牌奏、奏本等奏报形式向皇帝请示，依照皇帝旨意办理。奏本用印的称"红本"，不用印的称"白本"。雍正朝以后的奏销档，主要是内务府所上奏折的汇集，每册收录的奏折时间上少则1个月，多则1年，一般为数月。每册基本按时间顺序将内务府奏折抄录排列，有些册首有目录，有些没有。

奏销档中所录奏折的上奏者，主要是总管内务府衙门或总管内务府大臣。上奏内容繁杂，主要围绕内廷事务，凡祭祀、巡幸、宴赏、进贡、租税交纳、物料置备、工程建设、内务府官员升降奖罚、太监管理、刑案查审等，也有能够反映皇帝、后妃、皇子等的活动与生活

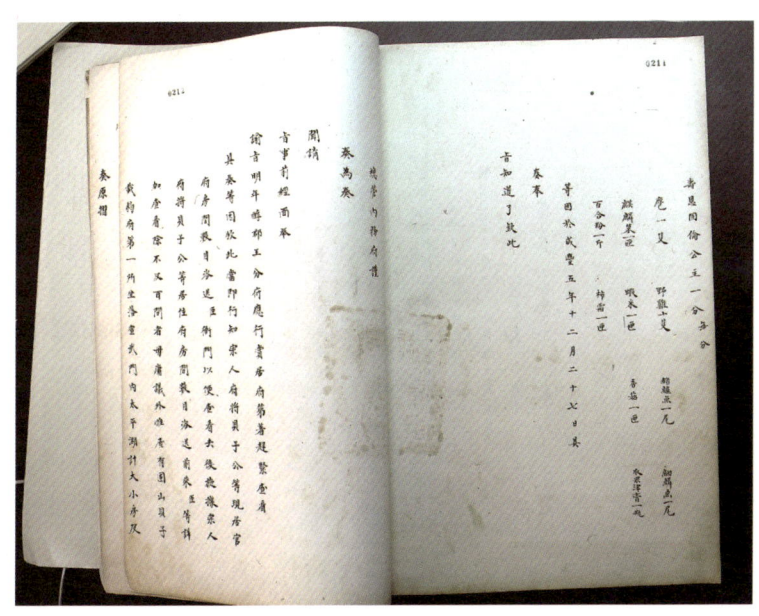

咸丰朝内务府奏销档

情形、内务府的日常事务运行状况等多方面的内容。奏销档的整理抄录者应是内务府堂的书吏人员，他们依据奏折原件或奏稿抄录成册，留存备查。

内务府奏销档的最大特点是全。从康熙元年（1662年）开始，直至清末，基本上每年都有一至数册奏销档，偶有一二册缺失，涉及的内容也只是某年中的几个月。参看奏销档与内务府奏案，基本可梳理出雍正朝以后内务府重要事件的全貌。

内务府奏销档保存较为完整，内容较为丰富。对于清史研究，尤其清代宫廷史研究，有着重要的史料价值。现以专题形式开放了部分内务府奏销档，目录数据33769条，可在馆档案信息化管理平台中查询使用。

清代内务府来文

刘文华

内务府设立于清初，是清代主管皇室宫廷事务，负责镶黄、正黄、正白三旗包衣人员管理的重要机构。下设广储司、都虞司、掌仪司、会计司、庆丰司、营造司、慎刑司、上驷院、武备院等"七司""三院"50多个部门。雍正十三年（1735年），内务府被正式定为正二品衙门。1911年辛亥革命爆发后，清王朝被推翻，清帝退位，根据《清室优待条件》的规定，内务府继续为溥仪小朝廷提供服务，直到1924年溥仪被驱逐出宫，内务府的历史才最终画上句号。

中国第一历史档案馆所藏内务府全宗档案文种繁多，其中来文数量保存较大，共4148卷，528370件（不包括内务府满文来文）。时间

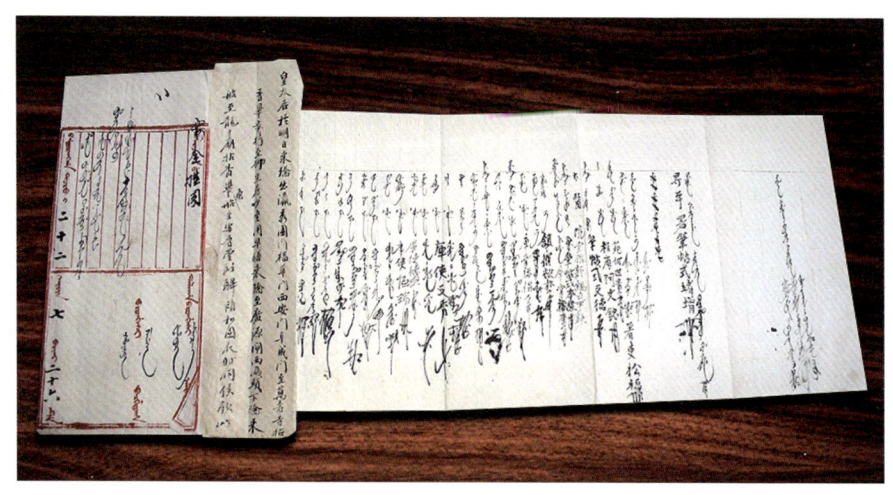

内务府下属各机构职员的签名单

自康熙朝至溥仪小朝廷时期。来文，是内务府及所属机构收文及相互来往的文件。

内务府来文档案数量从时间分布看，康熙朝仅有数十件，雍正朝不到1000件，乾隆朝8万多件，嘉庆朝7万余件，道光朝近10万件，咸丰朝不到4万件，同治朝5万件左右，而光绪一朝最多，有16万余件，宣统朝只有2万多件。从来文机构看，发自户部的最多，有近10万件；其次是礼部，超过2万件，其他吏、兵、刑、工部各有1万多件。

内务府来文档案大致可分两个部分：一是内务府所属各机构呈堂或相互间的来往文件。这一部分档案按"机构－朝年"整理。包括：内务府所属的办事机构"七司"及各库往来文件，如广储司及广储司各库（银、皮、缎、衣、磁、茶）、都虞司、掌仪司、京察处等机构；内务府堂上机构文件，如滋生银两处、则例处等；内务府特设机构文件，如督催欠项处（总理欠项处）、造佛事务处（造佛处）、恭理处、万寿庆典处、大婚礼仪处等机构。其中以广储司（尤其广储司银库）、都虞司、掌仪司、万寿庆典处、大婚礼仪处等机构档案数量较多，内容较为丰富。

另一部分是内务府堂和所属机构收到的其他衙门发来的文件。其中大部分是京城各部院、地方督抚、布政使及京畿的某些府州县给内务府的行文，以咨、咨呈、移会、知照等平行文种为主。

内务府堂所收其他衙门的公文，囊括了包衣事务、皇家事务（尤其涉及皇室财政的最多）、国家事务三大部分。以"档案内容－朝年"为依据，共分20类：礼仪、人事、财务、外交、民族事务、土地房屋、修建工程、刑罚、参务及东北贡品、织造、税关、盐务、工业制造、牲畜管理、陵寝事务、巡幸、文化教育、军务、农林水利、其他。

以光绪十四年（1888年）光绪皇帝大婚为例，内务府来文涉及这一事件的档案囊括了内务府内部掌仪司、庆丰司、上驷院、武备院、御茶房等多个机构为筹办婚礼的往来文件。内务府为办理大婚与其他衙门的往来文件也包括其中，如：吏部为大婚典礼推后封外戚的具体日期事呈递内务府的知照；户部为内务府何时交进大婚典礼筹备正项银两事咨文；工部为办大婚典礼安挂各宫殿门神、门对，所需物料发给内务府的清单；翰林院为大婚礼上皇太后徽号、玉册、玉宝等事致

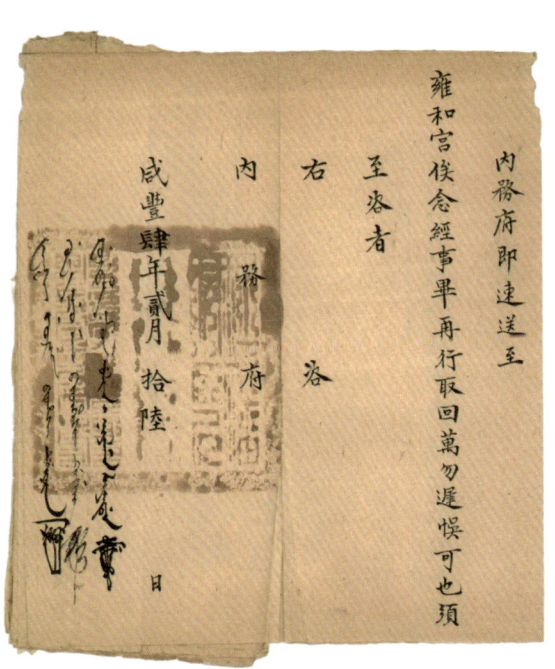
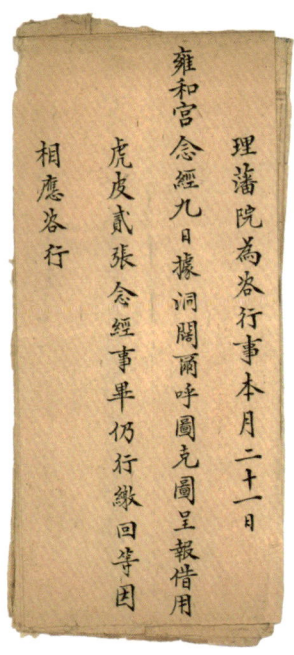

理藩院致内务府咨文

内务府知照；钦天监为选择大婚日期及应行回避事致内务府知照，等等。可见光绪帝大婚筹备所涉部门之多、所系事务之庞杂，也足见内务府来文档案所含内容之丰富。

内务府来文档案对于清代宫廷史、清代档案公文种类与运行、清代八旗等各项专题研究有一定的史料价值。值得注意的是，内务府设置了内务府堂，这在其他中央部院衙门中是比较少见的，内务府来文对研究内务府堂的日常事务运作也有重要的参考价值。

顺治帝特立铁牌 严禁太监干政

张小锐

在中国第一历史档案馆藏档案中,有一件特殊形制的木牌档案。顺治十二年(1655年)六月二十八日顺治帝在宫中发布一道敕谕。其内容:"中官之设,虽自古不废,然任使失宜,遂贻祸乱。近如明朝王振、汪直、曹吉祥、刘瑾、魏忠贤等,专擅威权,干预朝政,开厂缉事,枉杀无辜,出镇典兵,流毒边境,甚至谋为不轨,陷害忠良,煽引党类,称功颂德,以致国事日非,覆败相寻,足为鉴戒。朕今裁定内官衙门及员数职掌,法制甚明。以后但有犯法干政,窃权纳贿,嘱托内外衙门,交结满、汉官员,越分擅奏外事,上言官吏贤否者,即行凌迟处死,定不姑贷。特立铁牌,世世遵守。"此道严禁中官(太监的别称)干政的谕令,当时被铸成13块铁牌,立于13个衙门内。后来宫中将其内容又制成许多木牌,悬挂于宫中各处,以示儆戒。

1644年,清军入关。顺治帝(福临)登基即位,成为清入关后的第一位皇帝。顺治初年,清廷设立总管内务府机构,总揽宫廷事务及皇

顺治帝敕谕木牌

室家务，统领上三旗（即镶黄旗、正黄旗、正白旗）包衣（家奴）司其事。顺治八年（1651年），年满14岁的顺治帝开始亲政。顺治十年（1653年）六月，顺治帝采纳宦官吴良辅等建议，于次年裁撤内务府，改设十三衙门，宦官与包衣兼用，为皇帝及其家族服务。实际上，宦官制度极易导致宦官专权，明朝宦官专权乱政现象最为猖獗，正如铁牌中列举的宦官王振、汪直、曹吉祥、刘瑾、魏忠贤等人，破坏朝纲、结党营私、贪赃枉法、陷害忠良等所作所为，加速了明朝政治、军事上的腐败。鉴于明朝宦官制度所带来的后患，顺治帝特立铁牌谕令，严禁太监干政。

此令遂成清朝的祖制家法，历朝恪守。康熙元年（1662年），宦

《大清圣祖仁皇帝实录》关于康熙帝严禁太监干政的记载

官吴良辅被处斩,其罪行在康熙帝实录中这样记载:"内官吴良辅,阴险狡诈,巧售其奸,荧惑欺蒙,变易祖宗旧制,倡立十三衙门名色,广招党类,恣意妄行。钱粮借端滥费,以遂侵牟,权势震于中外,以窃威福,恣肆贪婪,相济为恶。假窃威权,要挟专擅,内外各衙门事务,任意把持。广兴营造、糜冒钱粮,以致民力告匮兵饷不敷。"这一年,清廷裁十三衙门,恢复内务府,大大震慑和警诫了违制擅权的宦官,抑制了宦官势力的恶性发展。清朝对于太监的严格管理,从始至终,严惩不贷。

嘉言懿行 垂范后世
——《清圣训》

徐 莉

《清圣训》，是清代分类辑录皇帝谕旨的汇编。顺治十二年（1655年）开始编纂《清太祖高皇帝圣训》和《清太宗文皇帝圣训》。此后，按照编纂定制，由继位皇帝令史官将前朝皇帝的谕旨编纂成集，以使后代恪守祖训。皇帝每日晨读圣训一节，以祖先的嘉言懿行作为施政的典范。

据统计，汉文圣训有太祖至德宗11朝，《德宗圣训》仅有汉文本，未见满文本。满文圣训有太祖至穆宗10朝。其中，不计卷首，汉文圣训共计1101卷，满文圣训共计956卷，有清一代，官修圣训共计2057卷。

光绪帝朝服像

清代圣训内容取材于清实录所载的上谕，即每朝实录定稿后，从中摘取帝王的言论，分门别类，编纂而成。各朝所修圣训门类多寡不一，以《大清高宗纯皇帝圣训》为最多，分为圣德、圣孝、圣学、圣治、敬天、法祖、文教、武功、睦族、用人、爱民、勤政、察吏、理财、训臣工、严法纪、兴礼乐、饬边疆等多达40个门类。内容丰富，反映出清统治者在伦理道德、用人理政、治国安邦等多方面的所为所想。

康熙朝以前，编纂圣训需设馆专修，之后由实录馆兼修。圣训分别用汉、满文书写，版本依据装帧特点和开本大小分为小黄绫、小红绫、大红绫3种文本。小黄绫1部，存于内阁实录库；小红绫2部，分藏于乾清宫和内阁实录库；大红绫本2

《大清太祖高皇帝圣训》满文小黄绫正本

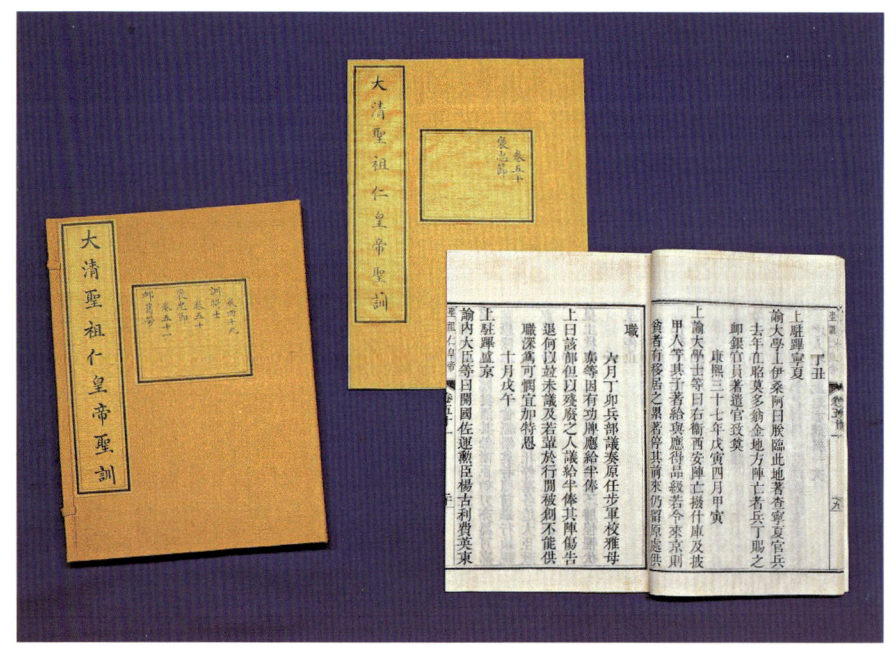

《大清圣祖仁皇帝圣训》汉文武英殿刻本

部，分藏于皇史宬和盛京（今沈阳）。乾隆朝以前，圣训仅供收贮和皇帝个人御览；乾隆朝时，陆续由武英殿刊印颁发，颁赐臣工，故有武英殿刻本、稿本、正本等不同版本。稿本沿袭明朝旧制在西苑蕉园焚毁，但也有部分存世。武英殿刻本均有传世。

中国第一历史档案馆现藏有《清圣训》正本3套，即小黄绫、小红绫、大红绫各1套，保存较为完整。清圣训的记载来自于清帝各个时期的言论，集中

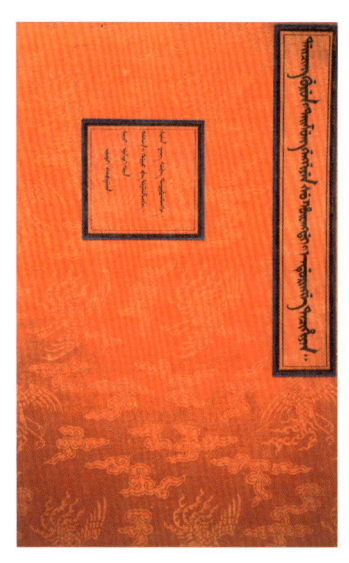

《大清太宗文皇帝圣训》
满文大红绫精写本册封

反映出统治者在治国各个方面的策略与思想，对于研究清代长达260余年的政治、经济、文化以及满族的历史等方面，提供了重要的史料依据，具有重要的研究价值。

清代玉牒

倪晓一

中国古代皇帝族谱,称为玉牒。清代沿袭未变,凡清室皇族,自努尔哈赤曾祖父至逊帝溥仪,所有爱新觉罗一族男女老幼,以帝系为统,长幼为序,载入生卒年月、嫡庶名分、封爵官职以及婚丧嫁娶、妻妾子女等内容,修纂成册。中国第一历史档案馆藏清代玉牒2881册,是至今唯一系统而完整地保存下来的皇族族谱,堪称无价之宝。

清代玉牒每10年纂修一次,届时开馆,书成闭馆。自清顺治十三年(1656年)第一次开馆至清亡,清廷共修玉牒27次。末代皇帝溥仪退位后,于1921年的小朝廷时期,又曾开馆纂修一次,前后共计28次。开馆纂修玉牒,由管理皇族事务的宗人府提请,"存者朱书,殁者墨书",即现存者用朱墨书写,已逝者用黑墨书写。乾隆二十五年(1760年)定制每次纂修本缮写两部,分存于皇史宬和盛京(今沈阳)敬典阁,底本由宗人府收藏。

清宫存放玉牒的龙柜

清代玉牒版本特殊,黄册为宗室谱,红册为觉罗谱。以努尔哈赤的父亲直系后世子孙为宗室,叔伯兄弟的子孙为觉罗。玉牒分为满、汉文本,按世系格式分成横格、直格。在版本装帧上,又有小玉牒和大玉牒之分。玉牒修成后，要举行隆重的贮藏仪式。先由钦天监选择吉日，于宗人府搭设彩亭，用黄盖龙旗仪仗，乐部奏乐，玉牒馆总裁率纂修官员穿朝服恭奉玉牒，行三跪九叩大礼，满汉文武官员在午门外跪迎。皇帝亲阅后，内监捧出，再由王公于太

1921年最后一次修成的玉牒

和门外金水桥跪送，由东华门出，护送至皇史宬。盛京所藏玉牒为备份尊藏。玉牒送贮盛京，除了送行时礼节相同之外，要求所经地方务必设彩棚奉安玉牒。出山海关后，盛京将军派官员率满洲兵丁护送，地方文武官员穿朝服出城跪迎跪送，先至崇政殿陈设，再送往敬典阁恭贮。一史馆藏玉牒主要为皇史宬典藏本以及宗人府的藏本、稿本等。

1921年最后一次修成的玉牒，满、汉文合本，厚达140厘米，7000多页，开列的清朝宗室人口从努尔哈赤远祖到溥仪小朝廷时代，累计10万余人，堪称世界最大的皇族族谱，在清皇族人口研究及中国宗谱研究等方面具有不可替代的价值。2002年，清代玉牒被列入首批《中国档案文献遗产名录》。

清代皇封诰命

马德玲

诰命是中国封建社会皇帝用于告诫臣工或任命和封赠官员的命令文书之一。清沿古制，以诰为诏令文书之一。诰，以上告下的意思。为体现对臣下的荣宠，由皇帝降旨封赠五品以上官员和授予世袭罔替爵位时使用的诰命，书写在宫廷专门定制的织锦之上，五色相间，盖有皇帝的大红玺印。通体色彩绚丽，精美华贵，除具有一定史料价值外，还有很高的文物价值。

我国从宋代开始以诰命任官和封赠官员，到了明清两代有许多的变化和发展。清代对有功劳、有政绩官员的奖赏办法之一，就是在国家庆典时，给官员本人及家属封赠名号。清制，覃恩封赠五品以上官员及世爵承袭罔替者，发给诰命。由于实行"覃恩封赠"，除了封授官员本身以外，还对官员的先代和妻室施行推恩封赠，并可延及官员的子孙后人，有的可以封袭数代。

诰命的文字由翰林院撰拟，满汉合璧，交由内阁大学士奏定后刊刻。康熙二十四年（1685年），改为各按官职大小统一撰定文字颁给，文式存贮内阁，刷印成册。每当封典时，吏、兵二部题准封赠职务及姓名，由内阁中书科按品级缮写，经内阁诰敕房核对后，钤用"制诰之宝"按品级颁发。诰命卷首、卷尾分别织有升降龙纹图样。开头"奉天诰命"四个大字，其文内先简述皇帝的相关旨意，然后是被封赠者的任官事迹或功绩，最后是封授的品秩、袭次等。

嘉庆朝诰命

清代诰命封赠的范围和数量为：一品封赠三代，颁发四轴；二品三品封赠两代，颁发三轴；四品五品封赠一代，颁发二轴。非因事追夺或绝嗣，诰命例不交还。

封赠官员及官员眷属的诰命用三色或五色纻丝，上面织有卷云纹样。一般分苍、青、黄、赤、黑五种颜色，不同色彩的诰面搭配不同颜色的文字分段书写，极尽绚丽雍容的皇家气派。其形制为卷轴式，宽约32厘米，一般长3米左右，有的甚至可长达5米。卷轴外与轴柄相连处，为一段红色提花锦缎。轴柄和锦面按官员品级不同而有严格区别：一品为玉轴，鹤锦及狮锦面；二品为犀轴，赤尾虎锦面；三四品为贴金轴，瑞荷锦面；五品为角轴，瑞草锦面。

清宫档案中记载了关于诰命的制作过程。康熙元年（1662年）定，诰命交江宁织造局织办。当时有制诰机35张，由专门工匠按式织就运送到皇宫备用待写。光绪四年（1878年），诰命改由杭州织造局织造。清初，诰命用料考究，做工精细，保存至今依然光彩夺目。到了清晚期，随着国力的衰落，诰命质量明显下降。缮写诰文的内阁官员多次重申丝道要紧密，字样要清楚，不能粗疏不匀、偷工减料。但由于清廷加派各项织办任务繁重，织造经费却远远不能保证，诰命加工粗劣也就难免了。

光绪三十四年（1908年）新皇登极，恩昭内外大小官员，需要织造各品诰命达5万道。此时清朝已到崩溃边缘，织局实在难以维持。宣统二年（1910年）二月，浙江巡抚上奏，杭州织办诰命需拨银112000余两，但因财政匮乏，织造料需求很大，奏请变通，将诰命改用纸幅印刷，经度支部等处议奏获准。这样每件诰命动用库银从数两降至数钱。宣统三年（1911年）七月，杭州织造上报所制纸幅诰命式样，询问绘画升降龙纹、字体、颜色、尺寸、轴头、锦面等是否合适。还没等新样批准实行，清王朝就灭亡了，延续千年的封建社会皇封诰命也随之走到尽头。

清代起居注册

倪晓一

《起居注册》是记载帝王言行及朝政大事的编年体史册,由起居注官负责记录和编纂。我国在周代即有左史记行、右史记言之制。汉代始有起居注,之后各朝代都有负责记注事宜的起居注专官。由于年代久远和王朝的更替,历代起居注除少量留存外,大多散佚无存。唯有清代起居注册较为完整地保存下来,成为人们了解帝王言行及政务大事、开展研究的珍贵史料。

清代正式任命起居注官和设立起居注馆,始于康熙朝。早在入关前,多尔衮摄政时期就有起居记注。康熙七年(1668年),有大臣奏请设官记注。康熙九年(1670年),康熙帝在太和门外西廊之南设立起居注馆,隶属翰林院。

清代起居注馆原址

清起居注官,全称"日讲起居注官",负责记注皇帝言行。皇帝处理政务时,起居注官轮流在场侍值,退值后回到起居注馆,将所见所闻,逐日书之于稿,签署记注人姓名及年月日,收藏于起居注馆。来年按编年体,编纂成《起居注册》。《起居注册》按记注文字分满文、汉文两种,康熙十八年(1679年)以前,每月成1册,其后每月分为

2册，全年24册，为草本。满文本由满起居注官据汉文本译出。每完成1册草本，由总办记注官逐条查核增改后，递送掌院阅定，再缮写正本。正本用翰林院印信钤缝，称为"起居注册"。《起居注册》正本贮于内阁大库，草本仍存于起居注馆。

清代对《起居注册》的记注体例有着严格规定，"凡记注，先载起居，次谕旨，次题奏，次官员引见"。记载皇帝起居，包括朝会、祭祀、典礼等活动以及谕旨、题奏，还有官员引见、觐见等对答，秋审、朝审等案件的处理，有的全载，有的节略，有的不载，各有定例。除起居注册外，清代还有内起居注，主要记载皇帝宫中的生活起居，记注简要。

清代《起居注册》正本的规范格式是每页7行，每行17字，加抬格每行20字。一般为包背装，墨画框栏，无界行，四周双边，黑口，

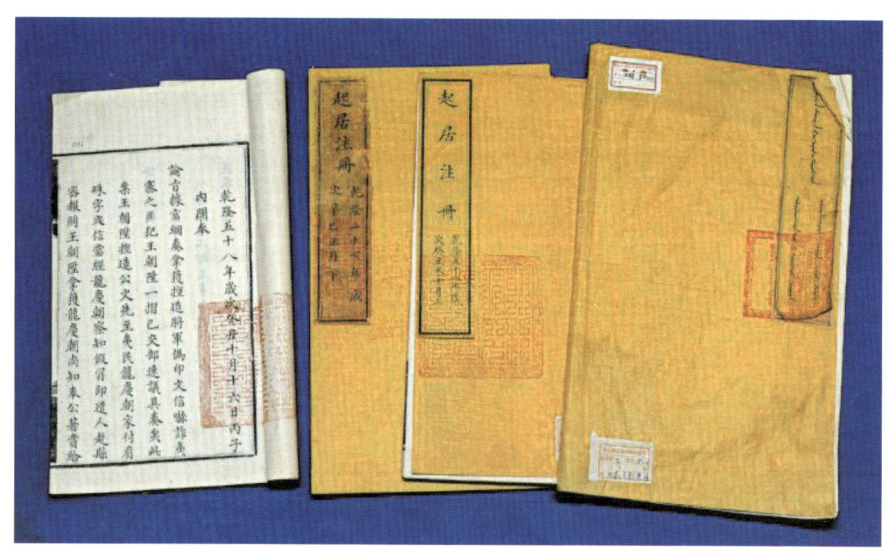

乾隆朝起居注册

双鱼尾，书口右开，黄绫书衣。

清代《起居注册》自康熙九年（1670年）开馆后，除康熙五十七年至六十一年（1718-1722年）一度裁撤外，直到清亡，记注始终未停。雍正帝对起居注的记注十分重视："……不独记载谕旨政务。或朕有一言之过，一事之失，皆必据实书诸简册，朕用以自警，冀寡尤悔。庶几凛渊冰之怀以致久安，慎枢机之动而图长治。"

清代《起居注册》属内廷秘籍，封贮后不再轻易启视。皇帝本人也宣称从未阅览。乾隆二年（1737年）二月初六日，乾隆帝降谕旨批驳御史薛馧条奏，其中便涉及此事："……至所称起居注册档不应进呈御览等语，则自皇祖、皇考以及朕躬从未披览记注，不知出于何人之讹传也？盖人君政事言动，万国观其记，有阙失，岂能禁人之不善？倘自信无他，又何必观其记载。当时唐太宗索观记注，朕方以为非，岂肯躬自蹈之乎？"《起居注册》的原始性可见一斑。

目前已知存世清代《起居注册》总量1万余册，其中大部分藏于中国第一历史档案馆和台北故宫博物院，少量藏于中国国家图书馆等处。一史馆藏满、汉文起居注册总计4000余册。20世纪80年代以来，一史馆、台北故宫博物院不断推进所藏清代《起居注册》的编辑出版工作。

清代《起居注册》记注内容丰富，是清实录所载史料的主要来源和依据，具备当时人记当时事的原始性，又可与其他史料相互补充印证，是研究清史不可缺少的基本史籍。

清代题本

宋小明

时届秋分,一件康熙十六年(1677年)钦天监向康熙帝呈进观候天象并附立秋至秋分天象图的题本档案,似穿越时光隧道,再现我们眼前。天象预兆一直受到古代帝王的重视,依照时节测绘天象图渐成定例。清代,观测天象由钦天监专司。康熙十六年七月初九日,比利时传教士、时任钦天监官的南怀仁向康熙帝呈进观候天象题本,并附立秋至秋分天象图。

这份所绘天象图实为矩形星图,其上清晰标绘了该时节的星象。虽然不像圆形星图那么普遍,但矩形天象图在我国也有着悠久的传统。如《画史》载:"涟漪兰氏,收晋画'浑天图',直五尺,素画,不作圆势。"

在题本正文中,南怀仁等对秋季天象进行预测:"……自立秋至秋分,火星为天象之主。"详述火星的相位之后,再依照天象推测气候、疾疫等:"又,本季火土木三星恒在三照限相近,土立秋节天气不和平,

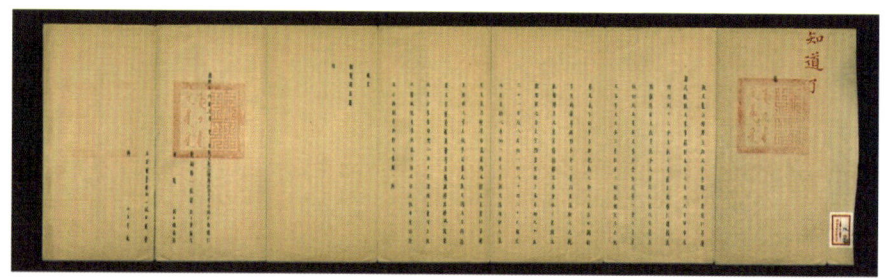

南怀仁题本(汉文部分)

多加干热，人物之气亦不调和，多生痢疟等病。但木金二星以其温和之光彼此相照，主火星害情稍解。"

南怀仁所上题本，仅是存世清代题本中的沧海之一粟。在中国第一历史档案馆藏1000余万件档案中，清代题本多达200余万件，凡职官任免、惩处抚恤、户籍田赋、漕粮税课、库储经费、开矿冶金、商贸灾赈、礼仪外交、科举教育、天文气象、防务战事、军需驿站、案件审理、建筑水利等，均为例行题报内容。可以说，清代题本是清代历史系统、完整、全面的记录。

清承明制，设内阁办理国家政事。自清初直至清末，京内并外省大臣，凡属例行公事，均上题本。题本，亦称红本，始于明永乐二十二年（1424年），是中央及地方高级官员向皇帝陈述公务，投送内阁转呈御览的官文书。按具题部门，题本又可分为吏、户、礼、兵、刑、工六科题本。

题本又有部本与通本之别。京内各部院、府寺等衙门的公文，直送内阁，称部本；各省将军、督抚衙门的公文，需经通政使司检验转送内阁呈进，称通本。题本还存留有副本，正面书"题副"；有官员上奏认为需保密的题本，于正面上书"密题"。

清代题本均为满汉合璧，满文左始，汉文右始。因多系公事，一律钤盖印信。第一幅上方正中写"题"字，第二幅首行写具题人的官衔爵位、姓名、"谨"字，无论字数多少，均在此行写完。文尾用"谨题请旨"等套语结束，末幅正中写具题时间，其下写具题人的职衔、姓名。

题本每幅6行，每行20字，抬头2字，平行写18字，遇有朝、国、宫殿字样，抬高一格书写；称皇帝、上谕、旨、御字样，抬高二格书写；称天地、宗庙、山陵、庙号字样，抬高三格书写。部本仿照奏折用楷书，早期通本书写则使用细长宋体字。乾隆二十九年（1764年）定，题本一律使用楷书。

因题本字数较多，故又令上奏官员自摘疏中大要，字数不得过百，贴于末尾，方便阅读，谓之"贴黄"。

清代题本尺寸基本统一，但部本与通本略有不同。部本长25.5厘米，宽12厘米；通本长23.5厘米，宽11.5厘米。

题本投送内阁之后，内阁大臣先行阅看，拟写票签，即"票拟"，夹在本内一并送皇帝御览，得旨后照旨批写朱字，谓之"批红"，这也是红本得名的原因。之后，抄送相关衙门，依旨办理。

部本（左）与通本（右）

题本多属例行公事，因此票拟之词亦多系套话，基本形成定式，如："该部知道""礼部知道""三法司知道""依议""知道了"等。另外，上题本时还须备有揭帖。它是题本的抄本，内容与题本基本相同，形式、用途却有分别。题本呈给皇帝，字体规范，起首和结尾须列衔称臣签名；揭帖则是抄送有关部院衙门的，字体较草，其形式随所呈送衙门的地位而变化。

清初规定，凡公事用题本，私事用奏本。但在实际使用时，题奏很难分清，致使不少官员受到申饬或处分。乾隆十三年（1748年），停止使用奏本，只用题本。光绪二十七年（1901年）六月，两江总督刘坤一、湖广总督张之洞奏请废除题本。同年八月，清政府以整顿庶务为名，决定废止题本，规定"题本均改题为奏，其余各项本章，即一律删除，以归简易"。

清代题本内容包罗万象，是研究清代历史不可或缺的第一手史料。作为保存清代题本数量居多的一史馆，正在提升题本档案的开放速度和力度。

典制汇集 追本溯源
——《清会典》

徐 莉

《清会典》是清代官修的典章制度汇编，在中国古代典籍分类体系中属史部政书类。有清一代共有五部会典，分别为康熙、雍正、乾隆、嘉庆和光绪朝所修纂，均称《大清会典》。会典的编纂始于明代，清代相沿。会典由特开的会典馆专修，书成即撤。其纂修体例都以机构为序，再以机构内职官为线索，以各官的职掌关联机构的各项典制和事例，加以记述。其记述机构的次序是先文职衙门，后武职衙门，原则上按品级高低为序。各朝会典均用满文、汉文两种文字书写，形成满文和汉文版本。

康熙会典，始修于康熙二十三年（1684年），康熙二十九年（1690年）告成，全书正文162卷。所编入的典章制度，自清开国始，迄于康熙二十三年，共辑录在京50个文武衙门的典章制度。特点是典与例合一，记述每一衙门的典制时，将制度和沿革合为一体。另附有图式，如坛庙制度、器物服饰、行政疆域等，图文并茂。

雍正会典，始修于雍正二年（1724年），雍正十年（1732年）告成，全书正文250卷。该部会典与康熙会典体例一致。

乾隆会典，始修于乾隆十二年（1747年），乾隆二十九年（1764年）告成。该部会典记述与康熙、雍正会典有所不同，是将典制与事例分别编纂。典，属于既定的条文，"行诸今而无弊，传诸后而可征"。事例，是执行条文过程中所遇到的若干典型事件，在日后处理同类事件时，可作为定例参考。例可以因时因地根据具体情况通权达变，从而产生新的事例，而典制条文则不可通融变更。乾隆朝纂修《钦定大清会典》100卷，其中所列文武职衙门共42个；《钦定大清会典则例》180卷，专记会典中所载各项典制的沿革、损益之谕旨、奏章及具体事例，是典与例分别成书的开始。有关图式附于会典之内，共计114幅。

康熙、雍正、乾隆三部会典纂修完毕后，存贮皇史宬，亦均由内府刊印形成刻本，颁发京内外衙门。

嘉庆、光绪两部会典，不仅将典制与事例分别成书，而且将有关图录也单独成书。

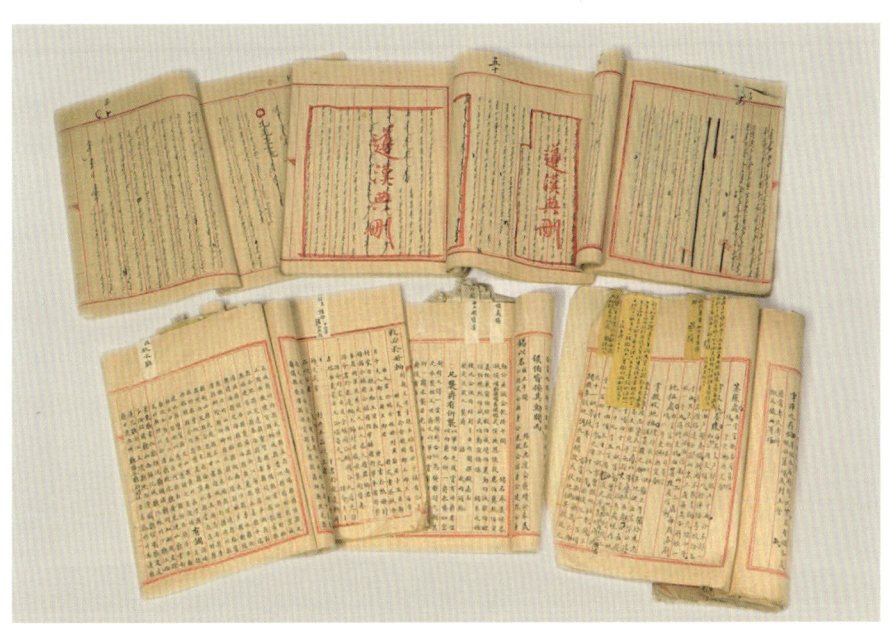

会典稿本

嘉庆会典，始修于嘉庆六年（1801年），嘉庆二十三年（1818年）成书。编成《钦定大清会典》80卷，《钦定大清会典事例》920卷，《钦定大清会典图》46卷。所载典例至嘉庆十七年（1812年），所列衙门新增办理军机处、稽查钦奉上谕事件处等8个衙门。嘉庆会典纂修完毕，汉文本由武英殿刊印，颁发中央及地方各机构贮藏使用。满文本则因"清文卷帙浩繁，毋庸发刊，着该馆将缮写进呈样本一分，送入大内陈设。另缮一分，交武英殿存贮。将来各衙门遇有应查清会典之事，即向武英殿行取检查，以归简易"。

光绪会典，始修于光绪十三年（1887年），光绪二十五年（1899年）纂修完毕。形成《钦定大清会典》100卷，《钦定大清会典事例》1220卷，《钦定大清会典图》270卷。这是清代最后一部会典。新增

满文《清会典》

机构有总理各国事务衙门等。所修会典也分为满、汉文，但是会典修成后，刊刻之本并非武英殿的雕版印刷本，而是石印本。光绪二十八年（1902年）正月，光绪帝"谕军机大臣等，所有续修大清会典全部，共三百四十二函，着内阁交外务部照原本石印进呈"。接此上谕之后，外务部为避免所修之本"舟车腾载"，令"上海商务印书馆移设京师官书局合办"，"计刷印五百部"；满文本则未能刊印，直接由内阁存库。此本还允准督抚按照石印法翻印。因此，光绪会典的发行，较前朝更加广泛。

中国第一历史档案馆所藏满文本会典，包括少量康熙朝会典及乾隆朝、嘉庆朝会典。另藏有光绪朝编纂《钦定大清会典》《钦定大清会典事例》及《钦定大清会典图》汉文、满文稿本共6000余册，是研究清代会典编纂的珍贵资料，亦是查询研究清代典制事例的基本史籍。

宫中请安折及其整理

侯文军

中国第一历史档案馆藏有大量的满、汉文请安折,由两部分构成:第一部分主要散见于朱批奏折和录副奏折中,数量约为2000件。朱批奏折中请安折多来自前朝,以满文奏折居多;而录副奏折中请安折多为大臣奏事折中附带的请安事宜折件。另外,在寄信档及收电档里面也有部分请安折。第二部分为宫中请安折,是整理宫中朱批奏折过程中统一拣选出来,单独成项的。目前,宫中请安折16.6万余件的数字化档案已正式向社会开放,利用者可以在馆内开放利用平台上进行查阅。

请安折及折匣

据学者研究，请安折源于满洲请安习俗。清制，每逢年节、万寿或重大喜事、典礼或发生灾变，官员需要具折请安。皇帝身体违和或出京巡幸时，皇子、王公、大臣也会递折问安。而臣子到任或办差回京，也多会请安汇报。当然，平常日子里，官员亦不时请安，只是视与皇帝关系的亲疏而频次有别。上折官员由最初的奉谕具奏人员，逐步扩大到京内外重要文武臣工，甚至包括一些致仕官员、名寺高僧、西洋传教士、部落头领和驻外公使。而请安对象除皇帝之外，还包括皇太后、皇后、太子和太上皇。不过，除清末臣工循例专折向两宫太后进折请安外，给后三者的请安折并不多见。

请安折多为单独具奏，亦不乏联名协奏，还有委托代请或转递。而写折、拜折、递折，也讲究颇多。雍正朝以前请安小密折中多有密奏事宜，包括雨雪粮价、吏治、盗贼和社会流言等，其他或述己或参人，或密通消息或表达恋主忠君情怀，内容较丰富，且多为亲笔书写。随着奏折制度的推广，请安折数量越来越多，内容逐渐简单化、程式化，且多为代笔。雍正之后，渐成"循例应办事件"。

宫中请安折多有朱批，大致分汉文朱批与满文朱批两种，多为"朕安""安""览"等程式化套语。但内容繁简不一，各具朝代特色，富含多维政治意蕴。如有汉字折满批的，皇帝对新授（放）或调补（任）官员的简单评价语书于职名旁的，别有意味。

对16.6万余件宫中请安折的整理，始于2014年11月，完成于2015年1月，历时3个月。除完成整理之外，还首次尝试从整理分卷、拍照数字化，到信息著录、数据质检，再到项目验收，最后提供开放利用，实现整理、数字化、著录全程一体化操作。在著录方面，此次

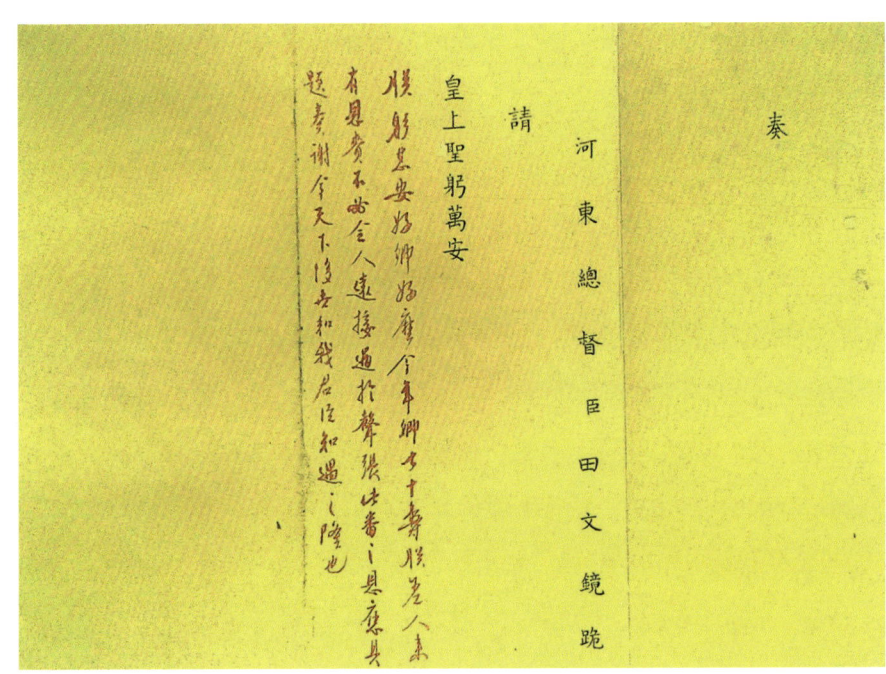

河东总督田文镜请安折

宫中请安折著录深度较之以往有所提高，在各必要项和选择项的基础上，又将联衔具奏官员名称和汉文朱批内容都进行了完整著录，更有益于研究利用。

经过此次整理，满、汉文请安折共5069卷，166399件。其中，汉文请安折部分，共2906卷，98921件；满文请安折部分，共2163卷，67478件。在汉文请安折部分，含有64件满文请安折和20096件满汉合璧请安折；而在满文请安折部分，含有165件汉文请安折和1081件满汉合璧折。各朝请安折数量不一，无朝年请安折占大多数，约为总数的97.60%。宫中请安折内容丰富，值得学界进一步研究利用，以补一时之漏，并供三隅之反。

西湖各景全图

贾晓东

"欲把西湖比西子，淡妆浓抹总相宜。"自古以来，西湖风景为西湖绘画提供了取之不尽、用之不竭的创作源泉。西湖风景的营造追求"如画"和"入画"的意境，而西湖绘画"天人合一"的审美理想又深深影响了西湖风景的形成。"画"与"景"的这种相互影响、相辅相成的关系成为西湖文化的一大特色。

中国第一历史档案馆藏有一幅《西湖各景全图》，面积约2.3平方尺，绢本质地，作者及具体绘画时间已不可考。但根据绘画特点以及装裱材料的研究来判断，其应为一幅清代舆图作品。它全面反映了当时西湖周围的山川风景名胜。全图以小青绿山水画的方式绘制而成，运用了石青和石绿等矿物质染料。这种颜料适宜表现色泽艳丽的丘壑林泉，使山石、林木、泉流等层次分明，同时又不易掉色，易于保存。图中正中心是西湖，四周环山，钱塘江相伴在左，苏堤春晓、曲院风荷、平湖秋月等"西湖十景"尽收眼底，让人如在画中游。

"西湖十景"源发于南宋西湖山水画题名。十景各擅其胜，共同之处为景区位置皆傍近西湖或就在西湖中。宋亡入元，十景一度冷落萧条，景区所指景点，或旧迹难觅。明代，十景有所恢复。清康熙三十八年（1699年），康熙帝南巡至杭州，逐一品题西湖十景，将"两峰插云"改为"双峰插云"；"雷峰夕照"改为"雷峰西照"；"南屏晚钟"改为"南屏晓钟"。这幅《西湖各景全图》中便用了"雷峰西照"和"南

《西湖各景全图》（局部）

屏晓钟"。"西照"和"晓钟"虽一字之改，却未被众人接受，因而只在清代有关西湖著作中出现这两处更改的景点。

康熙帝为十景题字后，浙江地方官吏先后将御笔所书景名，刻石立碑，建亭恭护。至此，十景之名从书中记载成为景点标志。乾隆帝南巡至杭州，又就十景各赋诗一首，镌刻于景碑刻石阴面，使西湖十景景名更广为人知。十景被公认为西湖山水的代表，更是我国古代山水文化的缩影。

与现代地图观看习惯不同，当时制作舆图没有固定的方位规则，而是根据宫廷要求和需要来绘画。画面中贴有"东""西""南"三个方位标签,"西"字位于画面的正上方,"东"字位于正下方,"南"字在左,在"南"字的对称部分,发现有粘贴痕迹,猜测是粘贴的"北"字掉落。另外从一些粘贴的地名标签和绘制图案可以看到我们熟悉的断桥残雪、三潭映月等,与现在西湖的风貌相吻合。

清代,内务府造办处是宫内管理、制作和贮藏各种画作及工艺品的核心机构。其承办的画作受到的制约也颇多。一幅作品的完成有降旨、审稿、审画等步骤。在图画制作过程中,画家会不断被督催和查核,进而修正图画里的内容和表现方式。安徽巡抚为奏报测绘安徽全省舆图的档案,就反映了当时舆图测绘的一些情形。在宫廷中绘制的图画无论是审美性的绘画或者地图,基本上都不会超越奏折里的内容以及皇帝和各部院对图画制作的要求,因此,绘制者自己的笔触也会受到一定的制约。

总体看来,这幅《西湖各景全图》既反映了当时舆图档案的形式、功能以及制作程序,同时也具有一定的艺术观赏价值,为我们进一步了解清代西湖的情景提供了直观翔实的资料。

康熙帝遗诏

张 洁

爱新觉罗·玄烨,是清代入关后的第二位皇帝,年号康熙。康熙帝8岁登基,14岁亲政,在位61年,政绩辉煌,有"千古一帝"的美誉。但在将皇位传给哪一位皇子这个既是家事,又是国事的问题上,文武兼备、睿智过人的康熙帝也是一筹莫展,立储之事一直拖到临终前。

康熙六十一年(1722年)十一月十三日,康熙帝病逝于北京西郊畅春园,享年69岁。中国第一历史档案馆现存有康熙帝临终前拟定的诏书,也称遗诏。在遗诏中,康熙帝首先总结了一生的理政感悟:"从来帝王之治天下,未尝不以敬天法祖为首务。敬天法祖之实,在柔远能迩,休养苍生。共四海之利为利,一天下之心为心,保邦于未危,致治于未乱。"其次叙述了即位以来励精图治,勤于政务的辛劳经历:"朕临御二十年时,不敢逆料至三十年。三十年时,不敢逆料

康熙帝遗诏

至四十年。今已六十一年矣。""数十年来，殚心竭力，有如一日，此岂仅'劳苦'二字所能概括耶！"在遗诏的最后，宣布了皇位继承人："雍亲王皇四子胤禛人品贵重，深肖朕躬，必能克承大统。着继朕登基，即皇帝位。"

对康熙帝而言，皇位继承人一直拖到临终前才最后确定，实在是无奈之举。据统计，康熙帝育有35子，20女。太子两立两废，而众皇子又结党营私，明争暗斗。康熙帝虽屡次告诫，也无济于事，最终只能以一纸遗诏传位。

康熙帝朝服像

这在《清实录》中有清楚的记载："（康熙六十一年十一月）甲午，丑刻，上疾大渐。命趣召皇四子胤禛于斋所。谕令速至。南郊祀典，着派公吴尔占恭代。寅刻。召皇三子诚亲王允祉、皇七子淳郡王允祐、皇八子贝勒允禩、皇九子贝子允禟、皇十子敦郡王允䄉、皇十二子贝子允祹、皇十三子胤祥、理藩院尚书隆科多至御榻前。谕曰：皇四子胤禛人品贵重，深肖朕躬，必能克承大统，着继朕登基，即皇帝位。皇四子胤禛闻召驰至。巳刻。趋进寝宫。上告以病势日臻之故。是日，皇四子胤禛三次进见问安。戌刻。上崩于寝宫。"

正是这"仓促之间一言而定大计"的做法，导致雍正帝的继位，众说纷纭，莫衷一是。但从康熙帝驾崩之前留下遗诏时的在场人物、时间地点、雍正帝的才干及康熙帝对他的认识等方面分析，一史馆藏康熙帝遗诏是可靠的，雍亲王继承大统确实是康熙帝的遗愿。

军机处满文上谕档及其价值

徐 莉

中国第一历史档案馆藏军机处满文上谕档，是清代军机处按编年体汇抄上谕而形成的簿册，现存有127卷613册。经过档案整理、数字化扫描、著录等一系列工作后，形成了46000余条著录条目，已正式向社会开放，利用者可以在馆内开放利用平台上进行查阅。

军机处，清雍正年间为办理军机事务而设立，后取代内阁成为中枢机构。军机处职掌中枢机要，负责上谕的撰拟与颁发，以及奏折等机密文书的处理与各种档册的抄缮。由于军机处档案是处理国家军政要事过程中形成的文书，包括政治、军事、经济、文化、教育、宗教、外交、宫廷生活等十分广泛的内容。因此，军机处档案是研究清代雍正朝及以后清政府的重要史料。

军机处档案有满、汉文之分，其中满文上谕档为汇抄存查的上谕，以明发上谕为主，间或抄录有寄信上谕。明发上谕是指由军机大臣撰拟，经皇帝审阅后通过军机处颁发的上谕。此种上谕发出之前，军机处均抄录存档备查，按一定的厚度装订成册。记事时间起自雍正八年（1730年），止于宣统三年（1911年），乾隆二十五年（1760年）前分"军务"和"寻常"两项装订成册，乾隆二十五年（1760年）后不再细分。此次开放的满文上谕档册，用纸均为无格宣纸，色白细腻，以黄纸作为封面，纸捻穿孔装订成册。

满文上谕档按照上谕发布时间的先后顺序抄录。发文者均以皇帝之名，上谕档中一般不具收文者姓名。但从文书处理信息来看，上谕通过文书处理人员交发或传抄办事机构及办事人员。有交给内阁主事或中书办理的，有交给兵部发给的，有交给奏事处交发各处的，有的直接说明了文书怎样交发或事件怎么处置。

满文上谕档中，有很多关于军事战争的记载。如在平定准噶尔战事中，调派兵马、收集情报、办理粮饷、赏赐盘缠、收容

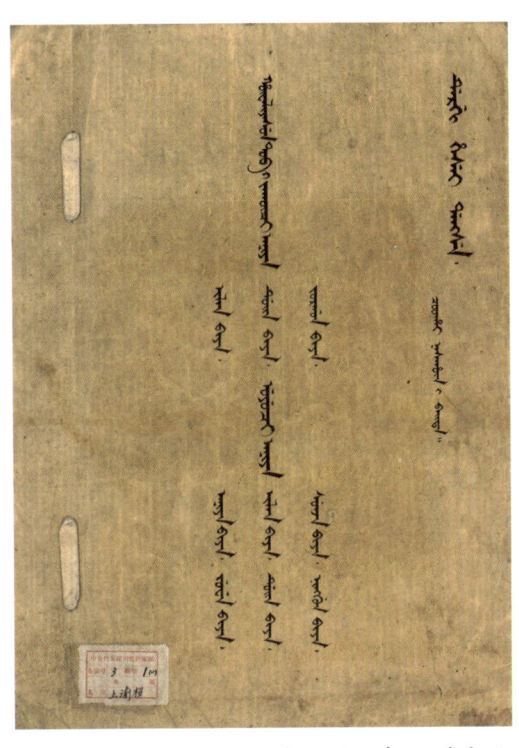

雍正八年三月至九年六月军机处满文上谕档册封面

兵丁、处置战俘、修建驿站等相关信息均有记载，反映了很多历史的细节。如雍正九年（1731年）七月二十四日上谕中记载，汉军赴军营途中如遇断粮，则采买牛羊接济兵丁，这是军队粮饷保障的重要举措。乾隆年间战事中出现军粮不济，也以采买当地牛羊的方式解决。

满文上谕档在反映清代政治制度方面，也有很多有价值的史料。比如清代有避讳制度。避圣讳是其中最为重要的一部分。乾隆六十年（1795年）九月初六日明发上谕：来年归政皇太子，其满洲名下一字旁放一点，嗣后单写、连写不必回避等情况。这件上谕中涉及的避讳

用字，均为满文避讳用字。在以往史料中鲜有记载。

满文上谕档在20世纪60和80年代经过系统整理，所有簿册按"文种——朝年"为序，排序立卷，按照一定厚度将一册或几册分装一卷，卷盒为蓝色布面盒子，卷盒上标有卷号和簿册名称、朝年、册数等信息。每册册封上粘贴有档号签，标有卷号、件号、簿册名称等。2012年底至2013年初，中国第一历史档案馆安排专人按"文本—时间"的原则，再次进行整理，编制了文件级档案次序目录和案卷级档案秩序目录。同时完成了满文上谕档的扫描工作。2014年3月至2015年10月间，由7人不接触档案原件，直接利用扫描件进行著录，共完成著录条目46000余条。

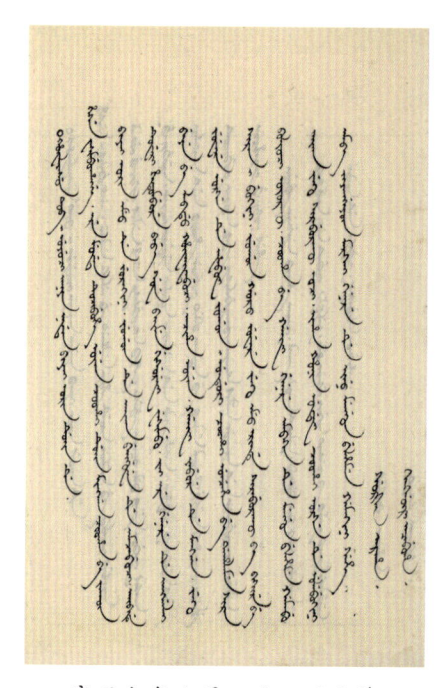

雍正九年七月二十四日上谕

军机处满文上谕档的开放利用，旨在服务于全社会。作为明清历史档案重要的一个组成部分，满文上谕档具有记录历史信息系统翔实的特点，是编修史志官书时的重要材料，是稽查各衙门事件的重要凭证。同时对于研究清代文书制度、满语文书等多方面都具有很好的参考价值。

清代金榜

张 洁

每年的高考,都会使"金榜题名"成为一年一度的热门祝愿语。"金榜题名"源自隋朝创设的科举考试制度,特指科举中,榜上有名。殿试为科举考试最高一级,名义上由皇帝亲自命试并钦定考生名次。殿试结果分为三甲,考中一、二、三甲者,统称进士,取中进士用黄纸发榜,表里两层,称为金榜。金榜题名,意味着考试科举高中,并成功步入仕途。对读书人来说,这是人生中的重要时刻。中国第一历史档案馆藏有清代大金榜16件,小金榜178件,真实记录了清代科举制度的历史。

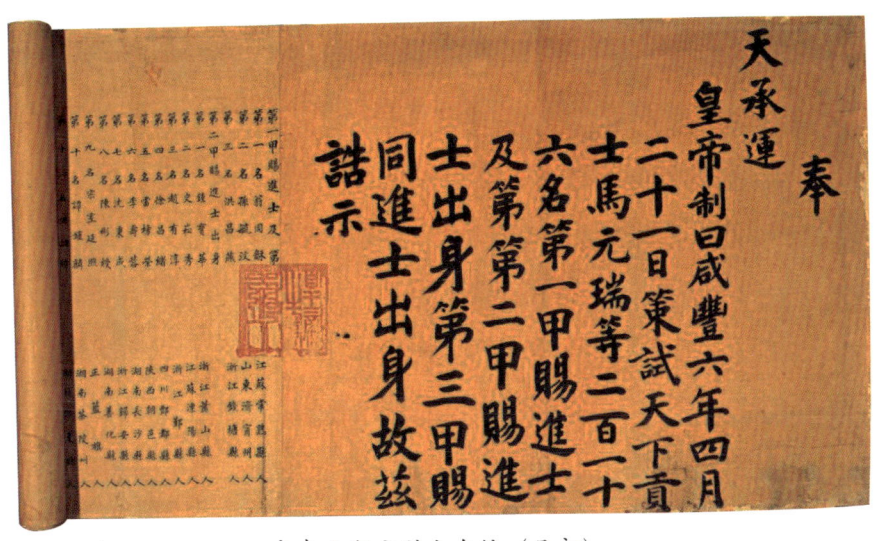

咸丰六年文科大金榜(局部)

大金榜和小金榜,以规格形制区分。大金榜长可达二三十米,由内阁中书4人书写,并捧至乾清门钤盖"皇帝之宝"印。大金榜通常在传胪日张挂公示,供应试的士子和普通民众观看。传胪是指由皇帝宣布中式进士名次的典礼。传胪唱名之后,文科大金榜挂在东长安门外,武科大金榜挂在西长安门外,3天后收回宫中交由内阁存贮。小金榜内容与大金榜一致,进呈皇帝御览,折件形式,不用钤印,形制较小。

清代大、小金榜的内容与书写格式一致。均为黄纸墨字,由满、汉两种文字书写而成。通常开篇以"奉天承运皇帝制曰"引出下文,下承"某年某月策试天下贡士某某等多少名,第一甲赐进士及第,第二甲赐进士出身,第三甲赐同进士出身",最后写上各甲人员的名次、姓名、籍贯。

清代科举制度成熟完备,相关典制记录甚详。关于大、小金榜的撰拟和用途等,乾隆朝《钦定大清会典则例》中有明确记载:"……读卷官以卷进呈,钦定甲乙。中书书大、小金榜及三传折。传胪日,鸿胪寺官于五鼓赴内阁领三传折。学士率典籍官奉榜至乾清门,以小

光绪二十四年文科大金榜(局部)

金榜交内侍进呈御览。大金榜用御宝毕，典籍官恭奉前行，学士及执事官随后，至太和殿，设黄案上。皇帝御殿，鸿胪寺官胪传毕，大学士奉金榜授所司，出长安左门外揭晓。殿试武举仪同，出长安右门外揭晓。"

　　一史馆所藏194件清代金榜，对于科举制度、沿革等方面研究工作，具备翔实、系统的史料价值。2003年，馆藏清代金榜档案作为中国古代封建科举制度的标志性文献档案，入选《中国档案文献遗产名录》。2005年，馆藏大金榜档案被列入联合国教科文组织《世界记忆名录》。

选秀女与绿头牌

卢 溪

选秀女,是清朝入关后,清宫建立的一种特有的,为皇帝选择妃嫔,为宗室阿哥们择选配偶的制度。选秀女有着严格的规定,每3年举行一次,一般从满、蒙、汉八旗官员年至13岁的女儿中挑选。挑选秀女工作由户部主办,每逢选秀女之年,户部请旨选阅,并行文京师八旗都统衙门、直省驻防八旗及外任旗员,凡适龄应选女子必须造册,报部送选。因病未能应选者,下届必须补选。

选秀女时所用的绿头牌,亦称秀女记名牌。其作用相当于现在的名片。中国第一历史档案馆现藏有一件同治帝的皇后阿鲁特氏参选秀女时的绿头牌。该件档案为木质,满汉文书写,长27.9厘米,宽3.7厘米。阿鲁特氏通过八旗选秀女入宫,后来成为母仪天下的皇后。绿头牌上开列,阿鲁特氏旗籍属蒙古正蓝旗,曾祖父是曾任员外郎的景辉、祖父是前任都统赛尚阿、父亲是侍讲崇

阿鲁特氏选秀女绿头牌

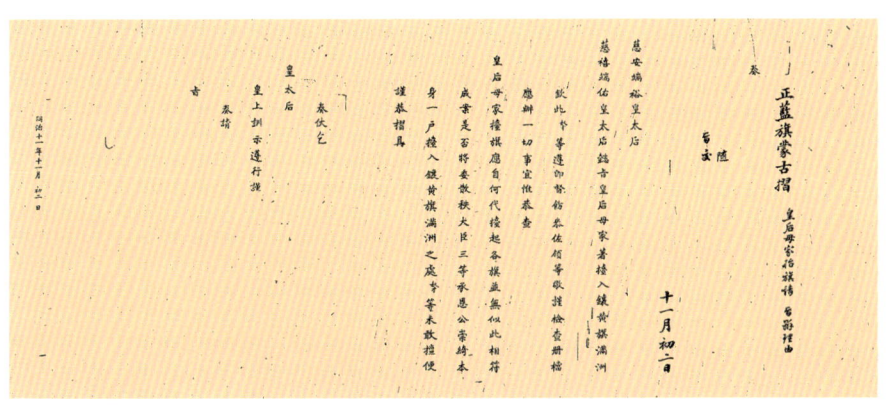

为皇后母家抬入镶黄旗满洲请旨事奏折

绮。本人时年 18 岁。

阿鲁特氏虽出身显赫,但幼年时家族却屡遭重创。祖父赛尚阿官至首席军机大臣、文华殿大学士,却由于围剿太平军失利,被革职拿问。父亲崇绮也被革职。她 7 岁时,外祖父郑亲王端华又在辛酉政变中被赐死,这也是她短暂人生当中,第一次领教到慈禧的威力。

阿鲁特氏的父亲崇绮长于书法、雅擅丹青,于同治三年(1864年)参加殿试,一举夺魁,成为清代唯一的旗人状元,打破了"旗不点元"的惯例,轰动朝野。作为崇绮的女儿,阿鲁特氏幼承父教,淑静端慧,书法极佳,尤其是能左手写字。参选秀女成为了她人生的重大转折,她被慈安太后和同治帝同时看中,立为皇后。婚后,阿鲁特氏与同治帝感情甚密、相敬如宾。但是据传并不得慈禧欢心,因为慈禧偏爱慧妃富察氏,本想让慧妃成为皇后。

同治十三年(1874年),阿鲁特氏婚后两年,同治帝驾崩,而仅仅 70 天后,阿鲁特氏也死去,年仅 21 岁,谥号孝哲嘉顺淑慎贤明宪天彰圣毅皇后。两宫皇太后的上谕是这样解释嘉顺皇后的死因："上年十二月，痛经大行皇帝龙驭上宾，毁伤过甚，遂抱沉疴，遽于本日寅刻崩逝。"但由于皇后之前身体一直健康，又与慈禧太后矛盾颇深，死时甚至可能怀有身孕，因此嘉顺皇后的暴毙引起了各种猜测。

山东道监察御史潘敦俨在一份请旨表彰孝哲毅皇后的奏片中提到："孝哲毅皇后……崩逝在穆宗毅皇帝升遐百日之内，四海莫不惊悼，道路传闻异辞，或谓悲痛致疾、或谓绝粒伤生……"可见时人对皇后之死的震惊。《崇陵传信录》《道咸以来朝野杂记》《德宗承统私记》等野史之中，也流传着各种慈禧迫害嘉顺皇后的故事。关于她的死因，野史中有绝食、吞金、服毒等多种说法。且不论真相如何，同治帝的皇后阿鲁特氏参选秀女入宫，在世人眼中或许是一个甄嬛式的人生赢家，但其背后的故事却令人唏嘘。小小一件绿头牌，折射出了一幕人生的悲剧。

皇帝用药进药底簿

朱琼臻

皇帝进药用药底簿记载历代皇帝的脉案、病情、用药等重要情况，由内务府敬事房太监根据御医每日诊脉记录和所开药方誊抄汇集而成。本文介绍的这册《万岁爷天花喜进药用药底簿》，详细记录了同治帝自同治十三年（1874年）十月三十日下午得病直至十二月初五日夜病亡前后37天间的脉案，以及御医李德立、庄守和等人所开106副药的情况。

同治帝6岁登极，18岁亲政，但亲政仅一年多就病死宫中。关于同治帝早逝的原因，历来说法不一。官方记载其死于天花，民间却一直流传着其死于梅毒的说法。《万岁爷天花喜进药用药底簿》是从医药角度分析研究同治帝死因的重要史料。

满族政权入关后，天花病毒的感染率一直很高，大量皇室成员因感染病毒而身亡。这份用药进药底簿中记载了同治帝的天花病情：十月三十日，太医院院判李德立与御医庄守和初诊意见为，"脉息浮数而细，系风瘟闭束，阴气不足，不能外透之症，以致发热头眩，胸满烦闷，身酸体软，皮肤发出疹形未透"。次日，"疹形透出，挟杂瘟痘""颗粒透出"，出现感染天花病

同治帝朝服像

《万岁爷天花喜进药用药底簿》

毒的症状。此一状况引起慈禧太后的高度关注。经过数天的精心治疗，至十一月初七日，同治帝症状减轻，"由险渐化为平"。十一月二十日以后，病情突然加重，并连带诸多并发症，全身多处溃烂，"湿毒流聚腰间，红肿溃破，流脓水……痘后余毒湿盛"。后"痘痂俱落，而腰间溃孔，左右臀部溃孔"，全身多处红肿溃烂。至十二月初五日，"六脉已绝""元气脱败，酉时崩逝"。同治帝的种种症状与感染梅毒相似，故亦有同治帝死于梅毒之说。

康有为"上清帝书"

王 征

1898年6月11日，光绪帝颁布"明定国是"诏书，晚清开始了近代史上一次重大的政治变革，它是在列强瓜分中国、民族危机空前严峻的形势下发动的一次以救国图强为号召的变法维新运动，史称"戊戌变法"。推动这场运动的是以康有为、梁启超为代表的维新派，而吹响救亡革新号角的是以参与"公车上书"为代表的一批先进的中国士人，在亡国灭种的危急形势下，开启了近代民族复兴的探索。这其中，尤以康有为及他的"上清帝书"影响最大。

"上书"是古代士人阶层向帝王奏谏陈词的一种议政形式，在中国有着悠久的历史。所谓"言事于王，皆称上书"，其内容往往紧扣当时的时政问题，言治道得失，进规谏劝诫，言合上意者，可以拜官封爵。"上书拜官"在汉代甚至成为了一种重要的选官形式，士人借此表达自己参与政治的愿望，进言献策，对国家治理起到集思广益、拾遗补阙的作用。及至清代，中下级官吏和布衣平民则需要通过呈请的方式，由具有上奏权的机构或官员为其代奏，才能使自己的主张上达天听。

康有为（1858-1927年），广东南海人，是晚清时期重要的政治家、思想家，也是戊戌变法时期维新派的重要人物。光绪十四年至

康有为像

二十四年（1888-1898年）间，康有为曾先后7次上书光绪帝，提出变法请求，陈述变法举措，希望倚重君权，实行自上而下的政治变革，摆脱国家与民族的困境。其前两次上书均未能送达御前，但在上海刊行了《公车上书记》，传闻一时。

光绪二十一年（1895年）五月初六日，已被授为工部主事的康有为向都察院呈递了主张战后改革的上书即"上清帝第三书"，经过堂官们"公同阅看"并联名签署，确认没有避讳字样及"违碍之处"，且"取具同乡京官印结"，由同乡京官出面确认身份并担保后，在五月十一日终于呈送御前。

按照惯例，代奏的条陈要按照规定的格式抄录一遍才能进呈给皇

康有为上清帝第三书

帝，但时值《马关条约》签订后不久，惨败、割地和赔款激起了朝野上下强烈的反响，官员举人们的上书条陈较多，且康有为的上书篇幅又长，都察院恐"照例抄录""耽延时日"，遂将其所进的原呈直接代奏，呈送给光绪帝，后又呈送给慈禧太后。

康有为的"上清帝第三书"得到了光绪帝的重视，发下谕旨，将其与胡燏棻等人的折片共计9件，抄录下发各省将军督抚阅看。"上书"的原件连同代奏的折件在发下后，便被军机处封存于宫中，保藏至今，现珍藏于中国第一历史档案馆，成为目前康有为唯一存世的"上书"原折。

康有为的这篇"上清帝第三书"洋洋洒洒13000余字，将他第二

次"上书"(即"公车上书")中关于"变法自强"的部分进行了全面阐说,是《马关条约》签署后,康有为面对列强瓜分中国的狂潮和空前严重的民族危机,抒发了由甲午战败引发的对中国贫弱根源的反思,表达了"今国势贫弱,至于危迫者,盖法弊致然"的观点,提出了"及时变法,富国,养民,教士,治兵,求人材而慎左右,通下情而图自强"的变法主张,详述了其改革的措施与建议,这些都为之后开始的戊戌变法描绘了蓝图。

康有为通过"上书"的方式,将维新派的政治主张和要求上达光绪帝,折射出那个时代知识分子为救亡图存探索国家自强之策的爱国热忱。这些"上书"在当时便陆续刊印发行,使维新变革的思想言论在社会上产生了广泛的共鸣与影响,也使得维新派逐渐登上了政治的舞台。

戊戌变法开始后,光绪帝发布上百道变法诏令,除旧布新。主要包括:改革政府机构、裁撤冗官、任用维新人士;鼓励私人兴办工矿企业;开办新式学堂吸引人才,翻译西方书籍,传播新思想;创办报刊、开放言论;训练新式陆军海军;同时规定,科举考试废除八股文,取消多余的衙门和无用的官职,等等。但因变法损害到了以慈禧太后为首的守旧派的利益而遭到强烈抵制与反对,历时103天的变法维新也因此而失败,故这次变法又称"百日维新"。

康有为的激昂"上书"和轰轰烈烈的"戊戌变法"都没能挽救国势的衰落,但就像洋务运动开启了中国近代化的进程一样,"上书"和"变法"推动了近代中国的思想启蒙和解放,激发了寻求救国真理的热潮,对社会进步和思想发展都起到了重要的推动作用。

端方及端方全宗档案

郑海鑫

端方其人

端方（1861–1911年），字午桥，号陶斋，满洲正白旗人。清末曾历任湖北巡抚、湖广总督、两江总督等要职。宣统三年（1911年），端方担任川汉、粤汉铁路督办，入川镇压保路运动，为起义新军所杀，清廷加以优恤，追赠太子太保，并赏给二等轻车都尉世职，予谥忠敏。其生平著有《陶斋吉金录》《端忠敏公奏稿》等。

出身满洲贵族之家的端方，仕途较为顺利。他曾一度支持戊戌变法，但在变法失败后，因受到荣禄和李莲英的保护而免受株连。此后，端方不断被委以要职。在任期间，端方鼓励学子出国留学，筹办新式教育，在南京鼓楼创办了暨南学堂。在江苏巡抚任上，端方为革除陋习，下令将各州县照例奉送的红包用作选派当地学生出洋留学的经费。光绪三十一年（1905年），端方出洋考察，历访日本、美国、英国、法国等10余国。他所编的《欧美政治要义》，是关于清末立宪运动的重要著作。

端方像

端方全宗档案的来源

在中国第一历史档案馆馆藏档案中，保存有一批端方在其任内形成的官方档案及私人信件。这些档案是1935年4月至1936年3月间，故宫博物院文献馆先后3次向端方家属购得，涉及端方在任湖北巡抚、湖南巡抚、湖广总督、两江总督等职时形成的文件及部分私人信件。如，1935年4至11月间，购得端方密电等600余册；1936年2月间，购得百余册有关清季军国大政的档案。另据《国立北平故宫博物院特种款收支报告表》，1935年4月起至1936年3月间，购买端方电信稿件及黄册的花费就达1060元。这部分档案形成了现在的端方全宗档案。

《宣统政纪》中清廷优恤端方的记载

端方全宗档案的内容

馆藏现存端方全宗档案,经整理、著录 80000 余件,时间约始自光绪二十六年(1900 年),止于宣统三年(1911 年)。这些档案分电报、函件、杂档等三类,依朝年顺序进行编目。

(一)电报

电报包括来电、去电和专案电报,除原稿外,均另有誊清本,原稿及誊清本封面多标有名称。档案界前辈张德泽先生在分析端方全宗档案时,按电报内容,将其分为普通电和专案电两类。

普通电有各省公事来去电、各省寻常来去电、本省公事来去电、本省寻常来去电、京部来去电、项城来电、各局来电、各处明码来电等;

专案电即按事由分类,同一事项归为一类,是端方档案中最为重要的部分,可分为革命、洋务、财政、军务、路政、河工、商务等 7 类。

革命类有苏报案来去电、徐锡麟案来去电;

洋务类多为有关外国交涉的电报共 15 种,如大阪赛船事来去电、德舰入鄱阳湖事来去电、上海推广租界事来去电等;

财政类有论币制改革事来去电、赈务来去电 2 种;

军务类有 11 种,如广西军务来电、桂滇湘黔军务去电、皖省兵变事来去电等;

路政类有铁路事来去电、苏杭甬铁路事来去电 2 种;

河工类只有堤工来电事 1 种;

商务类即中外通商及内地商民案件,有英商贝纳赐案来去电、日商运米事来去电、南洋劝业会事去电、纱机事去电等。

除以上 7 类外，专案电还有湖北游学生事来去电，扑捕蝗蝻事来电等。

（二）函件

函件分来函和去函两项。来函粘贴于册并标有名称，分为要函、各国领事来函、外洋来函、游学生来函、京中复函、湘署函件、次要函件、寻常函件、家函等。去函除浚浦函件外，其余均无名称。

（三）杂档

端方全宗档案除电报、函件外，其余归为杂档。大致分为目录、奏折、文稿、表册 4 种。

目录分电报目、书目两种。电报目即为前文电报之摘由；书目即西文书目录，是端方在筹建学堂时所编，分为政治、教育、法政、实业等门类。

奏折均为端方任陕西巡抚时所呈请安折。

文稿有奏稿、禀呈批稿、咨稿、札稿等。奏稿为端方担任两江总督时奏事稿件，多为《端忠敏公奏稿》未载之稿。禀呈批稿为端方担任陕西布政使时的文件。咨稿、札稿为端方担任出使各国考察政治大臣时致各方稿件。

表册是端方担任两江总督时所属各处造报，有"江北灾区十三州县义仓积谷表""安徽在省候补道曾否吸烟各员清册"等。

需要指出的是，除端方全宗档案外，在一史馆馆藏其他全宗档案中，也保存有不少端方相关档案。这些档案内容丰富，包括政治、经济、文化等各方面情况，为端方个人及清末外交、军事、地方经济、河工、教育等多方面、多角度的研究提供了重要史料依据。

清代民政部设立及其全宗档案介绍

郭 琪

中国第一历史档案馆现藏清代民政部全宗档案1079卷，经过档案整理、数字化扫描、著录等一系列工作后，形成了41000余条文件级目录，目前已正式向社会开放，利用者可以在馆内开放利用平台上进行查阅。

机构的设立

清以前，各朝尚未设立专门管理民政的机构。清朝末年，义和团运动的爆发和八国联军入侵使当时的社会危机更加严重，清政府为了维护其摇摇欲坠的统治，统一控制和领导全国的警察机构，于光绪三十一年（1905年）设立巡警部。

光绪三十二年（1906年）清政府拉开了预备立宪的序幕，试图找到挽救统治危机的办法，民政机构的设立正是在这样的改革背景下产生的。这一年的九月二十日，光绪帝在上谕中宣布："巡警为民政之一端，着改为民政部。"民政部成为掌管全国民政事务的最高行政管理机关。

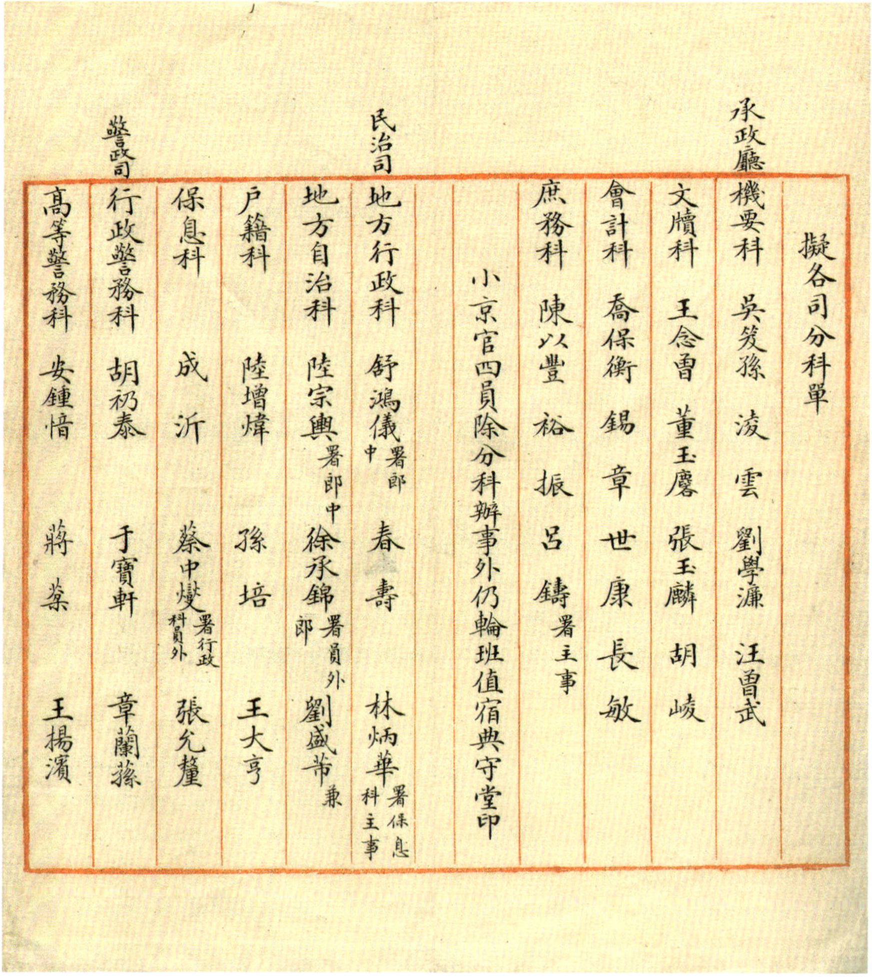

警政司			民治司			承政廳					
高等警務科	行政警務科	保息科	戶籍科	地方自治科	地方行政科	機要科	文牘科	會計科	庶務科	小京官四員除分科辦事外仍輪班值宿典守堂印	擬各司分科單
安鍾愔	胡礽泰	成沂	陸增煒	陸宗興 署郎中 徐承錦 署員外 劉盛芾 兼	舒鴻儀 署郎中 春壽 林炳華 署科主事	吳筏孫	王念魯 董玉麐 張玉麟 胡崚	喬保衡 錫章 世康 長敏	陳以豐 裕振 呂鑄 署主事		
蔣縈	于寶軒 章蘭蓀	蔡中燧 署行政科員外 張允鏊	孫培 王大亨			凌雲 劉學濂 汪曾武					
王揚濱											

民政部承政廳及各司分科單

机构的职能

民政部除接管原巡警部所辖事务外，还将户部所掌之疆理、户口、保息、拯救、旗人过继归宗，礼部所掌之仪制、风教、方术，工部所

掌之城垣、公廨、仓廒、桥道工程，吏部所掌之文职官员过继归宗、复姓改籍等事并入。因此，该部职掌包括：管理全国地方行政、地方自治、户口、风教、保息、荒政、巡警、疆理、营缮、卫生、寺庙、方术各事，并监督顺天府尹，稽核各直省民政司务、礼俗风教等事宜。民政部下设尚书、左右侍郎、左右丞、左右参议、郎中、员外郎、参事、主事、录事、书记等官员。

民政部内设二厅五司，分别是承政厅、参议厅、民治司、警政司、疆理司、营缮司、卫生司；厅司之下设科（处）分管具体事务。此外，民政部下辖内外城巡警总厅、缉探总局、路工处、消防队、京师习艺所等直属机构，各机构设立、撤销时间不一，多数都于宣统三年（1911年）前后裁撤。

档案的来源

一史馆所藏民政部全宗档案主要有两个来源：一为原存本馆的民政部档案，包括民国时期接收的由北京巡警厅移交的京师内城巡警总厅的档案；二为1961年接收从南京史料整理处运回的民政部档案。档案时间起自光绪三十二年（1906年）止于宣统三年（1911年）。

1974年，一史馆对民政部全宗档案进行了案卷级的初步整理，将原巡警部档案中的路工局和工巡局档案，及南京史料整理处移交的工巡局档案一并归入了民政部全宗。1998年6月，开始对民政部全宗档案进行加工整理，同时进行了档案内容的著录，至2000年底，档案整理及著录工作完成。2008年，开始对民政部全宗档案进行数字化扫描工作，同时对案卷、目录进行了核对。2017年11月22日，民政部全宗档案正式上线。

档案的内容

（一）章制、警务：有核议各种民政条陈、章制、律例、法规，部分省区行政区划、纲目；办理警政等文件。

如光、宣两朝时，曾有意调整全国部分府、县区划。计划将绍兴府下辖山阴、会稽两县裁并，归入绍兴府治，而浙东建议社作为浙东地区人民诉愿机关对此持有不同看法，于宣统三年（1911年）七月二十一日发电资政院和民政部，认为该两县幅员辽阔，而绍兴府当时又面临风雨等自然灾害等，请求两部再行考虑。这对清代请愿机构及晚清浙江地区社会研究有一定帮助。

（二）管理涉外事务：有部分国家驻华使领人员觐见、参观的保卫章程，英、葡在港澳侵扰记录，中荷领约印本，荷兰治理属地章程，保和会公断条约，朝鲜边民越垦事，上海各国租界会审案件，查禁英国私运鸦片，各国教案、侨民、华工问题，参加万国禁烟会，日、英、法商人私运军火等文件。

（三）治安防务：有镇压会党、罢工罢市、辛亥革命、湘浙桂饥民暴动，查禁书刊、鸦片、报馆、集会、演说；京师稽巡街道、三海、王府、坛庙、车站，审理各种刑名、京控案件等文件。

（四）自治宪政：有核议地方自治、选举章程，设咨议局、自治办理宪政，筹备立宪等文件。

（五）稽核工程实业：有修建陵寝、坛庙、衙署、城垣、桥梁、道路、码头、仓及核销工料银两事；管理市场、金融、税捐、游艺、商民开矿设厂等文件。

（六）学务卫生：有经办巡警、测绘、速记、警务、监狱，整顿学政、赴日考察警务；管理防疫、卫生、医院等文件。

（七）赈济、垦务：有办理官民土地、垦地，各省水、旱、风、雹、云南地震，灾荒赈济、移民、仓储、粮价等问题的文件。

（八）职官、官制：有各部院、本部及所分属机构的官制、人员调补等文件。

清末民政部设立时期特殊，职能重大，与当时各部院及地方往来文书颇多，所形成档案内容极为丰富。为深入研究清末警务、防务、自治宪政、中外关系等方面提供了丰富的史料。

旧档细说

外城巡缉

传开前大……同仁堂药铺立案

情蒙

批交外厅查明立案等因粘抄原呈传知到厅奉此查京师同

药铺开设一二百年确系乐季繁祖遗公产各处既无分铺亦无

朴实之材 济世之效
——明清番薯传播小史

卢 溪

番薯,别名甘薯、红薯、地瓜、山芋、红苕、白薯等,其地下部分的块根可供食用,是一种高产、适应性强的粮食作物,已在全世界广泛栽培。番薯在中国大多数地区都有种植,被制作成多种形式的食物供人食用,如红薯干、红薯粉丝、红薯饼、红薯酒、红薯泥、红薯淀粉等。

传入:从美洲到中国

"民以食为天",番薯对于中国人的餐桌来说非常重要,但它却是舶来品,在中国的栽培历史仅有短短400余年。从其名字也可以看出:"番"是指外国或外族,番薯即来自外国的薯。与之命名相类似的还有番木瓜、番石榴、洋葱、胡萝卜等作物。番薯原产于美洲,后由西班牙殖民者携带至吕宋(今菲律宾)栽种。在明代,番薯的种植从吕宋传入福建沿海。据《金薯传习录》援引《采录闽侯合志》记载:"按番薯种出海外吕宋。明万历年间闽人陈振龙贸易其地,得藤苗及栽种之法入中国。"

番薯传入的过程并不是一帆风顺的,当时菲律宾的西班牙殖民当局禁止薯种外流,陈振龙巧妙地将番薯藤条编入麻绳(一说编入箩筐），瞒天过海地避开了检查，才将番薯种带回福建。当时恰逢福建大旱，五谷歉收。陈振龙之子陈经纶上书福建巡抚金学曾，言广种番薯可救荒，得到了金学曾的大力推广，因此福建人又将番薯称为金薯。福清县建有"先薯祠"（现已无存）和"先薯亭"（重建于1957年），以此纪念番薯传入中国之事。

而学者研究认为，除了上述路线外，还可能存在两条番薯引进中国的渠道：一为葡萄牙人将番薯从美洲引入缅甸，再由缅甸传入云南；一为葡萄牙人传至越南，再由东莞人陈益或吴川人林怀兰传入广东。三条路线互不关联，先后传入。

推广：从沿海到内陆

番薯传入中国后，很快就体现出了产量高、适应力强的优点，但其推广到全国各地却是一个漫长的过程。1607至1610年间，徐光启将番薯引种到其家乡（今上海一带），后又引种到天津。到了清代，番薯传播范围扩大，因其对土壤、肥料、雨水要求不高得以广泛种植，充作粮食大量生产。

徐光启像

康熙初年，陈振龙五世孙陈川桂将番薯推广到浙江。

番薯推广到全国大部分地区，尤其是推广到北方地区，则是清乾隆年间清廷推广的结果。这种推广既有在一地范围内的，如山东按察使陆耀写《甘薯录》刊发各府县，也有来自最高权力者的意志。

据中国第一历史档案馆所藏军机处上谕档记载，乾隆五十年（1785年），乾隆帝因"番薯既可充食，兼能耐旱……使民间共知其利，广为栽种，接济民食，亦属备荒之一法"，要求在直隶、河南两地推广番薯种植。并传谕闽浙总督富勒浑"将番薯藤种多行采取，并开明如何栽种浇灌之法，一并由驿迅速寄交（河南巡抚）毕沅"。

乾隆帝下令将番薯从福建引入河南后，闽豫两省的行政官员迅速行动。东河总督兰第锡奏报三次采购运送薯种共计33万斤入豫；闽浙总督富勒浑则两次运送了20担又15万斛的薯种到河南。

除了薯种之外，福建方面还提供了技术和人才方面的支援。

福建向河南官员推广种植番薯的技术："（番薯）藤种应于立冬前后收取，插入土内，露出藤尾；次年二月取出培养枝叶，俟长有三五尺时，逐枝剪断；于四月间分种；中秋前后收获，名为早薯。六七月插种者，系将新藤随剪随插，冬至前后收获，名为晚薯。新藤在本地剪下，隔二三日插种尚可，如远隔多日，即难生发。若要耐久，必须将小薯子连藤挖起，用沙土培护，随时浇灌，方可经久。"

陈振龙六世孙陈世元，当时已年届80，仍自愿带着儿子和老农18人一起从福建到了河南，在当地推广番薯种植经验。陈世元作为陈振龙的后人，一生致力于番薯的推广，著有《金薯传习录》，他连同几个儿子一起，将番薯种植推广到山东胶州、河南朱仙镇、北京通州等地。

再臣等兩次購備薯種二十五萬斤由海運豫
先後
奏蒙
聖鑒茲又購得薯種八萬斤自應隨得隨運俾趲送
既易為力更不至積多枯爛隨派員於本月初
十日仍由海運往再查現屆秋成番薯將次豐
收之候藤根亦漸加堅老臣等仍接續採辦源
源運往謹附片奏
聞

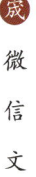

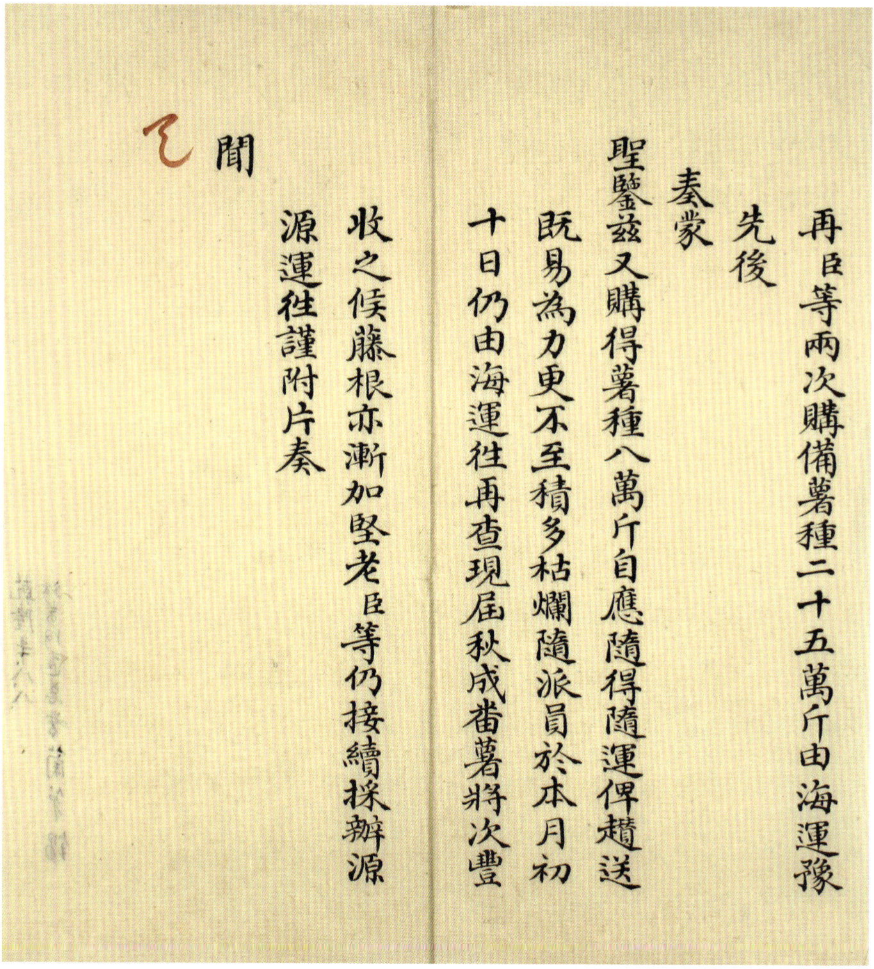

东河总督兰第锡为购备薯种至豫事奏折

贡献：从糊口到济世

明清两代番薯种植的推广，不仅丰富了人们的食谱，也对当时的历史进程产生了巨大影响。番薯不仅高产，而且可以在不适宜种植传统粮食的山地等土地上栽培，为供养更多的人口提供了可能。乾隆朝以前，漳州人"多种以救饥"。嘉庆时期，泉州、漳州的贫民，全靠食番薯维持生命，终年见不到一点大米。澎湖人主要种植番薯，将其切成瓜片、晒干保存，以备明年食用。北京人吃番薯最初采用煮熟的办法，因味道甘美，成为各个阶层都喜欢吃的食物。正如乾隆时富察敦崇所言，番薯"尤足济世，可方为朴实有用之材"。

由于粮食产量的限制，中国历史上各时期的人口规模很难突破6000万大关。有学者认为明末实际人口已达1个亿，而到了道光年间，人口总数已经突破4亿大关。人口的增长，在人均耕地面积缩减和农业技术没有大的革新的背景下，种植和推广番薯等高产作物对社会发展和百姓生计起到了积极的作用。

明清时期的港珠澳交通

卢 溪

2018年10月24日，港珠澳大桥正式通车。这项从倡议到建成耗时近40年的工程奇迹跨越伶仃洋，总长约55公里，实现了粤港澳三地人民"一桥连三地，天堑变通途"的梦想。那么在明清时期，粤港澳三地的交通情况又是怎样的呢？

港珠澳大桥

明清时期，广东省内西江、东江、北江、流溪河等河流构成了沟通全省的内河交通网，而经水陆联运，来自湖南、江西、福建、广西的人员货物可直抵广州。兼具河港和海港双重作用的广州港成为广东乃至整个华南地区的交通枢纽。

香港在被割让给英国前，一直属于广东新安县。澳门属广东香山县，在明代是南海诸国朝贡贸易船只的临时停泊所，葡萄牙殖民者取得居住权后，以此为据点，建立起联通长崎、果阿（印度的一个邦）、欧洲的贸易网络。

由于珠江三角洲水网密布，当时从广州前往澳门、香港地区主要走海路。从广州前往外地的海路有东、南、西三路。其中东路通往潮汕、福建、上海、天津等地，香港位于此路线上；而南路通往雷州、海南等地，西路通往广西、安南、暹罗等地，澳门位于南路和西路线上。归纳当时粤港澳三地的交通情况，可以用"慢""难""险"三个字形容。

慢

港珠澳大桥通车后，从香港到澳门开车仅需 45 分钟，而从香港或澳门开往广州也只需要 3 小时。但在明清两朝，交通主要依靠以人力或风力驱动的船只，在三地间往来耗时甚长。

据中国第一历史档案馆馆藏档案记载，道光十八年（1838 年），有英吉利商人在澳门雇船前往磨刀洋，因风向不顺，第二天才抵达大澳（香港大澳岛）。可见，那时由澳门至香港，约需 1 天时间，如果风向顺利，时间才可以更短些。

另一件档案则记录着，监正刘松龄从广州前往澳门，用了 3 天时间，而从澳门回返广州则花了 6 天；乾隆五十七年（1792 年），粤海关监督盛住由广州前往澳门，路上用了 4 天；嘉庆十六年（1811 年），两广总督松筠由水路赴香山、澳门视察，往返共用了 8 天。由此可见，当时广州至澳门的单程交通，一般需要花上 3–6 天的时间。

难

明清时期，在粤港澳三地奔波没有快捷舒适的飞机、高铁或轮船可乘坐，长途奔波着实是件苦差。由于当时的船只普遍吨位较小、人货混装，旅途环境很差。加之船只颠簸，很多不常出海之人会饱受风涛晕船之苦。而老水手们也好不到哪里去，在内河遇到河滩淤塞，便要下船拉纤，海中则有变幻不定的狂风激流，一旦遇上就要打起十二分精神应对。

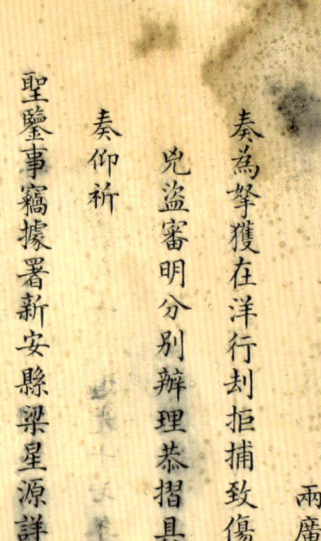

两广总督邓廷桢为拿获打劫夷船凶盗事奏折

此外还要应对官吏兵丁的盘剥。当时广东沿江沿海遍设的关口汛口,都是来往船只望而生畏的虎口。关权胥吏"滥封索诈""任意勒索",营汛官兵不仅不保护往来船只,反而以武力为恃强取豪夺。

而最难的还是来自明清两代政府的压力。明清时期都曾长时间执行禁海政策,这严重影响了沿海地区的交通发展。康熙元年(1662年),

广东大规模禁海迁界，香山县和新安县皆在迁界范围内，清军强拆庐舍、烧船封港，"所有沿海船只悉行烧毁，片板不许下海"，许多村镇被夷为平地，"迁移之民、尽失其业"。到了康熙二十二年（1683年），新安县"船只不及先年百之一"。

《大明律》规定禁止建造"二桅以上的大船""不作大艚"，清初同样禁止私人擅造500石以上的双桅出海大船，禁止在国内打造船只赁与出洋之人。这些举措严重限制了船舶等交通工具的发展。所以，明清两朝，虽然出现过郑和下西洋这样的航海壮举，但大部分船只在种类、性能、技术上，与西方国家的差距正在逐渐加大。

险

明清时期的旅途，不仅要面对种种艰难险阻，稍有不慎，甚至有性命之忧。海途中，最怕遇到的就是风暴和海盗。

船只遇到风暴，往往就是船毁人亡的结局，康熙二年（1663年），南海县突遇"暴风疾雨、雷电大作，飘没深井尾海面船只，淹死人民千计"。

明清两朝，广东内河沿海盗贼猖獗，屡禁不绝。"在水则扮贸易商船，或作差船、引艇，或假巡海桨哨，游移窥伺，借名盘诘，逼近渡船商艘，蜂拥行劫"。一旦遇到盗贼，轻则财货不保，重则人财两空，甚至可能被裹挟为匪。

一史馆档案中，有大量关于水匪海盗的记载，如活跃在澳门的海盗吴亚四，活跃在新安洋面的黎亚九、郑亚汶、黄保德等。这些海盗很多是疍户。以捕鱼、运输、编竹等行业为生，世代居住于江河湖海之上，不仅要面对变幻莫测的气候和水文，还要忍受极重的剥削，遭到官府和其他平民的歧视，生活十分艰辛。嘉庆元年（1796年），被两广总督拿获的海盗黎亚九，原本就是新安县普通疍户渔民，被海盗打劫后裹挟入伙。

由于当时的政府和政策的原因，明清两朝的大部分地方官员对于扶持交通运输行业、肃清盗匪之事并不上心。珠江河道容易淤塞，严重影响航运，但地方官员清竣河道积极性并不高。河海之上众多水匪海盗，官府缉拿盗贼也不尽力，迫使民众设法自保。这些官员们更热衷的是"吃拿卡要"，乾隆四年（1739年），时人总结海关陋规竟多达90余条。

正是因为政策的短视、官府的腐败，珠三角地区的航运交通在明清两朝难称便利。直到中华人民共和国成立后，特别是改革开放后，香港、澳门先后回归祖国，粤港澳三地的交通变得日益密切顺畅，而港珠澳大桥的建成开通，更是便民利民、促进融合、沟通人心、增强凝聚力的伟大创举。

金榜题名话状元

张 洁

科举考试是古代读书人步入仕途的唯一"正途"。从隋炀帝大业年间设进士科开始,到清末光绪三十一年(1905年)废除科举止,共持续1300余年的时间,科举考试制度对于中国社会的影响极其深远。状元是科举考试取得殿试第一名的塔尖式人物,其光环与荣耀更是常人难以企及。正是"十年寒窗无人问,一举成名天下知"。

清代的科举考试自顺治三年(1646年)至光绪三十年(1904年),共开科112科,取中状元114名。在这些状元中,江苏有49人,位居前茅;浙江20人,安徽9人,山东6人,广西4人;广东、江西、直隶、湖北、福建各3人,贵州、湖南各2人,八旗蒙古、顺天府、河南、陕西、四川等各1人。

保和殿

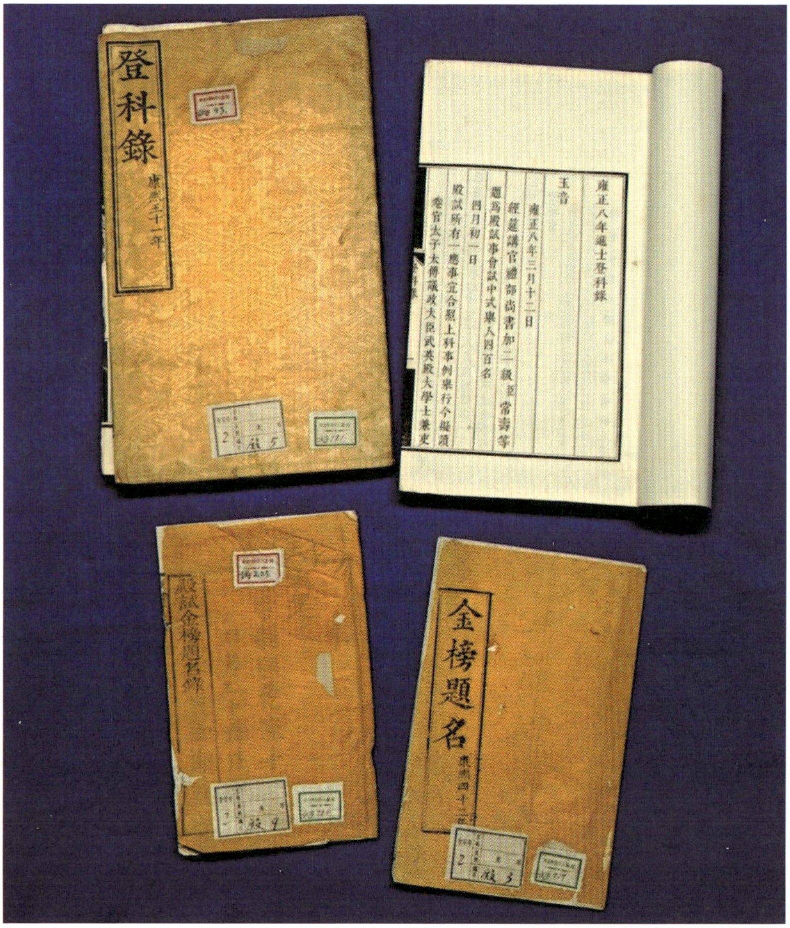

清代进士登科录

状元，是经过童试、乡试、会试、殿试层层考试，最后取得殿试第一名。殿试，又称廷试、御试、廷对，是最高级别的科举考试。一般在农历四月举行，由皇帝亲自出题并主持考试。殿试题目称为策题，短则二三百字，长则五六百字。策题主要考察举子们的政治才能，尤其是治国理念。

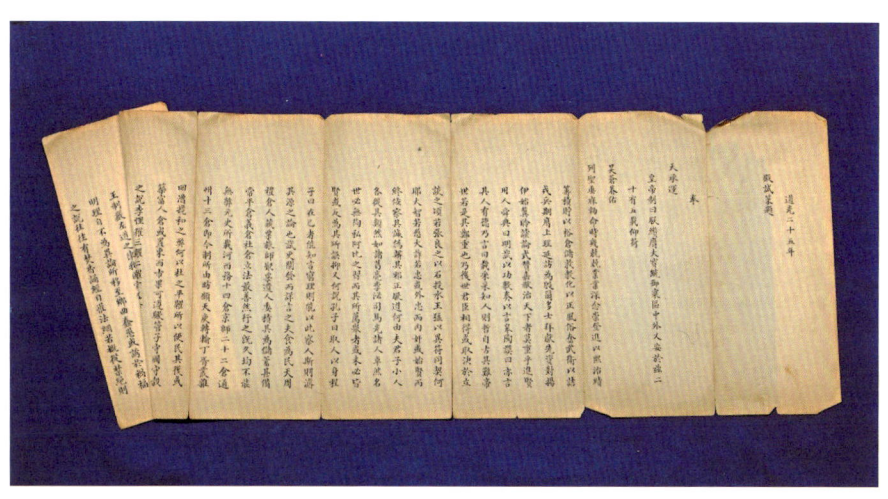

殿试策题

殿试试卷，由七层左右的白宣纸裱糊而成。据《清代科举考试述录》记载，清初殿试卷每页长一尺五寸三分，宽四寸三分强。乾隆四十八年（1783年），改小为长一尺四寸，宽三寸七分弱。每份试卷都有固定的格式，分为开面、内页、正文页及封底四个部分。开面，应试者填写姓名。内页四扣，留给士子写明年龄、籍贯、中试经历、三代出身等。正文部分，是试卷的主体，每扣6行，每行包括抬头最多写24字，一共16至18扣。清代制度，殿试对策最少要达到1000字。若要独占鳌头，获得读卷官的青睐，应试者的卷面篇幅必须充实，至少得写满15扣，约2000字。封底是试卷的最后一扣，上面印有印卷官的姓名。

殿试考一场，时间为一天。殿试结束，试卷经过读卷官反复审阅后，综合意见，确定等次。读卷官再将拟定的前10名试卷呈给皇帝，由皇帝钦定最终排名。出榜之后，皇帝授予状元"翰林院修撰"一职。

这个官职专门授给状元,为"夺魁者"所独有。

中了状元,金榜题名,则名动天下,显赫一时,跻身仕途,成为国之栋梁。著名者包括从状元做到宰相的聊城傅以渐、金坛于敏中、番禺庄有恭等。如傅以渐,字于磬,号星岩,山东聊城人,生于明万历三十七年(1609 年)。其家境贫寒,却天资聪颖,饱读诗书。由于明末科场舞弊成风,傅以渐在考场无所建树。直到清顺治三年(1646 年),清廷恢复科举制度后,37 岁的傅以渐在殿试对策时为顺治帝所赏识,御笔钦点为一甲第一名,成为清朝的第一位状元。傅以渐勤政廉洁,处事谨慎。他被授弘文院修撰后,仕途一帆风顺,多次升迁。顺治十五年(1658 年)傅以渐任武英殿大学士兼兵部尚书,成为顺治帝的股肱之臣。

状元虽然容易跻身名流贵宦之列,但并不是每一个状元都能名垂后世。在多数状元们逐渐被历史的烟尘掩埋的时候,编纂《续资治通鉴》的毕沅,两代帝师翁同龢,实业家张謇及"第一人中最后一人"的末代状元刘春霖用各自的才华书写着属于自己的篇章。

清代进士知多少

王金龙

科举考试是清朝选拔人才的最主要途径。清朝科举考试,由童试始,历经乡试、会试、殿试等不同级别的考试,进而取得生员(俗称秀才)、举人、贡士、进士身份。进士因是由皇帝亲自主考的殿试所录取,既"题名金榜",又成"天子门生",故为社会所重。清朝选取进士的考试主要有文科、武科和翻译科,相应所取进士也有文进士、武进士和翻译进士。那么,清朝总共选取了多少名进士呢?

文进士人数

清朝选取文进士的考试分为两级:由礼部主持的会试和皇帝主考

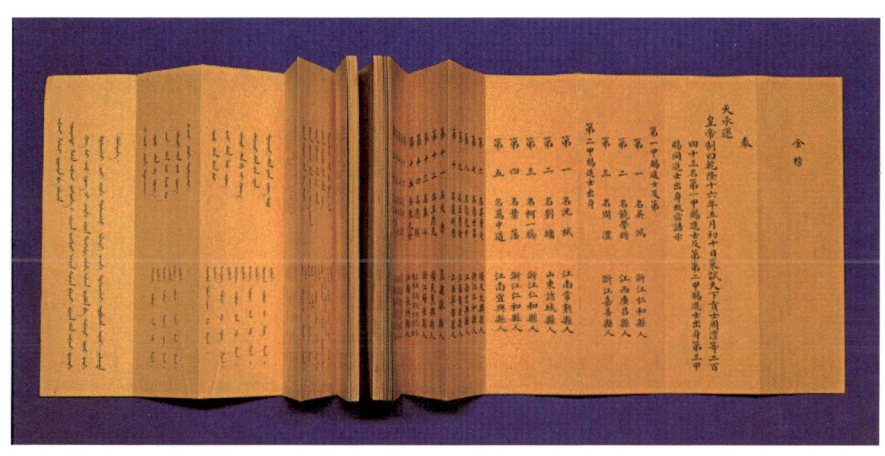

乾隆十六年文科小金榜

的殿试。会试一般于乡试次年二三月份在京师顺天贡院举行，参加会试者为各省上年乡试中试举人和往届会试落第举人，人数从三四千人至七八千人不等。会试中式者称贡士，贡士人数须由皇帝钦定。如乾隆十七年（1752年）壬申恩科会试，皇帝钦定额数为235人："满洲、蒙古取中七名，汉军取中一名，直隶取中二十二名，奉天取中一名，山东取中十三名，山西取中十五名，河南取中十名，陕西取中十二名，江南取中三十一名，浙江取中二十九名，江西取中二十五名，湖北取中十名，湖南取中四名，福建取中十四名，广东取中十四名，广西取中五名，四川取中八名，贵州取中七名，云南取中七名。"

成为贡士，就有资格参加稍后的殿试，进而成为进士。每次殿试后，所取进士或"题名金榜"，或"镌刻碑石"，或"书于名录"，因此，使我们易于统计清朝文科进士的总人数。但因所据资料和统计方法不同，学者们对清代文进士人数的统计差别很大：有26888人、26815人、26849人、26391人等数种结果。笔者根据小金榜、军机处上谕档、起居注等原始档案进行考订，发现26849人较为可靠。

清朝文科殿试自顺治三年（1646年）始，至光绪三十年（1904年）举行最后一次殿试止，共举行112次，取中文进士26849人，以顺治十二年（1655年）取中449名进士（含满榜50名）为最多，以乾隆五十八年（1793年）取中81名进士为最少。按甲次统计，一甲进士342人，二甲进士8973人，三甲进士17533人，未入甲进士1人。

清历朝文进士人数表

顺治朝	3065	康熙朝	4088
雍正朝	1499	乾隆朝	5384
嘉庆朝	2820	道光朝	3269
咸丰朝	1046	同治朝	1588
光绪朝	4090		

清各省文进士人数表

江苏	2920	浙江	2808	直隶	2701
山东	2260	江西	1894	河南	1692
山西	1432	福建	1400	八旗	1400
陕甘	1385	湖北	1221	安徽	1189
广东	1013	四川	763	湖南	726
云南	693	贵州	599	广西	570
辽东	183				

武进士人数

清廷选士，文武并举，在选取文科人才的同时，也重视武科人才的选拔。受"重文轻武"的传统思想影响，现存清朝武进士题名文献明显少于文进士。武殿试后，虽也有金榜、武进士登科录等档案形成，但武进士并不"镌刻碑石"，没有形成关于清朝武进士的完整题名录，加之金榜、武进士登科录存世已不完整，故对清朝武进士总人数做出统计，并非易事。

清朝武殿试始于顺治三年（1646年），至光绪二十七年（1901年）清廷将武科考试废止，256年间共举行武科殿试109次，每科录取人数从20余人至300人不等。顺治朝每科约200人，康熙朝每科约100人，雍正朝每科120余人，乾隆朝至同治朝每科25至110人。以咸丰十年（1860年）取中25人为最少，以顺治十八年（1661年）录取301人为最多。清代顺治朝至光绪朝109次武殿试共录取武进士9514人。

清历朝武进士人数表

顺治朝	1411	康熙朝	2242
雍正朝	608	乾隆朝	1675
嘉庆朝	594	道光朝	858
咸丰朝	172	同治朝	482
光绪朝	1472		

因清朝武进士没有完整的题名录，难以按甲次、地区做出统计。但就状元而言，109位武状元地区分布情况如下表：

清各省武状元人数表

直隶	41	山东	14	八旗	9
江苏	7	浙江	7	山西	7
河南	5	广东	4	甘肃	4
陕西	4	福建	3	江西	2
四川	1	贵州	1		

翻译进士人数

翻译科是清政府为选拔满文和蒙古文翻译人才而设立,其考试程序、考试内容和录取方式均仿照文、武科考试。雍正元年(1723年)定"翻译乡试于雍正二年十一月举行,会试于雍正三年二月举行,殿试于三月举行"。但实际上,迟至乾隆四年(1739年)才举行首次翻译会试,且仅取中22人,乾隆帝以人数较少,未举行殿试,均给予进士出身。此后清朝翻译会试取中人数从未有超过22人的科次,翻译殿试也从未举行,会试后对录取者直接给予进士出身。

清朝的翻译会试自乾隆四年(1739年)始,至光绪三十二年(1906年)清政府将翻译科停止,共举行翻译会试54次,每次录取2至22名翻译进士不等。笔者根据光绪《钦定科场条例》以及礼科题本、朱批奏折、录副奏折等档案的记载,对清朝所取翻译进士人数进行统计,清朝共录取翻译进士357人。

清政府通过科举考试,选录文进士、武进士和翻译进士总计36600余人,是为清朝高级精英人才群体。这一群体在清朝政治、经济、文化等领域发挥了重要作用。

少年康熙、西洋教士与历法之争

瞾 峰

"日月盈仄,辰宿列张",日月星辰对于古人而言,不仅是单纯的天文现象,而且是能昭示人类活动的一种神秘力量,历史上围绕历法的测算发生过很多故事。康熙八年(1669年),清廷内部就发生了西洋传教士南怀仁弹劾钦天监监正杨光先、监副吴明烜历法有误的事件。

由于议政王大臣们认为历法深邃、是非难辨,于是康熙帝委派大学士图海等人赴观象台现场实测,结果"南怀仁所指,逐款皆符,吴明烜所称,逐款不合"。这次实测验证了南怀仁推算西式历法的科学性。

南怀仁像

康熙帝下令为汤若望平反,将杨光先撤职,命南怀仁任钦天监监副,并请来白晋、张诚等传教士传授天文新法。

清初顺治朝时"历法之争"即已开始。顺治帝亲政之后,抑勋贵、循汉法、用西历,甚至称西人汤若望为"玛法"(意为"祖父"),与保守的勋贵大臣形成了激烈的政治冲突。

中国第一历史档案馆藏的一件顺治十一年(1654年)的题本档案中,钦天监监正汤若望称:"恭照皇上特用新法推造时宪历,日已成一代巨典。"顺治帝传谕:"监员学习西洋历法,毋得悚懒"等内容。重视钦天监和推行历法已然成为顺治帝表明政治态度的一个重要风向标。

然而,顺治帝逝后,康熙四年(1665年),鳌拜等制造了历法之争——"汤若望案"。

起因是在康熙三年(1664年),徽州府新安卫官生杨光先上书《请诛邪教状》,历数汤若望布党京城意图谋反、侵害圣经贤传、《时宪历》书依西洋新法,《时宪历》只编200年,于国祚"俱大不合"、以地圆说蛊惑人心、荣亲王葬期"不用正五行"等数条大罪。议政王大臣畏惧鳌拜等权臣,拟处以汤若望等钦天监官员凌迟或斩立决,任命杨光先为钦天监监正,其后又于钦天监中设立满职官员以强化监控。

古观象台

"汤若望案"实质是鳌拜等满族守旧亲贵以此逼迫议政王大臣表态,最终"尽用光先说,谴汤若望,其属官至坐死。遂罢新法,复用大统术"。经过这一场"指鹿为马"的政治闹剧,权臣势力大张,顺治朝诸项新政陆续被废止。即便是地位超然的孝庄太皇太后亲自出面,亦仅保得汤若望等数人不死。

一个钦天监为何能把王朝的帝王与权臣、前朝与后宫、祖制与新法、礼教与西学搅得波谲云诡?

"汤若望案"固然主要是源于汤若望本人身份的特殊性,但于钦

汤若望题为属员抚恤事题本

天监本身亦不无原因。钦天监之源流，肇始周朝，其雏形"太史"于此时开始见诸史料。《尚书·顾命》中将大史（即太史）与辅佐帝王的大保、职掌宗法的大宗并列，地位之高可见一斑。后又历秦汉之太史令、隋之太史监、唐宋元之司天台、司天监乃至明清之钦天监。古人以《周易》爻辞概其职掌为"观乎天文以察时变，观乎人文以化成天下""天垂象,见吉凶,圣人则之"。其核心职能是通过对天象的神权解释来辅助王朝的政治决策。由此,文官群体可通过对神权的解释来挟制王权,因而在政治斗争中贯彻自己的意志,甚至成为更迭王朝的舆论工具。通过对"历法之争"始末和钦天监职掌的梳理,我们也就不难理解钦天监所象征的神权对于封建皇权的特殊意义。

康熙八年（1669年）八月,康熙帝为汤若望平反。康亲王杰书等议政大臣议复：杨光先系妄生事端、殃及无辜,捏造无影之事……恢复汤若望的"通微教师"之名。十一月,康熙亲拟汤若望悼文"聿垂不朽之荣,庶享匪躬之报。尔有所知,尚克歆享"。一场中西历法之争,夹杂着权力的较量至此最终落下帷幕。

了解俄罗斯旧历法

吴歆哲

中国与俄罗斯互为邻国,由于地理和历史的原因,两国在文化上更是有着密切的联系。发生在1917年11月7日的俄国"十月革命"是中国人耳熟能详的重大历史事件,这是人类历史上第一次胜利的社会主义革命,并由此诞生了世界上第一个社会主义国家。明明是发生在公历11月的革命,为什么会被称为"十月革命"呢?

不仅是月份,俄罗斯历史上年份表述也会让不懂的人一头雾水。在1936年故宫博物院文献馆(即中国第一历史档案馆的前身)编纂出版的《故宫俄文史料——清康乾间俄国来文原档》一书中,部分俄文档案翻译成满文时,出现了"本7203年"和"开天地以来7205年"的表述,这里所用的纪年和大家熟悉的公元纪年相去甚远。

要解决这两个疑问,我们必须了解一下俄罗斯的古代历法。

俄罗斯历史上经历过征战和割据分裂的状态,俄国的宗教信仰几经更迭,历法受宗教观念影响比较大。

在基辅罗斯的初期,宗教信仰还处于很迷茫的状态,是一个主张信仰多神教的时代。当奥丽加女大公摄政之后,她与拜占庭(东罗马帝国)的关系空前和谐,

《故宫俄文史料——清康乾间俄国来文原档》

拜占庭帝国的主要宗教为东正教（基督教的一大分支），奥丽加一直试图在基辅罗斯推广东正教，但并未有明显成效。

到弗拉基米尔一世统治时期，他试图统合东斯拉夫人普遍信仰的多神教，但没有成功。经过慎重考虑，弗拉基米尔一世于公元988年接受了东正教作为国教，由此拉开了拜占庭和斯拉夫文化的融合，也遵从拜占庭帝国所用历法。

拜占庭帝国用创世纪纪年法来计算时间，认为上帝于公元前5508年（也有5509年一说）创造世界，既定岁首是9月1日。

最初记载历法的《俄罗斯编年史》将公元前5508年定为"创世纪年"元年。但新年却有两种过法，教会同拜占庭帝国一样以9月1日为岁首，而世俗则仍沿袭其他斯拉夫国家以3月1日为新年。由于世俗和教会不统一，不利于统治和日常生活，1492年（创世7000年），莫斯科大公伊凡三世正式宣布，世俗和教会都以9月1日为新年。

由于西方国家都采用公元纪年法，以耶稣生年为公元元年，以1月1日为岁首。1699年（创世7208年），彼得一世发布诏令，从下一年起改用公元纪年，新年自1月1日起，即将创世7208年的次年直接改为1700年。因此，1699年是俄国历史上最短的一年，仅有9-12月这4个月。

需要注意的是，此时俄国改用的纪年法为西方的儒略历（俄国也称之为旧历），而儒略历纪年有误差，日期比公历晚，16世纪晚9天、17世纪晚10天、18世纪晚11天、19世纪晚12天、20世纪晚13天。

因此，彼得大帝改革之前的创世纪纪年，减去5508年，就能得出相应的公元纪年。

翻看《故宫俄文史料——清康乾间俄国来文原档》收录的中俄文书往来的档案，也不乏此纪年表达的历史佐证。

就俄来文档案来看，有几种不同的时间表达。在彼得大帝改革之前，有"本7203年（сего настоящего 7203 году）""开天地以来7205年（лета от создания мира 7205）"的表达。需要注意的是，这段时间常常省略千位数，将7203年写成203年，这里不能理解为公元203年。

彼得大帝改革虽推行了旧历的纪年方法，但档案中仍存在两种纪年并用的情况。例如俄来文档案中，有"创世纪第七二一一年，即我救世主耶稣基督降生1703年（в лето от создания мира 7211, а от рождества Боспода бога и Спаса нашего Ийсуса Христа 1703 года）"的表述。

在俄罗斯来文档案中，为方便清朝统治者阅读，往往会将俄文翻译成满文以供呈览。在翻译时，时间表达经常采用直译和音译的方式，例如，之前提到的满文档案中出现的"本7203年（meni nadan

呈查俄罗斯通商及住京学艺年份清单档案

minggan juwe tanggv ilan aniya)"和"开天地以来 7205 年(abka na neiheci ebsi nadan minggan juwe tanggv sunja aniya)"就是直译；而在翻译"创世纪第七二一一年，即我救世主耶稣基督降生 1703 年（ot sus dan ni ya, mi re ci, nadan minggan juwe tanggū juwan emuci aniya, ot ro re si to wa, os bo da is ba sa, meni i su sa, he ri si da ci emu minggan nadan tanggv ilaci aniya)"中，除"7211 年""我""1703 年"为直译外，其他词都采用了音译形式。

在中国第一历史档案馆馆藏档案中，也有类似的译法，如"俄罗斯一（此处"一"应为"七"）千一百六十五年"的表述，即创世 7165 年，换算为公元 1657 年，与文中的顺治十四年时间可以对应上。

随着时代的变迁，创世纪年慢慢淡出历史舞台，年份表达变得越来越简洁，通常用"数字 +года（年）"表示。

公元 1582 年，罗马教皇格里高利颁布了以儒略历为基础进行改革的更加精准的格里高利历，西方信奉天主教的国家率先响应，其他国家陆续效法。而信奉东正教的国家，直到 20 世纪初才相继采用。苏联政府于 1918 年正式宣布停止使用旧历，采用新历即格里高利历。所以"十月革命"也就是指俄罗斯旧历中的十月。

清康乾年间俄国来文原档与俄语的演变

吴歆哲

俄罗斯作为与中国相邻的第一大国,外交往来由来已久。明末清初,两国交往密切。自 1689 年清俄签订《尼布楚条约》以后,两国正式进入了条约关系,贸易大兴,往来商队络绎不绝,边境贸易和文书交流频繁。当时的文书往来中,中方对俄方行文多用蒙文及斯拉夫文,间用满文及拉丁文,俄方来文则多为斯拉夫文(俄罗斯人的祖先为东斯拉夫的罗斯部族,而俄语又属于印欧语系斯拉夫语族下的东斯拉夫语支,所以俄语同斯拉夫语联系紧密)。这些文件年代久远,大部分珍贵的斯拉夫文原件目前保存于中国第一历史档案馆中。1936 年,

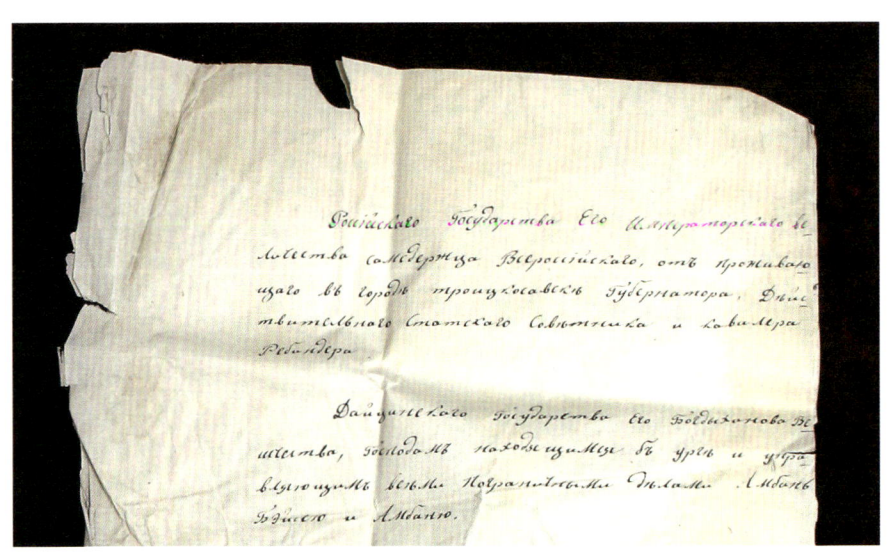

1853 年边疆贸易俄来文的开头部分

国立北平故宫博物院文献馆（一史馆的前身）从这些珍贵的俄文档案资料中选取了23件俄国从1670年至1757年对中国所发函件，汇编成册出版，是为《故宫俄文史料——清康乾间俄国来文原档》一书。

书中收录了康熙朝至乾隆朝约90年间的俄方来文原件，具有极高的史料价值。内容涵盖中俄双方遣使、通商、债务、征税、越界、逃亡、损害赔偿、犯人遣送等内容，从中可以看出当时中俄两国交往之频繁。如书中收录的1695年8月2日俄国内廷大臣安东·伊万诺维奇·萨维洛夫致清朝大臣索额图来文，表达了俄方从莫斯科派遣商人前往中国进行贸易活动的意向。1699年2月11日，俄国西伯利亚事务衙门秘书长安德烈·维尼尤司致清朝大臣索额图的文件中则提到，俄国商人在中国应享受平等、自由的权利，希望清政府协助互惠贸易。俄方这些关于通商事项的来文中大多保持着友好互助的基调，表现出强烈的通商意愿。

这些档案所采用的文字均为斯拉夫文，斯拉夫文是在俄国两次文字改革之前通行的文字，与现代俄语有很大差异。因此，该书也为研究古俄语提供了确凿的史料依据，可以较为清晰地看出俄语标准语的部分演变过程。

在俄语发展的进程中，彼得一世改革是俄语发展史上的一座里程碑。1710年，彼得一世下令采用简易的新字体，代替以前比较复杂的斯拉夫字母。其改革成果在文书中恰好也有所体现，在彼得一世文字改革以后的来文原档中可以看出，其书写虽与如今的标准俄语仍有不同，但较之前体例已明显趋近。直至今日，标准俄语在语音、语法、词汇等各个结构层，尤其是在词汇方面，仍保留着不少斯拉夫语的痕迹。

俄国作为一个统一的多民族国家，在各个时期内又受西方诸多文化的影响，在其语言体系中，既有历史最久的、从原始印欧语继承下来的语词，也有在原始斯拉夫语时期和东斯拉夫语时期产生的语词，还有14世纪俄语独立发展以来产生的新词。此外，俄语还借入了许多外来词：18世纪初多借自德语，19世纪多借自法语，20世纪中叶以后多借自英语。如此庞杂的语言体系对民众交流、国家治理和文学创作各方面都有不便，规范俄语势在必行。俄语改革并没有在彼得一世改革后终止，1917年至1918年的俄语正字法改革，修改了一些原有的正字法规则，废除了4个字母，并删除了词尾不发音的字母。除了两次文字改革，"俄国文学之父"——亚历山大·谢尔盖耶维奇·普希金也对后世俄语的发展产生了深远的影响。正如屠格涅夫所说："毫无疑问，他创立了我们的诗的语言和我们的文学语言。"

俄语是俄罗斯联邦的官方语言，是世界上母语使用人数第四的语言，也是联合国六大官方语言之一。同其他语言一样，它的形成也有一段复杂的历史变迁。从诸多珍贵的清代斯拉夫文档案中，相信还可以挖掘出更多关于俄语演变的奥秘。

1711年彼得一世文字改革后档案

一点诚意见圣心

赵郁楠

实录是中国治史的重要领域，后世帝王为先祖修纂实录更是中国仁孝治世的制度体现。实录修订一般应由帝王御览后钦定，但皇帝在修纂过程中实际所发挥的作用，难有定论。

中国第一历史档案馆所藏满文《清太宗实录》康熙二十一年（1682年）小红绫精写本内夹有的两件满文档案，为我们再现了那一历史时刻。康熙帝虽政事缠身，但对《实录》的修撰十分重视，任何一个细节都不轻易放过。清太宗皇太极第十子韬塞、第十一子博穆博果尔的相关信息，曾被实录纂修官误记，就是由康熙帝本人发现并提供线索进行修订的。

满文《清太宗实录》卷58 封面

满文《清太宗实录》第31页第6行记"辛酉。申刻。皇第十一子生"。此处"第十一子"明显系进行过修改，原曾误写为"第十子"。

实录内夹有两件满文档案，为我们详细道出了此中经过。

试翻译如下，供读者参考。

"太宗皇帝实录内称，皇第十子出生等语，相应夹空白纸条遣哈哈珠色太监魏珠传谕：实录内写，崇德六年十二月辛酉日，十叔父出生。算至八年，才三岁矣。听闻叔父跟皇考一同骑马，随太宗皇帝去围猎,曾杀死狍子。若三岁,岂能杀死野兽乎?著将此查明。钦此。钦遵。

查得,宗人府玉牒内记,太宗皇帝第八子,崇德二年丁丑七月初八日亥时,东关睢宫大福晋科尔沁博尔济吉特氏寨桑贝勒之女生,崇德三年正月二十八日薨,年二岁,尚未起名。第十子,辅国公

满文《清太宗实录》卷58 第31、32页

韬塞,崇德四年己卯二月初八日戌时,庶福晋拜祜之女生,初封三等镇国将军,康熙八年升为辅国公,康熙三十四年乙亥二月初九日卯时薨,年五十七岁。第十一子,和硕襄亲王,博穆博果尔,崇德六年辛巳十二月二十日申时,贵妃阿禄阿霸垓博尔济吉特氏额齐格诺颜之女生,顺治十三年丙申七月初三日巳时薨,年十六岁。追封谥号为昭。等因。

实录内并未查出记有公韬塞之处,而将襄王书为皇第十子。将此或改为第十一子,或照此保留之处,请皇上指明。

等因,康熙五十七年七月初三日奏览。

奉旨:朕记得,叔父襄王生于卯年,崇德六年乃午年也。莫非记错了?征伐索伦博穆博果尔之年所生,故指此名缮为名字。征伐博穆博果尔何年,王叔父所生何年,薨逝何年,将此推算即可得知。着查

奏。钦此。"

"七月初三日，已将太宗皇帝第十子出生之处查明缮片奏览。奉旨：朕记得，叔父襄王生于卯年，崇德六年乃午年也。莫非记错了？征伐索伦博穆博果尔之年所生，故指此名缮写为名字。征伐博穆博果尔何年，王叔父所生何年，薨逝何年，将此推算即可得知。着查奏。钦此。钦遵。

查得，实录内记，崇德四年十一月初八日，往征索伦博穆博果尔，五年十二月十三日得博穆博果尔。六年十二月十三日科尔沁土谢图亲王巴达礼将索伦博穆博果尔之子图麻尔送至。六年十二月二十日申时，皇第十子生。

玉牒内记，皇第十子辅国公韬塞，崇德己卯四年二月初八日戌时生。皇第十一子和硕襄亲王博穆博果尔，崇德辛巳六年十二月二十日申时生，顺治丙申十三年七月初三日巳时薨，年十六岁。

皇上所记甚是。公韬塞系卯年所生。将襄王或遵照玉牒改为第十一子，或照此保留之处，恳请皇上指示。

等因，康熙五十七年七月初九日大学士核实奏览。

奉旨：甚明。将叔父襄王改为第十一子。钦此。"

上述档案真实记载了纂修满文《清太宗实录》时康熙帝严谨治史的一段佳话，亦娓娓道出了康熙帝晚年对其十叔父的一段深刻记忆。此外，关于襄王命名缘于太宗征伐黑龙江索伦部首领博穆博果尔之年降生故而被以此指名的记载，也为满族命名研究提供了新信息。

琉球册封使那些事儿

侯文军

明清两朝，琉球国为中国之藩属，中国政府对琉球国行藩属册封之制。据统计，自明洪武五年（1372年）起，至清同治五年（1866年），中国政府向琉球派出册封使共25次（一说23次）。众多琉球册封使，也为我们留下不少趣闻轶事。

册封使人选

明朝对册封藩王比较重视。陈侃《使琉球录》中载："我朝封锡藩王之制，如安南、朝鲜，则遣编修、给事中等官为使；占城、琉球，

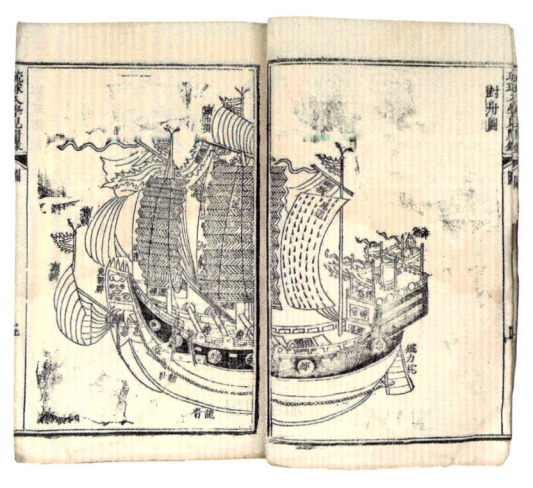
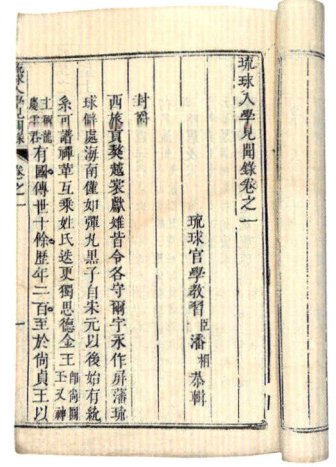

《封舟图》

则遣给事中、行人等官为使。"然而据现有史料看,明朝册封使的推荐、遴选似并不严格,册封使中有奏请出使戴罪立功者,有私受赠金获杖刑者等。相比之下,清朝册封使选拔及册封准备工作都严谨得多,比如康熙朝改变派遣制度,明确册封使选自翰林院内阁官员。

福建闽南地区与琉球一衣带水,联系密切,在中琉交往过程中起到重要作用。洪武年间设市舶司于泉州,管理对琉朝贡贸易;又设来远驿于晋江口岸,专门接待琉球贡使。琉球册封使团一般从福建造船出发,而琉球使者也多从福建登陆。

尽管如此,早年间闽籍官员多与明廷琉球册封使无缘,因为"福建地邻琉球,当避嫌"。有明一代,闽籍册封使只有潘荣、谢杰、官荣三人。根据中国第一历史档案馆馆藏档案记载,清朝8次册封琉球中,有4次由闽籍官员分别担任正副册使,分别是:

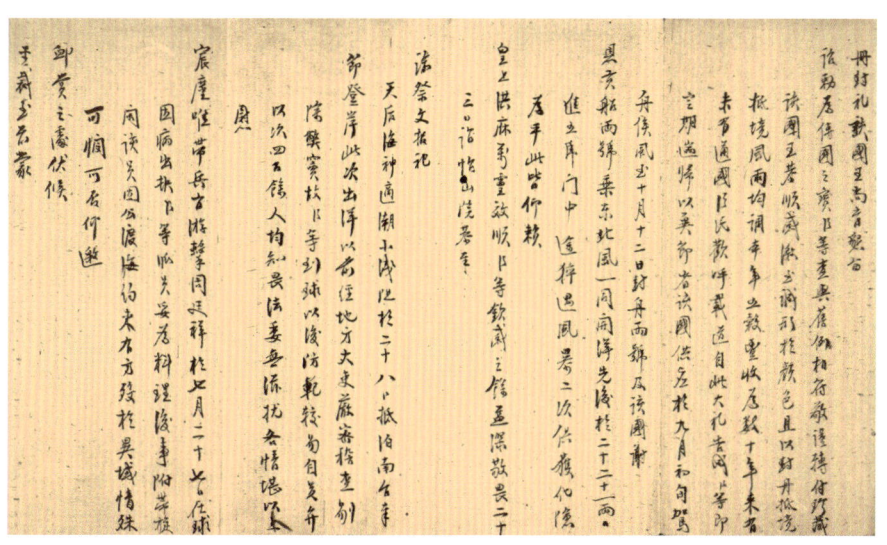

林鸿年为奉命册封琉球情形事奏折

康熙二十一年（1682年）四月内阁中书舍人、副使林麟焻，莆田人；

嘉庆十二年（1807年）翰林院编修、正使齐鲲，侯官（即今福州市区）人；

道光十七年（1837年）翰林院修撰、正使林鸿年，侯官人；

同治五年（1866年）翰林院修撰、正使赵新，侯官人。

其中林鸿年是道光十六年（1836年）丙申恩科状元，更是清朝福建省首位状元。

身世传奇的册封使——潘荣

每年端午，漳州龙海市颜厝镇马洲、官田一带都要举办龙舟赛，锣鼓喧天、鞭炮齐鸣、百舟竞渡。龙舟上，船艄们挥舞着"黑地白月旗"，此旗与琉球博物馆馆藏古画上的贡船旗极为相似，比例、颜色、图案，如出一辙，显见渊源。据考证，此旗与550多年前首任闽籍琉球册封使潘荣有关。

潘荣，字尊用，龙溪县人（今福建省漳州市），生于明永乐十六年（1418年），卒于弘治九年（1496年），赠太子太保。据《明史》记载，潘荣直言敢谏，曾上书皇帝要广开言路，他认为"致治之要，莫切于纳谏"，弹劾英国公张懋等43人"无事时妄请增禄"。《漳州府志》亦载其"凡参驳弹劾，务存大体"。其为官清正，可见一斑。在民间也有传说，潘荣小时候随母回娘家马洲看划龙船，不慎落水，冥冥中有一位白胡子老人在水中扶着他，使他免于沉入江底。这位白胡子老人就是水仙尊王，即屈原。

天顺六年（1462年），潘荣任琉球册封正使，往封尚德为中山王。次年六月，潘荣率400余人从福州马尾港启航赴琉，十月回朝，圆满完成册封使命。

明英宗提升潘荣为都给事中，举办国宴庆祝，以表彰其在琉球盛宣明朝威德的功绩。在国宴上，明英宗听说了潘荣年幼之事，遂加封"黑地白月旗"于水仙尊王，让水仙尊王保护马洲"百姓安康、合境平安"。于是马洲就有了12支"黑地白月旗"，沿用至今。

幼年有神仙庇佑、壮年为国出使远洋、身故后家乡长年纪念，潘荣一生可谓传奇。而其所著《中山八景记》，更是流传下来最早的一部册封使录，弥足珍贵。

人设矛盾的册封使——谢杰

在潘荣出使琉球100多年后，另一位著名的闽籍册封副使谢杰，也乘船跨海，往封琉球。

谢杰，字汉甫，号绎梅。福建长乐江田（今长乐市江田镇）人。万历二年（1574年）中甲戌科进士，除行人；曾任光禄寺丞、两京太常少卿、顺天府尹，以右副都御史巡抚南赣，后又任南京刑部右侍郎、刑部左侍郎，不久升任户部尚书。卒后追赠太子太保。谢杰为官清廉，不收受贿赂，《明史》中记载着谢杰的廉政名言："贿而后荐，干戈之盗；荐而后贿，衣冠之盗。"

万历七年（1579年），谢杰充册封副使，与正使萧崇业赴琉球册封中山王尚永。《明史》中载：谢杰往封琉球时，琉球国王要赠金酬谢，但谢杰坚决推辞，琉球国深感其德，为之建却金亭以表纪念。

不过，正史记载之外，也有轶事流传。清代徐葆光《中山传信录·风俗·剃顶发》中载：谢杰母舅某随行前往琉球，携网巾数百欲出售牟利，不料琉球人没有戴网巾习惯，以至于滞销。母舅求助于谢杰，谢杰则推迟册封礼，声称"本国既服中华冠带，册封日如陪臣有一不网巾者，册事不举"，于是网巾被抢购一空。福建至今仍将强买强卖者称为"琉球人戴网巾也"。后人李鼎元在《使琉球记》中也有相似记载。

网巾是明代成年男子用以束发的网子，所谓"用以裹头，则万发俱齐"，有"法束中原，四方平定"的政治寓意。琉球冠服制度异于中国，并没有戴网巾的习俗，谢杰母舅投机倒把，却打错算盘。谢杰借册封之机，干了假公济私的营生。金馈之却，网巾之消，一事拂人情，千秋成话柄。廉洁自守，而又人情徇私，或许这就是人性矛盾真实的体现。

走上驿路去西藏

董 祯

西藏，是我国神圣领土不可分割的一部分。自古以来，西藏壮丽的景观和独特的历史文化，令全世界瞩目。如今，人们进入西藏，公路、铁路、航空都十分便利，亦有户外运动爱好者选择徒步、骑行前往。但是在各种技术条件都逊于当今的清代，人们往来内地与西藏，是要费不少周折的。清朝政府为管理西藏地区，不仅设立了驻藏大臣，还通过邮驿制度来加强中央政府与西藏地方之间政治、军事和经济的联系。

清代在西藏设立的驿传种类与内地相似，主要有驿、站、台、塘、铺、腰塘等形式。驿，设于各省，以传递紧急公文为首要任务。内设有驿卒、驿骑，传递文书、运送物资、接送往来官吏、提供歇宿、马匹等。站，传递军报所设位站。台，又称军台，粮台。塘，也称马塘、塘汛。铺，作用等同于塘，限定日急行速度，快速传递紧急公文及军书。腰塘，又称旁站，设在两驿之间的换马处，用以节省马力，确保紧急公文的传送。

依照文书的轻重缓急程度，清代邮传日行速度分为四等：一等600里，昼夜前行，风雪无阻，为最快的速度；二等500里，为急行速度；三等400里，为普通速度；四等300里，为马递中最慢速度。

清代，以京师皇华驿为总中枢，重要的驿路向四周延伸，由内地进入西藏的驿路主要有三条：一是，经由甘肃、青海进入的青藏驿道，

四川总督为请核销自打箭炉至巴贡各站台修建营房银两事题本

自西宁至拉萨，计程4120里，共68站；二是，经由四川进入的康藏道，自打箭炉（今四川康定市）出口至藏，计程不及5000里，共安台84处，安汛13处；三是，经由云南进入的滇藏道，自云南中甸出口至西藏洛隆宗（县）计程3080里，凡38站。

此三条道路皆有主干和支路，基本沿袭了唐代以来的入藏道路。

然而在清前期，青藏道的畅通长期难以保证，而滇藏道又过于偏远，不利于内地和西藏互通与中央政令的传达，因此由四川入藏的康藏道，地位显得格外突出。康熙六十年（1721年），青海地区遭遇大雪造成马匹损失，又因准噶尔蒙古的袭扰，青藏驿路一度中断，抚远大将军允禵奏报"我与将军噶尔弼商议，将我来路撤驿，将军噶尔弼来路驻驿，由藏至打箭炉，此路居人不断，而烧柴丰富。唐古忒人等又帮送递，并无耽误……由藏至打箭炉留驻驿文，行文四川总督年羹尧知道……"。这份奏稿是决定康藏道日后地位的关键资料，也就此拉开了清政府大力修治入藏道路和台站的序幕。由此也可得知，青藏道长期地位逊于康藏道，除了频繁进入青海的准噶尔蒙古的袭扰外，更重要的是自然环境的原因。

青藏道海拔高于康藏道，植被以高山草原、苔原为主，气候不利于木质植物和粮食作物的生长。粮草的匮乏，生活物资获取的不易，使得驻守青藏驿道台站官兵生活艰难、驿马消瘦，一旦入冬遭遇寒潮，人马伤损更是如常。相比之下，康藏道则是另外一番景象，沿途海拔相对较低，雨季较长，植被茂盛，粮食及经济作物易于生长，较为适宜人畜生活，物资交换较为便利，较青藏道更易维系，因此成为康熙朝以后清廷与西藏地方文书往来及入藏的主要通道。

康藏道的起点是打箭炉关（今四川康定市），有北、中、南三路，北路多走牧民，中路多走茶马商队，南路才是正式的官道，但这条官道盘山较多，过于曲折，因此清廷在康藏南路广设台站，以里塘（今四川理塘）、巴塘（今四川巴塘）、江卡（今西藏芒康）、察木多（今西藏昌都）、拉里（今西藏嘉黎）为重要节点，共设台站84处。乾隆时期，清廷还为这条官道的台站添设兵丁，并定期稽查。最快时，从打箭炉至前藏仅需 11 天，在当时可谓飞速已极。

相比于康藏道的常态化经营，清廷对青藏道的经营，就纯粹是出自军事目的了。据《清高宗实录》载："西宁至藏一带新设台站，原以利军行而速驿递，据福康安奏，经过青海地方军台，其台站兵丁口粮按月裹带，并无敷余……可见该处道远站遥，诸多未便，前因打箭炉一带本有台站，文报往来，向无迟滞……将西宁至藏新设台站即行撤去。今思该处情形万难持久，着传谕勒保、鄂辉即将新设台站于索伦、达呼尔兵过竣后，以次撤回。其藏地新设台站亦以次随撤……"，青藏道台站维系所面临的自然环境困难，由此可见一斑。除了对这两条驿道的经营，清廷对滇藏道和西藏内部的驿道台站也十分重视，然其地位和作用，与康藏道、青藏道相比就略逊一等。

邮驿管理，中央由兵部管理，地方归按察使司管理。但西藏邮驿体系由兵部和理藩院共同管理；在地方，康区驿站归四川总督负责，西藏驿站由驻藏大臣直接辖理，安多藏区驿务属清廷驻西宁办事大臣掌管。驿路主管官员品级之高，可见清朝中央政府对西藏驿路的重视。

清代对西藏驿路的经略，不仅有利于中央王朝对边疆地区的控制，也为川滇藏交界地区不同民族间的经济贸易往来提供了便利。

中华人民共和国成立后，国家先后修通了青藏、川藏、新藏、滇藏四大入藏公路，并开通了入藏航班；青藏铁路、拉日铁路（拉萨至日喀则）全线开通，川藏铁路正在建设；这都为今日西藏发展注入了新的动力。

清初的外语官学

李中勇

拉丁语原本是意大利中部拉提姆地方（Latium，意大利语为Lazio）的方言，后随罗马帝国势力扩张和基督教传播而流传于欧洲，20世纪以前拉丁语在国际上是一种比较通行的语言。清雍正七年（1729年）十月，时任内阁大学士的和硕庄亲王允禄传下一道雍正帝的谕旨，要在宫廷内部设立西洋学馆，由法国传教士巴多明任馆长，从"内务府官员人等子弟内，有情愿学习西洋人字语者，拣选十数人"学习拉丁语。

这是清王朝开国100年来少有之事，也与当时以儒家经典为主要内容的整个教育系统毫无关联。是什么原因促使当时的统治者做出这样一个破天荒的决定呢？实际上，这与当时中俄外交的时代背景紧密相连。

雍正六年（1728年）六月二十五日，中国与俄国根据先前所达成的一系列协议，在恰克图（彼时属于清朝乌里雅苏台将军辖区）签订了一个集政治、经济、文化等方面于一体的总条约，即《中俄恰克图界约》。该条约分满文、俄文、拉丁文3种文本，内容共有11条，其中第十一条明确规定："条约文本，俄国用俄文，兼用拉丁文；中国用满文，兼用俄文、拉丁文。"条约除分别用两国各自的文字外，还用了当时国际上较为通用的官方语言——拉丁文。

在与俄国进行谈判的过程中，由于缺乏外交翻译人才，清政府处处掣肘，而不得不依赖于当时在宫廷内部服务的西洋传教士做翻译。外交翻译人才的缺乏，是清政府在宫廷内部开始外语教育的最初动因。

当时耶稣会传教士费赖之在其《在华耶稣会士列传及书目》一书中曾提道："中、俄两团往来公文函件常由多明（即巴多明）翻译。中国为办理中俄交涉，设置一翻译馆，招收满人子弟，研究拉丁文字，命多明主馆事。中国政府计划设置翻译馆，时在一七二九年。"

咸安门

宫廷中拉丁语教学能够得以实施，还与17—18世纪西方耶稣会传教士大批来华有很大关系。这些进入宫廷的传教士，大都具有一技之长，且熟贯中西文化，郎世宁、南怀仁就是其中代表。他们利用自己的技能为清廷服务，试图达到其传教的目的，客观上这些早期的传教士为中西方文化交流起了十分重要的作用。

巴多明（Dominique Parrenin）是其中的佼佼者，他于1665年9月1日出生于法国贝桑松教区的大吕西埃（Grand Russey）镇。1698年11月4日被耶稣会派遣来到中国，旋被康熙帝召到北京，并在此度过了他的后半生。由于他学识渊博，处事灵活，在当时的中国人和西方传教士中都有着较高的威望。荣振华著《在华耶稣会士列传及书目补编》中引用了一封佚名的《致耶稣会总会长的信》，其中说道："巴多明神父办事异常灵巧，讲汉话和鞑靼话流利得令人难以置信。皇帝、王公和官吏们都熟悉他、爱戴他和尊重他。北京和广州都尊重其遗物。这应归功于巴多明神父的勤勉、著作和熟忱。大家异口同声地称他为欧洲人中的豪杰和教区的柱石。"

西洋学馆（拉丁文翻译馆）建立之后，在教学上具有几个特点：

一、在招生范围上，其限于内务府官员子弟。按照清朝旧制，内务府源于清廷上三旗包衣，其内部组成人员皆为皇家世代的奴仆，子孙后代的身份不得有变。由于奴仆身份，内务府出身官员品级多数不高，但由于同皇帝关系密切，其往往被皇帝派委要差，如织造、海关、税务等职司。历代相习，内务府官员被皇帝的信任和重视程度有时甚至超过外官。因此，雍正帝从一开始就令在内务府官员子弟内选人就读西洋学馆，学习拉丁文字，是符合统治者的一贯思维的。

二、在学生和教师的饭食等待遇上，雍正帝令参照内务府咸安宫官学的例子，由宫廷内部解决。咸安宫官学也是同年早些时候由内务府在宫内为三旗子弟开办的官学机构，除了教学内容异于西洋学馆外，其余如招生范围、学生的待遇等基本相同，即学生的学费、教师的薪资、师生的饭食等一律由宫廷提供。

西洋学馆由于具有临时性质，初始时，学制和学生人数都未定，直到7年后第一批学生毕业，才定学制为每5年开设一期，人数为每期招收学生10名。

据档案记载，该馆从雍正七年（1729年）建立到乾隆八年（1743年）十二月裁汰，共历时15年，招收了3批学生。在此期间，巴多明于乾隆六年（1741年）九月二十九日在北京去世，此后由宋君荣主持馆事，直到该馆被裁汰。

第一批学生20人，学制7年，共毕业13人，皆被授予笔帖式、库使、库守、拜唐阿等文职。其中万保等6人尤为勤奋，被列为优等，除授官外，还令在馆帮助巴多明进行拉丁文教学。另有7人因资质

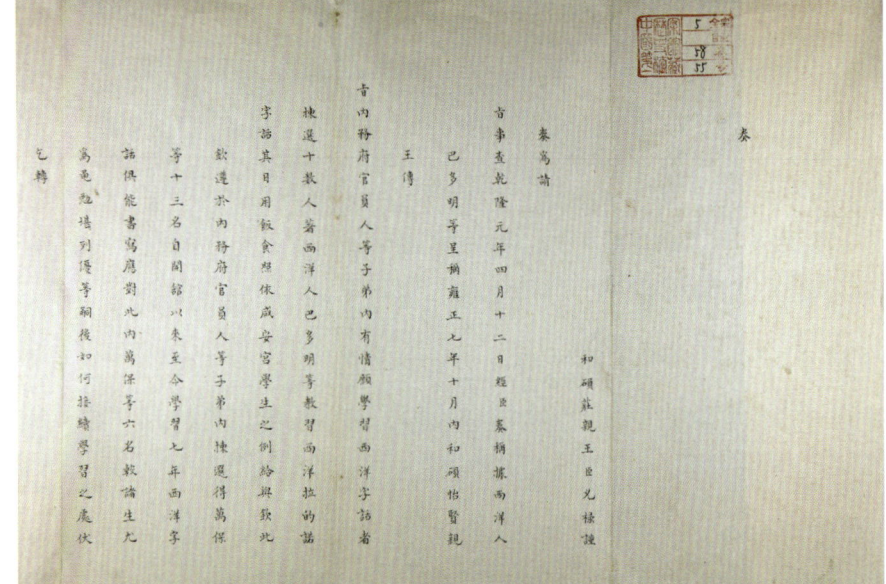

和硕庄亲王允禄为裁退西洋学馆事奏折（局部）

愚钝，学无进益，中途陆续被斥退。第二批和第三批学生皆为10人，其中第二批共毕业7人，第三批只学习了3年，西洋学馆便被裁汰。

庄亲王允禄在奏请裁撤该馆的奏折中向乾隆帝表示，自开设西洋学馆以来，学成补官者已有20余人，且20人皆能会话与书写。当初设立西洋学馆的初衷，即是为了国家偶有大事，需要翻译人才之故，现在既然已有拉丁语人才20人，足已够用，只需令西洋人宋君荣等不时"教演"。西洋学馆不用再行招生继续学习，免得浪费"钱粮"。允禄的奏请得到乾隆帝允准。

正如允禄自己所言，设立翻译馆本来是备偶有委用，并没有打算长期开设。且闭关锁国政策致使这些内务府子弟毕业后多未从事外交事务，即使学有所成亦无用武之地。

古莲池畔勤学早

张 蕾

"莲池之所以有名,关键是莲池书院有名,莲池书院在清末可称为全国书院之冠",1952年11月22日,毛泽东主席来到位于河北省保定市的莲池曾留下过这样的评价。

莲池书院,因古莲池而得名(古莲池初建于元代,毁于地震),位于河北省保定市,又名直隶书院,为清代中国北方著名学府。雍正时期鼓励地方政府兴办书院培养人才。雍正十一年(1733年),时任直隶总督的李卫奉旨创办莲池书院,因古莲池"林泉幽邃,云物苍然,于士子读书为宜",遂"因旧起废,增建斋社",在莲池西北部修建书院。书院于当年五月破土动工,九月落成。

雍正帝赏银

莲池书院自创建开始,就与宫廷密不可分。在一史馆所藏宫中档案中,记载了莲池书院建立之初,师资经费就来自皇家的拨款与官员的捐赠。书院初期,因学子众多,经费不足,故雍正帝赏银1000两作为书院士子的学习津贴,但仍不敷使用,直隶总督李卫捐出自己的养廉银1000两,工部侍郎王钧提出将稻田100顷又14亩交与地方官收管,作为书院士子日常费用。可见莲池书院受到清帝和地方官员的鼎力支持。

乾隆帝御笔

到了乾隆年间,莲池书院所在古莲池被辟为清帝出巡歇脚的行宫,莲池书院的名声和地位更加突出。此后乾隆帝、嘉庆帝曾多次驻跸莲池。

乾隆十一年(1746年)十月,乾隆帝西巡五台山,回銮途中驾临莲池,乾隆帝取用北宋儒家理学开山鼻祖周敦颐之世称"濂溪先生"中的"濂溪"二字,为莲池书院题写匾额"绪式濂溪",期望莲池书院秉承儒学之风培养更多的人才。

据一史馆所藏档案记载,乾隆帝不仅为书院赐匾,还赏赐馆师张叙荷包1对、小荷包2枚;赏赐书院生员金廷璋、翰坦、吴燏文、张郝元4人每人荷包1对。乾隆二十六年(1761年),赏赐莲池书院进献诗册的张郝元等14人缎匹,足见皇帝对莲池书院的重视。

嘉庆十六年(1811年),嘉庆帝巡幸五台山,回京途中,亦曾来到莲池行宫,驾临书院。雍正帝赏银、乾隆帝和嘉庆帝的驾临,都说明清帝对莲池书院的青睐和对文化教育的关心。

惨遭劫难

光绪二十六年(1900年),八国联军侵入北京。十一月,英、法、德、意四国军队攻陷保定,莲池书院亦未能幸免于难,据《清苑县志》记载:"(联军)驻军保定十余月之久,莲池台榭,举成灰烬矣。"古莲花池的"亭台林馆,皆已夷为平地,不留寸木片瓦,触目感伤",

书院肄业,学生四处流亡。当年"林泉幽邃,云物苍然"的清幽之景随着国力的衰颓,战火的侵蚀不复存在。

人才济济

光绪二十七年(1901年),清廷实行"新政",莲池书院于1903年停办,存续时间长达170年之久。

作为清代北方地区重要学府的莲池书院可谓人才济济,著名史学家章学诚和史学、地域学家祁韵士先后任书院主讲,咸丰朝至光绪朝末年,主讲于书院的有黄彭年、李嘉端、张裕钊、吴汝纶等人。黄彭年是著名的考据学家,于咸丰、光绪年间两次主持教务,他为书院增开考据课程,并对书院建设多有贡献。

170年间莲池书院育人无数,代有英才。著名的藏书家傅增湘,名噪晚清文坛的刘若曾、张以南、刘登瀛、魏兆麟、贺涛等都曾求学于莲池书院。值得一提的是张裕钊在光绪九年(1883年)至十九年(1893年)执教莲池,名播海内外,日本国学者宫岛勖斋、冈千仞等

嘉庆十六年莲池书院肄业生名册(局部)

"绪式濂溪"匾额

慕名渡海前来就学于张氏,开创了莲池书院招收外国留学生的先例。

如今的莲池书院已开放为莲花池公园,乾隆帝御题的"绪式濂溪"四字匾额仍高高悬挂在楼阁之上,供游人参观欣赏。

甘肃流民回家之路

邵琳琳

生涯不复旧桑田，瓦釜荆篮止道边。
日暮榆园拾青荚，可怜无数沈郎钱。

这是宋代诗人晁补之在《流民》一诗中描绘的流民捡拾榆钱充饥的场景。在封建社会，灾荒的发生会导致大规模饥民流动，像清代雍正末年至乾隆初年，甘肃地方遭受旱灾，大量流民就涌入陕西。乾隆帝非常重视，下令甘陕地区协作赈灾。

甘肃多地被灾

甘肃省向来地瘠民贫、岁多歉收。雍正十二年（1734年），庆阳府属之环县夏麦只收四分，巩昌府属之靖远县、直属州阶州秋收歉薄。雍正十三年（1735年）入夏以来，灾情加重，宁夏府属之花马池、兰州、西固厅、平凉府夏收俱歉。

其中，受灾最严重的，莫过于平凉府属之固原州、庆阳府属之环县二处。两地井泉稀少，民间多食窖水，此次因旱导致水草缺乏，当地百姓糊口无资，不得不"移就邻封"。

甘省饥民,流移川陕

雍正朝以前,甘肃省每逢荒歉年份,百姓便多散处邻省,以两地为家,行踪居所无定。至乾隆朝初期,寄居四川、陕西两省的甘民已"不下千万"。

乾隆帝在兰州巡抚许容具陈赈济灾民事奏折上的朱批

甘民流居川陕，究其原因：一是府库和民间的存粮不足。西北边陲军兴日久，甘省协助备办军需，供给殷繁，仓储有限，官赈银粮不足以覆盖全部灾民；而民间存粮也不多，灾区的百姓即使有银钱也无处购买粮食。二是抚臣赈灾不力。时任兰州巡抚许容按照散赈的惯例，自雍正十三年（1735年）十二月初一日起至乾隆元年（1736年）二月底，3个月内大口日给口粮三合、小口日给口粮二合，灾民"不敷度日、难以充饥"，故而男妇老幼弃家远徙。乾隆帝为此还严厉训斥了当地官员。三是固原厅州、环县、北乡一带就地耕种的民人，多为从外地流寓至此，所以每遇歉收，便又习惯性流寓他地。四是甘肃、陕西地壤相接，陕省节气早于甘省，甘民情愿在两地往返，或耕种或佣工，不误农时也不耽工时。五是人情社会基础方面，甘民经年流寓陕省，多数在陕西依亲傍故，足以营生。

经查，雍正十三年（1735年）七月始，固原、环县、平庆、会宁、靖远等处乏食穷民，开始陆续流移外地觅食营生，每处或三五户、十数户及数十户不等。他们大多从汧阳、陇州经过，或散处于陕省各地，或由汉中入川省。至乾隆元年（1736年）二月，凤翔、西安、汉中、汧阳等处聚居甘民已达3000余人。

两省协济，流民回籍

鉴于明朝亡于流民起义的教训，清廷上下都十分重视对流民的管控。自顺治朝开始，就不断强化官赈，以期收获民心。资送流民即由政府出资为流民提供口粮和路费以便返回原籍，这是清代救济灾民的一项重要内容。

乾隆帝谕令："救荒之事如救焚拯溺……甘省备办军需，百姓连年挽运，急公踊跃，现值灾年，穷民流离载道，其情可悯。"于是特蠲免甘肃省雍正十三年（1735年）额征钱粮草束等，并令陕甘抚臣"加意赈恤"。时任陕西巡抚硕色两度为赈恤与资送甘民回籍事宜上奏，乾隆帝要求署官加赈要注意时限与途资两个问题。

基于此，陕西巡抚硕色令李文锷、叶树滋在两省交界的州县沿途核查，统计寄居甘民人数、是否自愿回籍等情况，并把改徙川省的甘民情况汇总。

陕西方面的甘民回籍工作，凤翔、西安、汉中等州县分别于二月初八、初十等日起陆续资送甘民回籍。对于自愿回甘的穷民，"大口日给盘费三分，小口日给盘费二分"。甘肃方面，委员在甘省交界处等候接领。甘民回境后，沿途依照陕省盘费标准照管，到后由地方官按照散赈办法，一体赈借口粮和籽种。如途中偶遇特殊情况，则做具体处理。例如，甘民陈世彩夫妻于资送途中生育，故在当地留养30日，每日给银6分，嗣后继续资送。

对于在甘省有恒产暂时前往陕地，或不愿回籍的人，两省官员认为不可逾违民情勉强接送。对于"贫病艰窘不能自糊其口者"，更要保证他们的口食，"每日大口给米五合，小口二合半"。

据川陕总督查郎阿奏报，这次灾赈，陕省安插、资送甘省灾民共用银59两，动支过仓储备赈京斗米915石。考虑到陕甘接壤，理应协济，甘省地瘠民贫，每值荒岁动支较多，故而预筹陕甘协济之法。计划在与平庆接壤的邠、乾一带及西安府属邻近州县仓粮内，动仓斗

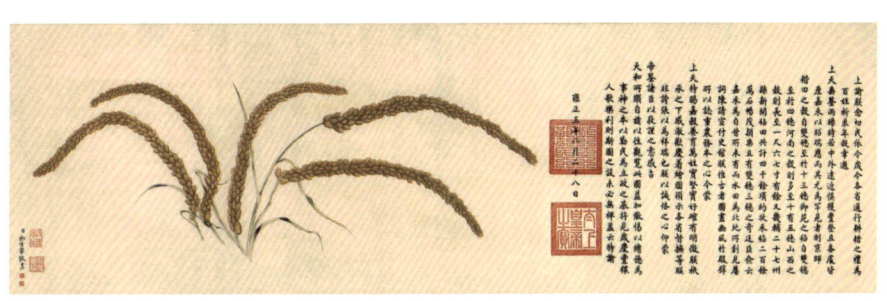

瑞谷图

12万石，分别运送庆阳府城3万石，平凉府属9万石，再按照各州郡大小、需用多寡，分拨运贮，以备一时之需。

虽然此次资送甘民回籍的赈抚工作尚算妥帖，但是有清一代流民问题始终未能得到根本解决，流动人口不仅没有成为社会发展的有效动力，反而成了国家和政府的极大负担。

满文呈稿里的中正殿念经处

赵郁楠

中正殿,位于紫禁城西北建福宫花园南,为清宫唪经、办佛事的主要场所。1923年毁于火灾,现仅存遗址。

中正殿所辖佛教建筑群之一——雨花阁

乾隆朝是藏传佛教发展的高峰时期。在乾隆帝的大力倡导下,在宫内形成以中正殿为中心的藏传佛教建筑区,佛教活动开始制度化。中正殿念经处,隶属于总管内务府衙门,专门管理喇嘛念经及成造佛像需用物料办理等事宜。乾隆朝是修建佛教寺庙、编译佛典经书、制作佛教法器最多的一朝,因此中正殿念经处随着其管理职能的变化,名称也发生过变更。曾名"管理中正殿事务处",亦称"中正殿喇嘛念经处"。中国第一历史档案馆藏中

银錾花梵文贲巴壶

正殿念经处满文呈稿档案，总计63卷4159件，始于雍正十三年（1735年），止于1924年。其数量，以雍正朝最少，乾隆朝最多。满文呈稿档案的记载为我们揭示出中正殿念经处这一机构，在乾隆时期鲜为人知的更名、建制等情况。

中正殿念经处满文呈稿，是由中正殿念经处员外郎或办事官员等用满文撰写，呈送管理中正殿事务王大臣判署施行或存查等意见的文稿，由办文单和正文两部分构成。办文单，记载文稿撰制及管理中正殿事务王大臣签押意见等情况，二至五页不等。正文，均为中正殿念经处办事官员所呈报的日常公务稿件。

档案内容主要包括：官员考勤，中正殿念经处办事官员为存案备查，逐月呈报官员全勤、请假及病假清单的例行稿件；请领公费，中正殿念经处办事官员按月行文有关部门的例行或临时稿件，如为太监喇嘛请领公费银、大制钱，为念经喇嘛和做饭厨役取用工价银，为中正殿员役升免或病故者请领或裁汰食俸或为派出官员领取盘费银等；人事任免，中正殿念经处员役调补、升迁及考核等行文有关部门的稿件；念经画佛，为各处上供、点灯、念经及造佛等领取物料，知会各寺院定期念经等方面的稿件。

满文呈稿办文单

从满文呈稿看，乾隆十三年（1748年）正月，中正殿更名中正殿念经处前，曾铸"中正殿喇嘛处"图记，但并未启用；名称确定之后，开始筹划铸造新图记印信。同年五月，呈稿中开始启用"中正殿念经处"满汉合璧图记，雍和宫亦曾借用此印信对外行文。中正殿念经处内部设有档案房、写佛号处等机构，其最高长官为管理中正殿事务王大臣，以嘉庆、道光两朝为例，管理中正殿事务官员多从亲王、郡王、扎萨克和硕亲王、扎萨克固山贝子及内务府大臣、尚书中特旨选任，亲王和扎萨克亲王任期较长，而内务府大臣或尚书等任期较短，两三年不等，更换相对频繁。

满文呈稿中有关中正殿念经处内部机构建制、员役构成及名称印信等方面的记载，可为进一步研究中正殿与清宫藏传佛教提供生动可靠的史料依据。

字写得不好也能当状元

胡忠良

俗话说："字是门面""字是敲门砖"，对于中国古代主要依靠笔墨书写的读书人、做官的官员而言，书法不仅是门面和敲门砖，甚或是影响前途命运的大事。清时科举极重书法，王士祯曾断语："本朝状元必选书法之优者。"为给评卷官以良好印象，考生们毕生苦练"欧底赵面"的馆阁体，尤其是专门用于殿试卷的"大卷"书法。状元们的书法往往出众，佼佼者如翁同龢等。但也有例外，乾隆二十五年（1760年），文科状元人选一出，举世皆惊，无他，状元书法不佳耳。

这一年的状元，叫毕沅，字秋帆，一字纕蘅（湘衡），自号灵岩山人，寄籍江苏镇洋的安徽休宁人。

毕沅年少时在苏州灵岩山，师从沈德潜。沈德潜是乾隆四年（1739年）进士，金榜题名时已66岁了。乾隆帝对这位老诗人十分优从眷顾，多与他诗词相和，令整个文坛艳羡。乾隆十六年（1751年），乾隆帝第一次南巡，已退休回籍的沈德潜赶到清江浦迎驾，乾隆帝心情大好，赐诗"玉皇案吏今烟客，天子门生更故人"。毕沅能够以举人身份进入内阁做中书，进而入军机处当值，大约也因为其师是"天子故人"这层关系。

毕沅像

因书法不佳，时为军机章京的毕沅在殿试前并不被看好，其夺魁后，坊间多有议论。清人笔记《南屋述闻》记述：毕沅中状元那年，新疆刚刚收复，乾隆帝欲在当地兴屯田，于是钦定为该科殿试策问题，只有毕沅的对策翔实有据，故从第四名被拔为状元。

考试之前，毕沅与诸重光、童凤三同时以内阁中书之职在军机处值班，又同时在礼部考试。一日在西苑，轮到诸重光值夜班，他却说："今晚夜班交给毕沅了。"毕沅很纳闷，问其原因，诸重光傲慢地回复："我们几个书法还不错，有可能殿试名次靠前，所以需要回家准备、临阵磨枪。毕沅你的书法不过尔尔，没有一甲的希望。"说完便与童凤三直接离开了。

厚道的毕沅不得已替诸重光值了次夜班。当天下午，忽然有陕甘总督黄廷桂奏折发下，提到了新疆屯田之事，毕沅正好无事，便熟读奏折。不料殿试策问时正好问及于此，方高中状元。而诸重光为本科一甲第二（榜眼），童凤三为二甲第八，名次皆在毕沅之下。

这件事影响很大，后人常以此例子，告诫少年人切勿轻傲。

《南屋述闻》所述，有不尽确切之处。其时乾隆帝以武功开拓新疆，朝廷上下都很关注新疆屯田问题。黄廷桂作为陕甘总督，管理新疆事务，几上奏疏，多中肯綮，获得乾隆帝重视，天下闻名。但黄已于乾隆二十四年（1759年）正月故去，继任者为开泰。在此之前，黄廷桂与开泰都曾上折奏论屯田。毕沅可能调过大库旧档，或作为军机章京在方略馆值夜班抄录军机处录副奏折时，读过他们的原档。因此殿试时，遇到乾隆帝钦定屯田策题，便可从容发挥了。

毕沅中状元时30岁左右，按照京官规律，要想升得快，自然是从做翰林起步。但两榜及第，三考四圈点庶吉士，三年散馆，大考得意，“留馆”当编修，到顺利“开坊”转到五品官，最快亦须九年，即所谓“九转丹成”。毕沅算是一帆风顺，40 岁左右做到了五品内阁学士，不久外放，此后 20 多年间，一直在地方做封疆大吏，官至督抚。

毕沅为人仁厚，喜好文艺，有雅量，能容人。时谓其门下有“三

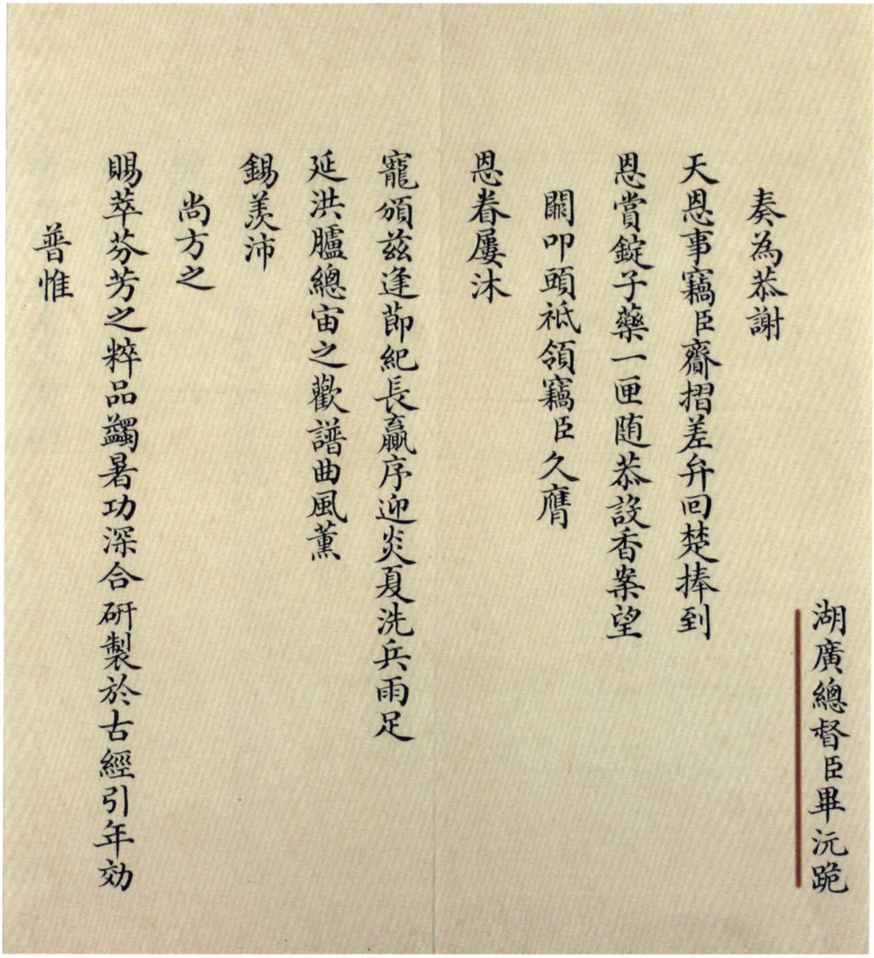
湖廣總督臣畢沅跪
奏為恭謝
天恩事竊臣齎摺差弁回楚捧到
恩賞錠子藥一匣隨恭設香案望
闕叩頭祗領竊臣久膺
恩眷屢沐
寵頒茲逢節紀長嬴序迎炎夏洗兵雨足
延洪臚總宙之歡謳曲風薰
錫羡沛
尚方之
賜萃芬芳之粹品蠲暑功深合研製於古經引年効
普惟

湖广总督毕沅为谢恩事奏折（局部）

多":

一是食客多。毕沅好儒雅，敬爱文士，人有一艺一长，必驰币聘请，唯恐不来，来则厚资给之。开府秦豫，岁以数万金启蒙惠士，以故江左名流，及故人之罢官者，多往依之。比如洪亮吉、孙星衍等学界大咖都曾长期依其幕下。

二是优伶多。毕沅好听戏，多储优伶，当时小说《品花宝鉴》中田春航与苏惠芳故事即讽刺毕公与李姓男伶之事。

三是文化投资多，除了赞助文人编书，自己还大量收藏古董。如重金购买李后主《江山半壁图》。在陕西巡抚任上，重修旧城，将出土的秦砖汉瓦搜罗殆尽，不仅每日摩挲，且遍拓赠人，奇文共赏。当时毕抚军打眼买假货的故事，也是天下酒桌上的一个常新的话题。

清中期，最有文艺气质的两个地方封疆大吏，一个是毕沅，另一个是阮元。两人都是著名的乾嘉学派领军人物，均对清代的文化事业做出很大贡献，两人还有一个共同点：都有着长期在地方工作的经历。

道光初年，由于朝中人才凋敝，道光帝想将阮元从地方调入中央，首辅大臣曹振镛从中作梗，轻描淡写地说：阮元在地方就忙着刻书了。弦外之意，阮做学问还行，但行政能力一般，道光帝犹豫后作罢。后来才得知阮元其实是个"又红又专"的官员，但已时过境迁。10多年后阮元才被调入中央，已是70多岁古稀之人，没两年就辞世了。

毕沅离开北京后，就一直在外，最后死在地方任上。他一生谨慎，乾隆末年，和珅当政，天下督抚巴结，唯毕淡然处之，不矜不伐。乾隆五十四年（1789年），和珅40岁，天下百官皆重币金帛往贺，唯毕沅独赋诗10首，并拣书画铜瓷相赠，手下有人以严嵩《冰山录》讽之，毕默然，醒悟，终身不再与和珅交往。实际上，与阮元一样，毕沅也曾有机会重回中央，但他认清形势，不想与和珅有瓜葛，自命清高，远祸外省，一官如寄。吊诡的是，他死后却依然没能脱离干系。嘉庆帝亲政后，认定已故两年的毕沅生前有巴结讨好和珅的嫌疑，且镇压白莲教时滥冒军费。于是下令褫夺世职，籍没家产。他死后，时人有挽诗曰："杜陵广厦今谁寄，八百孤寒泪下时"，当是对其一生的一个中肯的评价。

虽然下场不测，但乾隆二十五年（1760年）毕沅独占鳌头，点中状元的故事，启发激励了以后的士子们。大家相互鼓励曰：书法烂点也无所谓，重要的是考前一定要读读奏折！

乾隆帝钟情盘山

张 蕾

乾隆帝一生六下江南，但乾隆四十九年（1784 年）之后，却不再下江南，而是更加流连京郊的盘山，他先后巡幸盘山多达 32 次，并发出了"早知有盘山，何必下江南"的感叹。是什么让一代帝王竟然舍弃繁华江南而钟情于此呢？

盘山风景区位于天津蓟县，始记于汉，兴于唐，而极盛于清，为自然山水、佛教文化和皇家文化共融的胜地，历史上众多帝王将相、文人墨客竞游于此。

在当地，流传着一个凄美的民间传说：乾隆帝少年时曾途经盘山，偶遇少女盘儿，两人情投意合。但由于太后的阻挠，为求皇位的安稳，弘历错过了盘儿。乾隆帝大婚时，盘儿独自前往山中寺庙剃度。一段永不相见的思念与情缘在盘山的四季流转中，酝酿成各自对于天下之爱的生命感悟。年老之后，乾隆帝时常来到盘山思念盘儿，再也不去锦绣江南。

盘山山深林茂，景色清幽，历来被佛教徒视为胜地，素有东五台山之称。中国古代名山多为僧道所居，此地也不例外，这里曾建造了鳞次栉比的 72 座寺庙，13 座玲珑宝塔。著名的有天成寺、万松寺、法藏寺、盘古寺、云罩寺、少林寺、双峰寺、云净寺、上方寺等等，并建有水月庵、东竺庵、观音庵和关帝庙，此地是京东最富盛名的佛教道场。乾隆时期盘山佛教发展到极盛，成为京东乃至全国重要的佛教圣地之一。

  盘山的众多佛寺，现多为废墟遗址，或仅存佛塔，或见些许碑石碎瓦，或为残垣断壁，但从其遗迹来看不难想见当年香火极盛的景况。

  中国第一历史档案馆藏《阿克当阿呈盘山云净寺等殿宇面宽柱高丈寸数目清单》档案（道光二年闰三月初三日）就记载着寺院建筑群

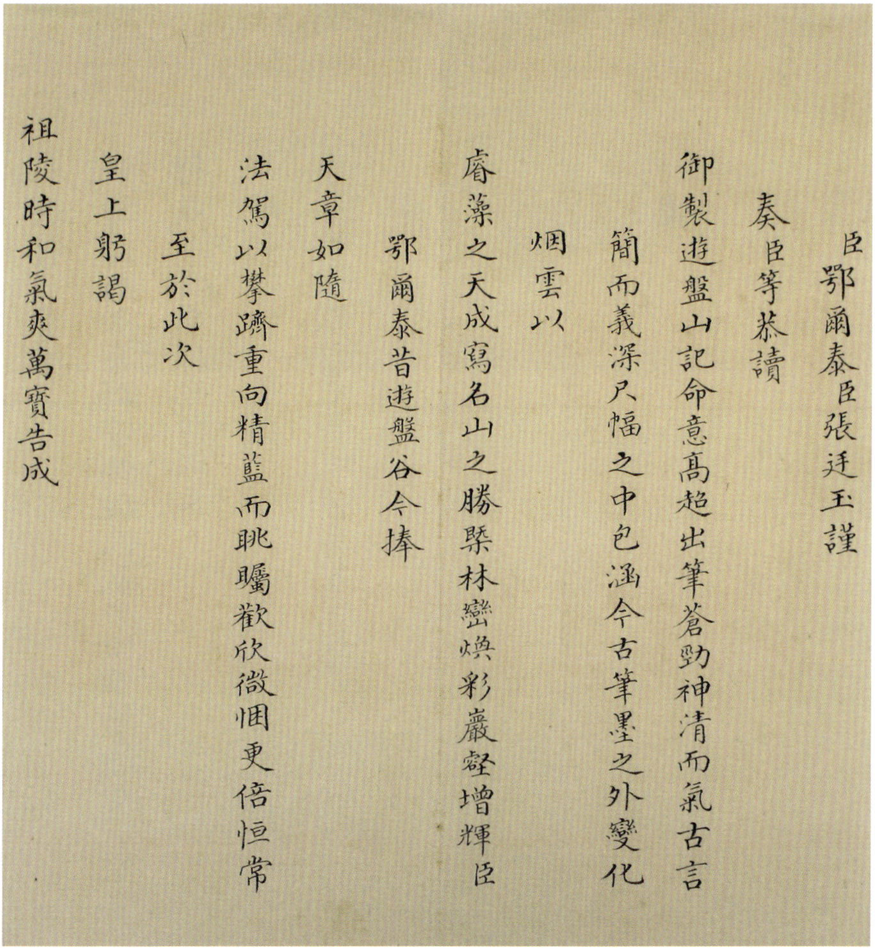

臣鄂尔泰臣张廷玉谨

奏臣等恭读

御制游盘山记命意高超出笔苍劲神清而气古言

简而义深尺幅之中包涵今古笔墨之外变化

烟云以

睿藻之天成写名山之胜槩林峦焕彩岩壑增辉臣

鄂尔泰昔游盘谷今捧

天章如随

法驾以攀蹟重向精蓝而眺瞩欢欣微恫更倍恒常

至於此次

皇上躬谒

祖陵时和气爽万宝告成

鄂尔泰等为遵旨校阅为御制游盘山记一字不可移易事奏折（局部）

乾隆帝击鹿图

的雄伟风范:"宫门楼五间,明间面宽一丈一尺七寸,两次间面宽各一丈六寸,两稍间面宽各一丈,进深一丈五尺四寸,前后廊深各三尺八寸,檐柱十二根,通高一丈五尺四寸,圆径一尺,金柱十二根,通高一丈六尺六寸,圆径一尺,柁高一尺宽八寸五分。大殿五间,面宽俱一丈一尺,进深一丈七尺八寸,前后廊深各四寸,檐柱十二根,高一丈一尺三寸,圆径一尺二寸,金柱十二根,高一丈二尺九寸,圆径一尺二寸,柁高一尺宽一尺。"

乾隆帝在盘山留下了御笔《游盘山记》,以及1702首歌咏盘山的诗作,一些御笔被镌刻在当地石壁、石碑上。乾隆帝非常重视这些可以长久保存的石刻御诗，乾隆八年（1743年），仅镌刻一处御笔石碑，就花去白银582两7钱1分9厘。

乾隆五十年（1785年），乾隆帝发现盘山行宫石壁上镌刻的御笔诗句太浅，龙颜大怒，下旨将所有负责承办监造的官员都交内务府大臣议罪，命令御书处官员自带干粮前往盘山返工。

《盘山金石志》中记载着其中几首乾隆御诗：

题云净寺

禅关东竺东，蹀马路才通。

岭亘遥分谷，天高不碍风。

玲珑思雁塔，寥寂守龙宫。

一室无余物，仙花落半空。

题云净寺二绝句

珠勒徐教仄栈遵，明知云净近东邻。

林中忽听鸣梢转，笑似花间喝道人。

毗卢野衲不知遵，麋鹿寻常可结邻。

分付春云慢净去，只应作雨利农人。

题云净寺口号一首

横盘松岭降还升，恰有招提倚翠崚。

山寺副名诚善矣，岂知我正望云兴。

如今，云净寺只保留着依山而建的地基，但从残存的地基和历史档案中仍能看出巍巍盘山中寺庙群落当年的宏伟，从御诗里也不难体会"十全老人"对彼情彼景的爱慕和眷恋，正如其诗句所言："今日身行图画里，六尘幻有等浮云。"

江南名胜图

老北京正阳门记忆

郑海鑫

正阳门是正阳门城楼和其南面箭楼的统称,是明清两朝北京内城的正门,因位于皇城和宫城的正前方,人们也称其为"前门""前门楼子"。它始建于明永乐十七年(1419年),原名"丽正门",明正统年间改名"正阳门",这一称呼一直沿用至今。正阳门历明清两朝,四次毁于火灾,又四次重建(一说五毁五建),见证了几个世纪的国运兴衰、朝代更替,是很多老北京人最为深刻的城市历史记忆。

三桥、四门、五牌楼

正阳门的城楼、箭楼、瓮城、正阳桥和五牌楼以及正阳门瓮城内的关帝庙、观音庙共同构成了一组布局合理、造型庄严、气势恢宏的建筑群,其建筑规格高于内城其他八门,素有"三桥、四门、五牌楼"之说。

三桥是指箭楼正南前方护城河上的正阳桥。它其实是一座石拱桥,但宽阔的桥面被栏杆分隔成三路通

正阳门五牌楼旧照

道，居中的通道正对着箭楼门洞，称为御道，只有皇帝才能通行。四门是指正阳门共有四个门洞，即城楼门洞、箭楼门洞、瓮城两侧东、西闸门各一个门洞。内城其他城门只有城楼门洞和瓮城单侧闸门的门洞，而它们的箭楼皆无门洞，只具备防御堡垒功能。五牌楼的名字缘于正阳门是五间、六柱、五楼的建筑样式。在明代，京城九门都建有牌楼，但正阳门的牌楼规格最高，有五个开间。中国第一历史档案馆藏清代乾隆二十七年（1762年）关于正阳门牌楼奏销黄册内，不仅详细记述了修葺牌楼所用工料开销，还明确记载了正阳门牌楼的建筑规制，如牌楼正中面阔3丈1尺，二次间各面阔2丈2尺6寸，最小的两间均面阔1丈7尺7寸……这些数据为我们今天对正阳门牌楼的修缮提供了历史依据。

四毁四建

正阳门城楼自建成后曾四次被火，四次重建。第一次在明万历三十八年（1610年），第二次在清乾隆四十五年（1780年），第三次在道光二十九年（1849年），第四次在光绪二十六年（1900年）。在清代档案中较为完整地保留了清代三次修缮正阳门的情况。

乾隆四十五年（1780年）五月，正阳门城楼失火。乾隆帝命英廉与和珅监督，同年十月完工。然而，此次重修并不顺利，因采用砖石材质斤两沉重，修好后的箭楼和门楼未及几个月竟出现了开裂的情形。乾隆帝对监修官员进行了处置，并要求监修官员赔付50%的工程款，其中作为第一责任人的英廉赔付35%，其余监督官员赔付15%；另一

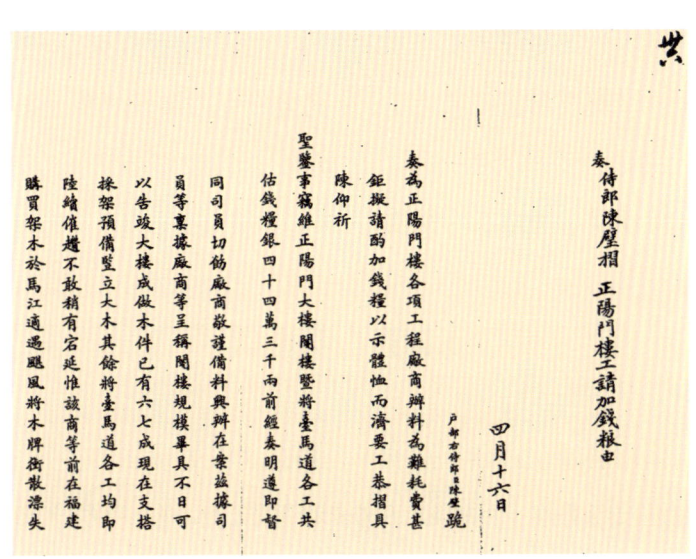

户部右侍郎陈璧为增加正阳门楼维修工程经费事奏折（局部）

督办官和珅因修城门时在热河，并未督工，不予追究，但和珅仍主动上奏请旨赔付。

道光二十九年（1849年）十二月，正阳门外东月墙铺户起火，火势漫延，殃及正阳门第一层箭楼。由于"明年修复方位不宜"，道光帝指派内务府大臣迅速勘估兴修，务必要赶在立春之前开工。

光绪二十六年（1900年）对于当时的清王朝来说是个多事之秋。这一年八国联军侵入北京，正阳门城楼和箭楼被重炮轰击，雪上加霜的是驻扎在城内的印度军又不慎把正阳门城门彻底烧毁，只剩下城墙和门洞，清政府为此投入巨资修缮正阳门。这次工程分为两个阶段，历时6年之久。据负责此次修缮工程的户部右侍郎陈璧估算，约需花费白银44.3万两之多。这对于当时内忧外患、国力凋零的清政府来说，显得心有余而力不足，只能从各省筹措工程银两。从光绪二十七年（1901年）到光绪三十二年（1906年），各省陆续解到银52万多两。第一阶段以修缮正阳门门楼为主，至光绪三十二年（1906年），"阙楼、堆拨房、将台、千斤闸等工程均已报竣"。门楼修缮完成后，剩余的银两第二阶段便用来修东西闸楼。

正阳门内两座庙

正阳门内越城东边建有观音庙，西边建有关帝庙。在京城九门之中，唯独正阳门旁建了两座庙，这表明正阳门的规格等级之高。

根据一史馆所藏档案记载，观音庙在乾隆十年（1745年）由官方耗银2921两进行修缮。修缮后的观音庙有大殿3间、后殿5间、东西配殿5间、碑亭1座、焚锦炉1座。关帝庙为私庙，由庙内住持道士自行修理。直到道光八年（1828年），道光帝在关帝庙拈香后，该庙才由官府出资修葺，并每月给香银3两。

清代皇帝在天坛或先农坛祭祀完毕，经过正阳门时要稍作停留，到关帝庙和观音庙拈香。据《光绪朝实录》记载，光绪帝曾到正阳门的关帝庙和观音庙拈香达68次之多，大都是在先农坛行礼，在圜丘祭天，去皇穹宇拈香等事毕之后进行。这从侧面反映出面对日薄西山的清王朝，皇帝无力回天，只能将国泰民安的希望寄托在神明的护佑之下了。

正阳门作为京城九门中地位最高的城门，有关它的传说和史事记载很多。这也印证了一座城门和一座城市的文化有着千丝万缕的联系。如今，修葺一新的正阳门依旧屹立在那里，继续见证着历史。

满文篆字与清代官印

李健民

官印是政权及官员的权力凭证，广泛应用于各种政令公文，是职官制度的重要组成部分，关系到国家各机关的行政运作与权力行使。清代作为中国封建社会的最后一个王朝，在各种制度建设方面可谓历代集大成者，而在官印制度上亦甚为完备。清代"凡印之别有五，一曰宝、二曰印、三曰关防、四曰图记、五曰条记"，不同印的规格则代表着不同的等级。

清代官印制度经历了从初创到成熟的发展过程，乾隆十三年（1748年）则可视作一个重要的里程碑。在这一年，满文三十二体篆字创立。此前，清代官印的印文一般是汉文篆体与满文本字。满文篆字创立以后则多以篆体替换本字。

满文32种篆体包括：玉箸篆、奇字篆、大篆、小篆、尚（上）方大篆、坟书篆、倒薤篆、穗书篆、龙爪篆、碧落篆、垂云篆、垂露篆、转宿篆、芝英篆、柳叶篆、鸟迹篆、雕虫篆、麟书篆、鸾凤篆、龙书篆、剪刀篆、龟书篆、鹄头篆、鸟书篆、科斗篆、缨络篆、悬针篆、飞白篆、殳篆、金错篆、刻符篆、钟鼎篆。据《清朝文献通考·玺宝符印》所载："御宝用玉箸篆，诸王则芝英篆。文臣则有尚方大篆（九叠篆）、小篆、钟鼎篆、垂露篆。武臣则有柳叶篆、殳篆、悬针篆。皆以位之崇、卑为等。"十种不同的篆体对应不同的品级印文，其中玉箸篆只有帝王及后妃、皇太子的宝印方可使用；亲王、亲王世子宝、郡王印则使

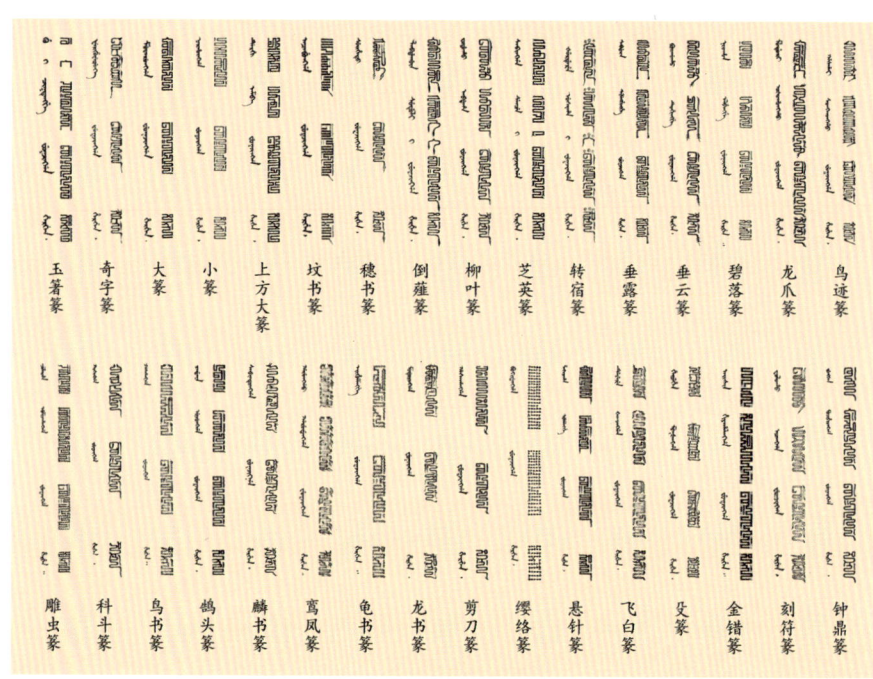

满文 32 篆字

用芝英篆，其余篆体分别对应其他各级官员。满文篆字的出现，为清代官印增添了生机与活力，并且为印章的等级区分提供了必要的帮助。

清代官印种类繁多，除用印、关防、条记外，还增加了"图记"与"铃记"。清代特有的机构，如：内务府、理藩院及与八旗有关的机构也须颁与印信。其中内务府机构庞大，分支机构有 50 多个，所颁之印，除总管内务府堂印外，内务府下辖的七司、三院、织染局、三织造、关防处等机构也有自己的印信。八旗组织及相关机构颁印较多，以八旗佐领图记为例，乾隆后期即有 1300 余颗。另外，东北地区、蒙古地区、新疆地区所设的驻防将军、都统及其以下的驻防官也都有不同种类的官印。

从以下所展示的官印可以看出，乾隆十三年（1748年）以后的官印满文改为篆字字体，与之前的满文楷体相比，明显的差异是满文篆字更易于填补印章中的空白部分，而且和汉文篆字相融合，增强了美

乾隆十三年以前的清代内务府机构官印

  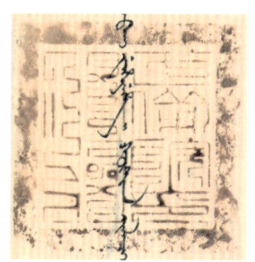

乾隆十三年以后的清代内务府机构官印

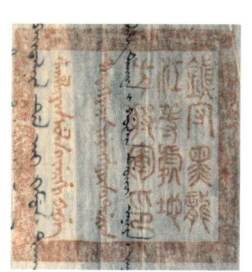 

驻防将军印文

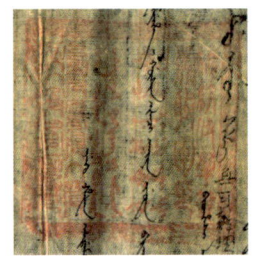

多民族文字印文

感和艺术性,也更显庄重。

乾隆对入印的满文字体规定了篆体形式,但是对入印的蒙古文、回回、唐古特、托忒文字并不要求加篆。如图所示,两枚印章除满汉文为篆体,其他民族文字并未使用篆体。

清代官印在使用过程中,存在一些比较特殊的情况。以档案中"敬事房"印为例,乾隆三十四年(1769年)的敬事房印中的满文并没有改为篆字字体。由此可以看出乾隆改官印制后,并非所有的官印都改为满文篆字,仍然存在许多满文楷体的印章。

敬事房印

清代官印制度经历了从初创到成熟的发展过程。满文篆字的出现,给本来就丰富的清代官印,又增添一分新意。官印在历史上起着权力象征和凭证的作用。如今档案中的官印印文,还可以作为文件形成年代、所属机构的考证依据,以及史实的佐证,具有极高的史料价值。

乾隆年间同仁堂化解一场危机

郭 琪

北京同仁堂是全国中药行业的老字号,其成功的宝贵经验就是:"炮制虽繁必不敢省人工,品味虽贵必不敢减物力。"清雍正元年(1723年),同仁堂成为内务府的指定药铺,长期为宫中御药房提供药材,并代制内廷所需各种中成药。但同仁堂的发展并不一帆风顺,历史上也曾深陷危机。

遭遇危机

同仁堂的前身是顺治年间乐家开设的万全堂。康熙八年(1669年),乐显扬从万全堂独立出来,筹资开设了同仁堂药室。康熙四十一年(1702年),乐凤鸣将药室搬迁到前门的大栅栏,正式开设同仁堂药铺。

同仁堂成为内务府指定药铺后,内务府派出官员与乐家一起管理药铺。但是,这一举动却差点给同仁堂带来灭顶之灾。

乾隆三年(1738年)六月,同仁堂的掌柜乐礼以自己的住房及名下其他房产为抵押,从管理镶黄旗事务的官员处借到了30000两白银,并承诺按期分月偿还。至乾隆十五年(1750年)六月,乐礼已经归还了本银15000两和利息20000余两,尚余本银15000两和利息300两。

此时,负责管理三旗事务的和亲王弘昼,经过与其他官员商议,决定按照旗员借银惯例——凡旗员支借未完滋生银两，停止利息，本银限10年陆续完交。允许乐礼将尚未还完的15300两，分为10年，在同仁堂每年从内务府领取采办药料等费用中抵扣归还，并且不再计算利息。

然而，乾隆十八年（1753年）四月十八日，一场大火突然降临同仁堂药铺，将铺面与药材等付之一炬，直接导致同仁堂无法按期向内务府交纳成药。雪上加霜的是，内务府见此情形，便奏请乾隆帝，打算另行换选药商，而和亲王弘昼看到同仁堂此时还欠着11800余两的本利银，自然也是无法偿还了，便要求工部将乐礼抵押的房屋按价变卖，以补偿欠款。

庆幸的是，乾隆帝得知此事后，下旨给总管内务府事务的庄亲王允禄，要求彻查同仁堂缘何会拖欠款项竟达十数年无法偿还。允禄仔细调查与审理，查明内务府派往同仁堂兼管事务的官员平安等人，利用手中的权力营私舞弊，不仅经常将自己平日里的各种花费都算到同仁堂日常开支的账目中，还强行入股赚取高额利息，以致同仁堂"生理日衰"、难以为继，只能借钱度日。

于是，庄亲王允禄判决将同仁堂原本所欠的各项本息及预先支取的购药银，扣除同仁堂的抵押房屋及内务府应支付的药银等后，剩余15700余两均由平安等官员偿还。同时，允禄看到同仁堂生意凋零，乐家孤孀度日艰难，便将同仁堂剩余的山货、煤料、药味等以及存放的房屋等均转交步军统领衙门，并招聘人员接手管理，按股分利给乐家孤孀，也算为同仁堂延续了命脉。

宫廷供药

经过这场风波,同仁堂元气大伤。庆幸的是,同仁堂恢复生机之后,再次被内务府选作专门为御药房供药的药铺,并将其所进成药的配方抄存备查,汇纂成《同仁堂丸散膏丹配方》,专卖关系一直延续到清末。簿册内记录了"导赤丹""开胸顺气丸""回春丹"等各类丹丸的配方。

同仁堂为清代皇室制作成药,也随时令变化。每年的端阳节前,内务府都要准备大量的锭子药,如太乙紫金锭、蟾酥锭、离宫锭、盐水锭等,以供皇帝使用与赏赐。

《同仁堂丸散膏丹配方》

此外，皇帝日常出宫祭祀、围猎的时候，同仁堂也需临时准备各种药料及成药。

立规传家

清朝末年，京城里经常遭到各种兵灾民难，在这种动荡的局面之下，如何保证同仁堂的产业能够维系下去，成为乐家人面临的重要问题。

宣统二年（1910年），当时主持同仁堂的乐季繁看到与自己一同继承同仁堂的三位兄长都已故去，子侄们也已经长大，可以自立门户了。他考虑到"将来生齿日繁，势不得不各营生业""唯各项营业既多，成败又难预定，万不能因一人之亏折，致合家同受影响"。为此，乐季繁特意找到民政部及农工商部，申请订立同仁堂家规，在两部备案，以作公证。

乐季繁提出，同仁堂药铺是乐家的祖产，自康熙年间开设至今已有200余年，"既无分铺在外，亦无他姓资本及远方亲族"。因此，特订立家规如下："凡乐姓子孙，无论在京在外，已开未开之各项营业及官款私债，将来盈亏各负责任，均与祖遗公产同仁堂无涉。"乐季繁相信，如此一来，便不至于因为子孙后世的错误行为造成同仁堂祖产的损失。

民政部收到乐季繁的申请后，于宣统三年（1911年）二月交由警政司转饬外城巡警总厅，对同仁堂房屋、产业等仔细调查核对。三月十二日，民政部接到巡警总厅核查无误的结果后，同意了乐季繁的要

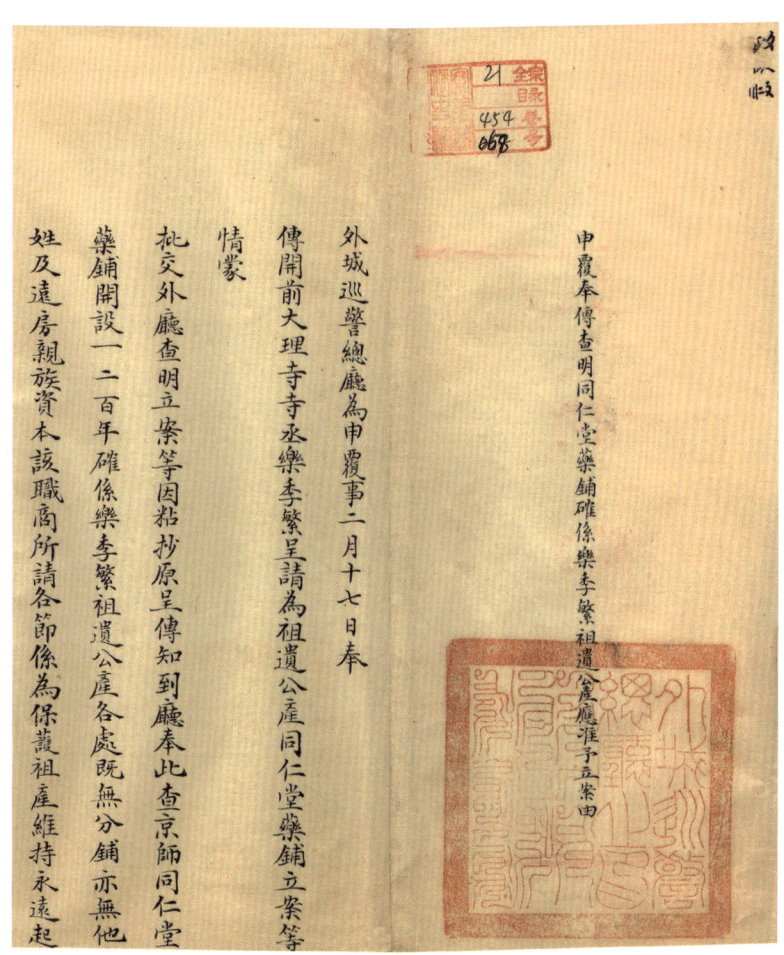

外城巡警总厅为申复查明同仁堂药铺系乐季繁祖遗公产应予立案事档案（局部）

求，并与农工商部一同将乐季繁所立家规备案，并知会商务总会等相关机构。

时移世易，历经过漫长岁月的风风雨雨后，同仁堂绵延至今，已有将近350年的历史。

闭关锁国的清政府
为何留下广州这扇南风窗

李国荣

近世以来,人们说起清朝的腐败无能,往往连带上闭关锁国一词。以至于形成这样一种印象,正是由于清政府的闭关锁国,才导致了这个王朝的腐败无能。历史地看,清朝闭关确有其事,但并没有完全上锁,还留下了一扇南风窗,这就是乾隆帝的广州"一口通商"国策。清政府为什么关上沿海的其他口岸,而只留广州一处对外通商呢?这成为悬在历史时空中的一个大问号。让我们走进历史,看看300年前的清王朝是如何锁国与开关的。

"一口通商"前的中国有几个海关

17世纪后期,大清帝国进入康熙时代。在平定三藩之乱和收复宝岛台湾之后,康熙帝审时度势,为了振兴沿海地区长期凋敝的经济,决心解除明朝以来300余年的海禁,实行开海通商政策。康熙二十四年(1685年),清政府首次以"海关"命名,在东南沿海正式设立四大海关,分别是广州的粤海关、厦门的闽海关、宁波的浙海关、上海的江海关。这四大海关,成为朝廷确定的外国商船来华贸易的指定地点。这是中国历史上正式建立海关的开始。

开海政策推出后,东西方之间的商贸往来出现一派繁忙景象。不

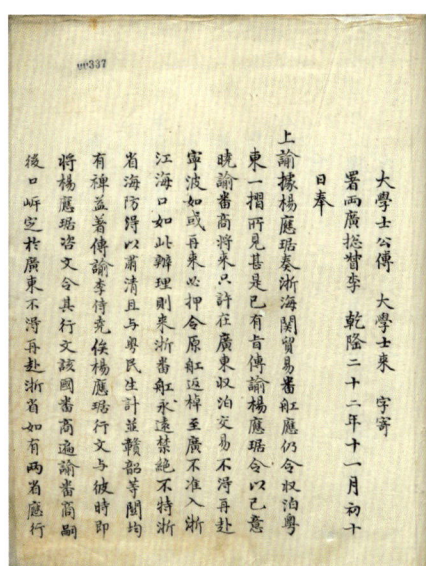 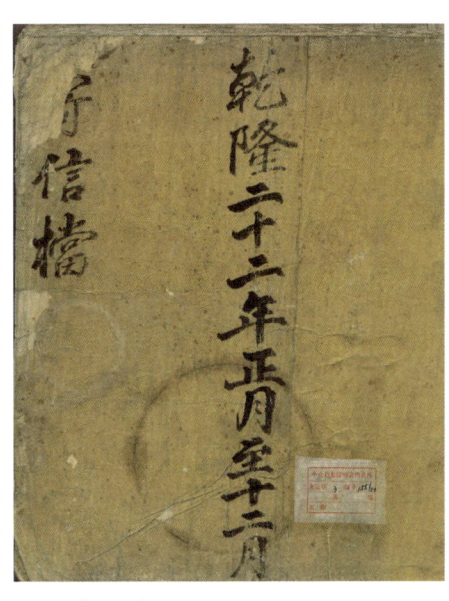

乾隆帝"一口通商"上谕

过，我们从康熙帝开海以后来华洋船的记录中，发现了这样一个奇怪的现象，就是大清国虽然开放了4个口岸，但洋船来华贸易主要还是集中在广州的粤海关，其他3个海关则少有问津。

"一口通商"国策是怎样出笼的

到了乾隆时期，正在海外扩张的英国，不甘于只在传统的广州口岸贸易，而要到长江流域的丝茶产区增开新的商站。为了处理浙江海关事宜，乾隆帝将熟悉对外通商贸易的两广总督杨应琚调往浙江。乾隆二十二年（1757年）十月二十日，闽浙总督杨应琚专门就海防与海关问题向朝廷建言献策。他在奏折中谈到，闽浙一带不应让洋船自由出入，外国商船应该集中在广州进行贸易，主要原因是珠江口具有两山门立、炮台完备、沙淤水浅这一系列天然防御优势，是在确保海防前提下进行通商贸易的最佳选地。

对杨应琚关于关闭浙江一带海关，只留广东一个口岸的建言，乾隆帝深表赞同，挥笔御批"所见甚是！"乾隆二十二年（1757年）十一月初十日，乾隆帝正式颁布谕旨，明确宣布："嗣后口岸定于广东"，外来商船"只许在广东收泊交易，不得再赴宁波"。这就是给清政府的海疆政策带来划时代变动的"一口通商"上谕。据此，闽海关、浙海关、江海关一起关闭，清朝的对外贸易全都集中到粤海关。乾隆帝的"一口通商"国策，一直持续到晚清鸦片战争时期在列强炮舰威逼下被迫在广州、厦门、福州、宁波、上海"五口通商"。

"一口通商"为何花落广州

在清王朝锁国收关之时，在南国却划出了一块特殊的空间。梳理档案文献，我们发现，清中央政府"一口通商"选择了广州，大致有这样几层考量。

第一，最主要的是基于政治安全的考虑。广州地处南疆，远离国家腹地，远离中央政府，历来是华洋杂处之区。而江浙一带则大不相同，用乾隆帝的话说，就是"于海疆重地民风土俗均有关系"，岂能成为洋人的集市。留下偏隅岭南的广州一地通商，即便出现一些周折，也是可控的，对清中央政府、对中原内陆的影响也是有限的，不用有太多的担心。

第二，海防条件是当朝天子决定关停哪里又留下哪里的重要因素。在清朝皇帝和封疆大吏的眼中，海防重于通商。从地理形势上看，虎门海口是洋船进入广州的要塞，这里有"金锁铜关"的天险，其地势最有利于凭险防守。虎门至广州的中途港黄埔，是从水路抵达广州的必经之路，这里多沙淤水浅之处，没有中国引水员带领，洋船难以自由进出。虎门至广州的这条水路，被称为通海夷道，处处有官兵设防。而浙江的宁波、定海口岸，其地势却是海面辽阔，无险可守，洋船扬帆就可直达腹地。乾隆帝说过："虎门、黄埔所在设有官兵，较之宁波之可以扬帆直至者形势亦异。"这成为只留广州一地对外通商的最有利的天然条件。

第三，粤海关与宫廷生活有着千丝万缕的联系。广州一直被视为"天子南库"，是皇家奢靡享乐的重要特供点。在开放的四个口岸中，粤海关的财政收入一直居于首位。乾隆帝总是任命他最亲近的内务府亲信出任粤海关监督，而其他海关则由地方大吏兼管。在皇家自己人的操办下，粤海关成为皇室庞大开支"自筹资金"的重要途径之一。档案记载，乾隆初年开始，粤海关每年向内务府造办处送银5.5万两，这笔巨款揣入皇帝个人的腰包。粤海关还一直有着一项特殊职责，就是利用和洋商打交道的便利，每年都要为宫廷输送大批洋货，或是从洋船上采买，或是自海外订购，当时称为"采办官物"。如圆明园内西洋楼的洋玻璃灯、地毯、自动玩具、机械钟表、西洋镜、铜版画等陈设，都是由粤海关通过洋行商人采买运京的。粤海关有着这种为宫廷服务的特殊功用，皇帝在决定取舍时的倾向也就不言而喻了。

怎样看待清政府留下广州这扇南风窗？一是，历史地说，乾隆帝

嘉庆二十年的广州商馆区

关闭其他海关，只允许在广州对外通商贸易，这是清政府的封闭之策、收关之举。但应该看到，这个收缩的国策也还具有一定的弹性，就是说乾隆帝的闭关还是留有余地的，还保持了一个渠道，留下了一个窗口。二是，广州以其得天独厚的人文地理优势，成为康熙帝开关后西方商船首选的黄金口岸，更成为乾隆帝以后"一口通商"国策下中西贸易的唯一通道。从对外贸易的角度看，广州独口通商是一种限制和束缚，但客观上却也造就了一个盛清时期繁荣的中西贸易中心。

乾隆帝眼中的翁方纲

刘文华

翁方纲（1733－1818年），字正三，号覃溪，晚号苏斋，顺天府（今北京）大兴县人。翁方纲是乾嘉名儒，也是著名的诗人、学者。他精心汲古，博学多闻，既能诗文，又擅书法，性嗜金石，精于考证。他对经学、义理、诗歌、书画、谱录、金石学等都有很深的研究，著作等身。乾嘉时代，翁方纲被称为"北学领袖"。

翁方纲在科举求仕的道路上比较幸运。12岁为秀才，15岁中举人，20岁成进士，选庶吉士。散馆之后，翁方纲授官编修，先后典试过江西、湖北、顺天乡试，曾任广东、江西、山东学政，参与了乾隆朝中后期几乎所有的重大文事活动。翁方纲文名显赫，但仕途先扬后抑，颇有波折，他最高官至内阁学士兼礼部侍郎（从二品），以鸿胪寺卿（正四品）退休。这与乾隆帝对翁方纲的认知是有关系的。

据史料记载，翁方纲受乾隆帝"知遇"，始于他擅长"清书"（满语）。满语是当时的国语，乾隆帝对满语的传承极其重视。据说翁方纲庶吉士散馆考试时，乾隆帝以翻译陶渊明《桃花源记》命题，当日中午，翁方纲就完成了考卷。乾隆帝拿其考卷认真阅读，再三问他的名字，然后说"牙拉赛"（汉语"好"的意思）。第二天，翁方纲被钦定一等一名。翁方纲给乾隆帝的第一印象是一位国语（满语）学得不错的年轻文人。

史籍中记载，乾隆帝多次与他人谈及翁方纲的学问。乾隆二十四年（1759年）三月，试差考试，翁方纲名列一等第五名。乾隆帝询问翰林院掌院学士蒋溥："闻翁方纲会作文章，然乎？"蒋溥回奏："此人学问甚好。"乾隆帝连连点头。同年闰六月，乾隆帝钦点翁方纲任江西乡试副考官，正考官是工部右侍郎钱维城。钱维城谢恩召见，乾隆帝问："汝副考官学问何如？"钱维城回答说："臣实不知。据今岁考列一等前列，想其学问当好。"乾隆帝又问："汝亦久为翰林，何以不知？"钱回答："此人日日闭户读书，不与人酬接，是以不知。"

乾隆帝老年朝服像

由此，翁方纲也许给乾隆帝留下了个闭门读书、不问世事的书呆子印象。乾隆四十四年（1779年），又是乡试之年，要委派各省监考官。乾隆帝问刘墉："翁方纲是汝同年否？"刘墉回答："是。"乾隆帝又说："其学问在北方中所少。"刘墉回答说："即在南方亦所少。"看来乾隆帝也认为翁方纲是北方学人中的佼佼者。

以上记载都表明乾隆帝对翁方纲的学问还是比较认可的。如果说这些记载都出自翁方纲家史，可能有溢美成分的话，那么乾隆帝自己的亲笔是最真实的记录。中国第一历史档案馆所藏宫中档案中恰有这样的记载。

乾隆二十四年（1759年），翁方纲任江西乡试副考官完考后上折复命,朱批"似有心,可慢试用,平。"这是翁方纲首次外出任职,乾隆帝对其评价还不错,表示要慢慢加以试用。乾隆二十九年(1764年),翁方纲出任广东学政,上折谢恩,朱批"似有出息,此任可"。乾隆三十五年(1770年),翁方纲任湖北乡试正考官,事后上折复命,朱批"亦妥当,再看"。此时,乾隆帝对翁方纲有了比较实在的评价(不再用"似"),认为他"妥当",但还要继续考查。乾隆五十一年(1786年),翁方纲新授江西学政,上折谢恩,乾隆帝朱批"学问好,人亦可"。乾隆五十四年(1789年),翁方纲任江西学政三年期满上折,朱批"学问好,亦可"。这段时间,"学问好"是乾隆帝对翁方纲最主要的评价。总体而言,乾隆帝对翁方纲的学问是认可的,对于其为人也基本持肯定态度。但是,乾隆帝并不太重用翁方纲,说明这种认可也较有限。最能证明这一点的是一份翁方纲的请安折,翁方纲名字旁边赫然有乾隆的朱批:"中等文人而已!"这份请安折很可能是翁方纲在乾隆末期任职山东学政时所上,这应该是乾隆帝对其的最终判定。而翁方纲

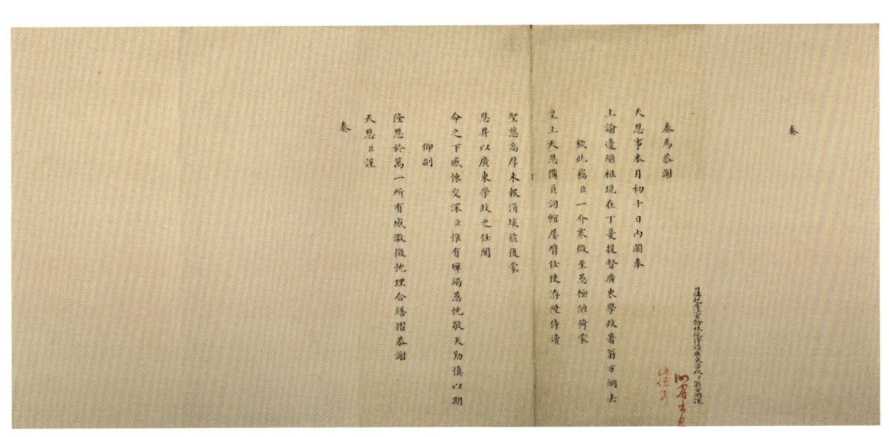

江西乡试副考官翁方纲为任广东学政事谢恩折

也正因为在山东学政任上由于所谓的"不能约束家人"被弹劾,遭免职回京。

清朝选官任官有一整套完备制度,其中皇帝对于官员的考量,也是一个重要方面。乾隆帝对臣下向来不轻易加以赞许,即使是名宿硕儒,也未必能得到其许可。即便得到了肯定,身背"文人"标签,也未必得到重用,翁方纲就是其中的一个例子。

文渊阁与《四库全书》

丁 好

每年 4 月 23 日是"世界读书日",设立主旨是希望全球各地的人们,无论年龄或贫富,都能享受阅读带来的乐趣,每年的这一天,世界各地都会举办各种各样的庆祝和宣传活动。本文借助档案,说一说乾隆时期的一座国家级藏书楼——文渊阁和其中保存的《四库全书》。

清代官修图书到乾隆时期达到高峰,其中最具代表性的就是包罗"古今数千年"、囊括"宇宙数万里"的巨著——《四库全书》。该书自乾隆三十七年(1772 年)首份征书谕旨下达,到乾隆四十七年(1782 年)

文渊阁

第一部《四库全书》修成,共耗费 10 年时间。为贮藏《四库全书》,乾隆帝特建"北四南三"七座藏书楼,文渊阁就是设在宫中的藏书地。文渊阁选址建在紫禁城东华门内明代圣济殿(祭祀先医之所)旧址,同文华殿毗连,形成与武英殿、静思殿东西对称的宫殿群,在建筑上沿袭了宁波天一阁所用"天一生水,地六成之"的理念,有"以水制火"之意,分上下二层,面阔六间,各通为一。

文渊阁内部陈设处处体现着精妙的构思。设计上采用了夹暗层的手法——从外观上看是大气高挑的二层,在实际上却设计为三层,充分利用了内部空间，避免了浪费。阁内三层，均贮图籍，下层左右梢间储经部图书20架，中层储史部图书33架，上层中间储子部图书22架，两旁储集部图书28架。这些书架不仅能贮放各类图书，还可以作为隔扇自如移动，使室内格局富于变化。阁的下层内部，于次间左右利用书架为间壁，使中央形成广厅，厅的中央设宝座，是当时经筵赐茶处。阁的上层，在南北二面各有走道，通道的外侧，为了采光全部开窗，正中明间设"御榻"，其他各间都排列着书架，充分满足整套《四库全书》的贮藏。

乾隆帝写字像

《钦定四库全书简明目录》

作为第一部修竣入藏之书，文渊阁《四库全书》定位于专供皇帝御览，普通人员是不允许入阁借阅的。然而独乐乐不如众乐乐，感叹"四库所集，多人间未见之书"的乾隆帝，为"嗜古勤学"的大臣们开放了特殊优待："而钞录储藏者,外间仍无由窥睹,岂朕右文本意乎……大臣官员中有嗜古勤学者,并许告之所司,赴阁观览,第不得携取出外,致有损失。"同时为了鼓励传播《四库全书》,下旨在翰林院贮藏了副本可供查阅,有想要一睹这部巨著真正风采的大臣官员,可以前往查阅、抄录。但借阅登记程序依旧严格:"其司籍之员,随时存记档册,点明帙数,不许私携出院,致有遗缺。"如若在借阅中发现文字错误,也需谨慎核对修改。"如所抄之本,文字偶有疑误,须行参校者,亦令其识明某卷、某页、某篇,汇书一单,告之领阁事,酌派校理一员,同诣阁中,请书检对,仍须敬谨翻展,不得少致污浊。"

时至今日,我们不需要"格外开恩"就能亲临文渊阁感受它的巍峨;《四库全书》也早已走出深宫,可供社会大众查阅。"腹有诗书气自华",与书为伴,在书中游历不同的人生,不亦乐乎?

乾隆帝规范满洲官员的姓名

韩晓梅

清朝是满族建立的政权,当时称满族为"满洲"。按满人习惯,凡公私文牍皆称名不举姓,在日常生活中所用的也主要是名,而非姓名全称。如康熙朝大臣伊桑阿属满洲正黄旗,姓伊尔根觉罗,在公文中只落其名伊桑阿;乾隆朝的大学士傅恒,姓富察,傅恒只是他的名字;再如和珅,姓钮祜禄,在清代文书典籍中多称其名和珅而不是钮祜禄·和珅。

入关后,汉文化对满族产生了巨大影响,其中也包括满族人取名的习俗。乾隆中期以前,有些满人仿照汉人习惯冠汉姓取汉名。如顺治朝的满人状元麻勒吉,姓瓜尔佳,又名马中骥。康熙朝的礼部尚书顾八代,其子名顾俨,孙名顾珠,其实顾八代乃伊尔根觉罗氏。雍正朝大学士徐元梦,舒穆禄氏。乾隆朝军机大臣舒赫德之子名舒常、舒宁,则是以原姓舒穆禄

乾隆帝朝服像

氏之头一字"舒"为姓,并取冠舒姓的汉式名字。至乾隆中期,由于这种改汉姓取汉名的现象不断增加,且大有进一步发展之势,乾隆帝因此把保持满洲本姓提高到捍卫"满洲根本"的高度来认识。不仅把

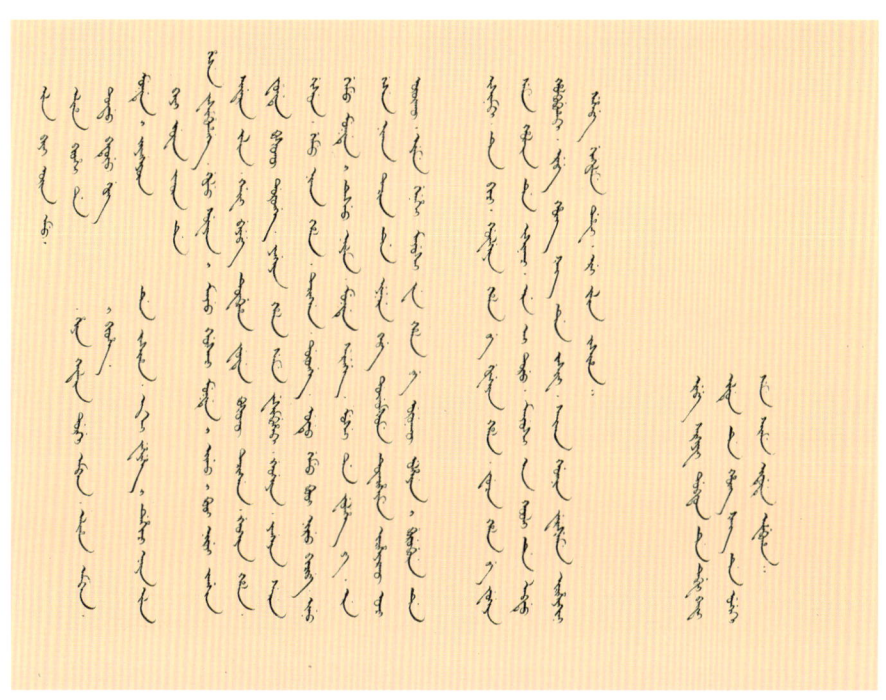

乾隆帝为盛京将军弘晌奏请引见满洲官员时不得用汉姓事上谕

整顿满人姓名作为统治中的一项重要内容来抓,而且亲自为旗人改名。在中国第一历史档案馆藏的军机处满文寄信档中,就有多条乾隆帝专门规范满洲官员姓名的谕旨。

满洲官员不得用汉姓

满洲官员的姓名皆由满洲语命名,在日常生活和政务活动中不可避免地要用汉字转写满洲语姓名。在汉字的选择上,乾隆帝有着严格要求,即在用汉字转写满洲姓氏时,不得取用读音与满洲姓氏相似的汉族姓氏汉字。

乾隆四十年（1775年），大学士傅恒字寄盛京将军弘晌乾隆帝谕旨，其中提及满洲官员不得取用汉族姓氏。"乾隆四十年三月十八日奉上谕：正黄旗满洲奏：为补授盛京义州包衣佐领，带领引见骁骑校塔清阿，高家氏；骁骑校多隆额，杨家氏。等语。高家杨家之言，俱系汉姓。塔清阿、多隆额，虽俱系包衣佐领，但亦俱系盛京人。盛京乃我根本之地，似此沾染汉习，不可不预为匡办，长此以往，满洲旧姓必渐泯没。即如瓜尔佳氏呼为关家氏，富察氏呼为傅家氏，是何道理，大关满洲风俗。将此着寄信弘晌，妥为留心办理。"

在谕旨中，乾隆帝谈及了对满洲旧姓日渐泯没的隐忧。盛京包衣满洲官员竟以汉族姓氏"高""杨"为姓，若长此以往，满洲原有姓氏必将被汉族姓氏取代。乾隆帝为阻止这种情况发生，命令盛京将军弘晌纠正此风，严加匡办，断不可令满洲官员以汉族姓氏代替自身满洲姓氏。

满洲官员禁仿汉人命名

除了禁止满洲官员使用汉族姓氏替代满洲原有姓氏外，在命名规则上，乾隆帝也有要求，即不可仿照汉人命名，严禁父子间取名用同一汉字。

乾隆四十九年（1784年），领侍卫内大臣字寄伊犁领队大臣，"乾隆四十九年七月初五日奉上谕：顷步军统领衙门所奏富景之子富宁济代家人呈控一案之汉字折内，富宁济之富字，竟然与其祖、父之富字相同。此之何也？富景为何效仿汉人，以富字为姓，给其子命名？即福康安兄弟之名字，乃福分之意，如此改字起名，尚属可也。富景给伊子起名，竟如同汉人一般，实属非是。富景著寄信申饬。"

乾隆帝认为富景用同一汉字"富"为其子命名，未与自己名字中的"富"字相区别，是"效仿汉人，以富字为姓"。其仿照汉人命名习俗，实属非是，必须加以申饬。

满洲官兵需用满洲语命名

乾隆帝不仅对满洲官员的命名加以规范，对于普通的满洲官兵命名也同样有所要求，且范围不只包括满洲官兵，还涉及索伦、锡伯和察哈尔官兵的命名。

乾隆五十七年（1792年），大学士领侍卫内大臣字寄伊犁将军，"乾隆五十七年五月二十一日奉上谕：据保宁奏称，锡伯部闲散赵成，与披甲富昌阿之妻通奸，扎死富昌阿一案，现经审明，拟罪具奏。等语。伊所奏俱属照例办理，故批以准行。但锡伯与蒙古相近，伊等应以满洲、蒙古语命名。今此案人名赵成、关德、功德者，均非满洲语，系满洲中汉人名矣，全已汉化。伊犁地方尚不比京城，彼处兵丁不甚多，该将军等若加以重视，则易于匡正。将此寄谕保宁，嗣后伊犁满洲官兵，著以满洲语命名；索伦、锡伯等，著以满洲、蒙古语命名；察哈尔等，著以蒙古语命名，不得肆意命以汉人之名。"

谕旨中提及新疆伊犁地区不比京城，兵丁不多，伊犁将军若重视规范，必可匡正满洲姓名汉化之风。这也从侧面表现出京城满洲官兵众多，较伊犁地方命名汉化之风更甚，匡正难度更大。在谕旨结尾，乾隆帝还扩展了规范命名的范围，规定了索伦官兵应以满洲或蒙语命名；与蒙古相近的锡伯官兵应以满洲或蒙语命名；察哈尔蒙古官兵应以蒙语命名。其重点在于必须以本民族语言命名，不可助长其汉化之风。

我们可以看出，作为最高统治者的乾隆帝，以满洲官员的姓名为切入点，力图阻止满洲风俗被汉化，从而保持满洲文化和习俗的独特性，并恢复满洲本业的态度与决心。乾隆帝的谕旨政令在一定程度上遏制了满洲官员改汉姓，用汉名的汉化之风。但是，随着时间的推移，汉化趋势终将无可逆转。

清代命案如何侦破

陈 茜

乾隆五十二年（1787年）十一月初二日，吏部侍郎惠龄奉旨重审一桩命案。

此案原为直隶大名县知县叶旸审理，案情并不复杂。民人李如兰控告张富荣、刘国瑞、吴见龙三人殴打、辱骂于他。原告李如兰籍隶山西临汾县，为长芦盐局的收发伙计，被告张富荣、刘国瑞、吴见龙三人皆为天津县船户，因转运费用、时间问题，李如兰与其他船户们产生矛盾，将张富荣、刘国瑞、吴见龙诬告到县衙。知县叶旸并未认真审案就将被告三人各打四十大板后释放。不料刘国瑞、张富荣因不堪杖刑身亡。大名知县叶旸即以二人系因病身死结案。

刘国瑞、张富荣的尸身被送往原籍天津杨柳青安葬，死者亲人不甘，进京告状，因案情颇多疑点，惠龄奉旨再验尸伤以确定真相。在中国第一历史档案馆藏档案惠龄上的奏折内，记述了他接旨办案的情况。通过惠龄的描述，我们可以大致了解到清代司法办理命案的一般流程。

人员选择

验尸作为命案侦破的关键步骤，在很大程度上决定了案情的走向，所以对检验人员的选择尤为重要。

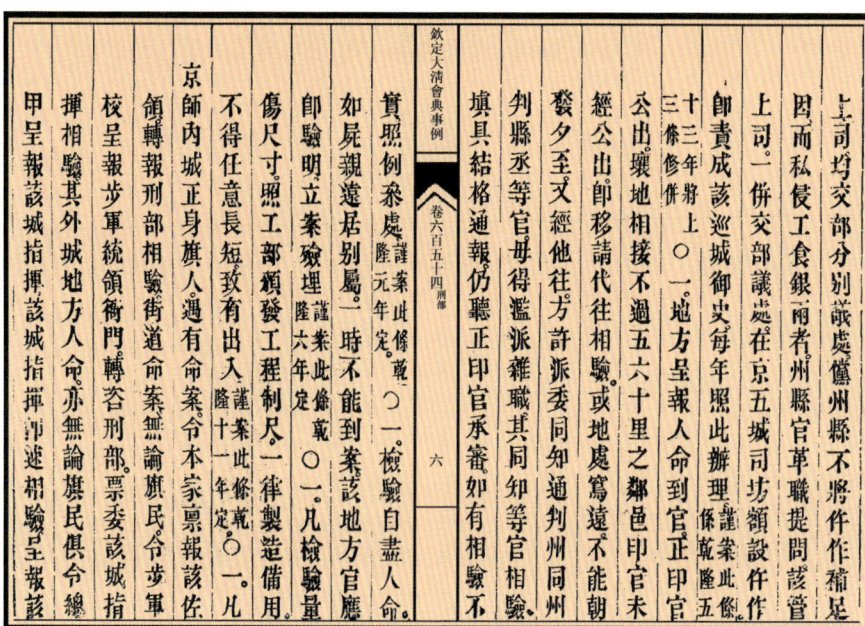

《清会典》对代往验看官员的规定

正印官负责：正印官（掌印信官员）为命案审理验尸的主要负责人，此案正印官为吏部侍郎惠龄，由刑部司员协助。清代有"非正印官不得受民词"的司法规定，若正印官不能前往，则由"壤地相接不过五六十里之邻邑印官"代往相验，如果邻邑印官不能前往可"派委同知、通判、州同、州判县丞等官"检验，但仍归印官承办。

仵作执行：仵作为验尸的具体操作者，是衙门里定额设置负责检验的专业差役。此次负责验尸的仵作万成由刑部两位司员带至天津。作为决定案件性质和侦破方向的技术型人才，仵作的培养和考核十分重要。清代法律对仵作的能力和素质做出了具体要求，仵作需要熟记《洗冤录》，并且每年考试一次，优则奖赏，差则免职。

检验过程

时效性：清代命案检验特别强调时效性，接到报案后，验官必须尽可能快地奔赴现场。清代为了避免官员玩忽职守，要求官员在案件的上报文书中详细说明何时接报、何时起程、相隔路程、何时检验，以此来判断检验是否及时。惠龄接到办案的旨意时正在邯郸办案，十一月初九日从邯郸出发，十六日到达天津，十八日会同司员仵作至张富荣、刘国瑞二人停棺处检验。

公开性：清代验尸讲求公开透明，验官提前将证人、尸亲、疑犯等有关人员传唤到场。如是复检案件，原验官员和仵作也必须到场。此案作为复检案件，惠龄除带原验刑仵作潘超外，还令本次执行验尸之仵作、死者亲属、原告、证人等到场。

专业性：《大清律例》规定仵作"定执要害致命去处，细验其圆长、斜正、青赤、分寸，果否系某物所伤，共同一干人众质对明白"。检验前，通常会将尸体移放平地；检验时，仵作高声喝报何处发现何样伤口。此案中仵作喝报"刘国瑞尸身未腐，遍身白色，左臀近下至左腿溃烂红赤伤一处，量长三寸五分宽二寸五分……张富荣尸身皮肉消化……脊背以上皮肉尚存，有青伤一处……"，如此一边检验一边向在场众人详细描述尸伤形状、大小、颜色，以便一干人等清晰明了。

仵作检验结束后，验官根据仵作的检验结果亲自查看尸体，同时将检验结果与在场众人对质，皆无异议则用朱笔当场填写图格。

尸图与尸格

尸图与尸格是由官府统一印制的、记录命案检验结果的重要文书。

尸图指仰合二面人形示意图，图中标注身体各部位名称；尸格指印有身体各部名称的表格，各部位名称之上注明"致命"或"不致命"。尸图用于验尸结束后正印官填写尸格时对照参考，以免发生错误。

以一史馆藏验尸图格为例，首面印有"刑部题定验尸图格"字样，第二面为尸图仰面，第三面为尸图合面，其后为验尸格。尸格必须在

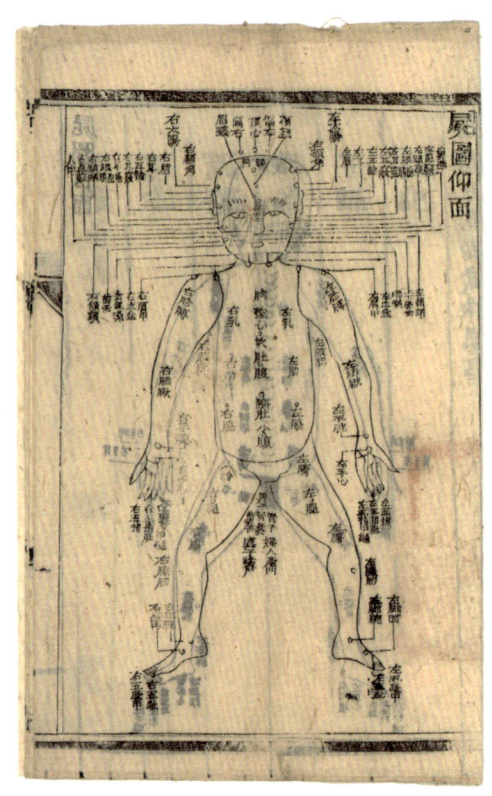

验尸图格

检验时当场填写，先填基本信息，即正犯、干证、邻佑、尸亲、房主、仵作；死者姓名、年龄、仰面面色。后填验尸结果，先仰面后合面，无伤填"无故"，有伤要详细填明伤口尺寸、形状、颜色等信息。

本案中原验官填图为两腿杖伤已经结痂，因病身死，复检后根据结果对照《洗冤录》，判断被告因腿部杖伤深重而死，与原验尸图格不符，当即严审原验人员。本案原验官大名县知县叶旸并未取供，仵作潘超虽验得二人俱为杖伤身死，因知县叶旸为逃避追责，并未如实填写验尸图格，而是捏造二人病死。

骨图与骨格

对于保存较为完好的尸体，检验后填写验尸图格，若尸体腐烂程度较重或时间过长则需要通过骨骼情况来判断死因。乾隆三十五年（1770年），安徽按察使增福奏请颁发骨格，因"命案检骨，倍难于验尸，若不颁发图格，定有准绳，检验之员，终属渺茫，难免书仵作弊……请将人身骨结定为检骨图格……刊刻式样，颁发直隶各省，遵照填用。"从此清代命案检验文书增加了骨图与骨格，骨骼情况进入尸检报告。骨图与骨格相似于尸图与尸格，只是把每栏的身体部位改为了骨骼部位。

在验官"亲验无异"，填注尸格后，仵作出具甘结。以一史馆藏的一份仵作甘结为例，在这份甘结中，仵作呈述了死者信息、死伤情形、检验结论，内容几乎与尸格所填相同，二者互相对应。

除了仵作需要出具甘结外，《大清律例》规定必须"公同一干人众质对明白,各情舒服,然后成招",原告、被告、证人、尸亲等皆需出具甘结,并且要在填写尸格后就出具,形成完整的案件卷宗。

至此,这桩由惠龄主持重审的命案终于真相大白。直隶大名县知县叶旸审案不明、"玩视民命",又与仵作串通作假,伪造尸图甘结,被判革职流放至乌鲁木齐。仵作潘超"捏报病故,情甚可恶",被判杖一百流三千里。原告李如兰"诬告平人因拷禁致死",依绞监候律被判绞监候。被诬告的张富荣、刘国瑞二人沉冤得雪。

清代文书"抬头"有讲究

石文蕴

在清宫戏中经常看到,官员等见到皇帝和后妃都要低头讲话,但在清代文书中恰恰相反,文字有"抬头"的讲究。根据中国第一历史档案馆所藏档案记载,清嘉庆六年(1801年)二月,因在本年正月的一份文书中,工部司员没有遵照抬头制度将"婉贵太妃"抬写两格,由此上至尚书琳宁、彭元瑞,左侍郎英和、蒋曰纶,下到郎中永祚、额外主事李培元等人均受到罚俸的处罚,可见抬头制度的严格。

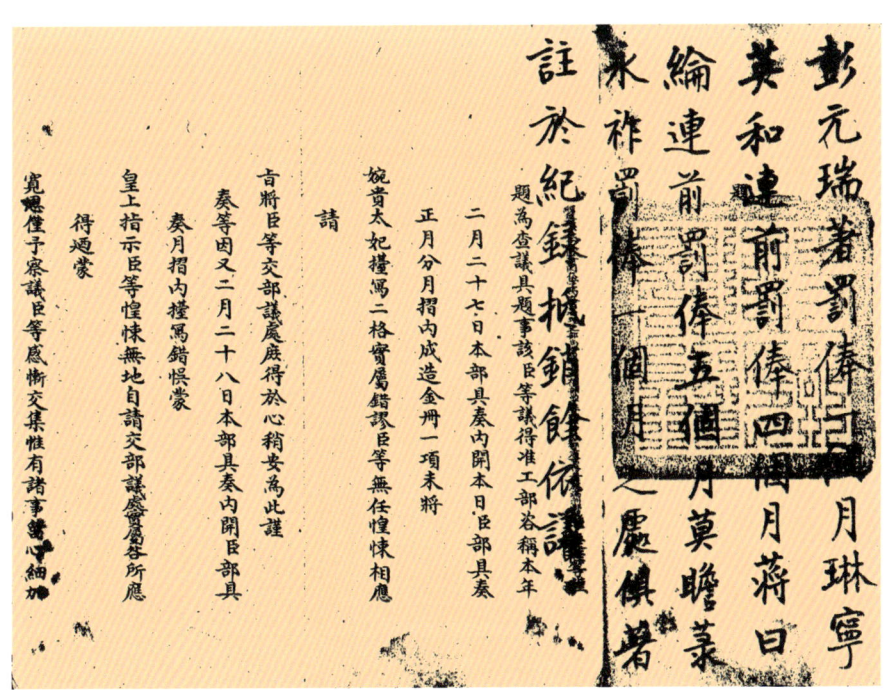

吏部为抬头错误自请罚俸处分事题本

抬头又称抬格，是清代文书书写的一种制度。这一制度最远可追溯至秦代，琅邪台刻石上就出现了对"始皇帝"进行抬写的形式。清代的抬头制度主要承袭明制，且更为细化规范。

《钦定大清会典事例》对文书的抬头书写做了明确规定：章内称宫殿者，抬一字；称皇帝、上谕、旨、御者，抬两字；称天地、宗庙、山陵、庙号、列祖、谕旨者，均出格一字。

道光二十九年（1849年）的《科场条例》规定更为详细："祖、宗、列圣、世德、圜丘、方泽以上俱系三抬字样，敬谨书写。圣天子、圣主、圣谟、圣训、帝德、圣朝、盛世、孝治、明诏……以上俱系双抬字样，谨略举其概，行文时各宜检点。朝廷、国朝、国家、龙楼、凤阁、玉墀、上苑、太液、各宫、殿、门名，以上俱系单抬字样。"如此看来，清代对行文抬头形式以制度加以严格规定，并对士子书写进行要求，为其将来进入官场熟练掌握与运用抬写格式打下基础。清代文书中的抬头形式与《科场条例》中所规定的大同小异，只是在不同时期会出现少许变化。

在清代文书中，抬头主要有空抬、平抬、单抬、双抬、三抬、四抬几种形式。空抬即在缮写文书时，对示以尊敬的字空出格后书写，多见于官府往来文书中的上行文书，提到上级长官均需空抬。此外，空抬形式还可应用于引用上文结束后，如"等因前来"后面即为空抬形式。

平抬，也称作提行，为另起一行平行书写，一般在提及同级、上级官署或长官时使用，如"王大人"即为平抬形式。

单抬、双抬、三抬、四抬是将应予以尊敬的字样另起一行，分别

空抬示例

高出一字、二字、三字、四字来书写。如下图所示，文中将"奏"字予以单抬，对"睿鉴""皇上"进行双抬，而对"世宗宪皇帝""梓宫""泰陵""鼎湖"等尊贵字样则采用了三抬形式。

四抬形式并不多见，乾隆称太上皇期间，曾规定遇"天""祖"等相关字样时，抬高四格书写，缮写于嘉庆二年（1797年）的档案中，将皇室祭祀祖先场所"奉先殿"予以高四格抬写。

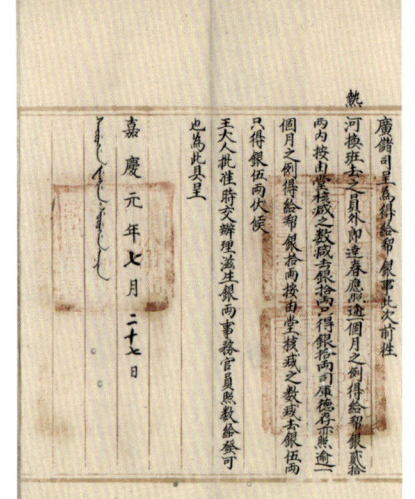

平抬示例　　　　　　　　　单抬、双抬、三抬示例

抬头制度不仅被应用于汉文文书中,在清代的满文、蒙文等少数民族文书的书写时也同样遵循这一制度。

在一史馆所藏满文档案中,可以看到对 enduringge ejen(圣主)、wesimburengge(奏)、hese(旨)、dergici tacibume jorimbi(圣训)、munggan(陵)、tan(坛)、hiyooxungga dergi ergi munggan(孝东陵)、miyoo(庙)等词的抬写,其抬头形式与汉文文书所呈现的如出一辙。

允祹《为条陈陵寝祀典管理事》奏折中将 munggan(陵)、eldengge wargi ergi munggan(昭西陵)、hiyooxungga munggan(孝陵)、ambalinggv munggan(景陵)等词进行了抬写。

与汉文文书类似,满文文书中如果出现了抬头错误,亦会受到皇帝申饬。乾隆三十九年(1774 年),宁夏将军傅良因将奏折中

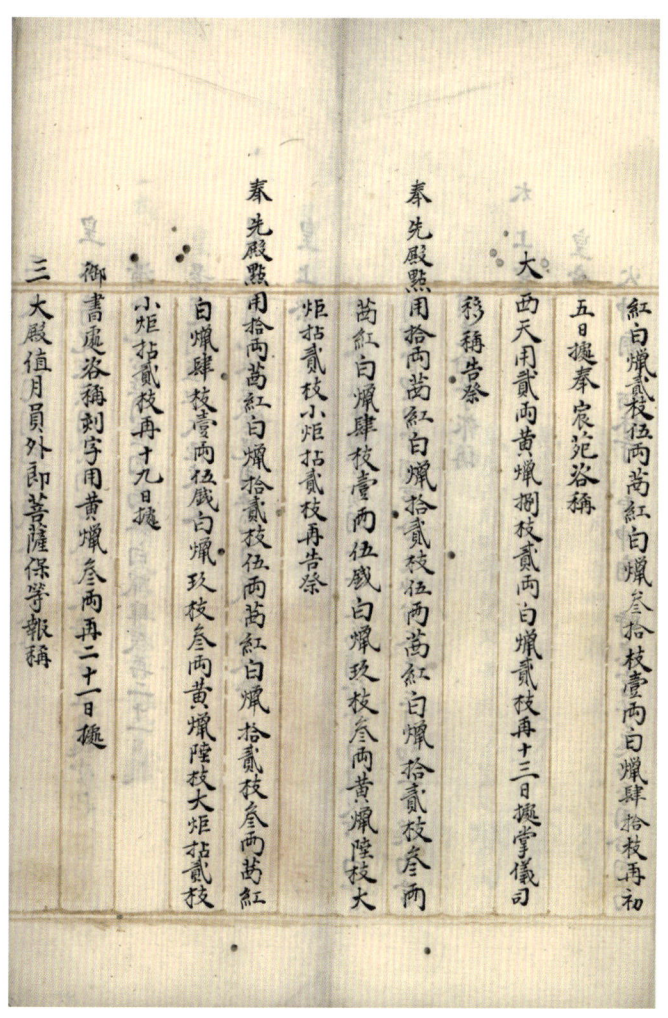

抬四格书写的"奉先殿"

gingguleme（谨）一词进行了抬写而遭到乾隆帝训诫。乾隆帝强调，奏折中出现 gingguleme wesimburengge（谨奏）连写时，应将 wesimburengge（奏）一词予以抬写，而 gingguleme（谨）一词只需接续前面人名书写即可，不必抬写。

乾隆帝认为傅良多年来身居都统、将军等要职，竟不知抬头之规定，全然可笑，因此对傅良予以严厉申饬。傅良对所犯错误深感惭愧与惶恐，表示今后一定诸事留心，尽心勤勉行事。无论是工部官员在文书中未对"婉贵太妃"抬写两格受到的处分，还是乾隆帝对傅良不熟悉抬头规矩的申饬，都显示了抬头制度的严格规范。这项制度一直伴随至清王朝灭亡，其实质是通过对特定字词抬写形式的严格规定，来凸显为尊者至高无上的地位。抬头制度也是清代统治者用以强化等级秩序、建立绝对权威的一种手段，最终实现巩固皇权、加强统治的目的。

和珅家的孩子们

赵郁楠

和珅,钮祜禄氏,满洲正红旗人。乾隆三十四年(1769年),承袭三等轻车都尉。轻车都尉是清朝封赠异姓功臣的世职爵位称号。这样的爵位,清朝共分有九等,分别是公爵、侯爵、伯爵、子爵、男爵、轻车都尉、骑都尉、云骑尉、恩骑尉。前三等均为超品,子爵为正一品,其后品级依次递减,至轻车都尉为正三品。公爵至轻车都尉这六个爵位每个爵位俱分三等,最高的一等公,岁领俸银 700 两,兼领俸米 700 斛。三等轻车都尉,岁领俸银 160 两,兼领俸米 160 斛。

和珅像

嘉庆四年(1799年)正月,和珅倒台。其后代是如何承袭世爵的呢?

子侄袭爵

嘉庆三年(1798年),和珅因镇压白莲教有功,被晋为公爵,嘉庆四年(1799年)正月,嘉庆帝革去和珅公爵;其子丰绅殷德留袭伯爵，二月革去所留伯爵，同年十二月嘉庆帝降旨："三等轻车都尉系和珅高祖因军功所得，并非和珅亲立，即刻施恩，着丰绅殷德承袭。"

嘉庆七年（1802年），丰绅殷德被赏以"民公品级"授散秩大臣。嘉庆八年（1803年），被公主府已革长史奎福诬告，以"国服内侍妾生女罪"被革去公衔，并罢职圈禁在家，但仍保留其三等轻车都尉的爵位。嘉庆十一年（1806年），赏头等侍卫，补放副都统，因能勤慎供职，复赏伯爵衔。嘉庆十五年（1810年），抱病死，赐公爵衔。

《清史稿》记，丰绅殷德卒，"无子，以和琳子丰绅伊绵袭轻车都尉"。丰绅伊绵是和珅的侄子，清朝汉文档案和实录中也将其写作"丰绅宜绵"。嘉庆元年（1796年）和珅已故胞弟和琳被追赠为一等宣勇公，并由其子丰绅宜绵承袭。嘉庆四年（1799年）和珅倒台后，丰绅宜绵所袭公爵被夺，丰绅殷德卒后由丰绅宜绵承袭三等轻车都尉世职。

由此可见，虽经赏革不断变故，但终因"三等轻车都尉系和珅高祖因军功所得"，和珅、和琳两兄弟均有后人得以承袭该世职。

公主儿媳

乾隆帝一生有10女，和孝公主即十公主，是乾隆帝最疼爱的女儿，生于乾隆四十年（1775年）正月初三日，生母为惇妃。其皇兄嘉庆帝也说："公主平日最为皇考所钟爱"。清制，皇后所生之女被封为固伦公主，品级与亲王相当；妃嫔所生或由皇后收养的其他皇亲宗室之女，则封为和硕公主，品级相当于郡王。和孝公主系妃子所生，却因乾隆帝疼爱被破格封为固伦公主。乾隆四十五年（1780年），皇帝为和珅之子赐名丰绅殷德，并指为十公主额驸。乾隆五十四年（1789年），公主与丰绅殷德举行了隆重的指婚礼，正式成为和珅的儿媳。

和孝公主父兄虽均为九五之尊的皇帝，但其嫁入和府后的生活似乎并不如意。嘉庆二年（1797年）冬，她唯一的儿子死去；嘉庆三年（1798年）春，婆婆病逝。嘉庆四年（1799年）正月初三日，父皇驾崩；嘉庆四年正月十八日，嘉庆帝恩赐和珅自缢；嘉庆十一年（1806年），公主的母亲去世；嘉庆十五年（1810年），丈夫死。15年间经历了

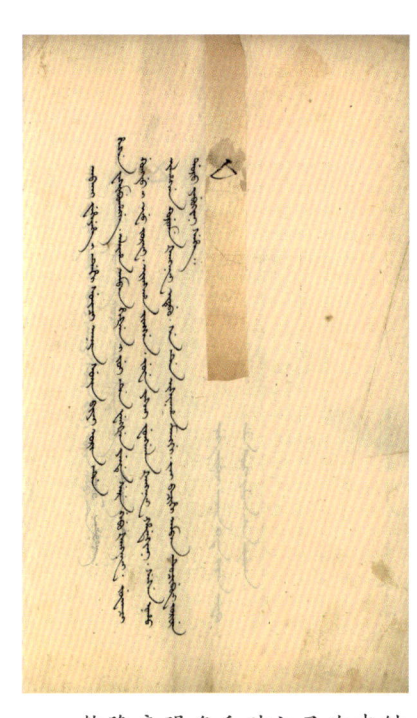

乾隆帝赐名和珅之子为丰绅殷德并指为十公主额驸及岁后再行指婚礼事谕旨

丧子、丧夫、父母双亡，夫家遭变，想必地位如此尊贵的公主内心也是充满伤痛和苦楚的。

此后，公主境遇每况愈下，至道光三年（1823年）春患病，道光帝多次遣人问候，希望她早日康复。同年九月初十日，公主薨逝，道光帝亲临祭奠，丧礼期间一切事务由内务府料理。

孙辈余荫

和孝公主因亲子早夭，后曾过继一子，以承袭轻车都尉。《清宣

宗实录》记载："赏和孝公主子轻车都尉富那二品顶戴""赏和孝公主子福恩委散秩大臣"。那么和孝公主过继之子到底是叫"富那"还是"福恩"呢？从中国第一历史档案馆所藏满文档案记载来看，其名应为"福恩"，这源于"福恩"的满文拉丁转写为"fuen"。但何以有"富那"和"福恩"两种写法呢？因为满文"en"（恩）在词尾的写法与"na"（那）相似，所不同就是"en"左边的"点"靠下，而"na"左边的"点"靠上，译者若不加留意，就会将"福恩"译作"富那"。

既然福恩是和孝公主过继的养子，那福恩的生父是谁呢？道光十二年（1832年）正月二十四日军机处满文录副奏折上记载："道光三年十二月和孝公主养子福恩戴孝百日，已赏给二品顶戴，现已年满十八岁，请皇上赏差。"由此件档案时间往前追算，福恩应生于嘉庆十八年（1813年）前后。坊间有称，和琳之子丰绅宜绵卒于嘉庆十八年，且留有一子承袭轻车都尉。而丰绅宜绵所袭轻车都尉乃为丰绅殷德所遗，故而丰绅宜绵死后将儿子福恩过继给和孝公主也属情理之中。因此，最有可能是福恩生父的就是丰绅宜绵。若果真如此，和珅的"孙子"其实也就是他的"侄孙"。

此外和珅还有两个孙女。据档案记载嘉庆五年（1800年）正月间，额驸带凤珠姑娘给亡父上坟，在坟上居住，二月下半月，凤珠姑娘生下一女，三月底，额驸将妞妞交给乳母喂养，嘉庆七年冬带到府里。另外，嘉庆十五年（1810年）丰绅殷德卒后留有二女，其《延禧堂诗抄·挽弟诗十首》就曾记："可怜二女犹娇小，一尚垂髫一尚嬉""所幸"嘉庆二十五年（1820年），在和孝公主辛勤抚育下，已有"大格格出聘"了。

状元迟到误终身

王金龙

嘉庆二十四年（1819年）十月二十日上午，紫禁城太和殿，嘉庆帝身着龙袍端坐于殿内宝座之上，殿内东侧黄案上陈设金榜，43名新科武进士题名其上；殿外东西两侧，文武百官及新科武进士按班排列，依次而立，武进士传胪大典正在隆重举行。

到宣制唱名时，发现新科状元徐开业、探花梅万清二人未在班内，这让嘉庆帝很不高兴。因为这是清朝科举考试举行传胪大典以来，第一次出现新科状元不在传胪现场的情况。什么原因使得状元和探花双双迟误了传胪大典呢？

事发当日，职司"纠仪"的都察院及负责传胪大典事务的鸿胪寺，随即将徐开业、梅万清未到班行礼之事具折参奏，嘉庆帝让兵部查明原因。兵部调查后称，徐开业、梅万清二人，在西城居住，十九日夜间，先到西华门，因城门关闭，绕道至东华门，所以迟误传胪大典。嘉庆帝认为，新科武进士均在东西城居住，当夜多是由阙门进入内廷行礼，榜眼秦锺英等并未迟误，唯独徐开业、梅万清二人未能及时赶到，以致迟误大典，所言不足凭信。并指出徐、梅二人迟误传胪"事关典礼，非寻常失误可比"，因而做出最终处理决定："本应全行斥革，念其究系草茅新进，徐开业着革去一甲一名并头等侍卫，梅万清着革去一甲三名并二等侍卫，施恩俱仍留武进士，再罚停明年殿试一科，俟下届武会试时，再同新中式武举一体殿试。其本科一甲一名武进士，即以

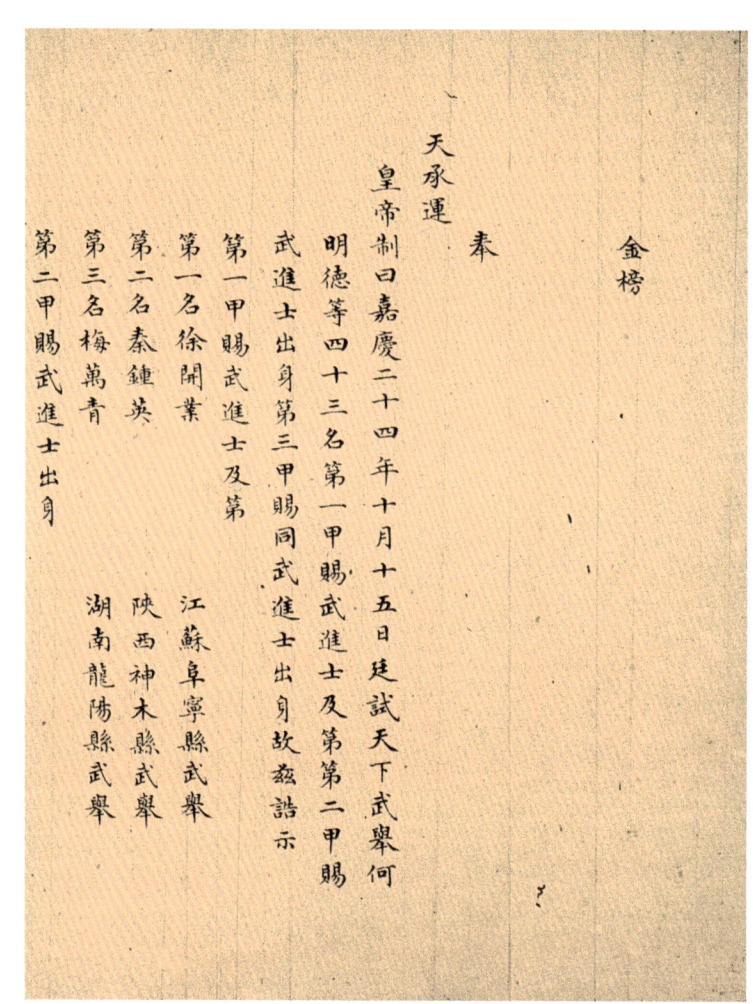

嘉庆二十四年武科小金榜（局部）

秦锺英拔补，授为头等侍卫，一应宴赉，兵部照例给予。一甲二名、三名，均无庸再补。"

因西华门未开而绕道致迟误传胪大典，是《清实录》和上谕档等官方档案所记载徐开业被革去状元的直接原因。但徐开业的家乡，江

苏阜宁地区却流传着徐开业虽遭人陷害,但"大魁卒未动"的传闻。民国时期所修《阜宁县志》中留有以下记载:

同科榜眼秦锺英为攫取状元,贿通内侍,利用钦点鼎甲名次后,照例须进朝行礼谢恩的机会,阴谋陷害徐开业。进朝行礼谢恩前夕,秦锺英与徐开业约定,请徐开业于翌晨五鼓在寓等候,一同趋廷朝谢。徐开业候至黎明,秦锺英尚未赶到,于是驰赴秦寓探询,才知秦锺英早已起身赴朝。此时,徐开业心急如焚,立即策马急驱西华门,时门已关闭,只好绕道直趋东华门,适值东华门外民居失火,人烟聚集,道塞不通,辗转之际,东华门亦关闭,终未能进入。但因徐开业之前与皇子旻宁(即道光帝)相识,得其斡旋之力,补谢恩典,"大魁卒未动"。

秦锺英阴谋陷害而致徐开业"失状元"的记载,有以下几处疑点:一是根据清朝中央官方档案,在都察院、鸿胪寺参奏后,兵部就此事进行全面调查时,徐开业并未提及秦锺英陷害一事,也未做任何申辩,仅指出迟误理由是门未开启,绕道路远;二是东华门外失火一事。据《清实录》及军机处上谕档的记载,失火确有其事,但地点和时间均有出入。据《清实录》记载,十九日黄昏时分,西华门内文颖馆失火,城外王公大臣官员等闻讯前来扑救,但西华门该班官兵禁阻,未能进入。因此,失火时间是十九日黄昏,非二十日早晨;地点是西华门内文颖馆,而非东华门外居民区。三是"大魁卒未动"与史实不符。虽然嘉庆二十四年(1819年)十月十九日,嘉庆帝亲定徐开业为当科状元,且小金榜上,徐开业仍是一甲第一名武进士,梅万清为一甲第三名武进士,但同科武进士登科录上记载的一甲进士仅有秦锺英一人,并无徐开业、梅万清。因小金榜须在传胪前写好，故徐开业、梅万清名列其中，而武进士登科录是在传胪后修成，已照上谕将徐、梅二人除名。该科状元属秦锺英无疑。

此次迟误传胪大典事件，"武鼎甲"三人中，状元、探花均被斥革，榜眼秦锺英成为唯一的"获利者"。因徐开业状元被革，秦锺英由榜眼推升状元，其所授职衔也由二等侍卫晋升为一等侍卫。可能正是于此，在徐开业的家乡阜宁地区，出现了因秦锺英有意陷害而致使徐开业失状元的说法，但并无真凭实据，仅属里巷传闻。

因迟误传胪而被革去状元之事在清朝历史上绝无仅有，但迟误传胪大典之事，却屡有发生，只不过，对迟误的处理结果均不如此次严厉罢了。如乾隆四十五年（1780年）四月二十五日，太和殿举行文科进士传胪大典，一甲第二名进士汪镛未到。经查，汪镛因坠马受伤，故未能到殿前行礼。乾隆帝认为情有可原，不仅未革去榜眼，连罚俸处分也从宽免去。

状元匾额

不管怎样，徐开业、梅万清被嘉庆帝亲定为状元和探花两天后，因迟误传胪被斥革而失去状元、探花头衔，不禁让人为其扼腕。好在武进士身份得以保留，根据嘉庆帝谕旨，徐、梅二人又参加了道光二年（1822年）壬午科武殿试，虽未列鼎甲，但徐开业中得二甲第四名武进士，被授为三等侍卫，梅万清也中得三甲第十一名武进士，被授为蓝翎侍卫，重新开始了各自的仕进之路。

和珅长孙女嫁了个穷顺王

赵郁楠

和珅之子丰绅殷德，卒于嘉庆十五年（1810年），遗有二女。《延禧堂诗抄·挽弟诗十首》曾记："可怜二女犹娇小，一尚垂髫一尚嬉""大女十一岁"。此女虽系固伦和孝公主长女，却并非公主所出，其生母实另有其人。

身世之谜

中国第一历史档案馆所存和孝公主府首领太监朱进喜供单内记："嘉庆五年正月间，额驸带了凤珠姑娘上坟，就在坟上居住，二月下半月，记不得日子，凤珠姑娘生下一女，三月底，额驸将生的妞妞交陈柱儿带到他家雇乳母奶着。"

嘉庆七年（1802年）冬，将妞妞接到和孝公主府。大格格回府后，经和孝公主十数年仁慈抚育，于嘉庆二十五年（1820年）出聘。为筹备出聘事宜，办理和孝公主府家务官员曾向铺户等处支借银两数千之多。

那么大格格到底聘于谁家了呢？据一史馆内务府来文档案记载，固伦和孝公主长女系嫁入多罗顺承郡王府（今全国政协机关所在地，位于北京太平桥大街以西，锦什坊街以东），成了顺承勤郡王的福晋。

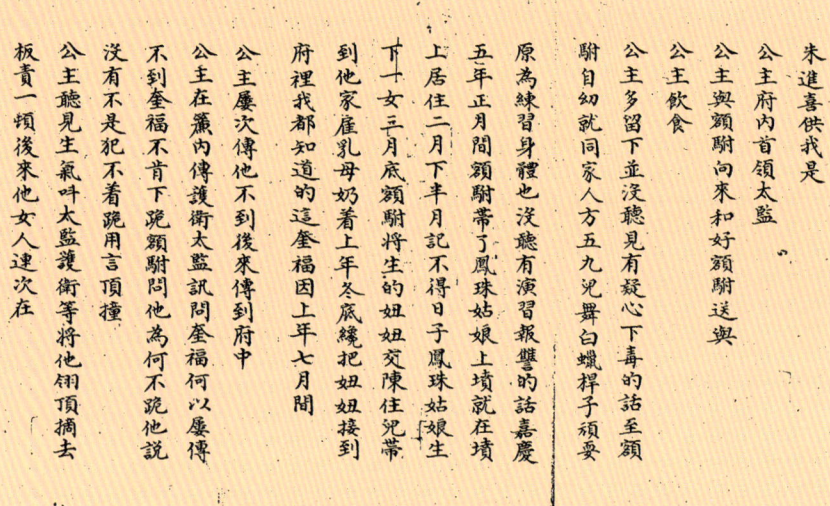

和孝公主府太监为额驸生女事供单（局部）

铁帽子王

按清制，宗室爵位共分12级，只授予爱新觉罗子孙，依次是和硕亲王、多罗郡王、多罗贝勒、固山贝子、奉恩镇国公、奉恩辅国公、不入八分镇国公、不入八分辅国公、镇国将军、辅国将军、奉国将军、奉恩将军。宗室封爵一般每传一代，就会自动降低一级，但因开国军功或特别受宠等原因授封的王爷们则可世袭罔替，世代保有王爷的爵位，被称作铁帽子王。有清一代共有12家铁帽子王，分别是礼、睿、豫、郑、庄、肃、怡、恭、醇、庆10个亲王和顺承、克勤2个郡王。

多罗顺承郡王，便是清朝12家铁帽子王之一，第一代系礼亲王代善之孙勒克德浑。档案中所记"顺勤郡王"，指的应是多罗顺承勤郡王春山。春山，生于嘉庆五年（1800年）闰四月初十日丑时，嘉庆十五年（1810年）赏戴花翎，道光三年（1823年）袭郡王。曾补放宗人府右宗正，擢任内大臣、阅兵大臣，署理正白旗满蒙汉都统，署领侍卫内大臣，署理健锐营等营事务。后因染患痰喘之症未愈，于咸丰四年（1854年）故去，谥曰勤。春山与大格格系同年所生，嘉庆二十五年（1820年）娶和孝公主府大格格，此时他尚未承袭王爵。

春山之父，系多罗顺承简郡王伦柱。据一史馆藏军机处满文录副奏折记载，乾隆五十三年（1788年），即和孝公主与丰绅殷德举行指婚礼的前一年，伦柱奏请支借俸银娶嫡妻兵部主事玉岱之女。无独有偶，伦柱亦于和孝公主薨逝的同一年道光三年（1823年）薨逝。而春山生母李佳氏，系伦柱侧福晋，卒于道光二十六年（1846年）五月十二日。

境况不佳

按清制，郡王一年俸银5000两，禄米5000斛，顺承勤郡王春山之父伦柱娶妻系借一年俸银筹办，春山在其父卒后又借10年俸银为父修缮坟茔。顺承郡王府红白事件均系借银办理，可知大格格所聘王府家境并不富裕。

顺承郡王府境况为何不佳呢？这是因为自伦柱曾祖熙良、祖父泰斐英阿、父恒昌到伦柱，再到子春山……历代郡王均在赔偿伦柱高祖锡保在靖远大将军任上欠下的高额银两。锡保，雍正九年（1731年）八月，以振武将军在阿尔泰军营办理军务"勤劳宣力"晋封顺承亲王，

多羅順承郡王錫保應賠

倒斃駝隻價銀十二萬四千四百七十兩

倒斃馬匹價銀二十二萬兩

二共三十四萬四千四百七十兩

雍正十三年十二月內宗人府

奏請在錫保之子順承郡王熙良名下著賠兌駝

價後賠馬價自

乾隆元年起至五年十二月止於熙良俸銀俸

米內共扣過銀四萬一千六百六十兩四

錢又交過銀三千一百三十一兩七分又自

乾隆六年春季起至九年春季止共交扣過銀

三萬四百八十兩三錢三分四釐九毫九年熙

良薨逝錫保之孫泰斐英阿承襲王爵自

乾隆十年春季起至十五年秋季止於泰斐英

阿俸銀俸米內除隨圍展限外共扣過銀四

萬八千四百四十七兩一錢九分五釐一毫

十五年奉

旨賞給半俸養贍家口自

乾隆十六年春季起至二十一年秋季止於半

俸銀米內除隨圍展限外共扣過銀一萬一

千二百五十兩二錢九分四釐九毫二十一

年泰斐英阿薨逝錫保之曾孫恒昌承襲王

爵年未及歲自

乾隆二十二年春季起至二十七年秋季止於

恒昌應領半俸內除減半代扣伊父泰斐英

阿借俸罰俸銀三十一百四十七兩外共扣過

倒馬價銀五百六十三兩四錢又自

乾隆二十八年春季起至四十三年春季止

俸銀俸米內除隨圍展限外共扣過銀三萬

九千六百六十兩五錢二分

以上通共扣交過倒斃駝馬價銀十七萬四千

五百三十三兩二錢一分四釐九毫

未完馬價銀十六萬九千九百三十六兩七錢

八分五釐一毫現於

恩賞半俸內按季歲半扣繳

乾隆元年起各代順承郡王所賠銀兩數目清單

十一月授靖远大将军，雍正十年（1732年）八月败贼于额尔德尼昭，雍正十一年（1733年）七月因敌军越克尔森齐老时，不速发援失机，罢大将军任，削爵。一史馆所存档案内明确记有各代顺承郡王所赔银数时间等信息。多罗顺承郡王锡保应赔倒毙驼只价银124470两，倒毙马匹价银220000两，共344470两。

雍正十三年（1735年），宗人府奏请在锡保之子顺承郡王熙良名下着赔，先赔驼价后赔马价。自乾隆元年（1736年）至乾隆九年（1744年），熙良薨逝前，总共交扣罚银75205两之多。熙良死后，锡保之孙泰斐英阿承袭王爵，自乾隆十年（1745年）至乾隆二十一年（1756年）交扣过银59697两有余，泰斐英阿薨逝后，锡保之曾孙恒昌承袭王爵，自乾隆二十二年（1757年）至乾隆四十三年（1778年），共扣过银39629两多。以上通共扣交过倒毙驼马价银174531两之多，还需再扣169939两左右，真可谓是"父债子还"。

尽管顺承郡王府尚有牧马厂、官庄地租等其他进项，但年复一年以俸赔银，压力不可谓不小，旧时北京城就流行一句顺口溜"锦什坊街怎么那么长，里头住着穷顺王"。春山初袭王爵即借10年俸银为父修坟，此外又向内务府借银达36500两，钱18000串，所借银内"除停利归本银9000两、钱2500串外，其余按月生息，均以每年王俸并所分蓝甲按季抵扣"。

至春山之子庆恩袭爵后，已贫困拮据到无力替父缴还所欠之"债"，不得不恳请同治帝施恩免扣生息银两等项。王府这等凄惨境遇，想必大格格嫁入府后亦未曾享过一日锦衣玉食。

"铁头老鼠"为何闻风而逃

李正达

毒品对人类社会的危害十分巨大,1987年,联合国部长级禁毒国际会议通过决议,将每年的6月26日定为"国际禁毒日"。

我们将视线转回到道光十九年(1839年)五月十五日。那一天,在广东虎门海滩上堆积成小山一般的鸦片,在钦差大臣林则徐的指挥下,随着一缕缕青烟化成灰烬,随着一阵阵巨浪沉入大海,这就是中国历史上著名的"虎门销烟"。此事大大增强了中国广大民众对鸦片危害性的认识,有力唤醒了中国人的爱国意识,维护了中华民族的尊严和利益,在中国禁烟禁毒史上写下了辉煌的一章,也成为世界禁烟禁毒运动的一个范例。

林则徐像

鸦片,俗称大烟,原产于小亚细亚地区,西汉时即已传入中国。明代李时珍在《本草纲目》中记载"阿芙蓉,一名阿片,俗作鸦片,是罂粟花之津液也"。鸦片可供药用,有止痛安眠之效,可用来治疗腹泻、咳嗽等疾病,但其毒性很大,长期食用会使人上瘾中毒,是最原始最易炮制的毒品之一。

清朝时期,在利益驱使下,西方不法商人大肆将鸦片走私倾销到中国，以扭转贸易逆差，同时也给中国带来了无穷的祸害。清朝统治者对于鸦片的危害早有认识。嘉庆朝《清会典》中明文规定了对鸦片犯罪的惩戒措施："兴贩鸦片烟，照收买违禁货物例，枷号一月，发边卫充军；如私开鸦片烟馆，引诱良家子弟者，照邪教惑众律，拟绞监候；为从，杖一百流三千里。"

虽然制度已经出台，但民间吸食鸦片的行为屡禁不止。当时清政府实行闭关锁国，唯有广州一口通商，外国势力通过在船中夹带等方式走私鸦片，由广州进入内陆。《嘉庆朝实录》记载："又鸦片一项，亟应严禁。现在闽粤等省私行销贩者甚多，近并有携至京师售卖者，最为风俗之害。""鸦片烟一项，流毒甚炽，多由夷船夹带而来。"

到了道光朝，鸦片已经在中华大地野蛮生长，民众偷种罂粟熬煮成风，内陆各地皆有售卖鸦片之人，更有为官者"在洋盘获鸦片，辄将人船纵放……希图变卖分肥"。道光十三年（1833年），时任江苏巡抚的林则徐称："鸦片由洋进口，潜易内地纹银，为害最甚。"当时林则徐已看到了鸦片倾销不仅对吸食者本身的健康造成伤害，更对自给自足的自然经济产生不可逆转的影响："是使数十年后，中原几无可以御敌之兵，且无可以充饷之银。"

道光十八年（1838年），道光帝采纳了鸿胪寺卿黄爵滋奏请严禁鸦片的建议，并表示"朕于此事深加痛恨，必欲净觉根株，毋贻远患"。

同年十一月，道光帝下定决心治理鸦片，降旨特派时任湖广总督的林则徐任钦差大臣，"驰赴粤省"，命林则徐到粤后"自必遵旨竭力查办，以清弊源……该省窑口、快蟹，以至开设烟馆、贩卖吸食，种种弊实，必应随地随时净绝根株。著邓廷桢、怡良振刷精神，仍照旧

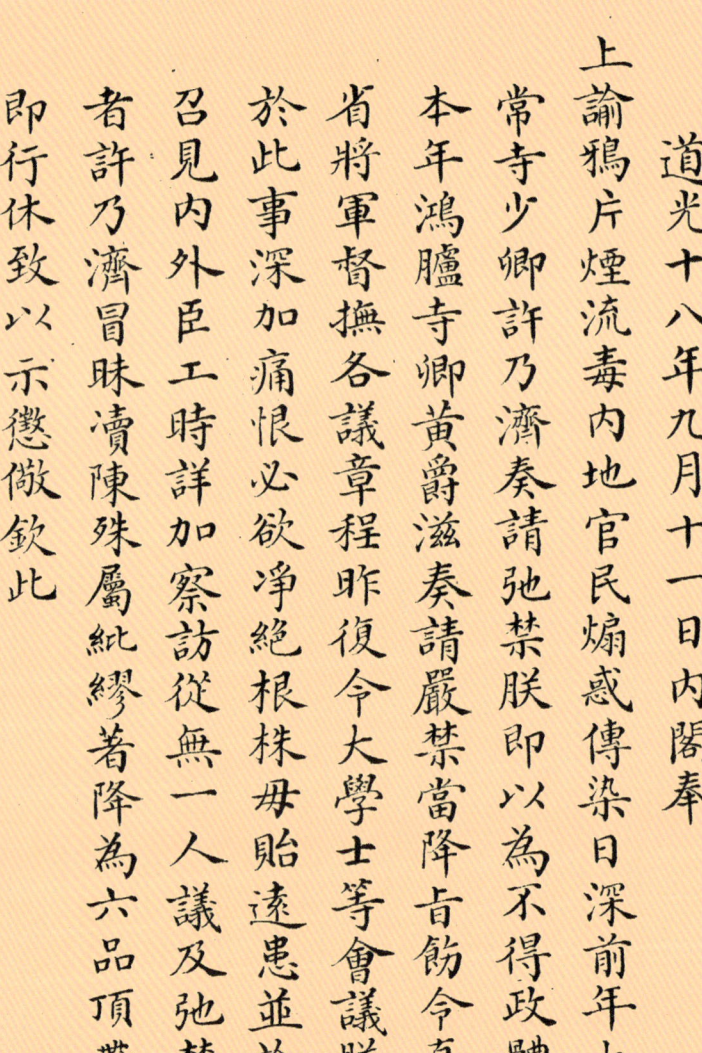

道光十八年九月十一日內閣奉
上諭鴉片煙流毒內地官民煽惑傳染日深前年太
常寺少卿許乃濟奏請弛禁朕即以為不得政體
本年鴻臚寺卿黃爵滋奏請嚴禁當降旨飭令直
省將軍督撫各議章程昨復令大學士等會議朕
於此事深加痛恨必欲淨絕根株毋貽遠患並於
召見內外臣工時詳加察訪從無一人議及弛禁
者許乃濟冒昧瀆陳殊屬紕繆著降為六品頂帶
即行休致以示懲儆欽此

道光帝为严厉禁烟事上谕

分别查拿，毋稍松懈，断不可存观望之见，尤不可有推诿之心"。并期望"趁此可乘之机，力救此前之失；总期积习永除，根株断绝，想卿等必能体朕之心，为中国祛此一大患也"。

林则徐到粤后，进行了深入细致的调研，找到了当地治理鸦片的一些弊端。他发现当地收缴烟膏烟具等的初衷没有问题，但是有三个弊端："一则恐以拿获之犯作为自首，希图减罪也；一则既缴之后，官不复查，听其吸食也；一则地方官塞责邀功，假造烟膏烟具以滋蒙混"。更有人传言禁烟已弛，收烟收土，恃顽抗阻。

就此，他提出用传统的保甲之法收缴烟土烟枪，坚持"有鸦片即有吸食，势所必然。在官多一分之收，即在民少一分之食"的指导思想。对待那些"骨肉、戚友、相邻平日劝之不从者"，用"严夺其物以祛所嗜"这种没收吸食工具的手段，达到"一人之瘾，众人断之"的效果。

同时，他主张对收缴烟枪烟土进行校验，劈开上缴的烟枪查看是否有"烟油久渍"，避免收缴的烟枪以新充旧；火燃烟土，查看烟油，辨别真伪。他也提出意见，对那些戒瘾复犯之人，应照新例定罪，不得仍与初犯同科。

林则徐在奏折中提到，他的到来有效地震慑了当时在广州的外国鸦片贩子，绰号"铁头老鼠"的大鸦片贩子喳顿（威廉·查顿）闻风而逃。

喳顿是苏格兰人，著名的怡和洋行的创始人，也是臭名昭著的鸦片贩子。据传其被当地人掷石击中头部却面不改色，平日里又像老鼠一样为了财富钻营，才得了"铁头老鼠"的绰号。喳顿在广州地方走私鸦片长达20年，清政府早已下令将其驱逐，但他借口要清理账目又逗留了两年，此时却不得不离开。

在奏折中，林则徐还就鸦片相关之人定罪量刑之事，提出"宽而生玩，则不惟未戒者不戒，即已戒者亦必复食，稍纵即逝，恐不可挽"的意见。

在严查走私方面，林则徐很快就取得了重要战果：在洋外截回趸船22艘，起获鸦片2万283箱。这2万多箱鸦片本应送往京师，但恐路上被调换，林则徐才决定在虎门进行销烟。

正是由于"虎门销烟"的壮举，林则徐被后世称为"民族英雄"，道光帝当时也"可称大快人心一事！"可叹的是，"虎门销烟"后不久，清廷在第一次鸦片战争中战败，鸦片贸易反而走向了合法化，逐渐流毒全国，情状触目惊心。直到中华人民共和国成立后，"大烟"才真正禁绝。

清末云南奏销受贿案

张 洁

热播电视连续剧《人民的名义》引起大众广泛的热议和追剧。跌宕起伏的剧情，你死我活的斗争，把错综复杂的反贪腐案件演绎得扣人心弦。清代贪腐案件也时有发生。除了众所周知的和珅巨贪大案外，各朝贪腐案件也是五花八门，其中发生在清末光绪年间的云南奏销受贿案，是由一笔疏通关系的部费引起，使一批官员纷纷落马的大案，在当时也引起朝廷的震动。

康熙帝像

奏销，用现代的说法，就是财政报销。清代国家财政一切收支解储均要按期向皇帝奏报，由皇帝准销。清代各省钱粮奏销可分为几个步骤：首先每到奏销之期，由各地方负责财政的官员将待奏销的钱粮各项整理成册，然后上报各省总督、巡抚核查后加印，缮造黄册，按照规定的月份随题本送户部。户部是掌管全国财政事务的机构，由户部将各省奏销各案汇核，对登记造册的各项事务进行审计，驳回其中不合规定的报销清册；初核无误，缮写清单再向皇帝奏请核销各项开支；最后，皇帝审批同意报销。由此我们可以看出，户部是掌握着各省能否顺利奏销的关键。

康熙年间，名臣靳辅就曾上折提出，"各省销算钱粮，科抄到部。承议司官，虽不乏从公议允之案，然偶值一事，或执己见，或信部胥，任意吹求，苛驳无已……经用钱粮之官，不得不行贿以求之，所谓部费也"。为了顺利通过报销，避免被驳回，地方奏销就得准备一笔专门的活动经费，用来当作手续费及纸笔、饭食赠银。这笔经费在清代就叫作"部费"。

按照清朝的律法，部费只是陋规，尚算不得违法，是游走在黑白之间的灰色地带。但部费的存在，给清代财政、吏治等造成的消极影响却始终存在。雍正帝也曾意识到部费的隐患："……若无部费，虽当用之项，册档分明，亦以本内数字互异，或因银数几两不符，往来驳诘，不准奏销。一有部费，即糜费钱粮百万，亦准奏销。"并试图采取一些措施来消除弊端，但收效甚微。到了清代中晚期，部费的收取非但没有停止，反而有愈演愈烈之势。

清末发生的云南奏销受贿案，正是云南粮储道员崔尊彝等人利用部费这一漏洞，勾结户、工两部官员贪污舞弊的重大经济案件。云南地处偏远，战乱频仍，自同治十三年（1874年）至光绪七年（1881年）的军费开支迟迟未能向中央奏销。崔尊彝在云南督抚大员的敦促下着急造册交部，又唯恐书吏刁难，便托候补永昌府知府潘英章借进京引见之机，找京中旧友太常寺卿周瑞清帮忙周旋，用部费贿通关节，达到奏销云南经费支出的目的。

崔尊彝由云南汇到京城银号供打点的白银共107600两。光绪七年（1881年）九月，周瑞清找到户部负责办理云南司报销的主稿孙家穆，向其说合，许诺贿部费8万两办理云南经费奏销，先行预付5万两，待事成后再由崔尊彝付清余下的3万两。两人一拍即合，孙家穆收到了部费5万两，并从中收取好处费7000两，周瑞清分得5000两，其余银两，孙家穆都打点给了经手奏销的相关人员。光绪八年（1882年）五月，崔尊彝到京，私自侵占挪用除部费8万两之外的22000余两白银，潘英章也得到1700两的封口费。此时，云南经费奏销一事

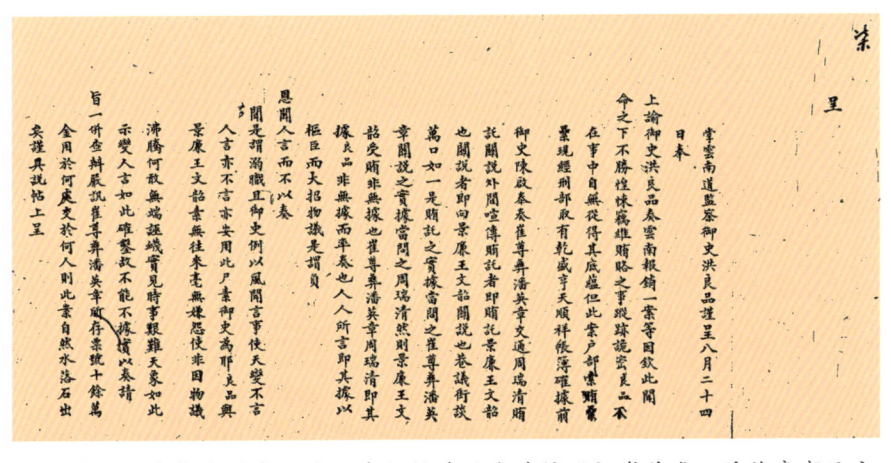

掌云南道监察御史洪良品为云南报销受贿案请旨严讯崔尊彝、潘英章事呈文

已由户部核复并奏报朝廷,也就是说,奏销案差不多办妥了。同年六月,崔尊彝告假回安徽原籍。

天网恢恢,疏而不漏。光绪八年(1882年)七月,云南奏销案即将完结之时,监察御史陈启泰上折告发崔尊彝汇兑银两,贿托关说,太常寺卿周瑞清包揽云南奏销。朝廷对此极为重视,于当月二十三日下谕旨,派麟书、潘祖荫查明周瑞清等人奏销受贿案。又据御史洪良品、给事中邓承修奏报,此案牵扯户部尚书景廉,署理尚书、左侍郎王文韶等人,后加派惇亲王、阎敬铭等会同麟、潘二人审理。光绪九年(1883年)五月二十九日,朝廷会审的结果:户部云南司主事孙家穆,太常寺卿周瑞清革职、退赔赃银、流放;云南永昌府知府潘英章,户部云南司主事龙继栋,御史李郁华等也革职、流放。户部尚书景廉,署理尚书、左侍郎王文韶等有失察之嫌,均降二级调用;云贵总督刘长佑,云南巡抚杜瑞联,监管不力,均降三级调用。主犯崔尊彝虽已病故,侵吞之公款仍由其家属补充完缴。

云南奏销受贿案受到处分的公职人员自中央一级的尚书,地方重臣的总督,再到一般书吏共40余人,在当时引发了清末的官场地震。时任山西巡抚的张之洞在本案完结后,提出了部费合法化的建议。但地方奏销给户部及相关部门一定比例银两的做法是晚清吏治腐败加深、贪污贿赂成风的表现。清政府的腐败积重难返,户部对奏销流程、奏销时限的监管不力,缺乏应有的威慑和制约作用。审计过程不公开不透明,也说明清代在财政开支制度上存在着严重漏洞。

慈禧太后政变成功因为有它支持

刘文华

光绪二十四年（1898年），以慈禧太后为首的顽固派发动"戊戌政变"，戊戌变法失败。要探讨戊戌政变为何发生，就必须论及政变前慈禧太后与光绪帝之间的权力关系，这就得追溯到帝后权力关系的基石——光绪十四年（1888年）底的慈禧归政条款。

此前研究一般认为，归政以后，光绪帝只是前台的傀儡，真正的大权还是掌握在幕后的慈禧太后手里。但是，正如茅海建先生所说："若对此不加具体的界定，主宰一切的慈禧太后也就没有必要发动政变了。"所以，还是需要详细探讨归政后慈禧太后与光绪帝的权力关系。

自光绪帝继位后，慈禧太后一直垂帘听政。特别是光绪七年（1881年）慈安太后病逝后，慈禧太后便处于独尊地位，完全主宰了朝政。

光绪十三年（1887年）正月，光绪帝"亲政"，但慈禧太后继续"训政"，光绪十二年（1886年）底军机大臣拟有"亲政条款"，按此规定，慈禧依然直接处理政务，掌握政务大权，与垂帘听政时差别不太大，光绪帝只是学习亲政而已。

军机处外景

光绪十四年（1888年）六月，慈禧太后决定，明年二月光绪帝大婚后就开始正式"亲裁大政"。于是，京城内各衙门就分头准备归政大典事宜。十一月初十日，以礼亲王世铎为首的军机处呈上了归政条款折。

这件奏折现存于一史馆，内容涉及归政后慈禧太后与光绪帝的权力分配问题，非常重要，下文选取归政条款中比较重要的条目，加以详细分析。

"一，中、外臣工奏折，应恭书皇上圣鉴，至呈递请安折，仍应于皇太后、皇上前各递一份。"

这一条在形式上表明清廷政权已经回归到光绪帝手上，但朝野内外对慈禧皇太后仍保持尊崇。

"一，各衙门引见人员皇上阅看后拟请仍照现章于召见臣等时请旨遵行。"

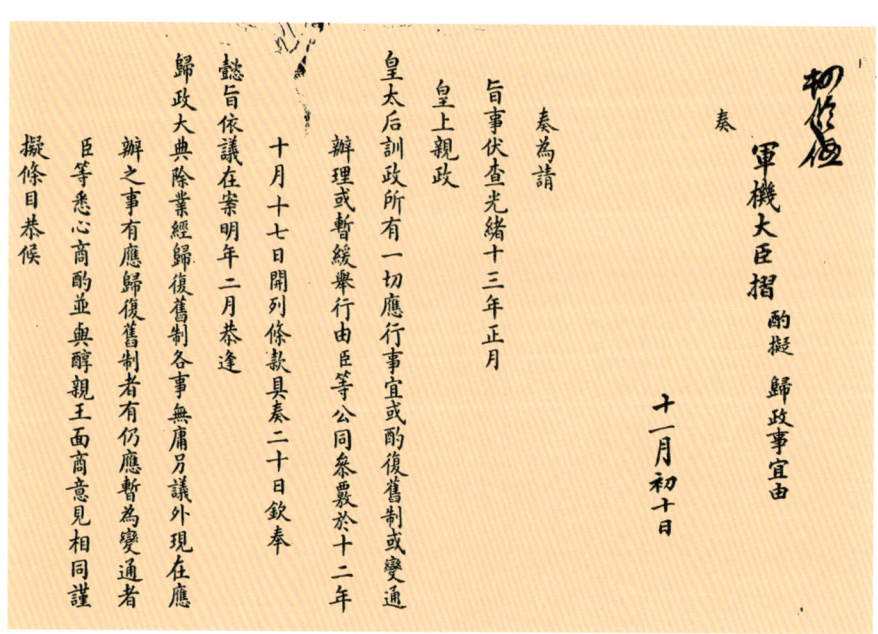

军机处为拟归政条款事奏折

引见主要是针对地方道员知府、中央各部院郎中以下中下级官员，这表明光绪帝对中下级官员的任免，有完全决定权。

"一，内、外臣工折奏已奉朱批之件，钦遵办理，如有发下未经批示之件，由臣等分别缮拟批条呈进，恭候钦定。其应请旨办理者，俟召见时请旨。"

对于日常内外奏折的处理，年轻的光绪帝还得倚重军机大臣的襄助。有些光绪帝不能即时裁决的奏折，将会发下给军机大臣，由他们拟定处理意见，然后上奏，供光绪帝参考决策。

"一，在京各衙门每日具奏折件，拟请查照醇亲王条奏，皇上批阅传旨后，发交臣等另缮清单，恭呈皇太后慈览。至内阁进呈本章及空名等本，拟请暂照现章办理。

一，每日外省折报朱批发下后，查照醇亲王条奏，由臣等摘录事由及所奉批旨，另缮清单，恭呈皇太后慈览。"

对于日常的京城内各衙门及各省上奏的奏折，光绪帝都有决策权，但需将处理结果呈送给慈禧太后，这就是"早事传旨事由单"和"朱批折件事由单"。也就是说，光绪帝日常处理的政务，需要向慈禧太后报备，通过每日的朱批或传旨事由单，慈禧太后得以了解朝政概况。

"一，简放各缺，拟请于召见时请旨后，由臣等照例缮写谕旨呈进，其简放大员及各项要差，拟请查照醇亲王条奏，由臣等请旨裁定后，皇上奏明皇太后，次日再降谕旨。"

清代比较重要的中高级官员，都要奉皇帝圣旨简放。按照此条规定，这些官员的决定权已经回归到光绪帝手里。但是，一些最重要的高级官员，还需要光绪帝去请示慈禧太后，得到慈禧太后认可，才可以下旨宣布。也就是说，这些最重要的高级官员的决定权，还是掌握在慈禧太后手里。这包括各省将军督抚、京城中的军机大臣、大学士、六部尚书等。可见，光绪帝掌握了大部分中高级官员的任命权，但慈禧太后仍掌握着最重要的某些高级官员的决定权。

"一，满汉尚书侍郎缺出应升应署，及各省藩、臬缺出，拟请暂照现章，由臣等开单进呈，恭候简用。"

这条乍看似乎与上条矛盾，其实不然。这主要涉及的是选任程序的问题。本来满汉尚书、各省藩臬等重要职位出现空缺，都是皇帝特简，不需要由军机处呈递合例名单，供皇帝参考。但垂帘听政时，皇帝幼小，皇太后也没那么熟悉政情，于是由军机处开具合乎职位的名单，由皇太后在其中圈定。慈禧太后归政后，仍然延续这种方式，由军机处呈递清单，光绪帝朱笔圈定。

军机处拟定的"归政条款"规定京内折件传旨后另缮清单恭呈慈览、外省折报朱批发下后另缮清单恭呈慈览两条，让慈禧太后得以进行事后监控；简放大员及各项要差由皇帝奏明皇太后次日再降谕旨一条，让慈禧太后得以仍然执掌重大人事任命权；而军国重大事件决定权虽然没有在"归政条款"中罗列，但"宫中定省，可以随时禀承"，还是主要由慈禧太后把控。

按照"归政条款"的设定，光绪帝取得了日常政务的处理权，但慈禧太后依然加以监控，光绪十五年至二十四年（1889-1898年）之间的慈禧太后与光绪帝之间的权力关系基本格局就此确定。但光绪帝一旦想要真正执掌朝政，就必然会与慈禧太后的现有权力产生冲突，这就为"戊戌政变"埋下了伏笔。

官印丢失之后

董 祯

"当官的把印给丢了",这句民谚经常被用以嘲笑那些失职糊涂、丢失根本的官员,但它所反映的现象却确确实实能在历史中找到不少原型。翻开清代档案,里面就记载着一桩发生在光绪十五年(1889年)正白旗满洲都统衙署中,"当官的把印给丢了"的案例。

丢印

光绪十五年(1889年)三月二十三日夜间,有一伙盗贼趁着正白旗满洲都统衙署看守松懈之际,潜入偷盗财物,却误将封储的正白旗满洲都统官印盗走。当时,正白旗满洲都统伯彦讷谟祜、副都统容贵均在京西颐和园内当差,署理副都统明秀也不在衙署内,只有印务参

正白旗满洲都统印和正白旗蒙古都统印

领承龄、咸春（宗室），世管佐领德容，领催福增、兴顺，骁骑校吉纶这几位级别较低的官弁在值班。

丢失官印可是大事，印务参领承龄是专门负责管理官印的，但他心存侥幸，想着如能够在被发觉之前找回官印，即可以躲过处罚，所以没有第一时间上报，而是选择了隐瞒不报。

上报

事与愿违，直到署理副都统明秀来衙署办事，官印还是没有着落，失窃之事最终败露。明秀立刻意识到问题的严重性，赶紧向皇帝具折上奏，请求议处印务参领承龄并自请处分。

事发后第五天，即三月二十八日，得知此事后的光绪帝深感惊诧："旗署重地，何以漫无觉察，竟至印信被窃，殊堪诧异！"并发下一道上谕，命令先将印务参领承龄交兵部议处，并责成都统等人查明官印失窃详情具奏。

一天后，正白旗满洲都统伯彦讷谟祜及两位副都统便将详细情形查明具奏，请求严拿贼犯并将值班官弁分别审讯，并自请处分。伯彦讷谟祜身份尊贵、家世显赫，此人在光绪十年（1884年）被授予正白旗满洲都统一职，其父是大名鼎鼎的科尔沁博多勒噶台亲王——僧格林沁。

当天，光绪帝作出批示："着步军统领衙门、顺天府、五城御史即将窃印人犯一体严拿，务获究办。所有该旗值班官弁，除印务参领承龄业经交部议处外，世管佐领德容、领催福增、兴顺均着交刑部审讯，骁骑校吉纶着革去骁骑校，一并交部审讯，印务参领咸春着交部议处，都统伯彦讷谟祜、副都统容贵、明秀失于觉察，均着交部议处。"正白旗满洲都统衙署相关官员纷纷受到惩处。

借印

案件还在查办，官印还未寻回，可正白旗满洲旗分的日常事务仍旧需要官印才能办理，于是都统和两位副都统商议过后，决定暂时借用正白旗蒙古都统官印办理日常事务。同时，请礼部尽快补铸一枚新的银印。

处分

皇帝对查处案件的批示很快到达了刑部和兵部，刑部自是遵旨审讯相关官弁，可是负责议处的兵部却犯了难。

兵部是负责全天下武职官员的铨叙和处分的部门，但在兵部的处分则例中竟找不到针对失印处罚的专门条款，只得援引处分文职官员的则例："查都统官印被窃，臣部处分则例内并无恰合专条。惟查文职例载，在京各衙门官印系封储在署，如有窃失，有印官革职留任。一月内寻获未经行用，减为降三级留用；又例载，官员防范不严者，降一级留任；又例载，例轻而案情较重者，即照加等之例办理，其由降留加等者，止于革职留任，不得加至降调各等语。"

因此参照这几条则例，都统伯彦讷谟祜、副都统容贵、署理副都统明秀被拟定了革职留任的处分,印务参领承龄、咸春本是降一级留任,但因为情节较重,加等议处,也被拟以革职留任。

结局

然而,事情出现了戏剧性的变化,偷窃官印的贼犯于四月初五日被步军统领衙门拿获,并且移交给刑部办理。兵部立刻给刑部去文询问详情,尤其关注该犯偷窃官印后是否行用。幸运的是,也许是因为

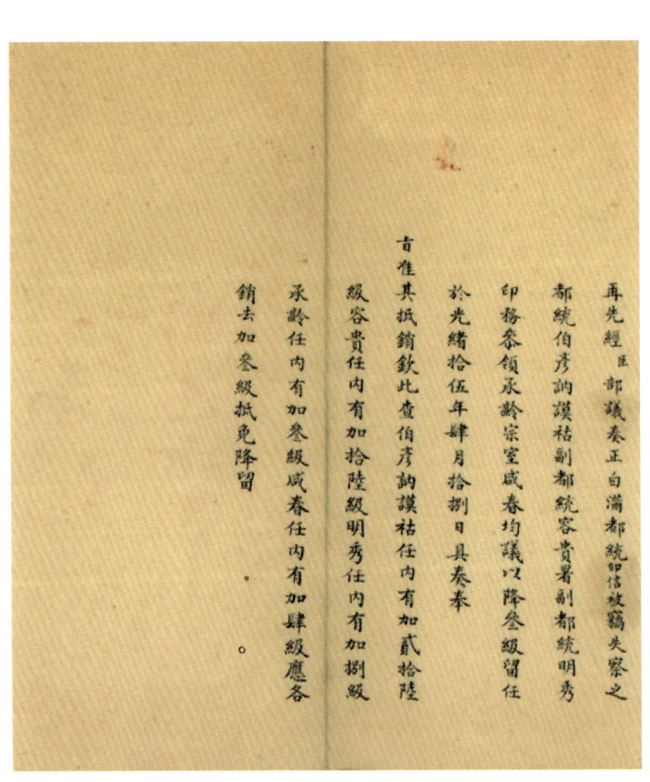

大学士管理兵部额勒和布为伯彦讷谟祜等员处分事单

发现所盗并非财物，抑或是在发觉所盗为官印后心生恐惧，这伙贼犯将这枚官印当即销毁，并未冒用以行不法。这个"好"消息无疑让所有即将受到议处的官弁如释重负。

由此，兵部向皇帝提出了最终议处方案：所有处分应减轻，请将正白旗满洲都统伯彦讷谟祜、副都统容贵、署副都统明秀、印务参领承龄、宗室咸春各减为降三级留任，并且可以抵销。所谓抵销，就是官员受到处分时，用之前议叙所得的加级、记录，抵扣受到的降级、罚俸等尚不构成犯罪的处分，这些加级、记录，在官员升迁调转时，还可以申请随带到新的职任内。也就是说，在有足够数量的加级、记录的前提下，文武官员都可以用此抵销他们所受的处分。

最终，皇帝批准了兵部的议奏，这起戏剧性的丢失官印事件终于画上了一个句号。此案例反映出，即使是堂堂重兵把守的官衙，如果对安全防范掉以轻心、疏于管理，同样也会给盗贼留下可乘之机。

碧海忠魂
——"经远舰"和她的将士们

卢 溪

2018年7月至9月,国家文物局水下文化遗产保护中心等联合团队,在辽宁大连庄河海域,搜寻、发现并确认了北洋水师沉舰"经远舰"。此前124年,漫天烽火中沉没的碧海忠魂,再度回到人们视线当中。

身世:一波三折

"经远舰"是北洋水师装备的第一艘装甲巡洋舰,也是其建造者——德国伏尔铿船厂设计建造的德国第一艘装甲巡洋舰,具有重要的时代意义。

所谓装甲巡洋舰,是19世纪中期以后出现的一种新式军舰,亦称为铁甲巡洋舰,北洋水师称为钢板快船。早期的巡洋舰侧重航速而忽视装甲,装甲巡洋舰的出现改变了这一局面。装甲巡洋舰采用了类似铁甲舰的防护和火力模式,拥有接近铁甲舰的火力、强于普通巡洋舰的防护、与普通巡洋舰大致相当的航速,对于海军实力薄弱的国家而言是具有较高性价比的选择。

建造"经远舰"之前,北洋大臣李鸿章更加中意"济远舰"一类的穹甲巡洋舰,但经驻英大臣曾纪泽等人调研,认为"济远舰"存在"上重下轻""名快船而不快,有铁甲而不能受子"等问题。后经主持海防建设的醇亲王奕譞及慈禧太后协调，命曾纪泽、许景澄在欧洲详加考察，选定战舰。

在此背景下，伏尔铿船厂提出的装甲巡洋舰方案被许景澄相中。但曾纪泽依据英国海军方面观点，对此设计极不赞同，认为巡洋舰的价值在于高航速，而不是装甲，"断不能制一船兼擅铁甲、快船之胜"，曾纪泽更加偏向英国设计的穹甲巡洋舰，与许景澄争执不休。曾、许二人之争，既是造舰理念之争，又是背后英、德两国为争夺清政府造舰订单、扩展影响力的利益之争。

最终，李鸿章干脆在英德两国分别购买两艘穹甲和装甲巡洋舰，算是平息了这次英德巡洋舰之争。在英国购买的穹甲巡洋舰就是"致远舰"和"靖远舰"，而在德国购买的装甲巡洋舰就是"经远舰"和"来远舰"。

归国：海上长城

"经远舰"的设计师为伏尔铿船厂的鲁道夫·哈格，他也是北洋水师"定远"和"济远"两艘战舰的设计师。

其正常排水量2900吨，长82.4米，宽11.99米，最大吃水5.11米。动力系统为2座卧式三胀往复式蒸汽机、4座圆式燃煤锅炉，载煤320-350吨，功率5000匹，航速15节（一说功率4400匹，航速16节）。军舰中部有最厚为9.5英寸的铁甲堡。主炮为1门双联1880式35倍口径210毫米克虏伯炮，安装于舰首露炮台内，副炮为2门1880式35倍口径150毫米克虏伯炮，但没有安装大口径尾炮。总体而言，"经远舰"是德国海军的开创性设计，较"济远舰"大有进步，但仍存在设计缺陷，如：防护面积有限、偏重前方火力等。

1887年，北洋大臣李鸿章派出接舰团前往欧洲接收新式军舰，林永升随行，并在之后成为了"经远舰"管带（舰长）。

林永升，福建福州人，马尾船政学堂首批毕业生，曾作为第一批海军留学生赴英国深造，被评价为"勤敏颖悟，历练甚精""堪任管驾官之任"。

林永升在英国留学时拍摄的照片

"经远舰"回国后，被拨归北洋舰队，按《北洋海军章程》规定，全舰编制共202人。

有意思的是，"经远舰"常与不同血统的"致远舰"混合编队，以发扬"经远舰"甲厚、"致远舰"腿快的互补优势。同样地，"来远舰"与"靖远舰"也经常编队。

至此，"经远""致远"等舰，共同组成了北洋水师的海上长城。

激战：碧海忠魂

1894年，农历甲午年，在中日黄海大东沟海战中，"经远舰"仍旧与"致远舰"搭档，位于北洋舰队横阵的左翼。开战前，管带林永升下令撤除舢板及连接上下舱的木梯，以背水一战的勇气和决心参战。

在9月17日的激战中，"经远舰"连同其他各舰分割了日本舰队的"比睿""扶桑"等4舰，并给予重大杀伤。"经远舰"上发射的鱼

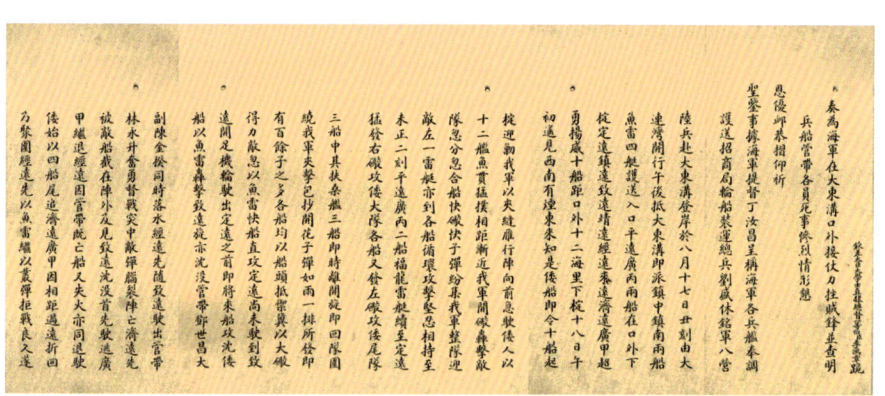

北洋大臣李鸿章为报大东沟交战情形事奏折（局部）

雷还险些命中"比睿"号二等铁甲舰，这也是中国海军史上有记载的首次鱼雷实战。

当天下午15时20分，"经远舰"随搭档"致远舰"为掩护旗舰"定远"而前出。"致远舰"重伤沉没后，"济远舰""广甲舰"弃主力部队于不顾撤出战场，北洋舰队左翼彻底崩溃，整个舰队已无法保持战斗队形。

此时，"经远舰"受创颇重，试图撤往浅水区自救，但随后遭到日军第一游击舰队4舰围攻。"经远舰"以一敌四仍奋勇作战，战斗异常惨烈。

下午17时29分，在日军"先以鱼雷，继以丛弹"的猛攻下，"（经远舰）拒战良久，遂被击沉"，管带林永升、大副陈策、二副陈京莹等军官先后阵亡，全舰官兵大多牺牲，仅16人获救。日本海军记载："（经远舰）终未升起降旗，一直奋战，死而后已。"就在"经远舰"沉没后，日军发出"停止战斗"的信号，悲壮惨烈的大东沟海战落下帷幕。

"一线光明"
——京师大学堂的创办

傅育红

京师大学堂是北京大学的前身，也是中国近代史上第一所开设西学课程的国立综合性大学。它成立于光绪二十四年（1898年），至今已120余年。它是清朝末年"戊戌变法"的产物，也是"百日维新"失败后硕果仅存的新政措施。

光绪二十四年（1898年），是按天干地支纪年法的"戊戌年"。这一年，以光绪帝为首、以康有为为代表的革新派，

京师大学堂匾额

推行多方面体制变革的举措，被称为"戊戌变法"。以光绪帝于该年四月二十三日颁布《明定国是》上谕为序幕，到八月初六日慈禧太后发动政变后再次临朝"训政"而告终，这场失败的变法维新共历时103天，被称为"百日维新"。在这百天里，光绪帝颁发维新谕旨200多道，涉及政治、经济、军事、文化等方面的全面改革。

最早提出在京师设立大学堂者是维新派人士、刑部左侍郎李端棻。李端棻，贵州贵筑（今贵阳）人，同治朝进士。他因将康有为和梁启超推荐给光绪帝，在"戊戌变法"失败后被褫职、遣戍新疆。光绪二十二年（1896年）五月初二日，他在奏折中呼吁："时事多艰需才

孔亟，请推广学校以励人才而资御侮"，提出"京师以及各省、府、州、县皆设学堂""京师大学选举贡监生三十以下者入学"。

光绪帝将此奏折交廷臣议奏。当时，大学士、吏部尚书孙家鼐充任官书局督办。八月二十一日孙家鼐上奏，对此提议极为赞成，认为目前个别省份所立学堂"皆囿于一材一艺"，唯有京师建立大学堂"为中外通商以来仅有之创举"，还就办学宗旨特别提出："应以中学为主，西学为辅；以中学包西学，不能以西学凌驾中学"，并强调学生毕业后要"因才制宜"。此折阐述的办学思想和内容"甚为切实"，然而终因办学经费问题而被封存搁置了。

时隔两年，光绪二十四年（1898年）正月初八日，维新派首要人物康有为在《应诏统筹全局》奏折中再次提出："自京师立大学，各省立高等中学，府、县立小学。"正月二十五日，御史王鹏运又一次奏请"于京师开办大学堂"。光绪帝对此非常重视，即日发布上谕"京师大学堂，叠经臣工奏请，准其建立，现在亟须开办。其详细章程，着军机大臣会同总理各国事务衙门王大臣，妥筹具奏"。

四月二十三日，光绪帝在《明定国是》上谕中又特别指出："京师大学堂为各行省之倡，尤应首先举办，着军机大臣、总理各国事务王大臣会同妥速议奏。"

进入五月后，章程依旧未能出台，康有为对此甚为焦急，在《请开学校》折中催促："夫养人才，犹种树也。筑室可不月而就，种树非数年不阴。今变法百事可急就，而兴学养才，不可以一日致也。故臣请立学亟亟也。"

在康有为的敦促下，光绪帝于五月初八日特降谕旨："迅速覆奏，毋再迟延……倘有仍前玩愒，并不依限覆奏，定即从严惩处不贷。"

五月十四日，军机大臣会同总理衙门奏呈《遵议开办京师大学堂章程》折，并附呈由梁启超代拟的《大学堂章程》清单。

章程共分8章54节，从办学方针、课程安排、学生入学规则、学成出身、聘用教习、学堂官制，到校舍兴建、开办经费预算（预算35万两银，不及西方国家办学经费的十分之一），都做了比较具体的规划。章程中还特别规定，在大学堂中设立与之相辅的中学和小学，各省学堂都归大学堂统筹。

五月十五日，孙家鼐被任命为京师大学堂管学大臣，办事各员均由该大臣慎选奏派。

六月初二日，军机大臣奕劻等奏准，将地安门内马神庙地界原乾隆帝的第四女和嘉公主空闲府第，暂时作为大学堂的开办之所。

六月期间，拨华俄银行中的政府存款，以息银20万两作为大学堂的开办经费，常年经费亦定为20万两。

七月初五日，经孙家鼐推荐，由御史李盛铎出任京师大学堂总办。

七月十二日，20万两开办经费到账。

七月十四日，孙家鼐奏请选派大学堂办事人员赴日本考察学务。

七月二十四日，孙家鼐奏请设医学堂归大学堂兼辖，并奉旨"详拟办法"。

九月初九日，内务府将大学堂房屋修葺完善移交，孙家鼐当即派办事人员移住堂内，同时出示晓谕，有愿入堂学习者报名考试，甄别录取。

至此，京师大学堂的开办初见端倪：置办学堂仪器、设备，购买

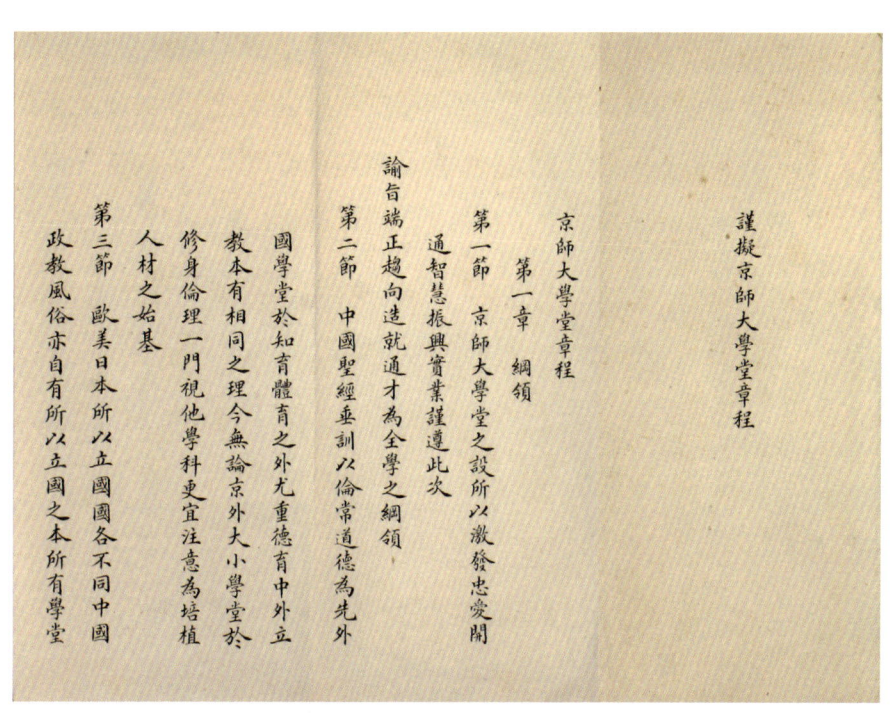

京师大学堂章程

中、西文阅读书籍，编订教学课本，聘请中、西学教习等。

正当京师大学堂积极筹办之时，政局突变：光绪帝被幽禁、戊戌六君子等维新党人被捕杀、新政被废除。所幸新政措施下兴办的京师大学堂免于劫难，朝廷命孙家鼐继续负责筹办。经过3个月筹办，学堂按原定名额录取了500人，因宿舍有限暂时不能全部传到。然而时不我待，在朝廷与国人的急切期待中，京师大学堂终于当年年底开学，报到200余人（其中大部分是中学生和小学生）。

京师大学堂的创办，不仅开创了中国西方教育模式的先河，而且该模式成为之后官方及民间教育兴学的示范开端。它催生了全国各省、府、州、县各类大中小学堂的创立，逐渐形成了学堂由小学到大学依次递进，学业由初浅到高深、再到精专的中国现代教育模式和现代教育管理体制雏形。各类学堂的开办为国家培养有用人才的同时，为更广泛提高国民文化素质奠定了基础，为后来新文化运动提供了新思想的摇篮和新文化的温床。正如《国闻报》评论：北京尘天粪土之中，新留一线光明，独有大学堂一举而已。

若死而中国能强，死亦何妨

伍媛媛

在一史馆保存的军机处《上谕档》中，载有光绪二十四年（1898年）八月十三日清廷的一道谕旨："康广仁、杨深秀、谭嗣同、林旭、杨锐、刘光第六犯，均著即行处斩。"这就是历史上著名的"戊戌六君子"。

光绪帝处斩康广仁等六人上谕

光绪二十年（1894年）的甲午战争，以北洋水师的覆灭和清政府的割地赔款而结束。空前严重的民族危机，使许多封建士大夫抛弃仕途，融汇到救亡图存的时代潮流之中，走上了维新变法的道路。被清廷最终问罪的"六君子"，就是戊戌变法中的骨干力量。

内阁候补侍读杨锐、刑部候补主事刘光第、内阁候补中书林旭、江苏候补知府谭嗣同四人，因"才学淹通，志性端谨""忠于爱国，勇于任事"，在维新运动期间，被光绪帝授以四品卿衔，担任军机章京，参预新政事宜，时称"军机四卿"。欲图振作有为的光绪帝特命四人"将新政条理开列，竭力辅佐，无有畏惮，所有新政奏折，皆令阅看，谕旨皆特令撰拟"。梁启超评价说，此四人"名为章京，实则宰相也"。他们既是光绪帝推行新政的重要助手，也是光绪帝同康、梁之间联系的重要渠道，他们襄助光绪帝，颁布了一系列关于新政的诏令，处理了大量的臣民上书。

"六君子"中的另外两人，康广仁是康有为的胞弟，他认为中国的衰弱，就是由于八股文锢塞人才所致，对此深恶痛绝，他于光绪二十四年（1898年）赴京协助康有为开展维新运动。还有杨深秀，是光绪十五年（1889年）的进士，授刑部主事，维新运动兴起时，杨深秀虽已年届半百，然而"以澄清天下为己任"，每每为变法大声疾呼。

光绪二十四年（1898年）四月二十三日，在维新志士吁请和推动下，光绪帝终于颁发"明定国是"诏书。随着新政措施不断推出，维新呈疾风骤雨之势展开，改革速度已超越当时社会的承受力，新旧党之间的矛盾迅速激化。

光绪帝深感形势危急，七月三十日，召见杨锐并交密诏一道。密诏中谈到，皇太后不愿将法尽变，亦不欲罢黜老谬昏庸之大臣而用通达英勇之人，虽经极力争取，但终无济于事，并言"朕位且不能保"，令军机四卿"妥速筹商，密缮封奏"。八月初一日，杨锐将密诏抄件交林旭。八月初三日上午，从颐和园出来的林旭，见到住在城内宣南的康有为，转交了这份密诏。在此情况下，康有为觉得局势已经十分紧急，决计发动武力。当天晚上，谭嗣同奉康有为之命，持密诏抄件夜访握有"新建陆军"兵权的袁世凯，称光绪帝已陷入危机，劝其带兵进京，包围颐和园，拥立光绪帝完全执政。但袁世凯并未允诺，不仅如此，他回到天津后，还向荣禄告发了维新派准备发动武力的秘密，导致了日后顽固派的反攻倒算。

八月初六日，慈禧太后发动政变，将光绪帝幽禁在瀛台，宣布"由今日始，在便殿办事"，开始了第三次训政，并对维新派展开了镇压。就是在这一天，慈禧太后下令抓捕康有为，已经闻讯的康有为设法脱逃，但其弟康广仁却被捕获。

慈禧太后发动政变，京城已是"山雨欲来风满楼"的场景，曾参与新政之人，人人自危。在这危急关头，杨深秀居然站出来上疏追诘慈禧太后训政之由，并援引古义，要求撤帝归政。慈禧太后恼羞成怒，将其逮捕入狱。此时，谭嗣同还在和梁启超联络英国传教士李提摩太，商讨营救光绪帝的办法。在计划落空的紧迫之际，日本使馆曾派人联系，试图保护谭嗣同。此时的谭嗣同对来者愤慨地说："大丈夫不做事则已，做事则磊磊落落，一死亦何足惜；且外国变法，未有不流血者，中国以变法流血者，请自嗣同始。"谭嗣同的一番豪言，大有视死如归的气魄。紧接着谭嗣同、杨锐及林旭先后被捕，刘光第和徐致靖听闻搜捕，从容自投于狱。

在狱中，六君子依然坦然自若。杨深秀写下了"缧绁到头真不怨，未知谁复请长缨"的豪迈诗句。林旭题诗："伏蒲泣血知何用，慷慨何曾报主恩。愿为公歌千里草，本初健者莫轻言"，抒发了报国之志不得酬的遗恨。谭嗣同在狱墙上写下"望门投宿思张俭，忍死须臾待杜根，我自横刀向天笑，去留肝胆两昆仑"。康广仁则感慨道："若死而中国能强，死亦何妨！"这些振聋发聩的诗句，充分反映了维新志士的豪情。

到了八月十三日，未经任何审讯，慈禧太后便传出问斩令。康广仁、杨深秀、谭嗣同、林旭、杨锐、刘光第最终被押赴京城南郊刑场，六位坚定的维新者血洒菜市口，史称"戊戌六君子"。

大清银行的前世今生

关 航

2016年9月27日，是大清银行成立111周年的日子。大清银行，原称"户部银行"，是中国最早设立的官办银行。清光绪三十年（1904年），户部为整顿金融，改革币制，奏请试办户部银行。光绪三十一年（1905年）八月二十九日，户部银行在北京成立，总行设在西交民巷，为官商合办的股份制银行。光绪三十二年（1906年），清政府为改革政治，求自强之道，改组部院各衙门，将户部更名为度支部。光绪三十四年（1908年），经度支部奏准，户部银行总、分各行，一律更名为大清银行，并厘定《大清银行则例》。辛亥革命后，大清银行总、分各行陆续停业，1912年初，正式改组为中国银行。

户部银行五元兑换券

创立户部银行

第一次鸦片战争后,外国金融势力侵入中国,外资银行通过独占外汇、非法发钞、政治借款等手段,逐步垄断了中国的国际贸易与金融。甲午战争以后,虽出现中外合办银行,但其在对华经济侵略上,与外商银行并无区别。外商银行的兴盛,不仅削弱了中国的资本,更导致货币制度极度紊乱。19世纪末,国内有识之士开始倡导兴办银行,提出"以中国之银,供中国之用"。光绪二十二年(1896年)九月,时任督办铁路总公司事务大臣、太常寺少卿的盛宣怀上条陈自强大计折。他指出:"近来中外士大夫灼见本末,亦多建开设银行之议。商务枢机所系,现又举办铁路,造端宏大,非急设中国银行,无以通华商之气脉,杜洋商之挟持。"

光绪帝为盛宣怀招集股本创办银行事谕旨

为挽救危局,清政府开始考虑设立官办银行。光绪二十九年(1903年),清廷派出载振、那桐、张允言三人赴日本考察日本银行的经营管理模式。回国后,张允言将试办银行折奏呈交户部。折奏中称:"中国向无银行,各省富商所设票号钱庄大致虽与银行相关,特公家未设有银行相与维系,则国用盈虚之大局,不足资以辅助……现当整齐币制之筹商之际，亟赖设有银行为推行枢纽。臣等再四筹商，现拟先由户部设立，筹集股本，采取各国银行章程，斟酌损益，迅即试办银行，以为财币流转总汇之所。"光绪三十年（1904年）正月，户部即奏请试办户部银行，次年八月正式开办，此为我国设立国家银行之始。

更名大清银行

光绪三十二年（1906年）九月，户部更名为度支部。为适应这一变化，度支部呈厘定银行则例折奏，指出"臣部所设银行，原名户部银行，即为中央银行，现臣部已改为度支部，拟改银行之名曰大清银行，计则例二十四条"。光绪三十四年（1908年）正月十六日，户部银行改名为大清银行。

从户部银行到大清银行，不仅名称有所变更，资金、业务往来、人员等方面也有所调整。大清银行增加了代理国库、发行纸币、代行公家经理公债及各种证券等业务。光绪三十四年（1908年）后，大清银行日渐扩展，先后在南昌、杭州、开封等地设立分行。大清银行成为清末规模最大、网点最多的银行。

宣统三年（1911年），叶景葵接替张允言任正监督后，进一步确立了大清银行的营业方针，"应现今时会之要求，固国家银行之基础""专以维持币制、活动金融为唯一任务"，并提出"凡普通银行能办之事，本银行竭力缩小其范围；中央银行应办之事，本银行次第扩张其计划"，国家中央银行职能得到加强。

改组为中国银行

辛亥革命后,大清银行总、分各行陆续停业。为保全股本、清理账款,大清银行成立商股联合会并上书孙中山,建议将原有之大清银行改组为中国银行,作为新政府的中央银行。获得批准后,大清银行商股联合会立即召开股东大会,并组成中国银行临时理、监事会,负责管理中国银行事务。1912年2月5日,中国银行在上海汉口路大清银行旧址成立并开始营业。同年,南京分行、北京总行宣布成立,而天津、汉口、济南等大清银行分行改组后,也相继作为中国银行的分支机构开门营业。大清银行到此画上了句号。

邮票里的历史档案

周欣华

小小邮票，方寸空间，常常体现出一个国家或一个地区的历史、科技、经济、文化、风土人情及自然风貌等特色。在我国发行的特种和纪念类邮票中，出现过以石室金匮——皇史宬和历史档案作为题材设计的邮票。

《国际档案周》纪念邮票

1979年11月26日，为配合国际档案理事会举办的国际档案周活动，邮电部发行了编号为J51的《国际档案周》纪念邮票，全套3枚，由著名邮票设计师孙传哲先生设计。第1枚为"中央档案馆"，第2枚为"皇史宬－金匮"，第3枚为"皇史宬正殿－石室"。"石室金匮"第一次进入了具有"国家名片"之称的邮票领域。

皇史宬坐落于北京市中心附近的南池子，始建于明朝嘉靖十三年（1534年），为皇家档案典籍库。其建筑包括正殿、东西两座配殿、碑亭、宬门等。正殿"石室"为砖石结构，未用木材，四面墙平均厚4.8米，设有换气窗口，以优良的物理条件保障档案典籍库的通风和温湿度，以期"纸寿千年"。屋顶覆盖着金碧辉煌的琉璃瓦，四面围绕厚实坚固的朱红色墙体，加上汉白玉栏杆、石阶和基座，整个建筑看上去富丽庄严。邮票画面配以黄色背景，尽显皇家气派与昔日皇家档案库的风采。票面上"皇史宬"三字，由时任中国邮票总公司邮票设计室主任孙少颖先生书写。

金匮，存放于皇史宬正殿"石室"中，现存数量达150余个。"匮"字，意指存放贵重物品的箱子。皇史宬中的金匮主要用于存放皇家的实录、圣训等珍贵档案。这些金匮的制作工艺非常考究，内箱体为樟木，材质耐久防虫；外表铜皮镏金，并手工敲凿龙纹，坚固精美。金匮邮票选用红色衬底，使画面显得更加深沉和厚重。

《中国古代档案珍藏》特种邮票

1996年9月2日至7日，第13届国际档案大会在中国北京举行。为配合大会宣传并反映中国档案事业沿革与发展，邮电部发行了编号为

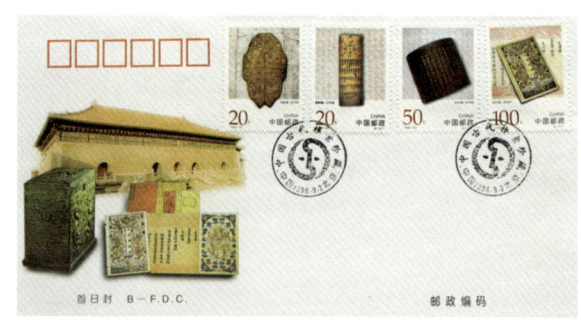

《中国古代档案珍藏》北京市邮票公司首日封

1996-23T的《中国古代档案珍藏》特种邮票。全套4枚，由著名邮票设计师王虎鸣设计。第1枚为"甲骨档案－商代龟甲"，第2枚为"简牍档案－汉代简牍"，第3枚为"金石档案－明代铁券"，第4枚为"纸质档案—清代国书"。

清代国书是清末国与国之间交往时使用的专门文书，通常具有礼仪性和凭证性的特点。邮票所选用的清代国书是清政府于光绪三十一

年（1905年）致比利时国国书。满汉合璧，织锦面江崖海水龙纹函套，十分精美。这件国书有着不同寻常的故事。清光绪三十一年（1905年）六月十四日，光绪帝下旨，派载泽、戴鸿慈、徐世昌、端方、绍英等5大臣出洋考察政治，并随身携带了精心准备的国书，让大臣转达给各国君主。八月二十六日，考察团成员准备乘火车离京。当火车即将开动之时，反对君主立宪的革命党人吴樾在火车旁引爆炸弹，死伤多人，大臣载泽、绍英受轻伤。此次出洋考察因此未能成行，考察团携带的几件国书也就留在了宫中。其中就有这件清政府致比利时国国书，现藏于中国第一历史档案馆。

邮票主图为国书封面，背景为国书正文中汉文部分的局部，充分展现了这件清代档案华丽典雅的装帧。

值得一提的是，除了作为邮票图案以外，皇史宬、石室金匮、清代国书还出现在邮票的首日封上。当时为配合《中国古代档案珍藏》

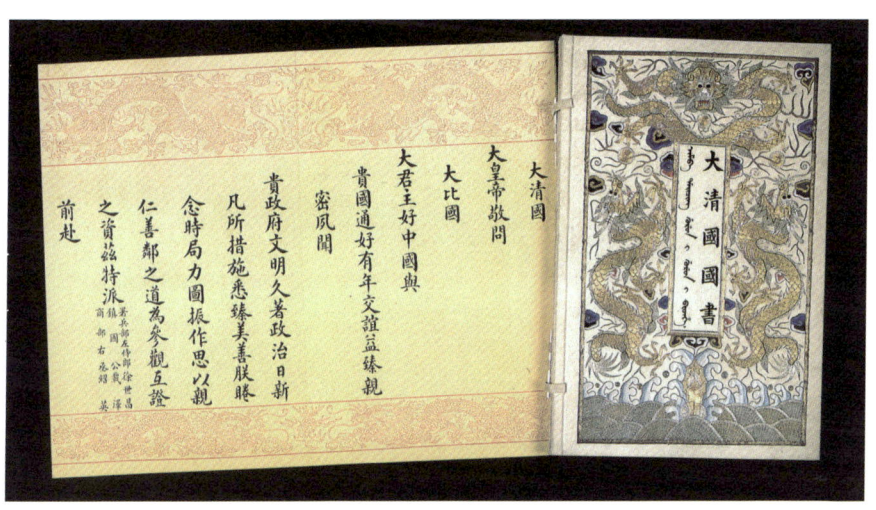

大清国国书

特种邮票的发行，中国集邮总公司、北京市邮票公司分别印制了邮票首日封和邮票丝织首日封。这些邮品均选择皇史宬的主体建筑石室作为主图，金匮、实录、圣训、国书等珍贵历史文物与档案也分别印制在首日封上，丰富了《中国古代档案珍藏》邮票的内容。

档案是人们在各项社会活动中直接形成的原始记录，邮票则被人们称为一个国家的文化名片，是国家重要的宣传载体之一。档案与邮票的完美结合，推动了历史与文化的传播，一枚枚邮票与信封通过现代"邮驿"的传递，让清代档案走进了公众的视野，这样的"联姻"，也成为一段佳话。

"老夫聊发少年狂"树风亲为李家驹

李 宇

我国自古就有尊老敬老的传统，数千年的农业社会结构下，老人的经验与智慧小到对家庭，大到对国家来说都有着不言而喻的重要性。一百多年前，有一位自称"老夫"的晚清风云人物李家驹，就以其开明思想和人格魅力在近代历史上留下了一圈圈涟漪。

老夫聊发少年狂

1906年，李家驹任京师大学堂总监督时，曾做了一件前无古人、很有可能也是后无来者的趣事。

李家驹是广州汉军正黄旗人，光绪甲午科进士。他为人开明，重视体育，自任大学堂运动会的"会长"，并首次组织女生参加比赛，在社会上引发轰动，观众人数超过万人。

李家驹

运动会上，李校长穿戴官袍，招待来宾。但到了最后一日的教职员工比赛时，只见这位平日里的"老夫子"脱下袍褂，短衣短裤，站到300米突竞走（300米跑）的起跑线上，当发令枪响，李家驹箭步如飞，获得季军。赛后他意气风发地对旁边人说："老夫聊发少年狂！"

新生的京师大学堂之蓬勃朝气，从"老夫"身上便可见一斑，并在日后引领了中国大学重视体育的风气。

但开风气不求名

京师大学堂自1898年创立起，一直由清廷直接指派部院大臣来兼管，直到1904年，清政府批准《奏定学堂章程》，设总理学务大臣统辖全国学务，才另设京师大学堂总监督一职，专管京师大学堂事务。

1906年3月，李家驹由翰林院编修充任京师大学堂第二任总监督。在短短一年多的任期里，李家驹力行教育改革，京师大学堂风气为之一新，为日后向现代化大学转型夯实了基础。

李家驹为人思想开明又勇于任事，故仕途一直比较顺利，从1898年任京师大学堂提调起，先后转任湖北学政、东三省学政、京师大学堂监督授学部右丞。

在湖北学政任上，湖广总督端方评价他"该学政学问博通，虚心爱士，实为学臣中出色之员"。

据其湖北学政任内的幕友名单来看，他所延揽的人才也皆是一时之英，如苏源泉、章祖申其后都高中进士，成为清末民初著名的书法家与外交家，罗振方则任民国农林部次长。李家驹的见识风度、选人之明由此可见一斑。

护宪革新弄潮儿

1907年，李家驹任出使日本大臣，深入考察日本政治、法律、财政制度，回国后成为清末新政、立宪派领袖。

武昌起义后，李家驹临危受命，出任资政院总裁。其时，迫于革命形势及立宪派的压力，摄政王载沣发布谕令，解散"皇族内阁"，任命袁世凯为内阁总理大臣。该任命绕开资政院，实属违宪，资政院众议员为维护宪法尊严，提出抗议。一番博弈之后，宪政原则击退了皇权余绪，载沣收回成命。

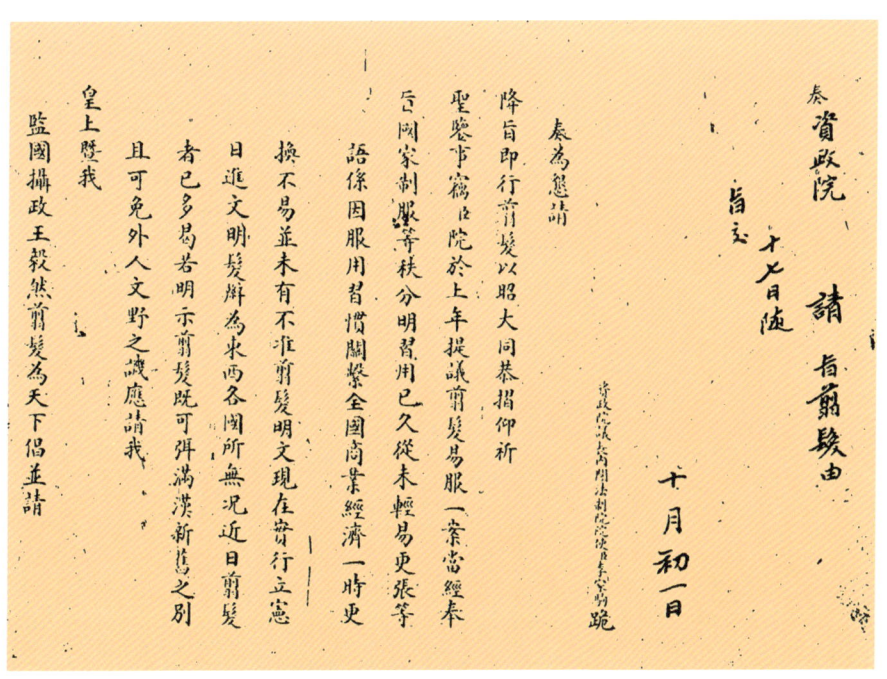

李家驹为请旨剪发事奏折（局部）

11月8日资政院"遵照宪法信条,用无记名投票法公举内阁总理大臣,以袁世凯得票最多"。翌日,李家驹代表资政院上奏,请旨任命袁世凯为内阁总理大臣。据此,摄政王再次发布任命上谕,正式任命袁世凯为内阁总理大臣。

前后两次任命结果相同,但第二次任命的出台遵守宪法程序。这一事件在中国政治思想史上意义非凡。

在资政院总裁任上,李家驹马不停蹄地推进各项事宜。在其主持下,资政院于11月3日颁布了清王朝最后一部宪法性文件《宪法重大信条十九条》,承诺削弱君权,让权于民。

11月21日,李家驹一天之内向摄政王载沣连上两份奏折,请求降旨在全国立即推动剪发易服并改用阳历。

第一件奏折中,他大胆奏请"皇上暨我监国摄政王毅,然剪发为天下倡"。

在第二件奏折中,他指出"现今各国皆用阳历而我独用阴历,外交内政之种种窒碍往往由是而生",力请尽快下旨,在全国范围内改用阳历。由以上两件档案,我们可见李家驹敢于言事、勇于担当的品质。

他在短短几个月所主推的各项措施与倡议,确实是符合历史进步的,有些倡议与南方革命军同时所采取的措施有颇多相同之处。客观上说,他在资政院总裁任上的举动缓解了南北双方的紧张局势,于日后南北议和成功,百姓免于涂炭有功。

1912年初,鉴于南北议和将成、君主立宪无望的政治局势,李家驹辞去资政院总裁的职务,选择隐居青岛。终身再未出仕。

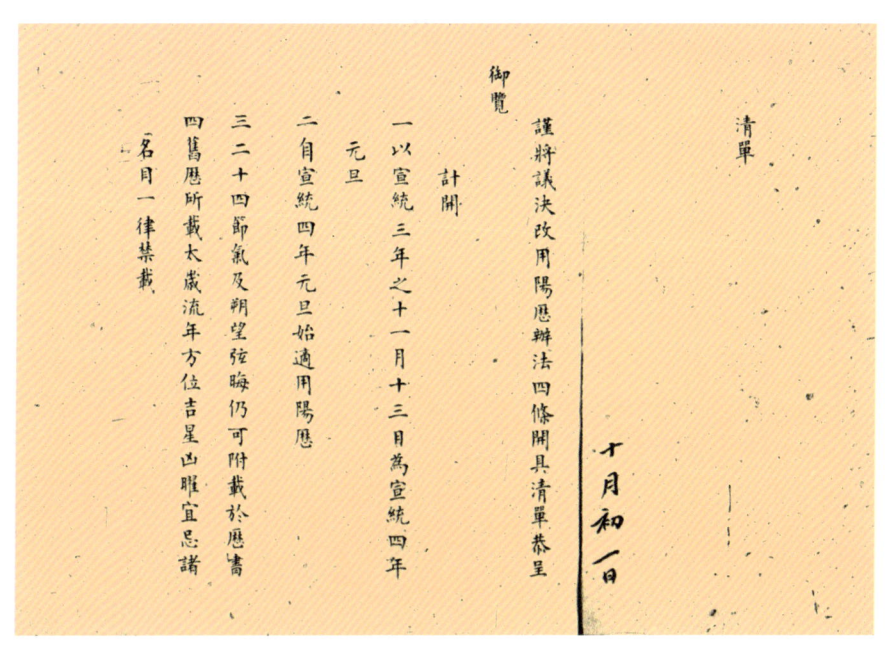

李家驹呈议决改用阳历办法四条清单

李家驹半生宦涯，固有愚忠清室的一面，但也有为国家、人民的前途而不计个人得失的义举。其思想开明，勇于任事，讲原则，知进退，敢于开风气之先，但在当时列强环伺、清王朝衰亡已定的大背景下，李家驹仅凭个人之力不足以实现其君主立宪的梦想，这是他个人的悲剧。

国学大师王国维与内阁大库档案

伍媛媛

王国维是我国近代国学大师,他对清代经学、小学、训诂、考据、音韵、目录、版本,几乎无所不通,无所不精,而王国维与明清档案也有着不解之缘。

王国维与清代中央最重要的档案库——内阁大库的情结,源于清朝遗老罗振玉。光绪三十三年(1907年),经罗振玉荐举,王国维进入学部任总务司行走,担任学部图书馆编辑,主管编译及审定教科书事宜。其间,因

内阁大库

维修内阁大库而暂时迁出的部分图书档案,一度面临被焚的劫难,在罗振玉及张之洞的奔走努力下,其中的古籍和200多万件档案才幸免了被毁的厄运,被运至学部。王国维当时在学部,亲闻此事的个中曲折。在这之后的1923年春,王国维开始充任逊帝溥仪的南书房行走,也有幸得窥大内所藏。这些经历引发了他对"大内档案"内容、价值及日后辗转历程的关注。王国维敏锐地认识到,这并非清末朝中一些人认为的"无用之旧档"。当时世人对清宫档案"罕有知其事",为了揭开大内档案的神秘面纱,王国维连续写下《内阁大库书之发见》《库

书楼记》《最近二三十年中中国新发见之学问》三篇文章，成为后人了解和研究内阁大库档案的重要文献。

在《内阁大库书之发见》一文中，王国维对光绪三十四年（1908年）内阁大库所藏图书档案被迁出的场景作了全面介绍。通过这篇文章，我们可对当时的内阁大库所藏有大致了解。一是图书类，内阁大库中所藏古籍归京师图书馆，其宋元刊本及善本书，已收录在缪荃孙所编的《学部图书馆书目》中。此外，地志一类也已整理完毕，著有目录。二是目录类，内阁旧有书目为光绪十年（1884年）间所点存者，庚子之乱为日本人所得。三是档案类，内阁大库清理时，发现一些历科殿试卷与题本，其中名人试卷多被人拿走，后来余下的也归学部，置于学部大堂后。四是地图类，内阁大库所藏地图有两大架，背面用阿拉伯数字标有序数，为康熙年间西洋人所测绘。当初内阁以旧图无用为由，准备将其一并焚烧，幸亏罗振玉见到后想方设法保存了下来。此外，另有乾隆时的十三排地图铜版，"铜质甚厚，图版作凹凸形"。五是内阁库中有一"库神"，供奉甚谨，外面垂挂着黄幔，无人敢揭视。等到清理时，曹元忠曾揭开黄幔查看，是一个包得很严实的包裹。打开一看，"乃为枯树根"。

1922年，王国维受罗振玉所托，写下《库书楼记》一文，更加详细地记述了大内档案流散至社会的经过，并着重评论了罗振玉的作为与贡献。1921年，历史博物馆为了生计，将"无用之旧档"卖于纸商。1922年2月，罗振玉"以事至京师，于市肆见洪文襄揭帖及高丽国王贡物表时，识为大库物。因踪迹之，得诸某纸铺，则库藏具在，将毁之，以造俗所谓还魂纸者，已载数车赴西山矣"。最终，罗振玉以原价三倍的价格，一万三千元购下了这批九千袋十五万斤的大内档案（即普遍所说之八千麻袋，王国维此文所载为九千麻袋。另有赵泉澄《北京大学所藏档案的分析》中转引邓嗣禹访问邓文如来函中也采九千麻袋一说；还有李光涛在《记内阁大库残余档案》转引傅斯年致蔡元培的信中持七千麻袋一说），将档案存于天津库书楼，并嘱王国维撰写《库书楼记》以记其事。越半年，其书定稿。对罗振玉抢救内阁大库档案的经历，王国维感叹道："国家与群力所不能为者，竟以一人之力成之。"

1925年，王国维又作《最近二三十年中中国新发见之学问》一文，这是他关于"大内档案"的又一重要文献。该文中，王国维对"大内档案"的珍贵价值倍加赞赏。他说："中国学问上之最大发现有三：一为孔子壁中书；二为汲冢书；三则今之殷墟甲骨文字、敦煌塞上及西域各处之汉晋木简、敦煌千佛洞之六朝及唐人写本书卷、内阁大库之元明以来书籍档册"，而后四者其中之一"已足当孔壁、汲冢所出"。在此，王国维将内阁大库明清档案与安阳甲骨档案、敦煌文书经卷、西北汉晋简牍一起，称为20世纪初中国古代文化的四大发现。

内阁实录库楼下之起居注匮

皇帝管家借钱不还惹官司

刘文华

内务府是清代掌管宫廷事务的机构,"掌上三旗包衣之政令与宫禁之治",可以说是皇帝的管家。但这个管家的日子并不像想象中那么富裕。清末,内务府甚至要向号商借钱度日,还为此吃上了官司。

入不敷出

内务府的主要开销,是庞大的内务府包衣人口的供养及宫廷的日常开销,是难以大幅缩减的刚性需求。

内务府经费的筹措手段主要包括参斤变价(把东北进贡的人参交各税关变卖)、发商生息(又称帑利,即将皇帝的私房钱——"内帑"借贷给大盐商,每年收取利息)、关税盈余,织造、关督、盐政缴进的各项节省、养廉、平余银等。但道光朝以后,这几种筹款方式都接连出现问题。

首先帑利难以为继,尤其是缴纳帑利最多的长芦、两淮盐商,都被各项沉重的正式、非正式的赋税负担压垮,已经不能正常缴纳内务府帑利,盐政改革也没有根本扭转这种状况。

其次,清代后期,东北的人参资源减少,导致可以发商变价的参斤剧减,于是从道光年间开始清廷采取向各税关摊缴参价银的制度加以弥补。

最后，清末各税关支付军饷、偿还外债的压力，加之督抚坐大，各自为政，使得各税关未能按时缴纳内务府盈余银。于是，从同治年间开始，清廷先后两次向各省、各税关摊派百万的内务府经费，以保障内务府的基本开支。但是，这百万的内务府经费经常缴不足额，解送也不够及时。

借钱度日

内务府经费入不敷出，就只能要求户部垫补，或者向号商借贷。

向号商借贷始于光绪初年，一开始，内务府还遮遮掩掩，并未向宫廷正式报告。后来有官员将事情捅了出来，内务府才向皇帝奏报。号商即银号、钱庄，是随着清代商品经济的迅速发展，在清代中期以后逐渐成长壮大起来的金融机构，主要办理汇兑、银钱兑换、收放款等业务。

内务府合作的号商主要是恒利号和泰元（泰源）号，这两家都是当年京城著名的钱庄号商。

据《道咸以来朝野杂记》记载，"当年京师钱庄，首称四恒号""资本雄厚，市面繁荣萧索与有关系"，所谓的"四恒"即恒利号、恒和号、

天津恒利金店

恒兴号、恒源号，是清代北京城资本最雄厚的钱庄，乾嘉年间，由浙江宁波、绍兴人开设，把持着京城的金融业务，发行的银票"市民皆视同现金"。

除四恒外，另有开设在西华门外南长街的泰元号，专门承放宫内及内务府款项，名头甚至比四恒更响，民间有"四恒不如一泰源"之谚。当时不少内务府下属司处的衙署就坐落在南、北长街，包括都虞司、会计司、营造司、庆丰司、慎刑司和奉宸苑等。泰元号选择在南长街开店，或许就是为了靠近它最主要的顾客、最大的金主——内务府。另外，能够在这样一个处于皇城核心区的地方开店，也表明了它与宫廷的亲近关系。

从清宫档案来看，泰元号一般承担内务府次数众多但总量较少的日常放款，几百两至几千两的居多。而恒利号则承揽内务府的大宗借

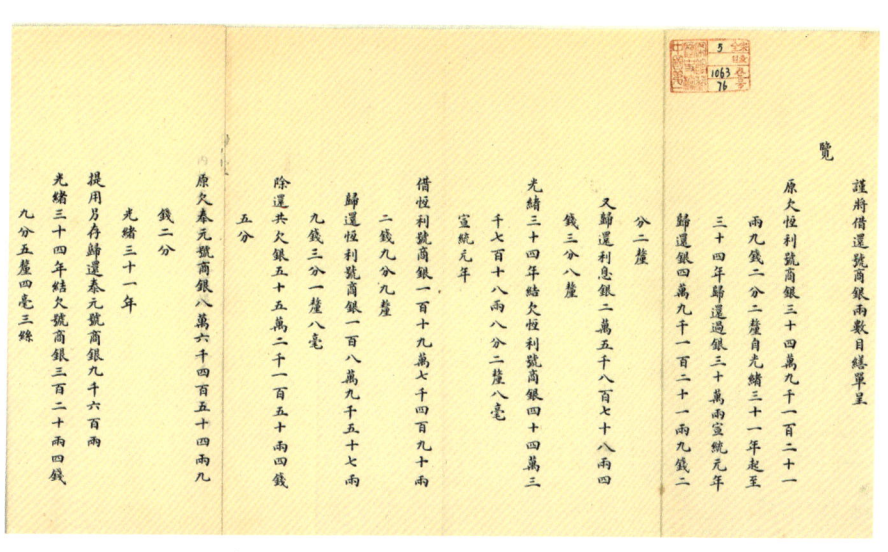

内务府借还号商银两数目清单（局部）

款，一次放款数万两甚至上十万两。以光绪三十四年（1908年）为例，内务府这一年中从恒利号借贷了1103592两，从泰元号借贷了54595两，从恒利号借的银两比从泰元号借的多得多。

惹上官司

内务府向号商的借款，是以未来的收入作为担保的。在档案中，经常可以看到，某省某关的内务府经费解到后，一分为二，一大部分用于向号商还款，另一部分则用于内务府的日常支出。清朝的存续，是借贷关系存在的前提。双方各取所需，内务府得到大宗的现金银两来应付日常开支，号商则取得不菲的利息收入。

承平年代，借贷关系保持得不错。但是，1911年清朝轰然倒塌，内务府一下没了每年上百万两的经费，但仍欠恒利号50余万两巨款，这就成为大问题。

虽然清帝退位协议上约定，每年民国政府给予清室400万两（改铸新币后改为400万元）的"优待费"，但这也就不足额地拨付了几年，后来就一直拖欠着。在还能领到"优待费"时，内务府陆续向恒利号交还了30余万两的欠款。领不到"优待费"后，内务府没有了大宗进项，也就不向恒利号还款了。

恒利号当然不甘心20余万银两的款项化为乌有，就将内务府告上了法庭。京师地方审判厅受理了此案件，内务府在判决后又归还了恒利号2万多两欠款，但仍欠着超过20万两。

到了1923年，恒利号又追索："据该府迭称无力归还，须俟领到优待费始能次第清偿。"确实，当了被告后，内务府函请北洋政府国务院转催财政部拨发积欠的"优待费"，国务院也发函给财政部、司法部要求办理，不过，这只不过是在公文上转转圈罢了。恒利号当然了解这"优待费"是画饼，要等内务府领到"优待费"才还款，那基本也就是永无清偿之日了。于是恒利号上诉说内务府的动产不动产价值无算，申请强制执行。

然而，时局丕变，1924年，清室小朝廷被冯玉祥赶出了宫禁，内务府也做鸟兽散。恒利号陷入讨债无门的窘境。于是，他们把被告指向了清室办事处，要求从内务府在京兆地区地亩（即清代时的"皇庄"）的留置费中扣抵还债。清室办事处回应说："查前内务府欠债累累，不仅该商号一处，此端一开，不知伊于胡底"，断然拒绝了恒利号打内务府不动产的主意。

1925年，故宫博物院成立，几年后北洋政府被推翻，北京城完全换了天地。斗转星移，物是人非，恒利号的债款就只能不了了之了。

中国第一历史档案馆 编

皇史宬微信文集(2016-2018)下册

学苑出版社

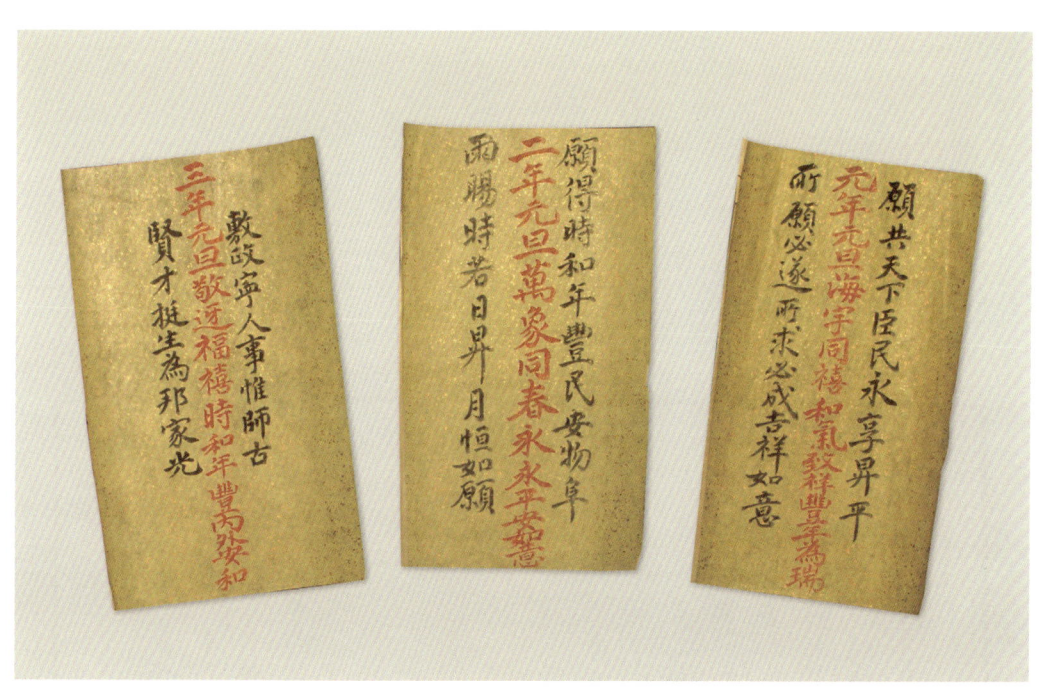

元旦开笔

和珅进单

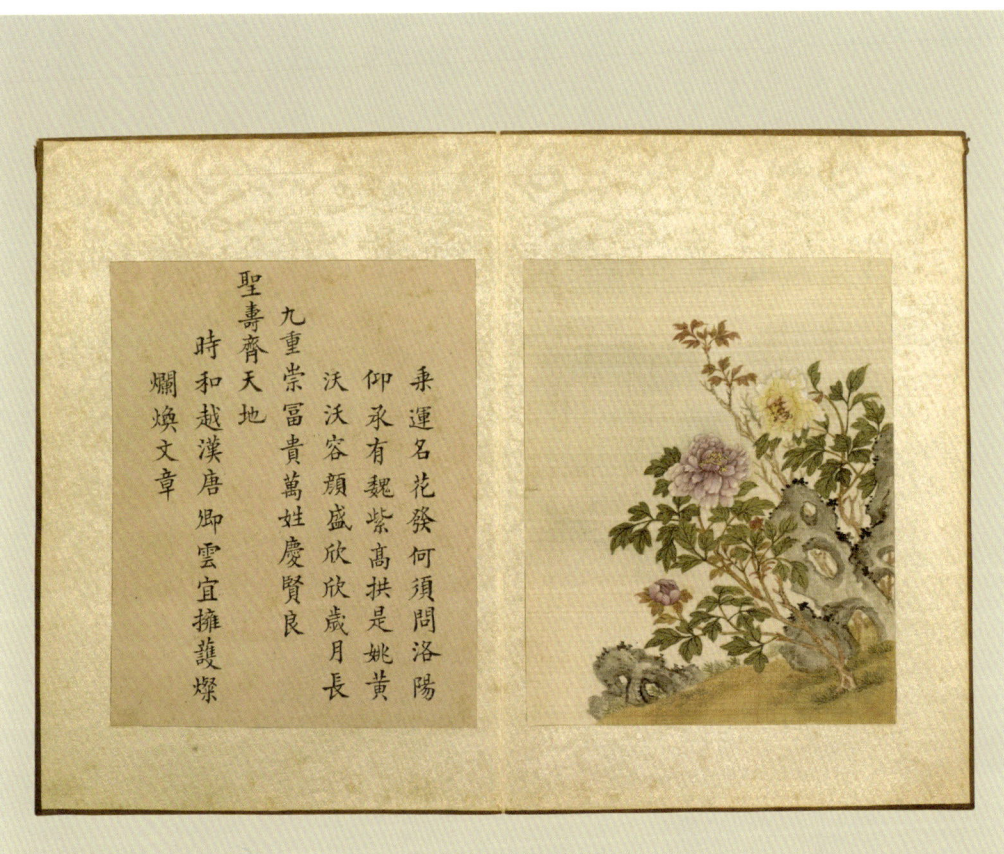

万寿图并诗（局部）

乘運名花發何須問洛陽
仰承有魏紫高拱是姚黃
沃沃容顏盛欣欣歲月長
九重崇富貴萬姓慶賢良
聖壽齊天地
時和越漢唐卿雲宜擁護
爛煥文章

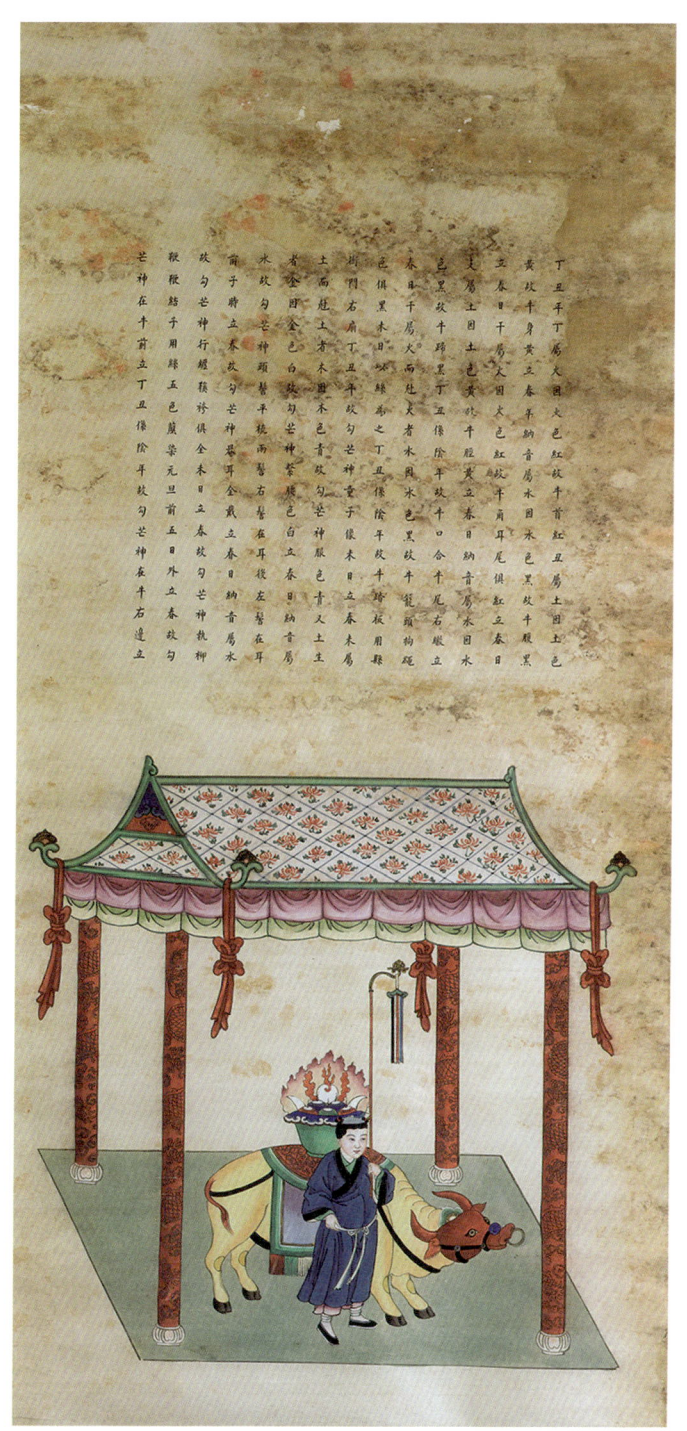

勾芒神图

大婚典礼红档

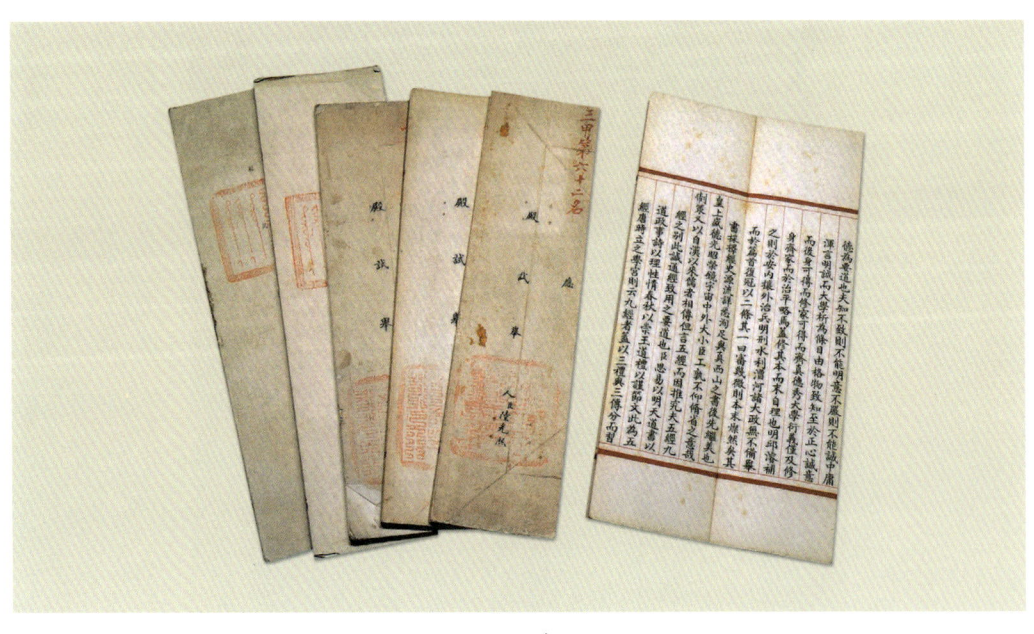

殿试卷

目 录

宫苑趣事

元旦开笔——乾隆帝许下的心愿　郭子梦 /279

清宫里的立春日　伍媛媛 /282

御笔书"福"过春节　哈恩忠 /287

元宵灯节 喜赏烟火　刘桂林 /291

清宫元宵节吃什么　朱琼臻 /296

春日话贡茶　倪晓一 /300

端午粽飘香　郑海鑫 /304

乾隆帝端午赏香珠　倪晓一 /307

清宫消夏用冰　伍媛媛 /310

冬暖夏凉——清宫里的礼帽　石文蕴 /315

清宫里过七夕节　张　洁 /320

清宫中秋祭月　丁　妤 /323

邀月话中秋　张瑞英 /327

重阳节话千叟宴　张　颖 /330

冬至数九消寒　郭子梦 /334

冬至一阳生　鹿膳补寒冬　赵郁楠 /337

数九寒冬冰上走　郑海鑫 /341

这儿的腊八粥不一般　刘　诺 /346

清宫过小年　褚若千 /350

香气缭绕紫禁城——贡香　徐　莉 /354

香气缭绕紫禁城——制香　徐　莉 /358

香气缭绕紫禁城——盗香　徐　莉 /361

谁说女子不如男——孝庄皇太后其人其事　韩永福 /365

孝庄皇太后安葬之谜　伍媛媛 /368

康熙帝的启蒙老师竟是位奇女子　陈宜耘 /371

清宫的神秘部门——粘杆处　孙浩洵 /375

康熙帝御书"中山世土"　刘洪胜 /378

宫廷鹰鹞　刘桂林 /381

望子成龙的康熙帝　陈宜耘 /384

《大学》——清代皇子的必修课　刘　超 /388

"正大光明"匾背后的故事　王光越 /391

紫禁城里闻皇子诵读声　张小锐 /396

清宫里的针灸与按摩　孙浩洵 /401

冬季宫廷水果——台湾西瓜　陈宜耘 /406

清宫美扇　马德玲 /410

没有空调房　皇帝也清凉　郑海鑫 /413

请安折中意味多　侯文军 /418

再说清宫请安折　吴焕良 /422

备选冬奥会的吉祥物——老北京"四不像"　刘桂林 /427

乾隆年间供职宫廷的西洋人　傅育红 /432

清代皇帝仪仗队中的驯象　刘　恋 /435

乾隆帝请西洋人刻铜版画　谢小华 /439

明月之珠出江海　倪晓一 /443

乾隆帝养生佳肴——燕窝　卢　溪 /447

《延禧攻略》《如懿传》中的清宫朝珠　石文蕴 /451

格格的嫁妆　张瑞英 /456

打开同治帝大婚的衣箱　倪晓一 /460

慈禧画像赴美参展始末　苏文英 /466

一张未经发行的明信片　张　敏 /469

旧时皇家清漪园　今日百姓尽游览——颐和园第一次开放　秦国经 /472

末代皇帝聘了个洋师傅　谢小华 /476

溥仪配眼镜　谢小华 /481

末代皇帝与美国《国家地理》　谢小华 /484

工作掠影

老照片中的明清档案人　伍媛媛 /491

南迁西运的档案箱　丁　好 /496

国际档案日专题——清代档案在海外　李　阳 /499

一脉相承 妙手回春——明清档案修复记　邢　洲 /505

我在档案馆修明档　徐桂芬　邢　洲 /510

临其意 摹其形 存其真　胡锦春　许妍婷 /515

档案修复技艺体验　于　梅　许妍婷 /521

皇家档案防火今昔谈　蔡立骁 /528

明清档案工作掠影（一）——汉文档案整理　谭　景 /533

明清档案工作掠影（二）——档案数字化　卢　溪 /538

明清档案工作掠影（三）——汉文档案著录　陈　洁 /541

明清档案工作掠影（四）——档案保管工作　孟飞旺 /546

明清档案工作掠影（五）——明清档案的编纂出版　王　征 /552

明清档案工作掠影（六）——信息化工作　胡芳芳 /558

明清档案工作掠影（七）——满文档案工作　李　刚 /563

明清档案工作掠影（八）——档案利用工作　王金龙 /570

明清档案工作掠影（九）——安全保卫工作　王玉田 /576

明清档案工作掠影（十）——清宫珍档展览　走进当代生活　谢小华 /581

宫苑趣事

元旦开笔
——乾隆帝许下的心愿

郭子梦

中国传统节日中,春节最为隆重。春节也被古人称为"元旦",元旦一词最早见于《晋书》"颛顼帝以孟夏正月为元,其实正朔元旦之春"一句。到了汉代,汉武帝规定以元月为正月,把正月的第一天称为元旦。农历正月初一为元旦的说法一直延续到清末。一元初始,万象更新,迎春活动必不可少。清代在宫廷里最早开始的仪式便是元

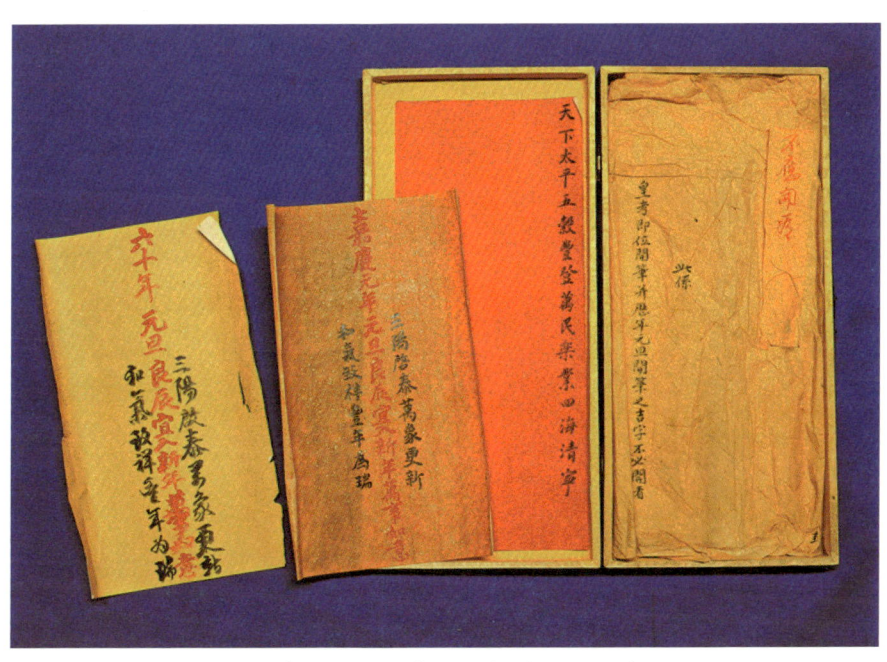

乾隆六十年和嘉庆元年的元旦开笔

旦开笔。

元旦开笔始于雍正朝，在乾隆朝时成为定制。"爆竹声中一岁除，春风送暖入屠苏。"每岁元旦子正（23点–1点），皇帝在养心殿东暖阁明窗处，设案开笔，先后用朱笔、墨笔写下吉祥祝福的字句，祈求新的一年"和气致祥"。开笔写完后，由皇帝画押封存，以备来年开笔时再用。一直到这位皇帝去世，他所写的开笔吉字均完整地封存在锦匣内，生前死后都不轻易开启，中国第一历史档案馆保留了乾隆帝从元年（1736年）到嘉庆四年（1799年，"乾隆六十四年"）亲笔书写的64份元旦开笔。

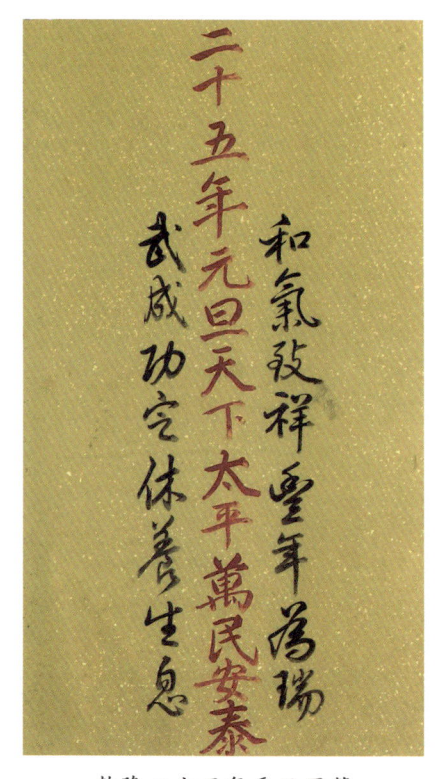

乾隆二十五年元旦开笔

乾隆帝初登帝位，面对先皇遗留的辅政朝臣，用起来并不得心应手。所以在乾隆三年（1738年）和四年（1739年）的元旦开笔中，可以看到"敷政宁人事惟师古，贤才挺生为邦家光"等语，表达他求贤若渴的殷殷期盼。乾隆十四年（1749年）时，正值西南大、小金川战事吃紧，乾隆帝在这一年的开笔中写道："早平金川，奏凯班师，大吉。"

乾隆二十五年（1760年），平定西北，乾隆帝开笔中写到了"武成功定，休养生息"，希冀结束长期战争，与民休息，稳固统治。

乾隆三十一年（1766年），四十一年（1776年），五十一年（1786年），"六十一年"（1796年，嘉庆元年）的开笔，均为"三阳启泰万象更新，和气致祥丰年为瑞"，我们仿佛看到了一位心境平和，治理国家淡定从容、游刃有余的帝王。

细细品读这些开笔吉字，从变化中可以触摸到清晰的历史脉络，也能够区分不同时期清帝的执政思想和治世理念。乾隆帝在位60年，从青年、壮年到临终，心境、笔迹的变化跃然纸上。

乾隆帝最后一次书写元旦开笔是在嘉庆四年（1799年）正月初一日，正月初三日乾隆帝去世，享年89岁。乾隆帝临终前开笔字迹无力潦草，可想一世辉煌、十全武功的乾隆帝这时心有余而力不足，但仍然坚持着这一传统习俗，写下了"万象更新，三阳启泰，和气致祥"12字的吉祥话，这可算得上是乾隆帝的临终绝笔了。

元旦开笔作为清帝重要的迎春仪式一直延续到清末，它是新旧时节转换的象征，也是皇帝在新的一年对社稷和百姓的美好愿景。新年应有新气象，在新的一年到来之际，大家不妨仿效这一传统习俗，审视过去，写给自己，"开"好自己的元旦之"笔"，用崭新的精神面貌开始新一年的生活。

清宫里的立春日

伍媛媛

"一年之计在于春。"中国古代以农为本,立春,作为二十四节气之首,象征着万象更新的春天的到来,也预示着一年的农耕活动即将开始。在立春之日,举行各式各样的迎春活动和祭祀典礼自古有之,到清朝就更为隆重了。

备春:春牛芒神早置办

清宫立春之日的进春典礼早在前一年的六月,就由礼部、钦天监及顺天府等衙门着手备办。其中,特别重要的一项就是准备春牛芒神。

所谓春牛芒神,是在冬至后的第一个辰日,取用专门水土塑造,胎骨用桑柘木,制作非常严格。首先在规格上要反映夏历的特点,如春牛的身高四尺,象征着春夏秋冬四个季节;身长八尺,象征着春分、秋分、夏至、冬至、立春、立夏、立秋、立冬八个主要节气;牛尾长一尺二寸,象征着一年的十二个月。芒神的身长三尺六寸五分,象征着一年的三百六十五天;芒神手提的鞭子长二尺四寸,象征着二十四节气等。芒神是掌管万物萌生的春神,其所站立的位置也有明确规定,假如立春在腊月内,则是"春在岁前",勾芒神站在牛后;立春在正月内,则是"春在岁后",勾芒神则站在牛前;立春与岁齐,勾芒神则与土牛并立。古代的天文历法,以子寅辰午申戌为阳,丑卯已未酉

勾芒神图

亥为阴，站立时阳岁勾芒神居左，阴岁勾芒神居右。此外，春牛及芒神身体不同部位的颜色，也会依据钦天监推算立春时辰的干支纳音所代表的不同颜色来绘制。为了移动和供奉方便，在春牛、芒神、春山底部会安置木案一方，春牛、芒神合用一案，春山用一案，两案合称春座。

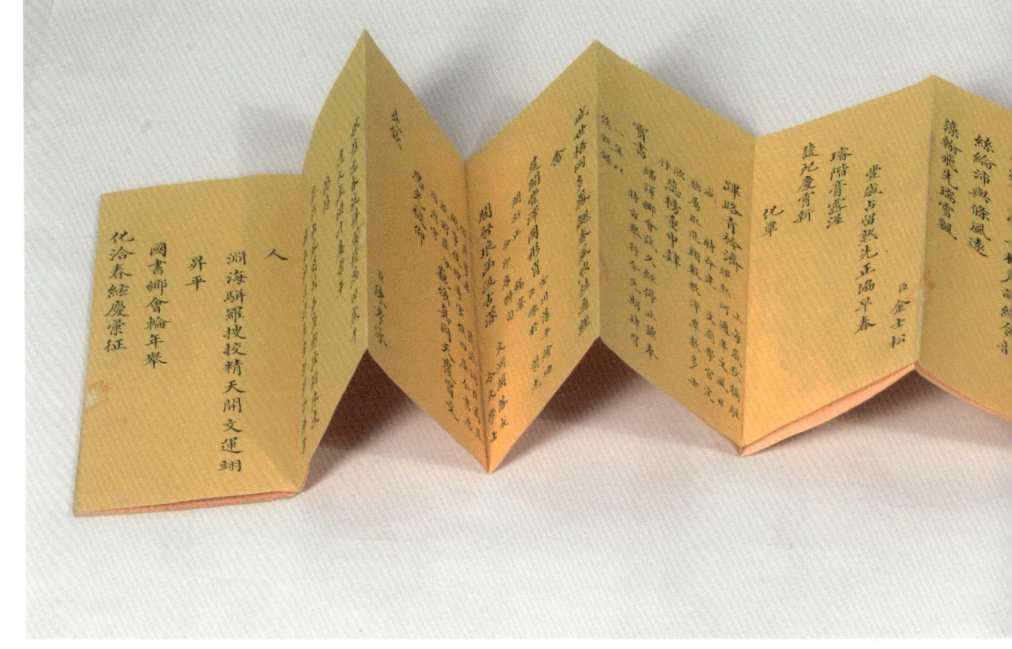

春帖子词

进春：恭进春座劝农耕

立春的前一日，宫中要举行隆重的"进春仪"。届时，顺天府府尹会率僚属赴东郊迎春，行一跪三叩之礼后，将春山宝座及芒神土牛迎入顺天府大门，安设在彩棚内，再送至礼部供奉。同时，大兴、宛平二县县令于午门外正中设案，恭奉春山宝座及芒神土牛。

立春当天，按照负责观测天象的钦天监择定的时辰，各官俱穿朝服，生员着顶带公服，在钦天监选派的八名天文生的指引下，由顺天府选出的汉生员七十五人将春山宝座及芒神土牛从东长安门、天安门、端门各中门入抬至午门前。顺天府府尹、府丞等官员手拿红本，与礼

部堂官聚齐在午门外。进春之时,各生员在礼部官员导引下,由午门中门进入。进入午门后,进春的队伍成三路,分别恭进帝、后及太后的春座。同时,将上年旧岁所恭进春座,用车送出宫外。

在这之后,顺天府府尹会率领僚属,手执彩仗立于土牛旁,击鼓,环击土牛三次,以示劝耕之意。

迎春:撰写春帖贺新岁

春帖子是立春之日,宫中词臣向皇上恭进的诗作,或书写为小轴,或为屏幅。诗词多为绝句,文字工丽,内容大都是歌功颂德、劝诫规谏之意。清宫定制，凡是在年内立春者，春帖子则在立春前二十日恭进。若是在新的一年立春，则须在二十日以后进交。所进的春帖子词，最初并无确切规定，乾隆二十五年（1760年）以后，确定为五言绝句二首、七言绝句一首。嘉庆年间规定，每年如旧式作三首绝句。

立春之日，在内廷侍值诸臣如军机大臣、南书房翰林等按要求作完诗作，将姓名书于诗下，一般军机大臣共进一折，南书房翰林共进一折，同至懋勤殿，置于案上，行叩头礼，再由翰林交懋勤殿的首领太监进呈皇帝。经皇帝御览的春帖子，悬挂于养心殿东暖阁的随安室。同时，将上一年的春帖子换下，收贮于懋勤殿保存。按规制，皇帝在这时要向诸位翰林等官员颁赐御笔所写的"福字笺"墨宝，以及笔墨、笺纸等物，一般为各赐笔二十枝、朱二十锭、五色绢笺二十张、朱红描金方绢笺五张，以贺新岁。

春帖子不仅是朝中诸臣恭进，皇帝有时也会亲书绝句。乾隆帝就十分热衷于亲书春帖子，并将御制春帖子发给大臣恭和。他自己也曾经说过"岁岁随安室，亲挥帖子更。仍居养心殿，依例顺舆情"。

清宫的进春仪式，贯穿于整个清王朝，即使皇帝不在京城或是战乱年代亦未间断。如咸丰十年（1860年），咸丰帝巡幸木兰，春山宝座仍然依旨从乾清门恭进，其春图随内阁木箱送至皇帝的行宫，由行在内阁代递。庚子之变，八国联军占据北京，慈禧、光绪帝避乱西安，而留京办事大臣顺天府尹陈夔龙、兵部尚书兼管顺天府兼尹事务徐会沣、署顺天府府丞陈璧等，在立春之日仍然循例进春。不仅在宫内，清代的各省、府、州、县，也会在立春之时举行相应的迎春礼，成为各地劝导农耕的重要举措。

御笔书"福"过春节

哈恩忠

每逢春节前后,旧岁新年,辞旧迎新,无论是民间百姓,还是皇家贵族,过节图的就是个喜庆劲儿,掸去萦绕在心底的旧日种种不顺心之事,用各种赞美的辞藻勾画对新时的憧憬,"不待灯花先报喜",用美好的祝福把喜气传递给新的一年。

清代更是如此。从康熙朝开始,每年的腊月初一日,皇帝都要在内廷亲笔书写"福"字,冀望着新岁福来有道、福气兴旺,即所谓的开笔书福。皇帝所写的第一个"福"字,就悬挂在乾清宫正殿,其余张贴在宫廷内苑各处,并颁赐给后妃近侍、贵族宠臣、内廷翰林一干人等。腊月二十日后,开始颁赐在京城的王公大臣,王公大臣等自然会以得到御赐"福"字为光宗耀祖之事。雍正十一年(1733年)正月二十日,礼部右侍郎留保得到雍正帝颁赐"福"字的消息,连忙摆设香案,"望阙叩头,恭谢天恩",心中欢呼"惟有生生世世,永怀衔结,以图报称"。

乾隆十二年(1747年)正月,吏部尚书刘於义接到乾隆帝御笔"福"字,顶沐皇帝"隆恩",激动的心情跃然于奏折之中,连连赞叹"仰御笔之辉煌""惊结构之浑成""识精

康熙帝御笔"福"字

神之完固",皇恩浩荡,表示要全家"益矢冰兢",才能"稍酬高厚",报答乾隆帝的隆情圣恩。最能显示得到皇帝恩宠的是乾隆时历任侍郎、尚书31载的王际华,他将历年所受赏的24幅"福"字装裱后,悬挂在府邸中堂,取名为"二十四福堂"。收到颁赐"福"字的王公大臣等人欣喜无比,而对于亲笔书写"福"字的皇帝来说,也不是一件轻松的事情。雍正帝曾说过,"年来冬月封印以后,政务略有余闲,朕手书'福'字,赐内外大臣",颇有忙里偷闲的味道。

雍正朝以后,"福"字才开始赏赐给远在封疆翘首以盼的各直省将军及督抚大员。雍正二年(1724年)正月十九日,湖广提督魏经国大喜过望,原来其子魏琨等人捧着皇帝亲笔"福"字回府。魏经国闻讯当即出郊迎接,"望阙叩头谢恩,跪开御封大'福'一字",恍惚间仿佛见到了雍正帝"天颜",不啻于"福自天来,欢欣靡涯",而且要把"福"字"世袭珍藏,传为世宝"。

乾隆二年(1737年)十二月二十四日,直隶总督李卫因为受赏

雍正帝御笔"福"字

乾隆帝御笔"福"字

"福"字上奏谢恩,时值"元象改次,庶众更新""出郭跪迎回署,虔设香案,望阙叩头谢恩",表达感激之情,乾隆帝也是很亲近地在奏折中批复"览卿奏谢矣"。乾隆五年(1740年)正月初九日,直隶总督孙嘉淦接到把总左元秋从京师带回的"福"字,表示"荷蒙圣恩重叠,宠锡频颁,荣施逾分,感激难名"。嘉庆二十五年(1820年)正月十六日,湖北巡抚张映汉同样感恩皇帝,"兹届元正,荣荷恩赉宸翰,宠颁锡福,溥春祺之庆"。道光二年(1822年)正月二十日,陕西提督杨遇春接到道光帝亲书"福""寿"字各一张,感念"福畴诞赐,迓九重有脚之春;寿宇洪开,叨万岁无疆之庆"。咸丰六年(1856年)正月十五日,在外省办理军务的兵部右侍郎曾国藩接到军机处咨文,得知咸丰帝颁赐"福"字,当即摆着香案,"望阙叩头",推心置腹般地告诉皇帝,"乃以岁籥更新,复蒙恩膏,睹云章之藻丽,福自天申;识宝气之琼煌,品征夏贡",进而表示决心"惟有昕宵惕励,殚竭血诚"。

嘉庆帝御笔"福"字

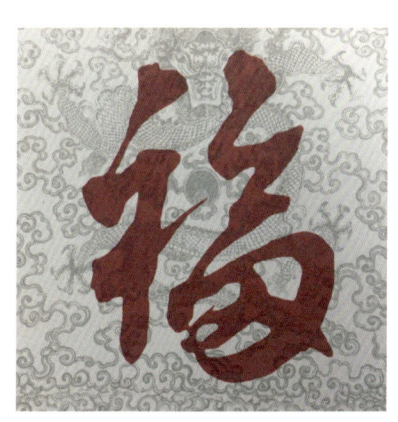

道光帝御笔"福"字

光绪年间，实际掌权的慈禧皇太后也借新旧更岁之际，向大臣颁赐"福""寿"字。光绪二十一年（1895年）正月二十二日，四川提督宋庆接到慈禧皇太后的亲笔"福""寿"字，即刻回奏"仰圣藻之辉煌，哀荣一字；分宫袍之锦绣，诗美三英"。光绪二十二年（1896年）正月初四日，北洋大臣王文韶也接到了"福""寿"字，表示"忝绾畿符，瞬更岁籥""恩与日新，泽偕春至"。同样是忝以为恭，借"福"喻怀。光绪三十三年（1907年）十二月二十日，闽浙总督松寿有幸得到慈禧皇太后御书"福""寿"字二方，喜悦之余上书"奴才幸值昌期，屡邀懋赏，与万姓同歌绥履，瞻景运之升平；惟亿年永茂藩厘，颂宸躬之茀禄"。

春节期间书写"福"字是民间习俗，清代皇帝亲笔书写"福"字，除了沾沾喜气祈望吉祥的寓意之外，更重要的是用来联络君臣间的感情，王公大臣们自然会以得到赏赐"福"字为荣，不经意间，成了皇家春节期间的一项重要活动，或可谓是皇家过春节的一道独特风景线。

元宵灯节 喜赏烟火

刘桂林

在举世闻名的圆明园西南隅，曾有一片地势平展、视野开阔的地方。四周树木掩映，西南北三面河水环绕，东面后绮坡岗有西向重楼九楹。登楼眺望，"远岫堆鬟，近郊错绣"，一派山林秀水景色。这里便是著名的圆明园四十景之一——山高水长。由于这里地面宽阔，远离内园，因此清宫元宵佳节选在这里举行盛大的烟火晚会。

《圆明园四十景图》之山高水长

乾隆年间，清代正处于鼎盛时期，乾隆帝每年到此观赏烟火。烟火准备在头年的十二月开始，即由圆明园花炮作和内务府营造司安装烟火盒架，搭造灯盏罩棚、西洋秋千，摆设"抬头见喜""福自天来"等人物灯座。档案记载，从"正月初二日起，至十九日止，圆明园预备烟火盒子等项应用各行匠役六十八名"。鉴于施放烟火花炮之重要，照例由内务府钤用堂印，行文提督衙门拨派官兵，于正月初二日起即在圆明园花炮库周围看守火烛，赶逐闲人，以防发生意外事故。直到正月二十日差务告竣，方受命撤回。

当元宵节到来，皇帝驾幸圆明园之际，炮声便开始伴着皇帝的行踪，皇帝到达哪里，鞭炮声也就响到哪里。乾隆四十二年（1777年）清宫的《圆明园花炮档》详细记载了乾隆帝在元宵节期间的活动日程和燃放大小花炮的数目：

正月十五日

九州清晏后码头至春雨轩东河口放头号炮仗五个，

东河口至安佑宫东码头放小炮仗二十五个，

东码头至佛楼放小炮仗四个，

佛楼至同乐园放小炮仗二十四个，

同乐园至蓬岛瑶台放小炮仗十五个，

蓬岛瑶台至含经堂西码头放小炮仗二十八个，

含经堂至广育宫放小炮仗二十七个，

广育宫至生秋亭放小炮仗二十五个，

正大光明至长春仙馆东山口放小炮仗四个，

东山口至同乐园放小炮仗二十四个，

同乐园至九州清晏后码头放小炮仗二十个。共放小炮仗一百九十六个。

正月十五日晚上看烟火

九州清晏后码头至山高水长放小炮仗十五个，

山高水长至九州清晏后码头放小炮仗十三个，手把花十二个，

九州清晏至同乐园放小炮仗二十个，手把花十六个，

同乐园至九州清晏后码头放小炮仗十八个。

共放小炮仗六十六个。

此日共放头号炮仗五个，小炮仗二百六十二个，手把花二十八个。

正月十六日以后，仍然依照皇帝的行踪燃放大小炮仗和手把花，一直放到十九日为止。

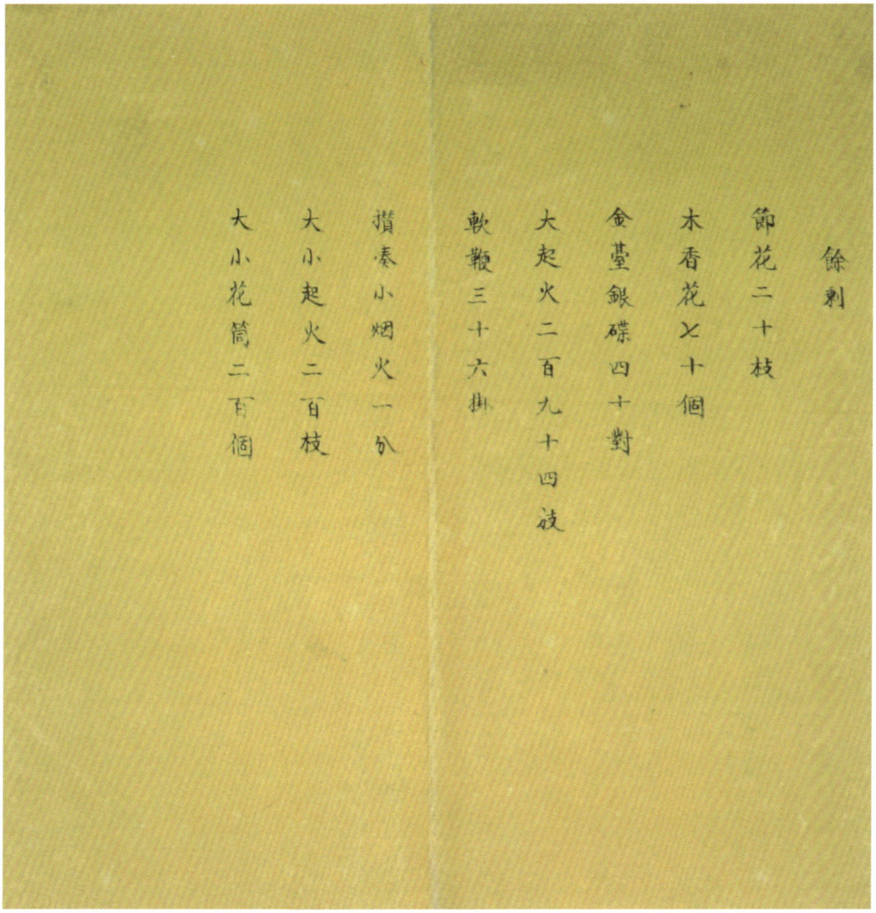

餘剩
節花二十枝
木香花七十個
金臺銀碟四十對
大起火二百九十四枝
軟鞭三十六掛
攢奏小烟火一分
大小起火二百枝
大小花筒二百個

元宵灯节剩余花炮清单（局部）

烟火牌楼呈扇面形，"面阔两丈，进深五尺五寸，通高五丈五尺"。牌楼拔地而起之时，大架高悬，十分壮观。烟火牌楼共分三层，第一层是"天下太平"四个大字，光彩夺目。第二层是无数鸽雀，上下翻飞，意在放生。第三层有小儿四人，击鼓唱歌。此种牌楼一般安设两份。一处在山高水长，一处在贤良门前。如若三份，则在含辉楼前安设一份。

燃放烟火前夕，山高水长的数百亩地面，耸立着数十个烟火盒架。楼前"正面设灯棚一架，高起六丈余。稍南为不夜城，中列黄河九曲灯，缚秫秸作坊巷胡同……"。又设灯盏无数，每灯旁插旗一杆，错落有致。"远眺西山如髻，出苑墙间，宛若图画"。下午四时左右，内务府司员设西向御座于山高水长楼门外。宗室、外藩、王公、贝勒及一品武大臣，南书房、上书房、军机大臣，以及外国使臣等分两翼入座。皇帝入座赐茶之后，先由八旗表演马戏。马上奇观，变换往复，飞跃奔腾，来往如梭。日落之后，千百灯盏齐明，随即由三千人列队表演舞灯。舞灯者口唱太平歌曲，手执各色彩灯，循环往复，变换进止。忽儿三千人排成一个"太"字，随即转成一个"平"字，接着变成一个"万"字，最后摆成一个"岁"字。即先后出现"太平万岁"四字。转瞬间鱼龙漫游，翻腾跳跃，彩灯翻飞，金光灿烂。"舞罢则烟火大发，其声如雷霆，火光烛半空"。最奇者，当属千叶莲花。须臾之间，爆竹连发，倏上倏下，倒曳有声，飞星奔流，纵横驰突。俄顷，万炮齐鸣，轰雷震天纷绕，俨如飞电。犹如千万条红鱼，奋疾跳跃于云海之间。此刻月色天光，俱为烟气所蔽。烟气尽消，九曲黄河灯好似荧荧繁星，晶莹闪烁。

在盛大的灯舞表演、烟火燃放之际，御膳房进果盒，内摆元宵等食品，由皇帝亲自颁赐在场侍坐王公大臣。

清宫一度在圆明园山高水长连续数日举行的烟火盛会，其耗费是十分惊人的。此烟火盛会，随着清政府财政上的日益困难，愈来愈难以筹办。道光十六年（1836年）十一月军机大臣面奉谕旨："自十七年正月为始，山高水长烟火花炮，嗣后着毋庸预备。"随着清朝的衰亡，每年元宵佳节圆明园山高水长的烟火，也已成为历史的陈迹，烟消云散了。

清宫元宵节吃什么

朱琼臻

元宵节是中国传统佳节,"元"即为开始,"宵"为夜,每年正月十五的"元宵节"是一年中第一个月圆之夜,故又称"上元节"。

作为一个特定的节日,元宵节形成于隋代,在庆贺这个传统节日时,各处赏花灯、燃烟火、吃元宵或汤圆,热热闹闹。元宵和汤圆在原料、外形上相差不大,但是在地域饮食习惯和制作工艺上有很大区别,简单来说,北方吃元宵,南方吃汤圆,元宵是摇出来的,汤圆是包出来的。

清宫过元宵节是典型的北方习俗——吃元宵。元宵节前后三日,宫中向例在晚膳中增元宵一品;每天早膳后,皇帝会亲临大高殿、寿皇殿,在神祖前上供元宵;皇太后、皇上和皇后还会将宫廷特制的元宵赏赐给亲贵、臣工、外使等人。

宫中制备元宵由内务府负责,其下属的御茶膳房专门管理宫廷膳食,而建于雍正二年(1724年)的内饽饽房专职承办皇室每日早晚膳用饽饽等糕点,以及节日用元宵、粽子、月饼等食品。

根据中国第一历史档案馆所藏清代档案的记载,我们可知宫廷制作元宵,从材料的选择、数量的统计、糯米的置备、配料的核算到银两的支领,过程严格、记录翔实。

例如光绪二十六年(1900年),内务府内管领锡庆等上报:"近年户部江米无存,均系办买。查年例冬至前一日起至次年正月初九日止,应备元宵差务。"

据这份档案介绍，从当年的十一月十九日起至次年正月初九日，皇太后、皇上和皇后宫中共需要元宵多达 202900 个，需用去高丽江米 162 石 3 斗 2 升，价值白银 2597 两 1 钱 2 分。

宫中元宵外面裹的是高丽江米粉，那里面是什么馅儿呢？这件珍贵的内务府档案给大家解了谜：

> 通共用白糖奶油大样元宵二十万二千九百个。每百个用盆糖四斤、奶油一斤八两、桃仁二斤。共用盆糖八千一百十六斤，每斤银四钱五分，合银三千六百五十二两二钱；共用奶油三千四十三斤五两，每斤银三钱二分，合银九百七十三两八钱六分；共用桃仁四千五十八斤，每斤银二钱五分，合银一千十四两五钱。共合银五千六百四十两五钱六分。

可见宫中吃的是白糖奶油馅儿的元宵，馅料为盆糖（日本产高档白砂糖）、奶油和桃仁。

配料讲究的宫廷元宵，除了供给皇室成员自己享用外，更多的是进行赏赐，以示恩宠。

乾隆三十八年（1773 年）正月十三日定边将军温福、参赞大臣海兰察上了一份奏折，六天后定边右副将军阿桂和明亮也上了一份内容相似的奏折，都是为乾隆帝在元宵节赏赐了元宵和橘子之事而谢恩。

而光绪朝的赏赐对象已经跨越了国界，光绪三十年（1904 年）正月十九日内务府致外务部的一份档案记录了慈禧太后赏赐外国使臣的

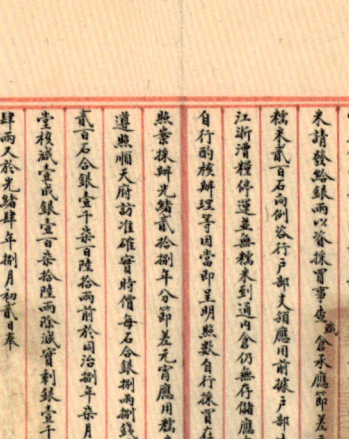

内务府为办买元宵所需银两事呈稿（局部）

情况：

> 皇太后赏奥国（奥地利）使臣齐干，美国使臣康格，英国使臣萨道义、翻译伟晋颂，日本国使臣内田康哉、翻译小村俊三郎，俄国使臣雷萨尔、翻译学生琅德曾，德国使臣穆默、翻译卜海伯，义国（意大利）使臣嘎厘纳，比国（比利时）使臣姚士登，法国使臣吕班、翻译穆文琦，代理韩国使臣参书官朴台荣，日国（西班牙）署使臣贾思理、翻译阿梅达，和国（荷兰）使臣希斯特，大西洋国（葡萄牙）使臣白朗谷每人元宵各四盒。

有趣的是，慈禧太后作为晚清政权的统治者，似乎更懂得利用外

慈禧接见驻京外交使团的夫人

交手段,她的赏赐不仅仅局限于外国使臣和贵族,还有女性家眷。

光绪二十九年(1903年)的元宵节,华俄银行代办璞科第、美国驻华公使康格、法国驻华公使吕班都用红纸书写信函转交外务部,表达诚挚的谢意,因为慈禧太后赏赐了他们的妻子及眷属元宵兼水果、鲜菜、花篮等物。次年元宵节,英商凯约翰、邮政总办帛黎等人也致信感谢慈禧太后对其妻女的赏赐。

元宵不仅进入了宫廷元宵节的食谱,也同样深受百姓的欢迎。无论吃元宵或者吃汤圆,都体现着中华传统民俗。

春日话贡茶

倪晓一

春到满城花。一年中美好的时节,正宜明窗静牖,一盏清茶。翻开明清档案中关于茶的档案,既有茶课茶引的额数变迁,也有赐茶赏茶的详细记载,还有各种茶具成造、进藏熬茶的记录等。这里择要说一说清代贡茶。

清代宫廷用茶,大致可分为两种。一种是奶茶,也称乳茶,是满洲入关之前就钟爱的日常饮茶,用黄茶、奶油、牛奶和盐一起熬制,重大筵宴和祭祀中亦保留了这种茶饮。根据内务府档案,乾隆年间仅雍和宫一处例用熬茶所需物料即有"奶子二百九十斤,奶油三十斤,

清代外销画《采茶图》

黄茶二百五十块"。按嘉庆朝《清会典》记载，上用黄茶每年28篓，陵寝祭祀及内廷用黄茶共93篓，每篓合100斤，年用量可达1万多斤。另一种可称之为清茶，即今天人们习惯饮用的散叶泡茶。

无论奶茶还是清茶，其所用茶叶均为贡品。按进贡的方式也可以大致分为两种。

一种名为贡茶，实际是对指定产茶地的定额定时征解，即《清会典》所载"岁进茶芽"。"茶芽"亦可称"芽茶"，就是采掇春日最初萌生的茶之芽所制成的茶。春茶，是春天最美好的事物之一，古今茶人对此多有品评。宋代叶梦得《避暑录话》："盖茶味虽均，其精者在嫩芽。取其初萌如雀舌者谓之'枪'，稍敷而为叶者谓之'旗'。旗非所贵，不得已取一枪一旗犹可，过是则老矣。"元代诗人虞集亦有诗云："但见飘中清，翠影落群岫。烹煎黄金芽，不取谷雨后。"明代朱

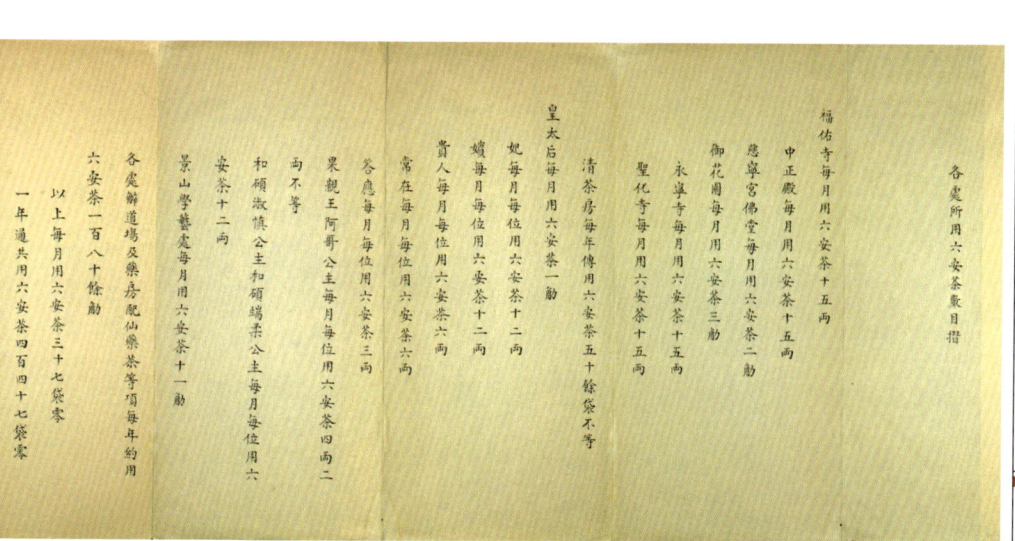

广储司茶库六安茶应用数量单（局部）

权著《茶谱》也保留了这种观点："于谷雨前，采一枪一旗者制之为末。"无论是被奉为经典的"一枪一旗"，还是可与黄金媲美的茶树单芽，都流露出茶人们对春茶至嫩、至鲜的追求。今人对明前茶、雨前茶进行成分分析，其鲜嫩的芽叶中茶氨酸成分较高，而茶多酚含量较低，因而形成独特的鲜爽甘淳口感，为诸茶所难及。

贡茶纯以芽为原料，既有严格的时节要求，更兼采撷不易，原不宜量产。但康熙时期定下规制："每岁茶芽，合计四千二百三十斤。"如此巨量的茶芽，来自全国几乎全部主要产茶区。按制，各省布政司于每年谷雨后 10 日起解，务必按照指定日期送抵礼部，迟误者参处。其中江南省常州府到京限期为 46 日，庐州府 25 日，广德州 46 日；浙江省杭州府、湖州府 52 日，宁波府 61 日，绍兴府 55 日，处州府 70 日，温州府 77 日，金华府 64 日，衢州府 67 日，台州府 71 日，严州府 58 日；江西省南昌府 60 日，南康府 51 日，赣州府 83 日，袁州府 79 日，临江府 65 日，九江府 55 日，瑞州府 64 日，建昌府 75 日，抚州府 73 日，吉安府 71 日，广信府 75 日，饶州府 61 日，南安府 90 日，湖广省武昌府 54 日，岳州府 71 日，宝庆府 69 日，长沙府 81 日；福建省建宁府 78 日。

另一种则是各地官员应时应节主动进献，档案中一般称之为"土贡"。进献品类多为当地名产，茶只是其中一种。各地所贡之茶，品类繁多，如安徽六安茶、松萝茶、珠兰茶、银针茶、雀舌茶，浙江龙井雨前茶，江苏阳羡茶、碧螺春茶，江西安远九龙茶，湖南安化茶，四川蒙顶茶、青城芽茶，陕西紫阳茶，广西留仙茶，福建岩顶花茶、工夫茶、郑宅芽茶、小种花香茶、莲心茶，云南大普洱茶、中普洱茶、小普洱茶、普洱女儿茶、蕊珠茶等均曾入贡。其中多数都是流传至今的名茶。

清帝对茶的喜好不尽相同。雍正帝曾将莲心茶、郑宅茶、雨前茶赐给臣工,如雍正九年(1731年)赐原任河东总督田文镜"莲心茶一大瓶,郑宅茶四小瓶"。乾隆帝"留用"或"要去"的有蒙顶仙茶、珠兰茶、松萝茶、莲心茶、花香茶、安化茶、普洱茶、龙井雨前茶等,而英国马戛尔尼使团来访时,乾隆帝赏赐了六安茶、普洱茶、武夷茶等数种茶叶。

最后以六安茶为例,说一说清宫中用茶的份例。六安茶产自今安徽省,以六安、霍山、金寨三县为最上乘,故《清会典》中称"江南省岁解芽茶,户部册开四百八十斤,内庐州府六安州霍山县三百斤",即六安、霍山一带贡茶占全省贡茶多一半。《红楼梦》中贾母虽说了"我不吃六安茶",却也表明六安茶是当时宫廷、贵族家庭中极为常见的佳茗。据乾隆六年(1741年)内务府奏案记载,存于广储司茶库中的六安茶份例如下:一为祭祀供奉,包括福佑寺每月用六安茶15两,中正殿每月15两,慈宁宫佛堂每月2斤,御花园每月3斤,永宁寺每月15两,圣化寺每月15两;二为筵宴或日常饮用,包括清茶房每年传用六安茶50余袋不等;皇太后每月用六安茶1斤,妃每位每月用12两,嫔12两,贵人、常在、答应各6两,果亲王、阿哥、公主每位每月用六安茶4两、2两不等。

其实每一种贡茶,几乎都传承千百载,流传典故诗句无数,文中不及细述。春分刚过,清明未至,春尚好,不如试新茶。

端午粽飘香

郑海鑫

"五月端阳节,家家粽子香。"千百年来,端午吃粽子,已成为中华民族影响最大、覆盖面最广的饮食习俗之一。

早在先秦时期,人们用较大的植物叶片把黍包裹成牛角的形状制作成角黍,这便是粽子的雏形。到了西晋,端午节吃粽子成为一种习惯。唐代粽子尤以"九子粽"最为著名,就连唐玄宗也曾发出"四时花竞巧,九子粽争新"的赞叹。唐代宫廷每逢端午还举行名为"射粽"的娱乐活动,以小角造弓,妃嫔宫女们以小弓张箭,射置于盘中的粉团,谁射中了,皇帝就将粉团赏予谁吃。宋代大词人苏轼喜食粽子,"时于粽里得杨梅",可见当时以蜜饯为馅的粽子已被广泛食用。南宋

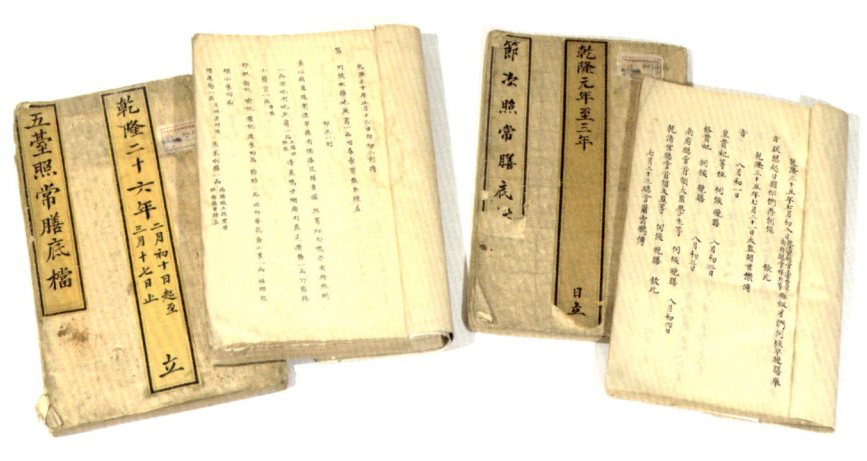

乾隆朝膳底档

以后，人们还把粽子作为礼品相互馈赠，寓意吉祥。到了明代，以芦苇为皮包裹粽子使得粽香更为诱人。

在清代，端午食粽这一习俗被较好地继承下来。入关前，满族人在端午节时，以椴树叶包粘高粱米与小豆泥，蒸熟而食，名曰"椴木饽饽"，并以其祭神。皇太极时期，朝鲜产的糯米被称为高丽米，"岁贡百石"，进入宫廷，以供端午节制作粽子之用。入关后，满汉饮食习俗不断融合。清宫档案就曾记载，坤宁宫祭神时，粽子和椴木饽饽同时出现在供桌上的现象。以后，端午食粽、供粽、赏粽的习俗在清宫中盛行开来。

乾隆朝，宫中粽子的用量可以用"惊人"二字来形容。清宫中准备端午节粽子从农历五月初一日开始，帝、后、妃、嫔的膳桌上就要开始摆"攒盘粽子"和"粽方"，攒盘粽子每一盘18个，200个粽子为一个粽方。端午节期间乾隆帝的膳桌上："攒盘粽子十盘……粽方四方……粽子十六盘，每盘二十二个"，算下来，仅皇帝一人在端午节里就需要1332个粽子。制作这些粽子共用去糯米1373斤，捆粽子的细麻绳用了18斤。其他的白糖、奶油、香油、澄沙、蜂蜜、核桃仁、干枣、松仁、栗子、葡萄的用量亦有精确记载。从多样的用料中我们不难看出清宫粽子口味的丰富。这么多粽子皇帝一个人当然吃不完，据清宫膳食档案记载："随赏军机大臣七位，粽子四盘；师傅八人，粽子四盘；翰林八人，粽子四盘……小太监八人，粽子四盘"。上至文武臣工，下到内廷随从，端午节里都会获赏粽子。

清代端午的粽子，从南到北，从宫廷到民间，风味各异。宫廷中最具特色的当属"奶子粽"，先以奶酪浸米一夜后再煮，端午制粽一次就要用奶酪百斤之多。各地有代表性的粽子：北京有枣粽，扬州有火腿粽，湖州有赤豆粽，广州有灰粽，闽台有肉粽等等。

"端午数日间，更约同解粽；白白糍粽美，青青米果新。"粽子，千百年来盛行不衰。它不仅是一种节日美食，还承载了几千年来中国人的深刻情怀。随着中华文化的传播，粽子也作为文化符号，流传到朝鲜、日本及东南亚诸国，和当地饮食文化相互融合。

乾隆帝端午赏香珠

倪晓一

农历五月初五，是我国传统节日——端午节。时逢端午，龙舟竞渡，粽箬清馨，蒲艾簪于门前，香包、虎符和五彩丝线装点在人们身上。五月天气开始湿热，民间讲究"悬符降毒，以辟邪祟"。《燕京岁时记》这样描述："端午日，用菖蒲、艾子插于门旁，以禳不祥。"其实，清宫里也很流行此习俗。

从五月初一至初五日，按照习俗，皇帝会在身上佩戴五毒荷包、龙舟荷包等，后妃也要簪戴五毒簪、虎头簪或艾草簪。据记载，此时宫廷内还会将雄黄、菖蒲、艾蒿等药物混合后做成药液，涂在手、脸、身上，以祛病驱邪。此外，皇帝还会准备纱、葛、扇、香包、紫金锭、蟾酥锭等物来赏赐臣工，其中一种"避暑香珠"尤为特殊。据清宫档案记载，乾隆三十七年（1772年）五月初七日，端午节刚过，乾隆帝忽然传旨造办处官员，查找以往制作避暑香珠的配方。一份之前被雪藏16年的配方因此再度呈现：

> 香茹蕊一两，甘菊花二两，川连五钱，连翘一两，蔓荆一两，白芷七钱，黄柏五钱，以上熬汁成膏。雄黄五钱，朱砂五钱，花蕊石一两，寒水石一两，白芨一两，梅花冰片一两，檀香一两，玫瑰花一两，川芎一两，苏合油一钱，巴尔萨木油一钱。

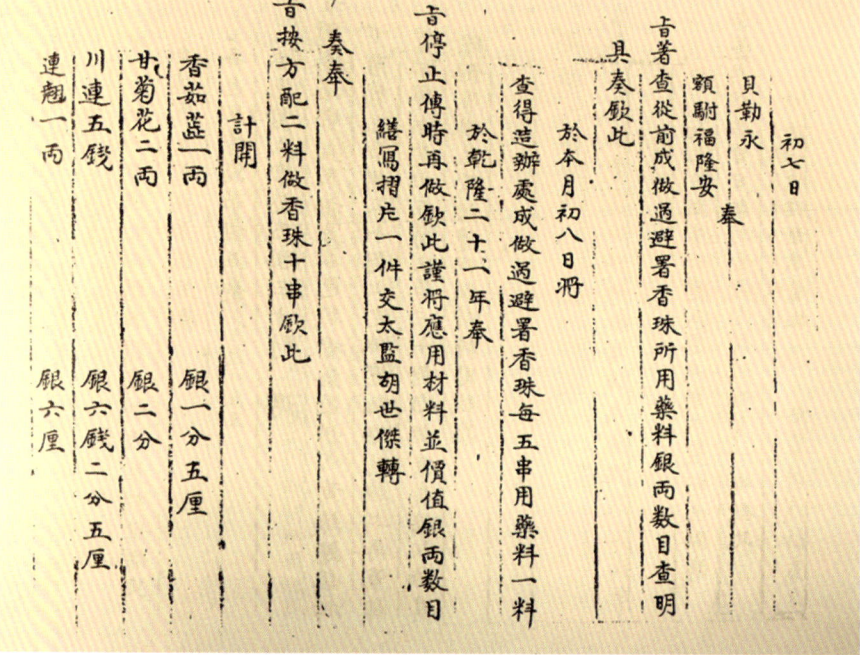

乾隆三十七年制避暑香珠所需工料银两（局部）

档案记载，每制作一料避暑香珠可分5串，共需原料18种，内廷自备雄黄、朱砂、巴尔萨木油3种；其余15种原料则需采办，值银4两有余。那么，"避暑香珠"究竟为何物？

避暑香珠，乃一种锭子药。锭子药，或称锭药，是指制成锭子状的小块药品。这种锭子药亦可制成精美佩饰，如手串、朝珠等佩戴在身上，或放在香袋、香囊里挥发独特清冽的药香。避暑香珠芳香辟秽，醒脾清暑，简便实用。端午节令，溽暑初临，疾疫易发，毒虫活跃，皇帝赏赐避暑香珠，雍正时已有成案。到了乾隆时期，每年农历二月前后就开始制作避暑香珠，数十串至上百串不等，专备端午前后赏用。

乾隆时期与雍正时期制作避暑香珠配方所不同的是乾隆朝避暑香珠的配方里多了一味巴尔萨木油。

巴尔萨木油这味原料有不可替代之处，价值也难以估量。它属于舶来品，多由西洋各国进献，康熙朝就已输入清宫。"巴尔萨木"为音译，档案中或称巴尔撒末、巴尔撒米等，皆为同类。清人姚衡《寒秀草堂笔记》称其可治刀伤。而据造办处档案记载，它亦可单纯作为香料使用，甚至留存了以其冠名的宫廷香方——避风巴尔萨木香。遥想当年，添加巴尔萨木油制成的避暑香珠，在盛暑天气会散发着格外沁人的香气，使佩戴者不禁心神舒悦。这大概就是端午期间，乾隆帝喜以避暑香珠赏赐臣僚的原因吧。

清宫消夏用冰

伍媛媛

夏至是二十四节气中的第十个节气,从夏至这一天起,天气逐渐炎热起来,于是就有"夏至未来莫道热,冬至未来莫道寒"的谚语。面对酷暑,清朝的皇宫里也有置冰祛暑的传统。

藏冰有窖

清代皇宫,为防暑降温,在京师设有多处冰窖,特供宫廷和官府用冰。清廷还设有满、汉冰窖监督各1人,掌管藏冰、颁冰等一系列事务。

清廷于顺治元年(1644年)规定,每年冬至前,工部动拨专门款项委派所属官员伐冰收藏。紫禁城内设冰窖5处,位于隆宗门外西南造办处等地。其中1窖在通州取冰,计4543块;另外4窖于京河取冰,各5210块。景山西门外设冰窖6处,其中3窖在通州取冰,各12937块;另3窖于京河取冰,各12809块。德胜门外设冰窖8处,各13250块。又规定,所藏之冰每块见方1.5尺。并行文奉宸苑及通州知州,预期增设木板,蓄水凝冻,如数伐运。如采有不坚不洁冰块,对有关官员即行参劾。

清廷又于康熙三十六年(1697年)议准,存于景山于通州取冰的三窖,内减冰4000块。康熙五十五年(1716年),德胜门外冰窖,减

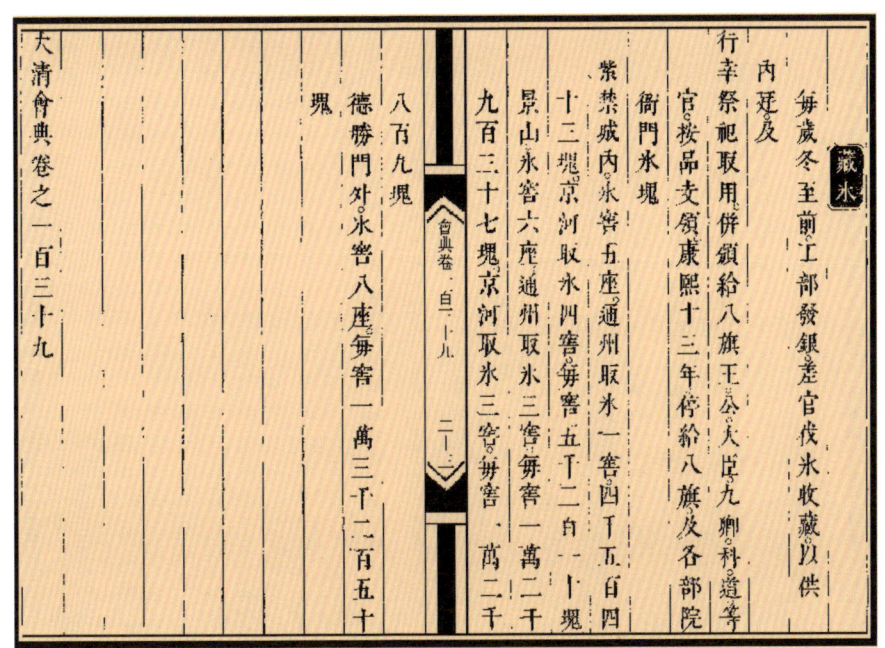

《清会典》关于京城内冰窖分布的记载

五存三,每窖藏冰 1922 块。

雍正六年(1728 年),经臣工奏请,雍正帝谕令,此后玉河及龙王堂等处选取洁净冰 85000 块,通州选取 5000 块,作为定额。其中,紫禁城内 5 窖,藏京河冰 20000 块;景山西门外 6 窖,藏京河冰 30000 块;德胜门外 3 窖,藏京河冰 35000 块,通州冰 5000 块。

由于通州运冰至京,路程稍远,不如在京伐取方便,乾隆十九年(1754 年)之后,便停止了通州取冰,而在京河每年增取 2000 块。此后清宫储冰数额变化不大。

从这里可以看到,清初几位皇帝对设立御用冰窖之事都很看重,虽然采冰数额时有增减,但储冰用冰已成为宫中定制确定下来。现在

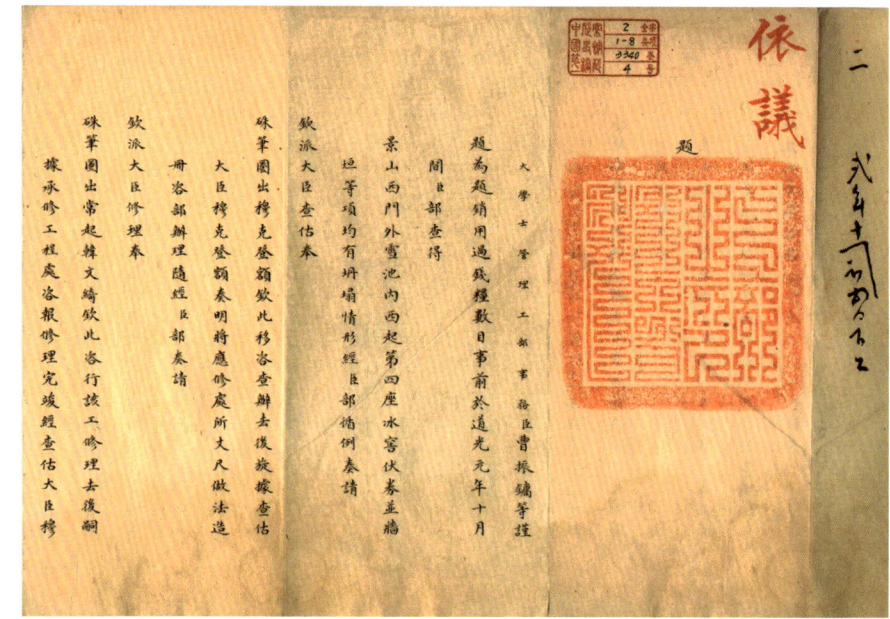

曹振镛为核销修理景山西门外雪池冰窖用过银两事题本

故宫隆宗门外的冰窖已完成维修，恢复了旧日景观，使游人可以亲身感受到这份夏日的清凉。

采冰有价

关于冰块的伐运工价，《清会典事例》中有明确记载：

顺治九年（1652年）规定，通州冰，每块伐运工价3分8厘；京河冰，每块伐运价7厘4毫，余冰每块4厘2毫。

康熙四十一年（1702年）定，窖藏冰块如不敷用，准许采买民人窖冰，夏秋月份，每块价银7分3厘。

雍正年间，冰块的伐运工价有所降低。雍正四年（1726年）定，秋季采买民人窖冰，每块价银2分5厘。雍正六年（1728年）议准，收藏通州冰，每块伐运银价减为2分4厘。到雍正九年（1731年），秋月采买民人窖冰，每块价银仍恢复为7分3厘，可是雍正十一年（1733年）又降为5分3厘。这笔钱一般由工部支付。

用冰有规

京师储藏的冰块，主要供帝后暑期享用。乾隆帝的《消夏十咏》就有一首《冰》，提到"广厦无烦暑，精盘贮碎冰"。除此之外，还有其他一些用途。

顺治九年（1652年），清廷规定，每岁收藏之冰，供内廷生活及各坛庙祭祀之用，并酌量赏给八旗王公大臣及九卿科道等官。

康熙元年（1662年），康熙帝下谕，每年给掌仪司收藏果品冰两个半窖，太常寺收藏果品留三层冰一窖。康熙十三年（1674年），谕令停止八旗及各部院衙门给冰。

雍正朝用冰别有特色。雍正十年（1732年），雍正帝下发谕旨：现今天气炎热，京师各门应设立冰水暑汤，以解行人烦渴。取用工部藏冰，如有不敷，动用崇文门宣课司余银采买，永着为例。据此，北京正阳门等9门，各设立冰水暑汤，每天给冰2块。雍正十一年（1733年），又议准，正阳门增设冰桶，并在东西大市街，就日瞻云坊街各设冰水暑汤，还增给八旗官学、九门等处冰块。雍正帝与顺治帝、康熙帝相比，在用冰上能想到平民百姓，也是难能可贵。

对于暑夏来京的贡使，也会赏赐冰块，以示皇恩。乾隆八年（1743年），苏禄国遣使进贡，正值盛夏，乾隆帝就谕令"正副使等每日赠冰一方"。

除了京师用冰外，还有陵寝供冰。康熙初年规定，每岁藏冰之时，令直隶省地方官照部定之便伐冰藏窖，以备陵寝祭祀之用。雍正四年（1726年）议准，陵寝祭祀所需之冰，景陵，由马兰关、遵化州供用；妃园寝，由蓟州供用；昭西陵，由遵化州与蓟州轮年供用；孝陵、孝东陵，由丰润县供用，永着为例。

若遇夏季巡幸，冰块的使用也是必不可少的。清初规定，凡皇帝巡幸直省，沿途茶膳等房，每日需用冰块数目，由内务府定议到部，转命地方官照数预备。康熙三十年（1691年）有谕，热河一带地方，建设冰窖，遇巡幸之年，由工部会同内务府提前一年委派官员前往采买洁净冰块，收藏供用。其中，热河藏冰 30000 块；喀喇河屯 3000 块；巴克什营、两闲房、常山峪、桦榆沟、中关、小营、波罗河屯七处，各 500 块。又定，江浙二省，遇巡幸之年，苏淮二府各于本处设窖藏冰；江宁、扬州、徐州、常州、镇江等府雇觅苏淮窖户，在宿迁及各府城收藏；浙江省派官于苏州府建设厂窖收藏。

虽然昔日清室各冰窖已失去其实用价值，仅存其地名或为遗迹了，但从清代档案里的种种记载我们仍可以对清宫消暑纳凉之规略见一斑。

冬暖夏凉
——清宫里的礼帽

石文蕴

在清代宫廷礼仪服饰中，礼帽占有十分重要的地位。清宫中官定礼帽主要依据季节划分为暖帽与凉帽。

暖帽

暖帽多在寒冷时节佩戴，《清稗类钞》中将其描述为："暖帽者，冬春之礼冠也，立冬前数日戴之。顶为缎，上缀红色缨，丝所织也。檐以皮、绒、呢为之。初寒用呢，次寒用绒，极寒用皮。京城则初寒用绒，次寒用呢，至于皮，则贵人用貂，普通为骚鼠、海骡之属。"

暖帽在清代为重要的官定礼仪服饰，其中包括冬朝冠、冬吉服冠、冬常服冠与冬行冠。

男冬朝冠主要是皇帝及文武百官在秋冬季节时佩戴，多在宫廷举行重大典礼与祭祀活动时使用。

女冬朝冠则是皇太后、皇后、嫔妃以及公主、福晋、命妇等佩戴，使用场合与男冬朝冠相同。上至皇太后，下至六品命妇的女冬朝冠冠檐的材质均为熏貂，且上面缀有朱纬，冠后有护领和垂带，而朝冠上的饰物有东珠、珍珠、金凤、金孔雀、猫眼石、青金石等。

男冬吉服冠在每年的冬至、元旦等重要节庆场合佩戴，冠檐分为海龙皮、熏貂皮与紫貂皮三种。女吉服冠是在秋冬季节的一些节庆场合佩戴，与吉服相配。女吉服冠亦皆以"熏貂为之，上缀朱纬"。

冬常服冠为男子独有，多在祭祀场合佩戴，其形制与冬吉服冠类似，只是冠顶没有宝石装饰，仅以红绒结顶。

冬行冠亦是男子独有，在皇帝与大臣等进行巡幸、狩猎等活动时佩戴，其形制除冠檐为黑狐皮、黑羊皮、青呢材质外，其他与冬常服冠相同。

凉帽

凉帽最初为普通劳动者在夏季佩戴，主要作用是遮蔽阳光，后被清代宫廷服饰所采纳，成为官定服饰中的一部分。《清稗类钞》释其为"夏秋之礼冠也，立夏前数日戴之。无檐，形如覆釜"。

在清代宫廷服饰中，凉帽主要指男夏朝冠、男夏吉服冠、夏常服冠及夏行冠。男夏朝冠为皇帝及王臣百官所戴，在夏季与朝服相适。

以皇帝夏朝冠为例，其形制"织玉草或藤丝、竹丝为质，表以罗，缘石青片金二层，里用红片金或红纱，檐敞，上缀朱纬，内加圈，带属于圈。前缀金佛，饰东珠十五，后缀舍林，饰东珠七。余制如冬朝冠"。

男夏吉服冠是宫廷人等夏季穿着吉服时佩戴，皆"织玉草或藤丝、竹丝为质，表以罗，红纱绸里，石青片金缘。檐敞，上缀朱纬，内加圈带属于圈"。

夏常服冠除"红绒结顶，不加梁"之外，其余形制与男夏吉服冠相同。

夏行冠皆"织玉草或藤丝、竹丝为之,红纱里,缘如其色,上缀朱牦"。

与男子佩戴凉帽不同,由于清代宫廷中与夏吉服相匹配的并非女吉服冠,而是钿子,且不存在女常服冠与女行冠,只有女夏朝冠,其皆以"青绒为之",其余形制与女冬朝冠毫无二致。

清代礼帽佩戴人、佩戴场合一览表

名称	佩戴人性别	佩戴人地位	佩戴场合
男冬朝冠	男	皇帝及王公百官	秋冬时节宫廷重大典礼与祭祀活动
女冬朝冠	女	皇太后、皇后、嫔妃以及公主、福晋、命妇等	秋冬时节宫廷重大典礼与祭祀活动
男冬吉服冠	男	皇帝及王公百官	秋冬时节宫廷重大吉庆节日、筵宴等活动
女冬吉服冠	女	皇太后、皇后、嫔妃以及公主、福晋、命妇等	秋冬时节宫廷重大吉庆节日、筵宴等活动
冬常服冠	男	皇帝及王公百官	秋冬时节宫廷丧礼等严肃庄重场合
冬行冠	男	皇帝与王公百官	秋冬时节巡幸、狩猎等活动
男夏朝冠	男	皇帝及王公百官	春夏时节宫廷重大典礼与祭祀活动
女夏朝冠	女	皇太后、皇后、嫔妃以及公主、福晋、命妇等	春夏时节宫廷重大典礼与祭祀活动
男夏吉服冠	男	皇帝及王公百官	春夏时节宫廷重大吉庆节日、筵宴等活动
夏常服冠	男	皇帝及王公百官	春夏时节宫廷丧礼等严肃庄重场合
夏行冠	男	皇帝及王公百官	春夏时节巡幸、狩猎等活动

礼帽制度

清宫中的礼帽无论是暖帽还是凉帽,在形制上均有严格的划分,以示等级与身份。

据《清实录》载,雍正五年(1727年),皇帝对暖帽与凉帽的帽顶装饰作了清晰的规定,以镶嵌不同饰物来区别人们的位分尊卑。其中:亲王、世子、郡王、长子、贝勒、贝子、入八分公用红宝石顶,未入八分公、固伦额驸、和硕额驸、民公、侯、伯、镇国将军及一品大臣用珊瑚顶,辅国将军、奉国将军、多罗额驸、二三品大臣用起花珊瑚顶,奉恩将军、固山额驸及四品官员用青金石顶,五六品官员用水晶石顶,七品以下官员、进士、举人和贡生用金顶,生员和监生用银顶。

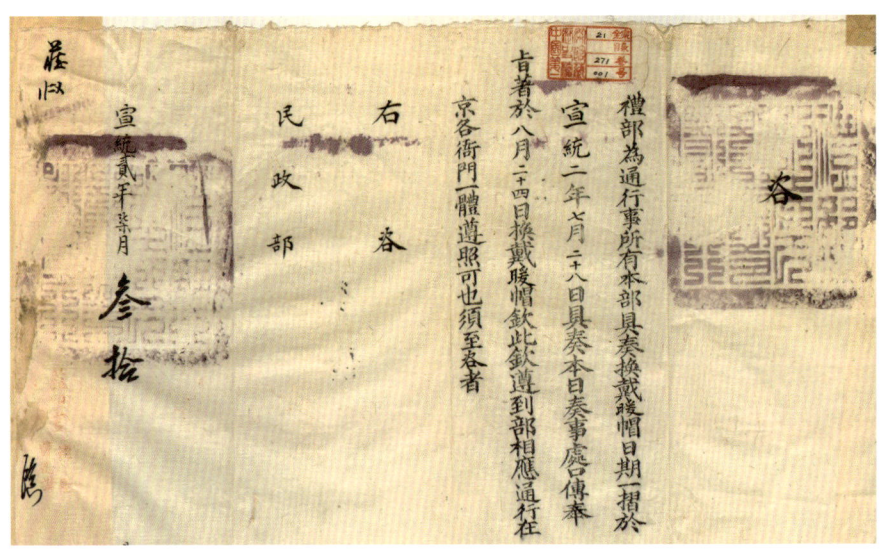

礼部为换戴暖帽日期事致民政部咨文

除了在等级上有严格的区分外，暖帽与凉帽在戴用时还有时间的规定，根据《清会典》载："凡寒燠更用衣帽。顺治十五年，题准。每年春，用凉朝帽及夹朝衣，或三月十五日，或二十五日为始。秋用暖朝帽及镶皮朝衣，或九月十五日，或二十五日为始。"

而在中国第一历史档案馆，亦存有与换帽内容相关的档案。

从档案记载来看，换戴暖帽与凉帽虽没有《清会典》中规定的那么严格，但是时间相差无几，均是在春、秋季节更替之时，且换帽的具体日期需要皇帝确定并颁行给各衙门以遵照通行。

"冬暖夏凉"的清宫礼帽不但有着实用性还兼具审美性，礼帽制度随着清代服饰制度的日臻完善，具有别尊卑、明贵贱的功能，是清代宫廷礼仪服饰中不可或缺的组成部分。

清宫里过七夕节

张 洁

夏历七月初七,传说此夜牛郎织女在天河相会。南北朝时期即有相关记载,当时民间在七夕当日有妇女结彩楼、穿七孔针、陈设瓜果乞巧的习俗。随着历史的发展,这一传统习俗增添了看天河、祭织女、拜牛郎、祈求牛郎织女赐予富贵的内容;出现了卖巧果、设家宴等乞巧的节日活动,因此,七月初七日被称为七夕节、乞巧节或女儿节。

明清宫廷中也有过七夕节的习俗,且比民间更加隆重。明代宫廷过七夕节,不仅保留了搭彩棚、丢巧针以乞巧的风俗,而且宫眷们还要穿着装饰有鹊桥补子的吉服,在宫中摆设香案,陈设瓜果、酒水等供品,夜晚向着星空祭拜。

清代宫廷里过七夕节更为别致。皇帝、皇后率领内廷拈香行拜祭

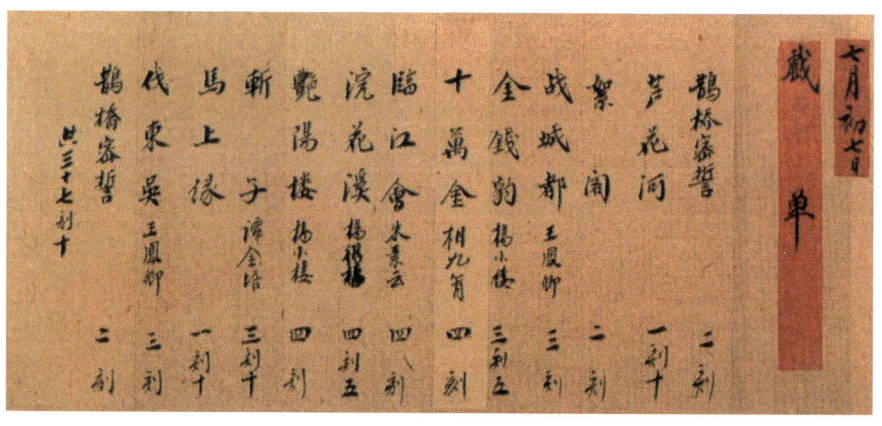

七夕戏单

礼。祭拜"牵牛河鼓天贵星君"和"天孙织女福德星君";摆放香案和牌位,供品摆有满族特色的鹿肉、腌肉、鲜菜七样(芹菜、香菜、春不老、王瓜、冰茄子、豇豆角、扁豆角)和传统的巧果。七夕乞巧与拜祭牛郎织女的活动多在圆明园的"西峰秀色"进行,行礼的时候配有简单悠扬的乐曲,并安排有月令应承戏《七襄报章》《仕女乞巧》。圆明园被英法联军焚毁后,清宫的乞巧活动改在西苑紫光阁举行,到了晚清时期有时也在御花园或者颐和园举行。

有趣的是,清宫里的七夕节,宫中的女眷们不分尊卑一同进行"丢针看影"的游戏。这是一种流行于北方的投针于水以观针在水中日影的乞巧方法。提前几天,宫里上下就忙着挑水做准备。水装在配有小瓷碟的青瓷深斗水碗里,放在廊檐下太阳能照到的地方暴晒。到中午时分,水面便产生一层薄膜,这时将绣花针放在水面,浮而不沉,然后观看针在水中的影子。如果这时看到水底的针影成云、花朵、鸟兽的影子,就表示投针的女子是个巧妇;如果水底针影两头粗中间细像棒槌样的,那就预示着这位女子和织女无缘。初七晚上,颐和园的亭子和游廊上聚满参赛和观赛的妃嫔宫女。她们在月光下结彩线,穿七孔针,谁穿得越快谁乞到的巧越多。这一传统的七夕夜闺阁女红比赛,显得格外轻松有趣。平日矜持的宫眷们嬉笑打闹,宫中一派祥和热闹的景象。

七夕节的吃食都冠以"巧"字,其中"巧果"是最有特色的食物。巧果,又名乞巧果子,是七夕节面类食物的总称,款式很多。每到七夕,清宫御膳房下的内外饽饽房都要连夜赶制应节面食——七夕节的巧果。其做法是用油、面、蜜糖为原料,用模子压出来,或蒸或炸成

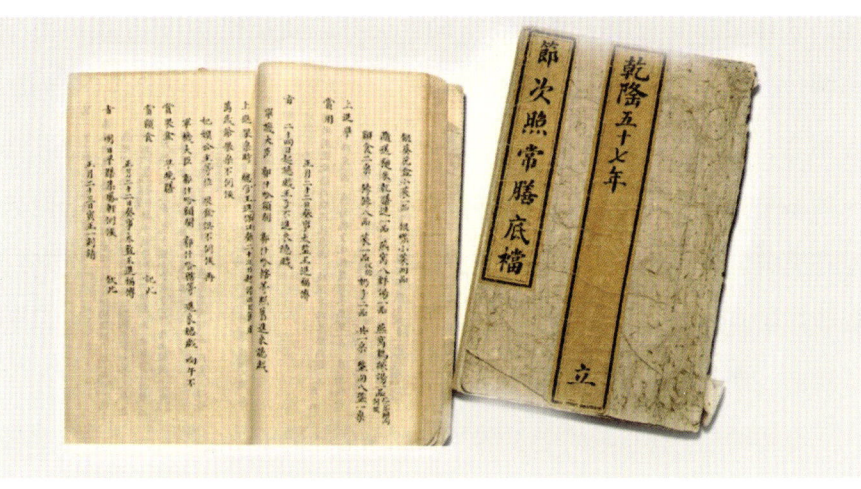

乾隆五十七年《节次照常膳底档》

各色新奇精巧的图案。

　　清宫御茶膳房《节次照常膳底档》档案中记载，乾隆年间，制巧果的式样有采芝花篮、太平宝钱、吉祥仙糕、仙葩笊篱、宝塔献瑞、如意云果、万年鸿福等7个品种。档案中还记载了制作巧果所用的材料，即每7种巧果（一盒）用"面粉十斤，江米面二斤、白糖三斤、香油四斤、黄米面八两、芝麻八合、梅桔三两、青豆三两、红豆三两、澄沙一斤、红枣六两、绿豆三两、红花水二钱、红棉纸五张、蓝靛二钱"。其中面粉、江米面、白糖、香油、澄沙、干枣是制作巧果的原材料，其余均为点缀用。红棉纸、红花水、蓝靛等则是用于染色。清代宫廷饮食不仅满汉融合，并且南北风味兼具。清代宫廷的点心也形成了荟萃南北、融汇东西的特色。清宫巧果就是在满洲饽饽的基础上吸收了江南糕点制作的技法制出的节令美食。

清宫中秋祭月

丁 好

月到中秋分外明。中秋节是中华民族的传统佳节，因每年农历八月十五恰值三秋之半，故名中秋，又称月夕、仲秋。中秋节自古即有祭月、赏月、拜月、吃月饼、赏桂花等习俗。

清宫在农历八月十五，与民间一样也有赏月吃瓜饼的习俗。紫禁城内乾清宫前，摆上如意月供。供桌摆放一般分三路，第一路正中摆放太阴星君，左边摆子母藕，右边摆黄豆角。其余两路摆放的供品不尽相同，有各类鲜果和月饼等。月饼有不同规格，有的单个重达10斤，有的两个约重3斤，均为彩画圆光月饼。3斤重的月饼会切成若干份呈送皇帝，再由皇帝分赏众人，而10斤的月饼会存放起来，直至除夕晚上吃团圆饭时才分食。随着夜幕降临，皓月当空，宫廷戏曲《会蟾宫》《天街踏月》《霓裳献舞》《丹桂飘香》《祥云捧月》等节目载歌载舞地登场。皎洁的月轮下，一派歌舞升平的节日景象。

通常认为，中秋赏月的习俗源自古人对月亮的崇拜。实际上，清宫中秋祭月的礼仪远比中秋赏月更加庄重。祭月，源于古代帝王祭祀月亮的礼仪。古代以太阳为大明，月亮为夜明，月亮被尊为月神，祭祀月神称之为夕月，也称祀月。《国语》："古者，先王既有天下，又崇立于上帝、明神而敬事之，于是乎有朝日、夕月以教民事君。"祭月之礼始于周代，历代相沿。清代沿袭旧制，每年秋分酉刻举行庄重的祭月典礼。顺治八年（1651年），清廷在北京阜成门外建夕月坛。

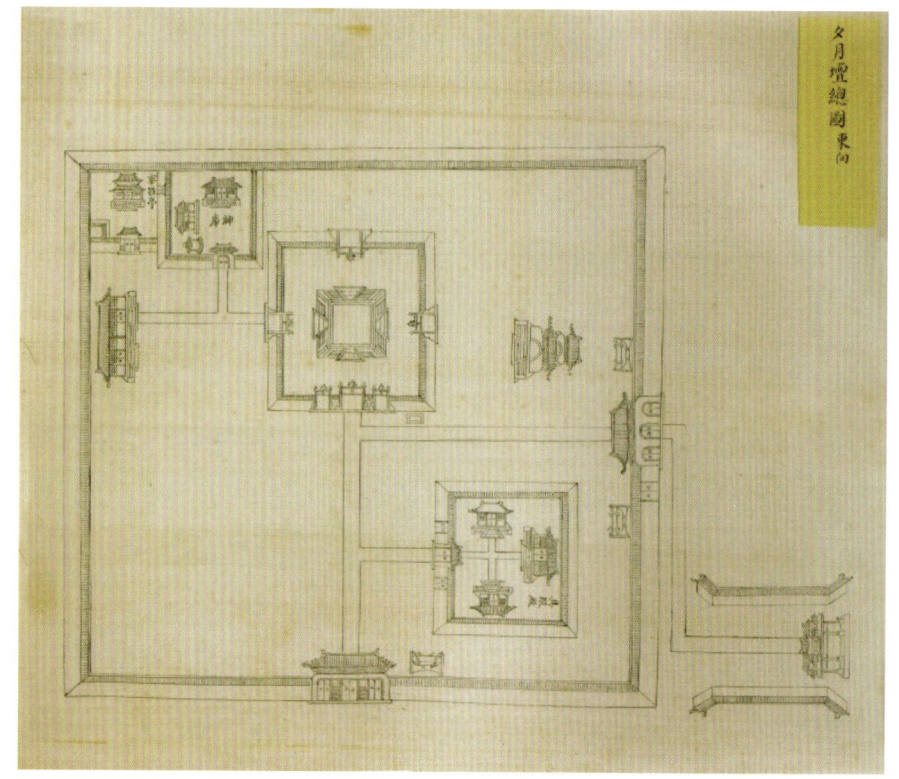

夕月坛总图（东向）

夕是朝拜的意思。坛的规制为方形，一层，广四丈，高四尺六寸，四面均出台阶六级。方壝，周长九十四丈七尺，高八尺，厚二尺二寸，坛垣周长二百三十五丈九尺五寸。并建有具服殿、燎炉、瘗坎、井亭、宰牲亭、神库、神厨等。祭月时，坛中陈列各种祭月礼器，如象征着皎洁圆月的白璧，用于盛装黍、稷、稻、粱等祀品的器具簠、簋等，依次摆放，陈设分明。

祭月的时间定于秋分。祭月之前，由掌管典礼事务的礼部尚书向皇帝奏报祭月的具体时间，恭请皇帝前往。按照清宫礼制，每逢丑、

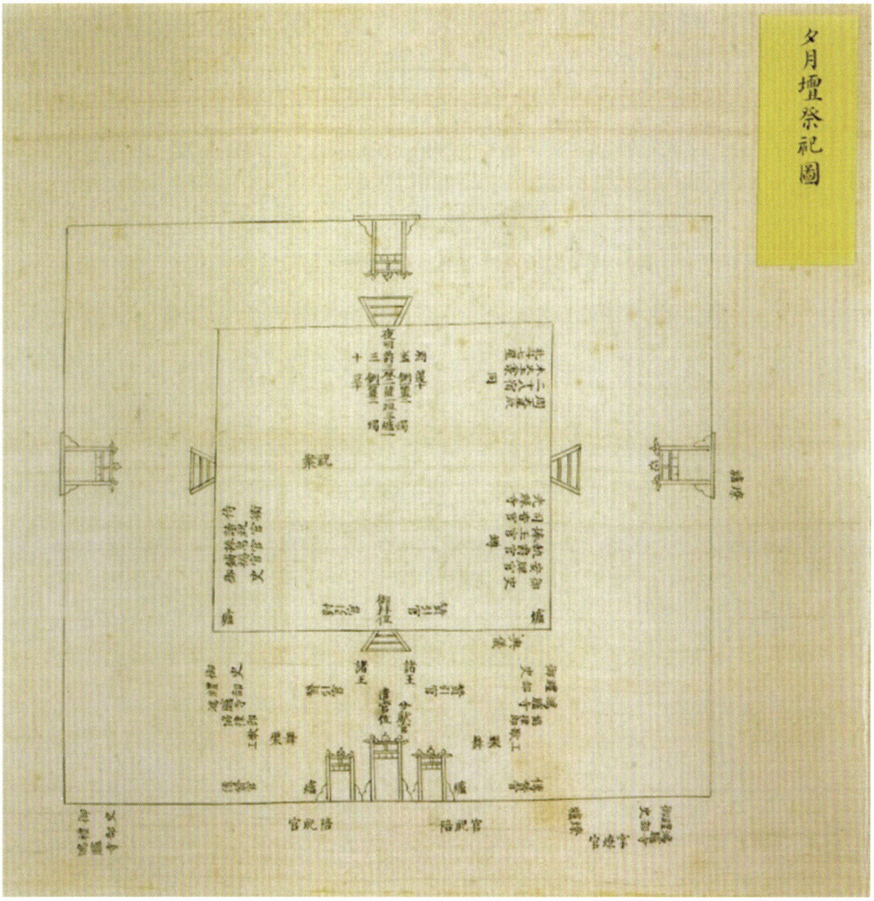

夕月坛祭祀图

辰、未、戌年，由皇帝亲自祭月，其他各年遣官行祭。秋分当天的酉时（17-19时），依照祭祀的规制，供奉正位为夜明神位，配位为北斗、二十八宿、周天星辰。皇帝应穿特定的祭月朝服，佩挂绿松石朝珠。祭月朝服的颜色为月白。清代皇帝的祭祀礼服有严格的色彩区分：祭天穿天青色礼服，祭地穿明黄色礼服，祭朝日穿大红色礼服，祭夕月穿月白色礼服，其余祭典均为明黄色礼服。

祭月时的祝祷之辞，也称祝文。其内容据《清会典》记载："嗣天子御名谨告于夜明之神曰：惟神配阳之德，钟阴之精，周环九野，普照万方，继明于夕，天下共赖。兹当仲秋，式遵古典，谨以玉帛牲醴庶品之仪致祀，惟神歆鉴，福我兆民。尚飨。"认为月亮属太阴之精，祭祀以报答月神对人间的恩赐。

清代的祭月活动自入关之初，日月均从祭于圜丘，秋分日不另祭。顺治八年（1651年）建成夕月坛后，以每年秋分日行祭成为定例，一直至清末光绪三十二年（1906年）。

中秋赏月的习俗流传今日。中秋佳节，人们更愿意对着皎洁的月轮，团圆和乐，其乐融融。恰如明代徐有贞的诗句："阴晴圆缺都休说，且喜人间好时节。"

邀月话中秋

张瑞英

中秋节，即仲秋之节，正值三秋之中。花好月圆、秋实累累之时，欢度中秋寄托了人们期盼团圆、祈求丰收之愿，"中秋鲜果列晶盘，饼样圆分桂魄寒。聚食合家门不出，要同明月作团乐。"赏月、拜月、吃月饼成为中秋最重要的节日习俗。

兔儿爷

中秋节起源于人类对月亮的崇拜，日月代表阳与阴，月主阴，为"夜明之神"，祭月从商周起便成为一种传统礼制，《礼记》载"秋暮夕月"，即秋日祭拜月神。唐朝时八月十五文人墨客赏月抒怀，已是一种流行雅趣，如刘禹锡《八月十五夜玩月》记"天将今夜月，一遍洗寰瀛。暑退九霄净，秋澄万景清"，描绘了秋高气爽的中秋之夜。宋朝，中秋成为世俗欢愉节日，《东京梦华录》载："中秋夜，贵家结饰台榭，民间争占酒楼玩月。丝篁鼎沸，近内庭居民，夜深遥闻笙竽之声，宛若云外。闾里儿童，连宵嬉戏。夜市骈阗，至于通晓。"到明代，中秋吃月饼、馈赠月饼流行起来，《西湖游览志会》载："八月十五日谓之中秋，民间以月饼相遗，取团圆之义。"

到了清代，中秋节习俗更为丰富，成为与元旦（春节）、上元、端午并重的四大节之一，八月十五家家户户庆中秋。《帝京岁时纪胜》记拜月习俗："十五日祭月，香灯品供之外，则团圆月饼也。雕西瓜为莲瓣，摘萝萄叶为娑罗。香果苹婆，花红脆枣，中山御李，豫省岗榴，紫葡萄，绿毛豆，黄梨丹柿，白藕青莲。云仪纸马，则道院送疏，题曰月府素曜太阴皇君。"此为拜月，需在供桌上摆香灯、月饼、时令瓜果等。拜月最初是男女俱拜，到清代拜月便成为女子专属，当时流行谚语"男不拜月，女不祭灶"，拜月逐渐成为女子的活动，而男子多是中秋赏月。《红楼梦》七十六回记贾府过中秋情形，亦是赏月闻笛、赏桂饮酒，只不过排场较普通百姓家要大得多。不同地域中秋习俗不尽相同，京城地区中秋请兔儿爷以祈求神灵庇护，消灾解难，兔儿爷用黄土抟成，形态各异。当时兔儿爷在京城十分流行，甚至连溥仪小时候的玩具中都有兔儿爷。

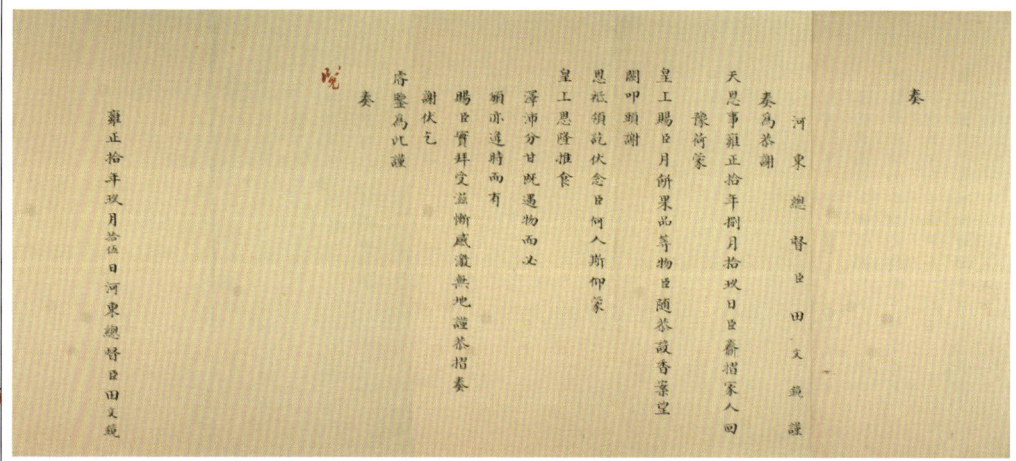

河东总督田文镜为赏月饼果品谢恩事奏折

对皇家而言，中秋不单纯是节俗，更关系国家社稷，体现国家礼制，《帝京岁时纪胜》言："至于先丁后社，享祭报功，众祀秋成，西郊夕月，乃国家明礼之大典也。"清代中秋节没有假期，但规定这一天不理刑名，一般还会在这天设经筵为皇帝讲学，并在协和门设22桌宴席宴请讲读官。此外，还有皇后拜月之俗。同时，宫中还十分重视中秋祭祀活动，广储司茶库每年为办买皇上膳前月饼供，所用飞金、颜料、纸张等项种类繁多，有大赤金、石青、胭脂、彩黄、飞金、硼砂、乌梅、火硝、白矾等，需花费白银数百两。

吃月饼、赏赐月饼也是宫中过中秋重要习俗。月饼，皇上除了自己食用外，多是赏给后妃和王公大臣，以体现帝王之爱，笼络人心。月饼一般是赏给皇亲国戚及在军机处、乾清门、南书房、翰林院等处当差的大臣，对于皇帝的亲信大臣，即使在外地也会得到皇帝的特别赏赐，例如雍正帝赏月饼果品给远在河南的河东总督田文镜，对臣子而言，必感念此等厚爱天恩。不过，无论是普通百姓还是帝王世家，中秋节所寄托的对亲人之思念和对美好生活之愿景是一样的，这也是人们通过中秋节想要表达的最朴素最本真的情感。

随着交通及通信的飞速发展，人们再难生发出"但愿人长久，千里共婵娟"的期盼，但中秋节所承载着的中国人千百年来思乡团圆之情却缓缓流淌在岁月中，历久弥新。

重阳节话千叟宴

张 颖

每年的农历九月初九日是重阳节,因《易经》中把"六"定为阴数,把"九"定为阳数,九月初九,日月并阳,两九相重,故而叫重阳,又称重九节、敬老节。我国自古就有庆祝重阳节的传统,活动丰富多彩,常见的有登高远眺、观赏菊花、遍插茱萸、吃重阳糕等,还有一项重要内容就是敬老、尊老。在清朝的紫禁城内,皇帝也会在重阳节这一天登上御花园中的堆秀山,在御景亭上俯瞰宫苑,远眺景山、西苑,以示纪念。

清代宫廷中还有一种独特的敬老形式,专为表示尊崇老人而举行的筵宴,宴上赋"千叟宴诗",故名"千叟宴"。清代的千叟宴始于康熙朝,先后举行4次。康乾时期,朝野中长寿者甚多,帝后中亦不乏

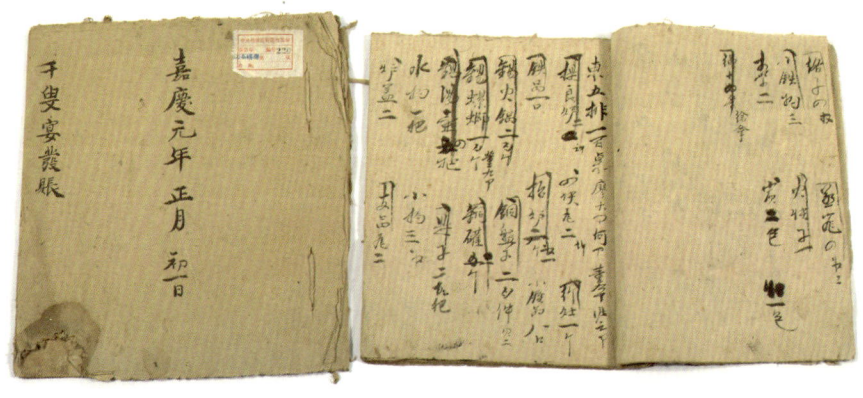

千叟宴发账

高寿者。康熙帝和乾隆帝将全国各地数千位寿星邀请至京城共赴御宴。与其他宫廷筵宴相比，千叟宴不仅规模宏大，而且耗费最巨。

第一次举行千叟宴是康熙五十二年（1713年）三月，时值康熙帝60大寿。他感慨"屈指春秋，年届六旬矣，览自秦汉以下，称帝者一百九十有三，享祚绵长，无如朕之久者"。康熙帝又听闻全国各地皆有老人自发前来京城给其祝寿，遂决定在畅春园宴请众叟。"今岁天下老人，为朕六旬大庆，皆从数千里，匍匐而来，如何令其空归，欲赐伊等筵席，然后遣回"。据《清实录》记载，参加此次盛宴的老者总计不下7000人，盛况空前。其中年龄90岁以上者，40人；80岁以上者，730人；70岁以上者，3217人；65岁以上者，2858人。

康熙六十一年（1722年）正月，康熙帝在乾清宫举行了第二次千叟宴。宴赐八旗文武官员和汉官年及65岁以上者，达1000余人。席间，康熙帝还特地赋诗一首，名为《千叟宴诗》，在场满汉大臣也各自作诗纪念。年仅12岁的弘历作为皇孙也参加了这次宴会，千叟宴盛大的场景给他留下了深刻的印象。

乾隆四十九年（1784年），乾隆帝下令纂修的《四库全书》编纂告竣，年过七旬的乾隆帝又添五世元孙，四海升平，国运昌盛。这一切令乾隆帝喜不自禁，下旨定于乾隆五十年（1785年）正月在乾清宫设千叟宴。被邀请的人中，除了皇亲国戚、当朝大臣外，更有从民间奉诏而来的老人，总计3000余人，设席800桌之多。王公大臣、外藩使节、兵民士庶共聚一堂，即席作诗。宴后，大臣梁国治书成《千叟宴联句》，并镌刻石上。

嘉庆元年（1796年）正月，刚刚禅位3天的86岁的太上皇乾隆决定在宁寿宫皇极殿再次举办千叟宴。《清实录》中记载："嘉庆元年丙辰,春,正月,戊申朔……皇帝奉太上皇帝御宁寿宫皇极殿,举行千叟宴。赐亲王、贝子、蒙古贝勒、贝子、公、额驸、台吉,大臣、官员年六十以上,兵民年七十以上者三千……并未入座五千人,各赏诗章、如意、寿杖、文绮、银牌等物有差。"席间赏赐七十岁以上老人每人银牌1枚,上刻"太上皇帝御赐养老",以示纪念。这次千叟宴后,乾隆帝以太上皇身份继续掌控朝政3年,直至驾崩。

千叟宴耗资巨大。以乾隆五十年(1785年)举行的千叟宴为例,两淮各商早于乾隆

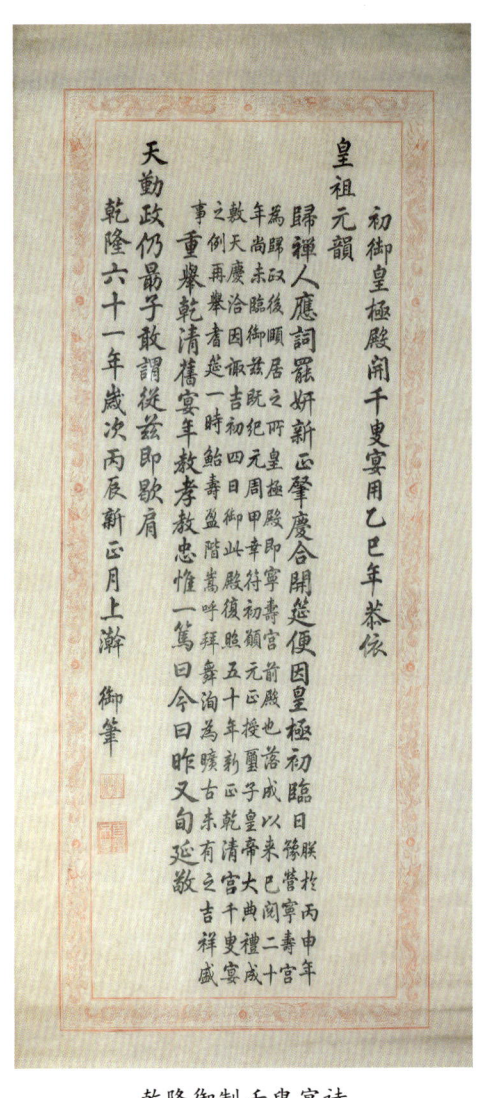

乾隆御制千叟宴诗

四十九年(1784年)就为此进献银100万两。整个宴会举行时的耗费,据《内务府御茶膳房簿册》记载,共耗用白面750斤12两,白糖36斤2两,香油10斤2两,鸡蛋100斤,甜酱10斤,白盐5斤,山药25斤,干枣10斤2两,猪头1700斤,鸭子850只,鸡850只,肘子1700

个……另据《内务府奏销档》记载,每席用玉泉酒8两,800席共用玉泉酒400斤;用柴3848斤,炭412斤,煤300斤。宴会后为赏赐群臣众叟,内务府先后购买寿杖3000根,无豆小荷包4822个。武英殿修书处领用印刷千叟宴诗的泾县榜纸也达1740张。

有清一代,康熙与乾隆两帝不仅在位时间最长,而且高寿,康熙享年69岁,乾隆享年89岁,因此在康熙、乾隆时期举行过4次盛大千叟宴。但是,随着清朝国力日渐衰竭,财政匮乏,内忧外患,加之千叟宴耗资巨大,之后就再也没有举行过。

冬至数九消寒

郭子梦

夏至入伏，冬至数九。"数九"，是冬至吃饺子外的另一项入冬仪式。《荆楚岁时记》记载："俗用冬至日数及九九八十一日，为寒尽。"长久以来，民间通过对这八十一天里气候、农业生产的变化情况的观察，绘制消寒图，以数九消寒。

共有九九八十一个单位的消寒图，是记载冬季入九以后天气阴晴的"日历"，所以又名"九九消寒图"。它采用双钩描红书法，由九个九笔画的繁体汉字构成，通常是期盼春天到来的语句"亭前垂柳珍重待春风""春前庭柏风送香盈室"等，从冬至开始每天按照顺序描画一笔，九九八十一天后所有的字都描完，春天也随之到来。

后来，消寒图有了更为高级的玩法。为了表现天气的变化，用不同色彩进行填涂，红、蓝、绿、黄分别代表晴、阴、雨、风，消寒图从此变得活泼、立体起来。此外，许多消寒图为了美化还要进行装裱，天、地、左、右的留白处以淡绿或月白色的绫边装饰，像一幅画一样挂在墙壁上，既装点节令，又得以长期保存留念。

紫禁城的冬季滴水成冰，漫长而又寒冷。大把的闲暇时光要如何打发？清朝入关定都北京后，伴随着满汉文化的日益融合，"消寒图"这种汉族特有的岁时风俗，在满洲贵族中逐渐流行开来。消寒图，便成为深宫冬日里消磨时光最为雅致的休闲娱乐。

中国第一历史档案馆藏有多幅清宫消寒图，如画九字、葫芦形等。

它们形制各异,趣味盎然。画九字是选择九个九画的字联成一句,放在格中,日涂一笔。道光帝亲书"亭前垂柳珍重待春风"九个双钩空心字,题曰"管城春满"。"管城子"是笔的别称,寓笔成而春满庭院之意。由宫中懋勤殿制成的待填描的消寒图,四周由木框插榫而成,并裱以纸绫。内值翰林诸臣人等,每年冬季都要填写这种"九九消寒图",届时从头九第一天开始填起,逐日填涂,笔画中的空白处要注明当日的阴晴雨雪状况,如"晴冷微风""万里无云"等描述之词。句成而九九八十一天完,冬尽则春来。

葫芦形消寒图

消寒图还可采用九个九笔画的汉字排列出葫芦形,空隙处写上一些通俗易懂的歌谣,线条由工整小楷诗文构成。因其形状酷似"中国结",蜿蜒曲折,令人兴趣大增。

上图即是一幅用252个汉字首尾相接,连环而成的宝葫芦形状的消寒图。252个汉字分为36句,每句7个字,4句1段,内容是一部完整的中国历史。9个小圆圈内,写有"雁南飞哉,柳芽待春来"的诗句。这幅九九消寒图从圆圈内的双线字开始填描,九个大字,每字均九笔,一日描一笔,全诗完,九尽,图成。可谓构思巧妙,别出心裁。

溥仪小朝廷时期，还使用过"阴阳鱼"式的九九消寒图。这种玩法是将"九九消寒图"做成"井"字形，共九个方格：每格内有九个圆圈，共为八十一个圆圈，一天画一个圆圈，通过阴阳鱼的形状变换记录反映冬至以来九九八十一天每天的天气情况。阴阳鱼是太极图中间的部分，溥仪使用过的阴阳鱼图，由黑白两色组成，一半是黑，一半是白，构成阴阳相对，黑象征阴，白象征阳；黑白之间的界限是一条波动的曲线，造成静中有动，有分有合；在黑的一半中有一白眼，在白的一半中有一黑眼，充分体现了阴中有阳，阳中有阴的无穷变化，因其形状似鱼，像阴阳两鱼互纠在一起，故名阴阳鱼。用阴阳鱼图案点画消寒图是有一定哲理的，阴阳鱼的"阴阳"转化与天气的阴晴变化达到了内容和形式的完美结合。消寒图上的"上晴下阴"，不仅是晴天与阴天的客观记录，更代表着气温变化下寒冷与渐暖的感官感受。

消寒图消去的是一份寒冷，更是一份孤独和寂寞。在消磨时日、娱乐身心的同时，它同时也是一份简单的气象记录。根据消寒图，甚至能够推测出当年雨水的多寡和丰歉情况，可以说是研究旧时天文和气象的朴素资料。这种涵盖中国传统文化的填字游戏，希望能够给冬日里的您带去一丝温暖和慰藉。

冬至一阳生 鹿膳补寒冬

赵郁楠

"冬至"为一年之中寒夜最长之日，也是二十四节气中最早被制定的一个重要节气。冬至俗称"数九"。冬至一阳生，三九补一冬。古人认为自冬至开始，白昼一天比一天长，阳气回升，代表下一个循环开始，春之先声。清代皇家宫廷将冬至列为三大节之一，除皇帝亲至天坛举行祭天大典外，在各宫内均挂出九九消寒图，在饮食上讲究时令进补，特别保留了一些东北传统饮食特色。

鹿膳进补

清朝皇帝多在冬季有食补鹿膳的习惯。在皇家御膳中，鹿膳有鹿尾酱、烧鹿肉、鹿尾拼盘等各种吃法，所以对鹿肉、鹿尾食材的挑选，要求非常严格。中国第一历史档案馆所藏档案记载，乾隆四十四年（1779年）十二月十五日，乾隆皇帝因所食鹿尾瘦薄，责成管理御茶膳房事务大臣福隆安等彻查。发现实有上等鹿尾百余条，但是御茶膳房官员却未留心拣选，总管太监亦糊涂办事。

最后，涉及此事的御茶膳房的尚膳正、侍卫多人均被笞四十，各罚俸6个月；管理御茶膳房事务大臣福隆安、都统德保，照疏忽例，各罚俸3个月。

另据《盛京典制备考》记载，盛京围场每二年一次捕拿鹿羔60只，每年进贡以皇帝朱笔改减之数为例,仅以鹿计,就有干鲜鹿肉、鹿尾、鹿舌、鹿肋、鹿肚、鹿肠、鹿筋、鹿肺、鹿肝等十几种之多,足见皇室对鹿膳的偏爱。除食用外,盛京鹿羔还用作皇家祭祀供品等其他用途。

食材特贡

东北山珍野味居多,土特产进贡到宫廷就有人参、貂皮、东珠、鹰、苍鹰、野猪、熊、野鸡、细鳞鱼、咸猪、咸鱼、咸鹿尾、鹿肉条、蘑菇、松子、木耳、高粱米、鹳翎、海龙皮、元狐皮、皂皮、香水梨、蜜饯山楂、蜜饯参、人参膏、粉子蕨菜等诸多品种。

清朝视东北地区为满洲龙兴之根本重地,对于东北丰富的物产,情有独钟。盛京内务府是清廷于陪都设置的专门管理皇室及宫廷事务的机构,解送东北土贡是其负责的一项主要任务。

清廷十分重视东北贡品解运事宜,不惜动用国库财政补给土贡运

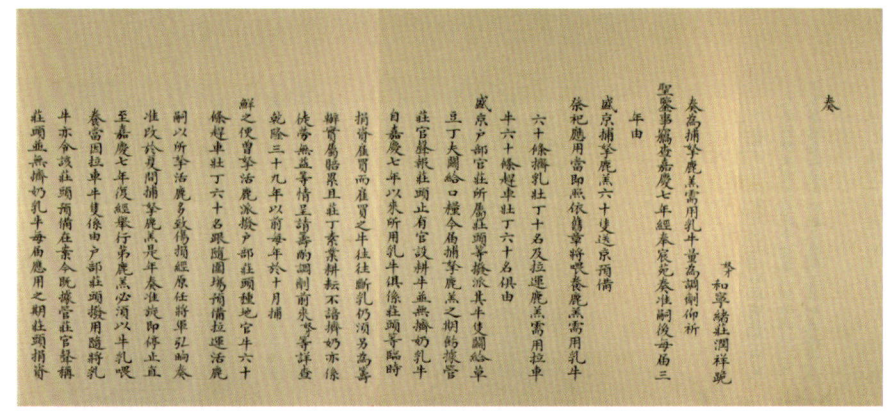

盛京将军和宁等为捕拿鹿羔需用乳牛量为调剂事奏折(局部)

输。盛京解运土贡人役来往于北京和盛京之间，其往返路费等项，均出于国库而非内帑；其进出山海关，必须提前报备兵部，领取路引勘合。《皇朝文献通考》谓之"自古任土之常，至我朝而改为官办"。

祭赏兼用

这些山珍野味运到宫中后，交由内务府验收、贮库，大抵有四种用途：

一为祭祀。《钦定大清会典事例》记载，顺治初年定制，太常寺祭祀用鹿由盛京办送，发牺牲所饲牧，故盛京每隔二至三年捕鹿羔送京。

二为御用。据一史馆所藏内务府档案记载，雍正十二年（1734年）一年饭房用鹿70只、狍200只、野鸡8000只、各样鱼1400斤、鹿肉条1000把。太医院用人参5斤。

三为赏赐。如乾隆三十九年（1774年）赐固伦和敬公主、和静公主，和硕淑慎公主、和恪公主四位每位鹿1只、鹿尾5个、鹿肠肚1袋、煺羊1只、细鳞鱼2尾、各样鱼10尾、野鸡20只等。嘉庆二十三年（1818年）总管太监传旨交香水梨270个，赏仪亲王永璇、成亲王永瑆、庆郡王永璘100个，留京办事王大臣100个，内务府大臣英和等70个。

四为售卖。如乾隆三十七年（1772年），杭州织造西宁领到奉发盛京等三处所解"人参31斤14两4钱6分5厘，参渣末49斤15两5钱5分，泡丁31斤3两9钱1分9厘，芦须12两1分5厘，遵照上年之例，以人参每斤价银800两，参渣末每斤价银300两，泡丁每

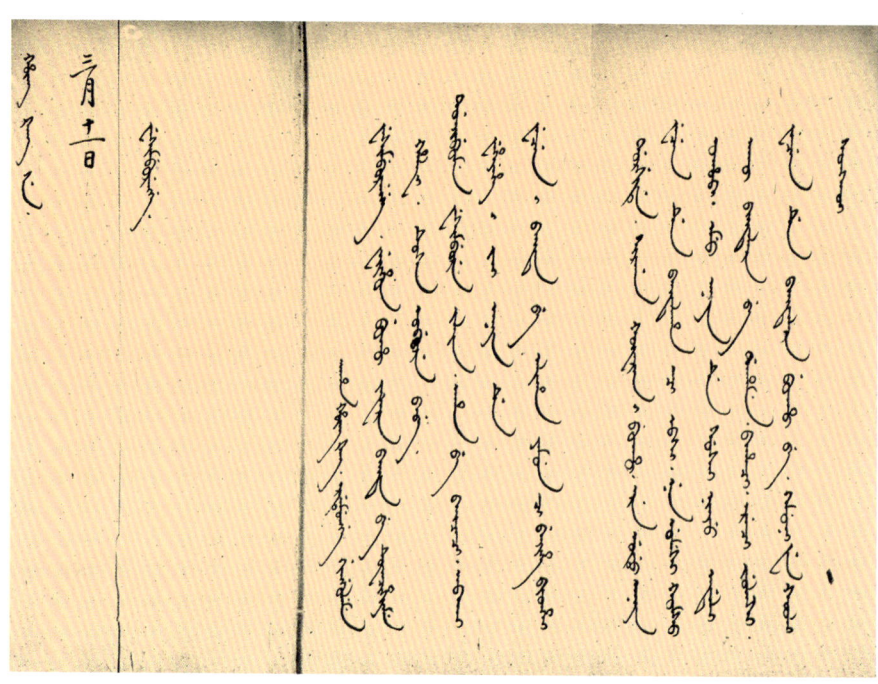

盛京将军弘晌等为改进运送祭祀所需活鹿之法事奏折（局部）

斤价银 200 两，芦须每两价银 3 两，于长芦等处售变，共获库平纹银 46799 两 8 钱 4 分 6 厘"，解赴内务府广储司。

在清代，内地贡品如汉中之柑、江南之橘等多有停减，唯东北土贡依岁备办，用途愈广，且品类益精。

土贡之制虽为"举天下而奉一人"的皇室特权，冬至帝王在鹿膳滋补及品尝美味山珍之时，也许还有不忘祖兴之地、小鲜余味寄乡思之意吧。

数九寒冬冰上走

郑海鑫

在古代，冰上活动泛称冰嬉，又名冰戏。清代冰嬉融军事演练、娱乐和技艺于一体，形式多样、规模宏大、寓意丰富。清代诗人王昙"五百拣花人，三千扫雪兵"的诗句记录了当时冰嬉盛典的宏大场面。

入关前，生活在东北地区的满族人就有冰嬉的传统。明天启五年（1625年）正月初二日，远在关外的建州女真在太子河上举行了一次冰上盛典。据《满文老档》记载，这一天努尔哈赤率领众福晋及子女、

《大清仁宗睿皇帝实录》关于嘉庆帝阅冰嬉的记载

王公贝勒、文武百官及他们的女眷来到太子河上，先由贝勒和随从进行两次冰球比赛。继而举行三轮女子冰上赛跑，第一轮选手均为汉官夫人；第二轮选手均为蒙古贵族们的夫人；第三轮选手为努尔哈赤的福晋及女儿们、满洲及蒙古贵族的福晋们；比赛期间女选手们在冰上疾跑不慎摔倒，引得努尔哈赤及众人大笑，赛后拔得头筹的女子获赏金银数十两，落后的选手也可获得几两赏银，算是参与奖。

入关后，清宫里依旧保留了冰嬉这一传统。乾隆帝"顺时陈国俗，择地试雄观"的诗句表明冰嬉已成清朝国俗。每年冬至数九以后，西苑太液池（今北京的北海、中南海）结冰坚实，举行冰嬉盛典，一直持续到三九。事实上，从每年十月起，内务府就已开始冰嬉盛典的筹备，提供盛典所需的银两，预备冰鞋、行头、弓箭、球架等盛典所需之物。在八旗、前锋统领、护军统领等处挑选几百名善走冰的兵丁进行训练；盛典开始前在北海四周搭彩棚，插彩旗，悬彩灯，布置观赏场地；除皇帝后妃外，王公大臣、外国使节也会被邀请前来观赏冰嬉。

乾隆时期皇家冰嬉发展到高峰，八旗士兵技艺高超，抢等、抢球、转龙射球等项目颇具代表性。

抢等，类似于现在的速度滑冰，不计时，先到达终点者为胜。参加抢等的兵士们所穿单齿冰鞋只在鞋底嵌入一条钢片，减少了在冰上滑行的阻力。冰鞋由内务府统一制造，比赛结束后收回冰鞋，统一保管。抢等设立起点和终点，几人一组同时出发，按照穿过终点的先后顺序士兵们获得不同的奖赏。

抢球，像是冰球与橄榄球的组合，是一项集体性的冰上项目，由多人参加，分为两队，一队着红衣，一队穿黄衣。双方各有一个球门，以射入对方球门内球多者为胜。抢球不允许用脚踢，只能用手抢夺投掷，抢球时穿双齿冰鞋，鞋底嵌有两根铁条，更加平稳。抢球比赛基本上延续了蹴鞠的比赛规则，两队比赛结束后，再续两队，一轮大约四至六场，持续一天。

转龙射球是把射箭技术融入冰嬉活动中的一个项目，也是集体编队、多人进行的冰嬉活动。该项目八旗各出一队，计八队，共有兵丁160名，幼童40名，均穿马褂背小旗。各支队伍按旗色顺序相接，在规定的弯曲的冰道上滑行，在滑行中表演前后转、平衡等动作，其他弓矢兵则负责射中天球或地球。转龙射球将弓矢射箭与滑冰结合，大大提高了两者的难度，故而对射箭和滑冰的技术要求都极高，正可谓是"太液冻初坚，冰嬉对对连，弯弧兼肄武，仰射采球圆"。

除了以上三种形式，冰上表演的花样不断翻新，在糅合杂技的艺术内容和武术动作技术上，不断增加冰嬉运动的动作难度。出现了摆山子、打滑挞、花样滑冰等运动项目。《冰嬉图》中也将这些技艺高超、形象各异的冰嬉项目生动地绘制出来。

冰嬉项目多样，八旗兵丁展示了高超的冰上技艺，不仅让观者大饱眼福，更有着丰富的政治寓意。

皇家利用冰嬉大典鼓励兵士重视冬训，提高了军队的军事技能，加强了军队战斗力。冰嬉时近岁尾，八旗兵丁参演人数众多，给兵士们以银钱奖赏，使八旗兵勇感激皇恩浩荡，起到笼络人心的作用。即使因特殊原因冰嬉大典被取消，兵丁的赏银也酌情发给，这更能说明统治者恩施八旗兵丁的良苦用心。

乾隆五十三年（1788年）腊月的冰嬉活动，还特请台湾高山族首

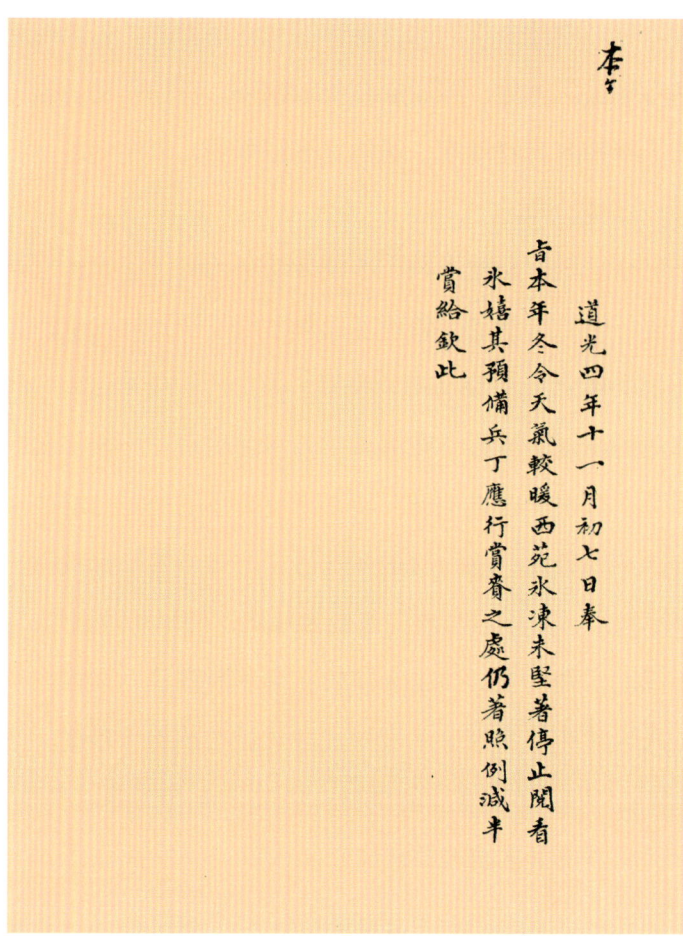

道光帝为停演冰嬉事上谕

领、外国使者观看；乾隆五十七年（1792年）西藏贵族首领噶伦受邀观看冰嬉；道光帝曾命蒙古多部的台吉、郡王、贝子等上层首领观看冰嬉，还曾命琉球国使臣向国壁、暹罗国使臣拍针伦素攀那密等人在神武门外瞻觐冰技。无疑，通过盛大的皇家冰嬉大典展示了国力，宣扬了国威，礼遇了友邦。

皇家冰嬉遇有特殊情况也会被取消，如嘉庆四年（1799 年）因高宗驾崩未出 27 个月，下令停止演冰嬉；嘉庆九年（1804 年）、十年（1805 年）连续两年因冬季天暖冰薄停止冰嬉。

冰嬉大典虽为定制，但在道光时期已经衰落。从之前八旗皆演冰嬉，缩减为内务府三旗；由之前举行多日，减为只举行一日。光绪二十年（1894 年），光绪帝仿照乾隆帝侍奉太后观看冰嬉大典的先例，举行冰嬉，但只持续了约两个时辰。清廷已没有足够的人力、物力、财力支撑规模宏大的皇家冰嬉了。

这儿的腊八粥不一般

刘 诺

中国古代，人们在一年的最后一个月，去野外猎取野兽用于祭祀神明，以祈求来年五谷丰登，家人平安。这些祭祀活动被称为腊祭。据此，农历十二月也被称为腊月。后来人们又把十二月初八日确定为腊日，腊八节便成为祭祀节日流传下来。

清代腊八节，将传统的敬神与供佛（释迦牟尼佛在十二月八日成佛，佛家将这一天定为"佛道成日"）相结合，形成了熬煮、赠送、品尝腊八粥等节俗。作为清代内地藏传佛教格鲁派寺庙和宗教活动管理中心，雍和宫每逢腊八节都要举办熬粥道场，为皇家和僧众熬制出独具特色的腊八粥。

皇家内府选食材

在农历腊月初一日前，管理宫廷事务的内务府就将熬制腊八粥所用的盆、盘、碗及干柴等物品准备齐全。

中国第一历史档案馆所藏档案记载了清代腊月初八日雍和宫举行熬粥道场的过程。熬粥所用的米、果料等项由内务府直接拨给，广储司领用大手帕13个，小手帕564个、白布40尺；由官三仓领用小米2石、黄米2石、粳米2石、绿豆2石、江米2石、豇豆2石；由营造司领用木柴10000斤；由雍和宫香灯项下领用银两采买：红枣100

斤、栗子100斤、菱米20斤、杏仁5斤、桃仁5斤、白葡萄干2斤、黑糖150斤、控米笊5个、小铁勺110把，雇夫40名、苏拉20名。从腊月初二日早晨起，内务府各司员率领杂役用马车经紫禁城东华门将以上物资运至雍和宫，初五日运齐。随后，雍和宫的大部分僧人投入熬粥的准备之中。

初六这天，皇帝钦派蒙古王公一人会同内务府大臣率领内务府三品以上的部分司员及厨师、杂役等到雍和宫监督太监、僧人等称粮和搬运木柴，按照用料的先后，依序整齐排列在厨房内外。熬粥用的大铜锅重8吨，直径2米，深1.5米，被安置在雍和宫的东阿斯门内，由5根铁柱支撑。

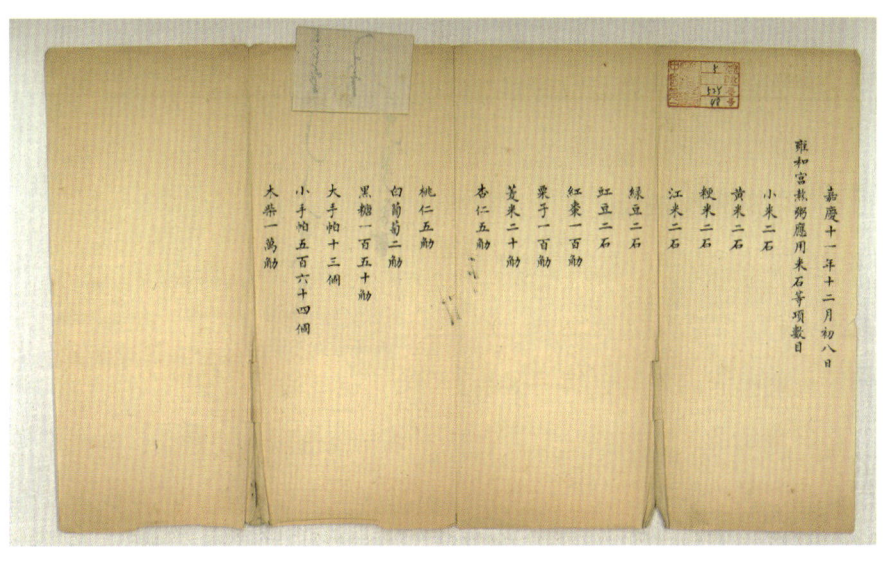

雍和宫熬粥应用米粮等项清单

雍和宫里熬粥忙

初七日一早,僧众们开始在法轮殿办道场,依次诵经:初诵释迦佛经、次诵忏悔经、再次诵心经、末诵十六罗汉经。到了"吉时",蒙古王公即下令生火。由经验丰富的僧人负责掌灶,随时观察火候。按易熟程度分时段将粮食、果料等依次清洗下锅,夜幕降临时,各大殿内几百盏酥油灯都被点亮,香烟袅袅,鼓乐齐鸣。

初八凌晨2点,第一锅粥已熬熟,王公首先要拈香,再将熬好的粥盛入碗里,用托盘进奉到先皇的遗像和各殿佛像前的供案上,每尊佛前按照等级供一、三、五碗不等。直到天明,王公等回宫复命。第二锅粥由喇嘛献给朝廷,第三锅给王公和大喇嘛等,第四锅给文武官员,第五锅给本寺的僧众。第三至五锅所余下粥混合在一起,施舍给平民百姓。之前所领大小手帕用于净手和垫在粥碗下面,白布则是用来制作新围裙的。

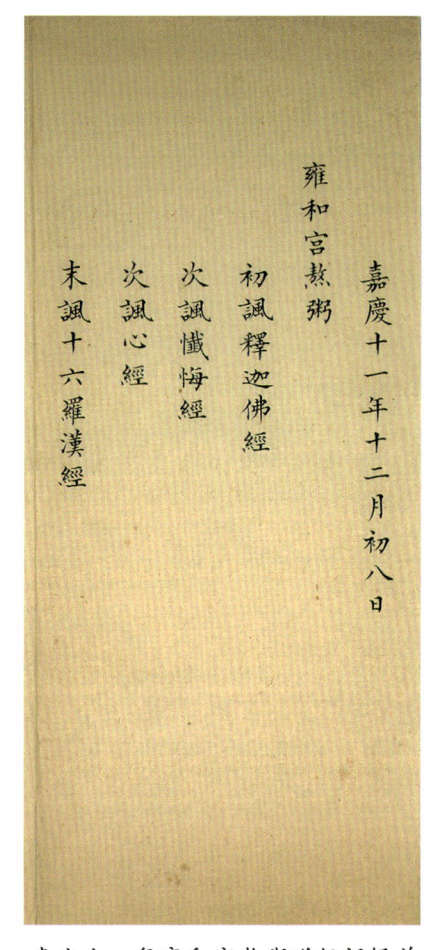

嘉庆十一年雍和宫熬粥道场讽经单

进献皇宫寓吉祥

腊月初八日，紫禁城内用膳是雍和宫送来的腊八粥，另由达赖喇嘛、章嘉呼图克图击鼓后为皇帝拂拭衣冠，以除去不祥。所有这些都象征着保泰安平。

如今，每年的腊月初八日，雍和宫的僧人们在法轮殿上诵《十六罗汉》等经，以纪念释迦牟尼成佛日。全体僧人熬好腊八粥，将第一碗供于佛前。之后，把粥抬到天王殿院内，请游客们共享这久远的食文化。

清宫过小年

褚若千

“二十三，糖瓜粘。二十四，扫房子……三十晚上闹一宿，大年初一扭一扭。”旧时，人们把腊月二十三视为年节活动的开端，许多地方更将这一天称为“小年”。而这一天最重要的事情，莫过于祭灶。家家户户都在灶间设有“灶王爷”的神龛或画像，视其为家庭的守护神。“灶王爷”不仅掌管灶火，也体察民情、判别善恶，每年腊月二十三都是他上天汇报的日子，家家户户都要为其饯行。这极富代表性的民间信仰，寄托了人们辟邪除灾、迎祥纳福的美好愿望。

均不知始自何年。無從查究。所有失察之歷
任倉場侍郎。均著加恩免其查議。嗣後各幫
糧船到通。需用夫頭承管雇人起米。如有向
運丁多索夫價情事。著直隸總督順天府府
尹倉場侍郎嚴行查禁。以杜弊端。○諭總管
內務府大臣。嗣後每年十二月二十三日。致
祭
竈神。著用張家口進到黃羊。勿庸派員赴南
苑打捕。○兩江總督陶澍等奏。江北災賑情
實録卷二〇三　三
形安靜。得旨。所辦認真得效。朕心嘉悅。一力
督飭。不可鬆懈。趙盛奎能否盡心辦理。留神
察看。勿令誤公。更不准稍有瞻徇。○以故三
等公智林子崇端。已革吉林將軍一等子福
克精阿姪清泰。告替一等子巴勒當喇布齋
子喇特納什第。故察哈爾一等子布彥德勒
格爾弟乾清門三等侍衛奇莫特永隆。三等
子兼佐領保清子伊什扎木蘇。各襲爵。○以
故四川建昌道屬大田副土百戶吉計則子

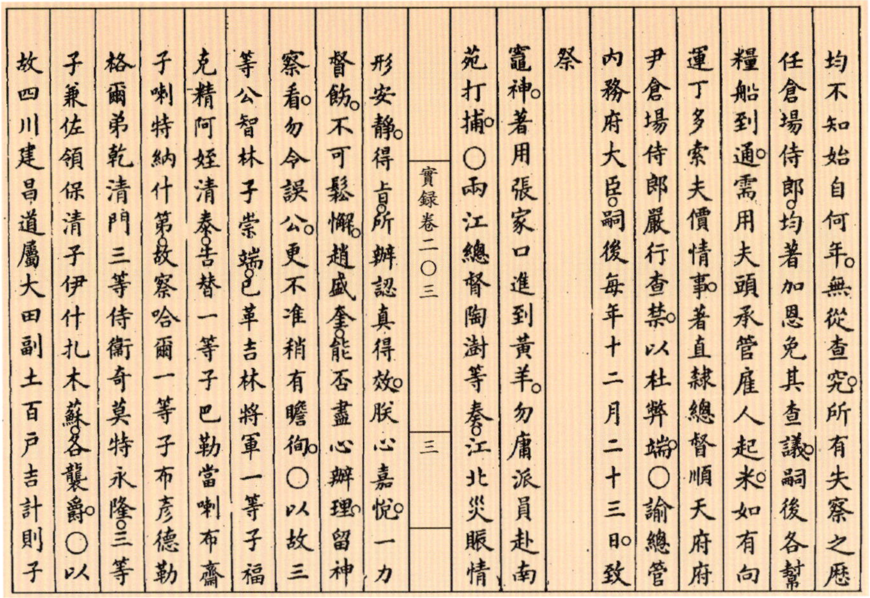

《大清宣宗成皇帝实录》关于祭灶用张家口进到黄羊的记载

明清以前，祭灶日期有"官三民四船五"的说法，即宫中、官府腊月二十三送灶，普通百姓腊月二十四，船家则腊月二十五。范成大等人的诗文都有"古传腊月二十四，灶君朝天欲言事"等语。清代，官民祭灶日期的区分已经渐渐模糊，尤其在北方地区，往往官民都将腊月二十三视为小年。每值此时，清宫由宫殿监率各该处首领太监等设供案，奉神牌，备香烛、燎炉、拜褥，奏请帝后分别于坤宁宫东墙的灶君神像前拈香行礼。

不一样的皇家供品

祭灶是非常重要的年节礼仪，无论内廷和民间，供奉历来丰厚。《帝京岁时纪胜》称腊月二十三日"更尽时，家家祀灶，院内立杆，悬挂天灯。祭品则羹汤灶饭、糖瓜糖饼，饲神马以香糟炒豆，水盂。"灶神司人间功德善恶一说深入人心，人们为使其在玉皇大帝面前多多美言，专以麦芽糖制成糖瓜、糖饼为供，希望灶神甜甜嘴，多说好话少说坏话。祭祀时更以糖稀涂抹其嘴，使嘴粘住，以保一家来年平安顺遂。清宫祭

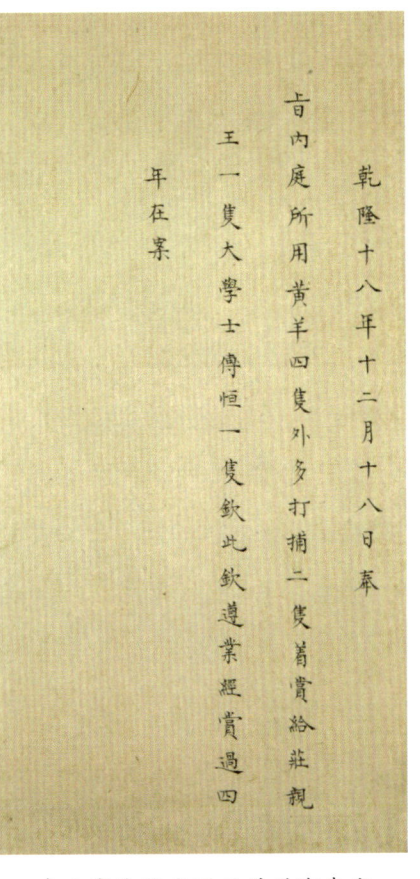

内务府为恩赏臣工黄羊事奏案

灶使用的灶糖称为"关东糖"，由江米粉加饴糖制成，硬而脆，可久存。清宫糖品多来自盛京内务府，祭灶时的糖供也不例外。因其产自关东，京中渐渐将麦芽糖称为"关东糖"，又称"灶糖"，以小米、稷子米、大米、玉米、大麦芽等为原料，经熬糖、起锅、揉糖、拔糖几道工序而成。"关东糖"的引入，给祭灶礼俗留下了关内外风物相融合的印记。

清宫祭灶，例设祭品33种，颇为慎重其事。据内务府奏案记载，坤宁宫祭灶除了供奉糖品，还要供奉黄羊。清前期黄羊是自南苑打捕而来，道光十一年（1831年）上谕"着用张家口进到黄羊"，此后遂不再派员前去捕猎。清帝不仅将黄羊用于内廷祭祀，还常赏赐臣工，如乾隆时期的庄亲王允禄、大学士傅恒等亲贵就曾在腊月蒙赐黄羊。

特定的月令承应戏

清乾隆时期四海升平，戏剧事业也得到了很大发展，乾隆帝曾命庄亲王允禄、词臣张照等人按照节令等编排了特定的剧目，以满足内廷节庆观赏的需要。此后凡遇元旦、端阳、中秋、除夕等节令，内廷都排演相应主题的剧目，称为"月令承应戏"。小年时，常见的祭灶承应戏还有《太和报最》《司命锡禧》《仁孝神钦》等，此外在嘉庆二年（1797年）、道光七年（1828年）十二月二十三日的恩赏日记档里都可以发现一出很有意思的承应戏，唤作"灶君既醉"。其实，为了让灶王爷在玉皇大帝面前多多美言，不仅可以奉上糖供，涂上糖稀，也有用酒糟涂抹灶门的做法，干脆把灶王爷灌醉，自然就不能上天告状了，因此宋时就有"酒糟涂灶醉司命""送君醉饱登天门"的诗句。

这出承应戏展现的"醉司命"一俗,十分诙谐有趣,也从一个侧面反映了满族统治者对汉文化的接纳。

"二十三,祭罢灶,小孩拍手哈哈笑。再过五六天,大年就来到。辟邪盒,耍核桃,滴滴点点两声炮。五子登科乒乓响,起火升得比天高。"腊月二十三,送走灶王爷,在除夕夜"接神"之前,因为灶王爷不在家,大家可以放松放松,家家户户蒸花馍、剪窗花、办年货,真正进入过年的气氛中了。

香气缭绕紫禁城
——贡香

徐 莉

中国用香的历史可以溯及春秋之前。汉代时,香炉得到普遍使用,上层社会流行薰香,也出现了调和多种香料的技术,香文化开始略具雏形。唐代时,制香在诸多方面获得了长足发展。宋代香文化达到了鼎盛时期,完全融入了人们的日常生活。并在元明清得到了保持与稳步的发展。

熏炉

香料品种繁多,形态各异。早期的佛教经书中就记载了很多的香料品种,如沉香、檀香、龙脑香、菖蒲、安息香、牛黄、郁金、苜蓿香、麝香、雄黄、芎藭、枸杞、松脂、桂皮、白芷、香附子、丁香、苇香、竹黄、细豆蔻、甘松、藿香、茅根香、芥子、马芹、龙花须等。根据外形特征划分为原态香材、线香、棒香、盘香、塔香、锥香、香丸、香粉、香丁、香膏、香汤、香囊、香枕等。

我国中原地区,气候温凉,不太适宜香料植物的生长。秦汉时,随着国家的统一,疆域的扩大,南方湿热地区出产的香料逐渐进入中原。随着"陆上丝绸之路"和"海上丝绸之路"的活跃,东南亚、南亚及欧洲的许多香料也传入了中国。

清朝紫禁城内也深深融入香文化之中。内务府所管理的香料多数为贡品,以盛产香料的东南亚地区和我国西南地区进贡香料为主要来源。

外藩贡品

清代的外藩主要包括两部分:一是指对清称臣的周边国家;一是指蒙古等边疆地区。在暹罗、安南、朝鲜等国进贡的物品中,就可以见到很多香料。光绪朝《钦定大清会典事例·礼部·朝贡·贡物》内载,暹罗、荷兰、安南、苏禄、缅甸等国进贡的物品中就有各种名贵香料。如:顺治十三年(1656年),荷兰国王恭进方物内有丁香、檀香;

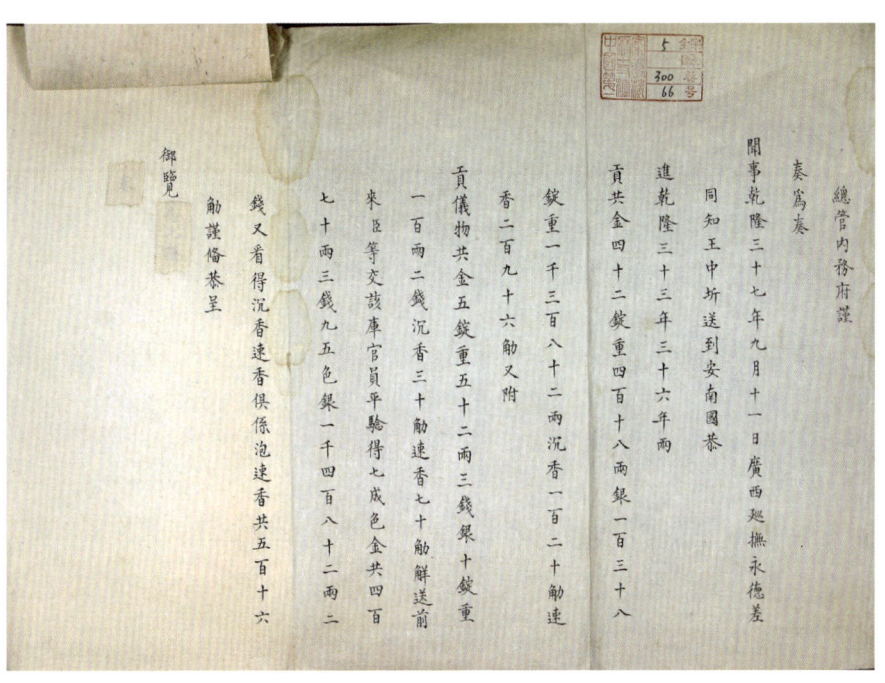

内务府为报安南国进贡沉香数目事奏案

康熙二十五年（1686年），荷兰入贡方物内丁香三十石、檀香二十石、冰片三十二斤、肉豆蔻四罋；康熙四年（1665年），暹罗进贡御前方物内有龙涎香、豆蔻、速香；雍正七年（1729年），暹罗入贡御前方物内有龙涎香、冰片、沉香、速香、安息香、紫降香、豆蔻、桂皮、檀香、树胶香。

档案内有更详细的记载，乾隆元年（1736年）六月内务府接受礼部咨送暹罗国进贡什物，内有：龙涎香一斤六两、沉香三斤、降香四百五十斤、树胶香一百五十斤、檀香一百五十斤。安南国于乾隆三十三年（1768年）、三十六年（1771年）两贡恭进物品内，有沉香一百二十斤，速香二百九十六斤；又附贡仪物，沉香三十斤，速香七十斤，沉香速香俱系泡速香，共五百十六斤。嘉庆十八年（1813年），越南国王遣使恭进例贡方物内有沉香速香。外藩蒙古王公、台吉、喇嘛每年进贡之项内有西番香。

各省土贡

西南各省进贡方物内包含香料。贵州在光绪十七年（1891年）进贡方物内有檀香。四川、青海等处寺庙进贡物品内也有香料。

内务府奏案记载：四川岷州二十四庙喇嘛三年一次进贡。乾隆四十二年（1777年），崇隆寺等五庙喇嘛敦住藏布等进过青木香十桶，秤重四十斤。乾隆四十五年（1780年），圆觉寺等六庙喇嘛后丹巴云旦等进过青木香十二桶，秤重四十二斤。乾隆四十七年（1782年），法藏寺等六庙喇嘛根敦罗丹等进过青木香十二桶，秤重六十斤。乾隆四十八年（1783年），青海额尔德尼诺们汉扎木扬沙特巴之胡弼尔汉进过青木香一匣，秤重三斤八两。乾隆四十九年（1784年），土观胡图克图进过青木香九包，秤重五斤十两。

贡品是朝贡的一种形式，是政治上的从属关系在经济方面的表现。清代内务府接受、管理来自藩属国和全国各地的贡品，一方面体现了内务府的"管家"作用；另一方面扩大了内务府的机构职能，使内务府有权参与与贡品有关的外交活动。

香气缭绕紫禁城
——制香

徐 莉

中国古代用香、制香的历史源远流长，紫禁城也深深融入香文化之中，到明清时期宫廷制香有了很大发展。明嘉靖年间，宫廷制有"世庙枕顶香"，宣宗时制"甜香""沤手香"，均为香中佳品。在清代文献中有"内制香"的记载，内制香即为皇宫中所制香料。

有清一代，内务府作为掌管宫廷事务的机关，凡皇室衣、食、住、行各种事务，均由内务府管理和承办。内务府贮藏和管理着内廷外朝及所辖各处的诸多应用物品，香料即是其中之一。清代宫廷所用香料来源广泛，除了各处进贡之外，皇帝也派人制作香料。清人况周颐在《眉庐丛话》中记载："每岁元旦，太和殿设朝，金炉内所爇香名'四弃香'，清微澹远，迥殊常品，以梨及苹果等四种果皮晒干制成，历代相传，用之已久。"中国第一历史档案馆所藏档案记录了清宫制香的配方。

避风巴尔撒末香在康熙年间就已传入宫中，武英殿存有配制该香的方子：白豆蔻油一两，巴尔萨木油三钱六分，龙涎香一钱六分，蜜蜡金油一分，麝香一钱，筒桂皮油一分，丁香油七厘，底莫油三厘，辣文都油七厘。

雍正时期，在宫中供职的传教士陆续向雍正帝献上避风巴尔撒末香，引起雍正帝的浓厚兴趣。在向西洋人询问过该香的配制方法和所需原料后，雍正帝命西洋人巴多明、罗怀中再行配制。同时命内务府照武英殿旧存香方又配一次避风巴尔撒末香，通过一番比较，雍正帝认为"武英殿旧存的香方香味好"。乾隆帝对此香更为热衷。乾隆二十八年（1763年）四月，乾隆帝授意造办处查找从前的香方。不久，造办处从乾清宫、武英殿寻觅到龙涎香、桂皮油、丁香油、琥珀油、巴尔萨吗香油、肉豆蔻油、黑龙涎香、荆芥穗油等制香配料，由西洋人遵旨配造。一种香料竟然得到康熙、雍正、乾隆三代皇帝的喜爱，足以见其神奇。

乾隆三十七年（1772年），内务府广储司收到庄浪都罡喇嘛进贡扛香，不知如何应用，"所进扛香共计三百四十七斤，因无用项，俱经奏准变价"。之后奉旨询问章嘉喇嘛才明白，扛香可用于制作乌卜藏香。于是内务府将扛香25斤5两交由中正殿，用于制作乌卜藏香。

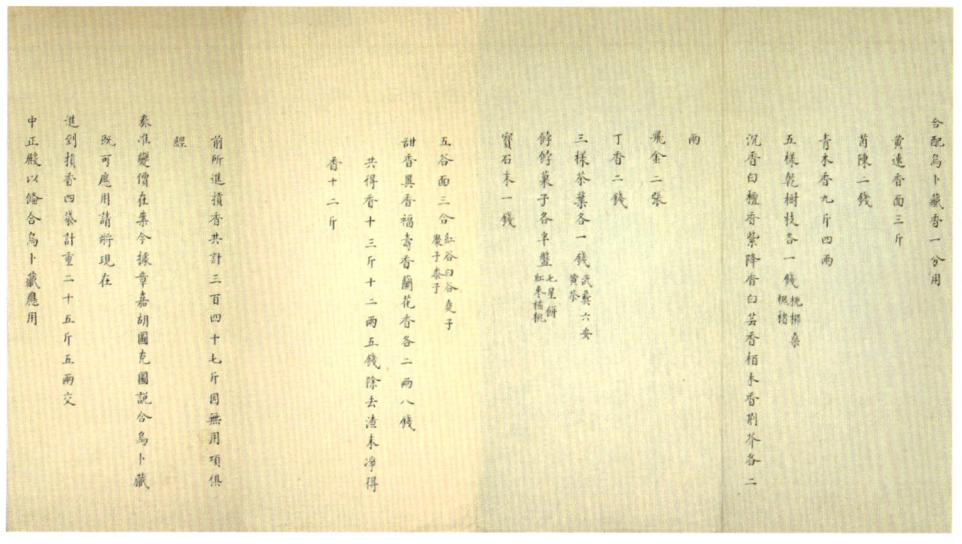

内务府呈将扛香交中正殿以备合乌卜藏香用单（局部）

随后，广储司呈送了合配乌卜藏香用料清单，制作一份乌卜藏香需用"黄速香三斤，茵陈二钱，青木香九斤四两，五样干树枝（桃、柳、桑、槐、楮）各一钱，沉香、白檀香、紫降香、白芸香、柏木香、荆芥各二两，飞金二张，丁香二钱，三样茶叶（武夷、六安、黄茶）各一钱，饽饽果子（七星饼、红枣、核桃）各半盘，宝石末一钱，五谷面（红谷、白谷、麦子、糜子、黍子）三合，甜香、异香、福寿香、兰花香各二两八钱"，以上香料可得香十三斤十二两五钱，除去渣沫净得乌卜藏香十二斤。

宫廷香料使用广泛，是祭祀、念经礼佛、配制药品、美化环境等多项活动中不可或缺的用品。以上两种香料，一个是西洋香，一个是我国境内的香，从档案记载的制香配方来看，所需原料种类繁多、品质高贵。制香之人既有西洋人也有宫廷仆役，可见为满足皇家需用所耗之人力物力。

香炉

而作为西洋香的避风巴尔撒末香是在中西文化交流的大背景下进入我国境内的，其传入和制作也是中西交往的生动事例。

香气缭绕紫禁城
——盗香

徐 莉

道光十八年（1838年）八月初三日寅时，清宫大内自鸣钟库外，由库房窗户纸破处伸进来一只手。这是一只盗窃之手，随后引发了清宫内府一桩藏香失窃案。

初盗

窃贼是宫内的太监苑得，宛平县人，时年二十七岁，十四岁时净

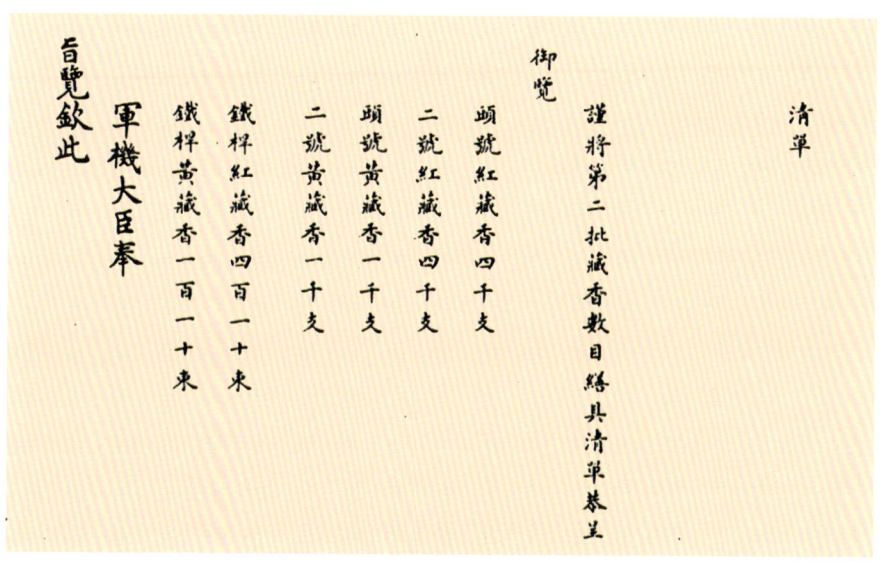

四川总督奏报解送第二批藏香清单

身做了太监。道光六年（1826年）由会计司拨给钦安殿当差。其间，他经常从自鸣钟库外路过，看见库房窗纸破处挨窗放有藏香。一时贪念，苑得趁着去坤宁宫打汤之便，到自鸣钟库外，意图盗香。

自鸣钟处，设立于顺治年间，位于乾清宫东庑、日精门北、端凝殿南三间。初为贮西洋钟表、藏香之处。宫内的藏香多为进贡所得，内务府造办处偶有制作。藏香为香之珍品，各处只有在重大的祭祀仪式时才能向内务府申领燃用藏香。

苑得随手摸到的是五六寸及一尺多的折香，约有十几支。回来后藏在了钦安殿大台阶西边，并用木板遮挡起来。为了防止夜长梦多，苑得想尽快把香变成钱。第二天，苑得便告假外出剃头。将盗来的折香掖在身边带往地安门外变卖。因为是折碎之香，没人肯买，又恐怕拿回去被人看见，随即找个四下无人的地方，把盗来的折香扔掉了。

再盗

第一次偷窃碎香没有败露，但没能得到现钱，苑得准备再盗一次。

就在当月十九日，他乘首领和同伴念经之时，又来到自鸣钟库前，将窗纸撕破伸手进去摸香。恐怕被来人发现，苑得将摸出的六束藏香用褂子包裹好，来到端则门找旧识的太监姚六，托他转卖。姚六询问藏香的来处，苑得谎称是师父四五个人凑钱从外头买回来的，每束要价十三吊。姚六说一时没钱不能全留，只留下三束，等到卖出后才能给钱，苑得答应了，并将剩下三束香藏在殿上西间雨搭底下。苑得恐怕路上落下折香，露出形迹，又回到自鸣钟库外窗下查看。

败露

苑得发现，果然有折香留下。正在他清理"痕迹"时，被自鸣钟库太监郑文辅看见，揪住苑得要见他们首领。苑得知道事情败露，情急之下，挣脱出来，跑回住处。太监郑文辅带人将苑得揪去见了首领太监，并将情由汇报给了总管内务府大臣，案件进入了审理阶段。总管内务府大臣等督率慎刑司司员审理此案。分别审讯了苑得、姚六等人。姚六交出账簿三本、折子四个、钱票六张、当票四张。苑得交出小折子一个。经过审讯人员逐件查看，多系买卖收借账目。慎刑司司员便顺藤摸瓜，开始连日审问，看看能否通过收借账目牵出类似偷窃事件。苑得如实交代了自己盗香的经过，也交代了被发现的小折子是自己拾的废纸，用来记煤账的。姚六交代了当晚买香的情形，与苑得供词相符。

太监苑得第一次偷碎藏香得手后，又胆敢再次偷窃且数量达六束之多，是否有同伙抑或是前科呢？与苑得同屋居住的钦安殿太监周进福遂被传来讯问。据这个太监讲：苑得平日为人粗笨，也很安静，并没有偷过同伴的东西。今年八月初四日，苑得告假一次。从初五日开始，钦安殿拜斗坛，他也很忙，抽不出时间来，并没有出去。到这个月十九日晚，才知道他偷香的事。第二天，查看一应物品，并无遗失。总管内务府大臣等又亲自提审严加讯问，均矢口不移，似乎并无遮掩之处，应该可以结案了。

判罚

按律，盗内府财物，分不同情形，各有刑罚。太监苑得照"常人盗仓库钱粮计赃三十五两"律，杖九十，徒二年半，由太监改发打牲乌拉，到配重责四十板，给官员为奴。太监姚六重责四十板，由总管太监等酌拨下贱当差；钦安殿八品首领太监周士魁、周进福有失察之责，拟请各罚月银两个月；其专管钦安殿六品总管太监田进喜有统辖之责，拟罚月银一个月，以示惩儆。六束藏香上交。查获的账本等物无关紧要，发还太监姚六。

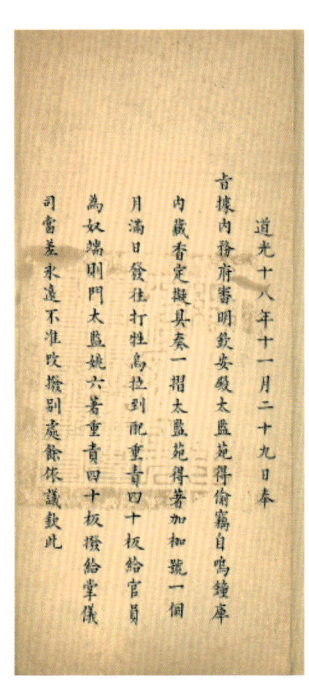

道光帝处理太监苑得谕旨

这桩内府盗香之案，惹恼了道光帝，追加了两个太监的刑罚。道光十八年（1838年）十一月二十九日，道光帝下旨：太监苑得着加枷号一个月，满日发往打牲乌拉，到配重责四十板给官员为奴。端则门太监姚六着重责四十板，拨给掌仪司当差，永远不准改拨别处。

虽然清宫律例严明，宫内偷盗必受重罚，但是一些太监仍铤而走险，贪念不绝，以变卖宫内物件获取不法收入，因此宫廷失窃案也是屡禁不止。

谁说女子不如男
——孝庄皇太后其人其事

韩永福

历史上的孝庄皇太后，姓博尔济吉特氏，名叫布木布泰（或译作本布泰），野史传说中说她名叫大玉儿实在没有根据。她出生于明万历四十一年（1613年）二月初八日，是蒙古科尔沁部贝勒寨桑的二女儿。

科尔沁蒙古较早就归附了后金，并与后金联姻，以巩固双方的政治联盟关系。后金天命十年（1625年）二月，时年13虚岁的布木布泰由哥哥吴克善伴送至后金新都辽阳，嫁给了努尔哈赤第八子、34岁的皇太极为侧福晋，也就是偏房。而早在11年前，她的亲姑姑哲哲已嫁与皇太极为正房大福晋，9年以后的天聪八年（1634年），已继承汗位的皇太极又娶了她的姐姐海兰珠。

孝庄皇太后朝服像

婚后，布木布泰接连为皇太极生下3个女儿。天聪三年（1629年）生皇四女，后来受封为固伦雍穆长公主；天聪六年（1632年）生皇五

永福宫

女,后来受封为固伦淑慧长公主;次年,又生下皇七女,后来受封为固伦端献长公主。3位公主,成年后分别嫁与蒙古贵族弼尔塔哈尔、色布腾和铿吉尔格。

到了1636年,皇太极改国号为大清,称帝于盛京(沈阳),同时建立后宫制度,在其众多妻妾中分封了五宫后妃。布木布泰被封为庄妃,居次西宫——永福宫,皇太极颁给她的册文用满、蒙、汉三种文字写成,文辞简约:"……兹尔本布泰,系蒙古廓尔沁国之女,夙缘作合,淑质性成。朕登大宝,爰仿古制,册尔为永福宫庄妃。尔其贞懿恭简,纯孝谦让,恪遵皇后之训,勿负朕命。"

庄妃的姑姑哲哲当然是正位中宫为皇后,比庄妃后入宫的姐姐海兰珠被封为宸妃,位居东宫——关雎宫,地位仅次于皇后。其他两位西宫麟趾宫贵妃、次东宫衍庆宫淑妃，原为察哈尔蒙古林丹汗之妻，皇太极征服察哈尔部后娶之，并做这样的安排，主要是出于政治上的考虑。

因此，在后宫中，庄妃姑侄的地位是最突出的，除姐姐宸妃最受恩宠外，最年轻的庄妃也是比较受宠爱的。特别是崇德三年（1638年），宸妃所生被皇太极视为皇嗣的皇八子夭折，庄妃恰逢时机地于两天后生下了皇九子福临，更加抬升了她的地位。

清代官书称庄妃曾"辅佐太宗文皇帝"，但在太宗皇太极时期，年轻的庄妃还不大可能在政治上有多少展露和作为。只有民间盛传"庄妃劝畴"的故事，为后来"太后下嫁"之说做了铺垫，似乎这位聪明美丽的庄妃娘娘惯施美人计。

崇德七年（1642年），明清松锦大战，关外明军的最高统帅蓟辽总督洪承畴兵败被俘，被押解到盛京。皇太极迫切希望洪承畴能够归降，为其所用，遂派范文程等一干汉族官员轮番前往劝降。但是，洪承畴似乎意志很坚决，不为所动，在狱中绝食等死，皇太极一筹莫展。一天夜里，牢门轻启，庄妃飘然而至，手进参汤，一席话打动了洪承畴，使其回心转意，拜倒在石榴裙下，归降了大清，后来为清王朝立下了汗马功劳。这个故事被很多文学作品演绎得很生动。但是据史书记载，洪承畴被俘之初拒不投降，却被皇太极抓住了他的思想弱点，亲自出马招降成功。

孝庄皇太后安葬之谜

伍媛媛

庄妃，即人们所熟知的孝庄皇太后。作为清初杰出的女性，她有着传奇般的一生。12岁时，她嫁给皇太极为侧福晋，是顺治帝福临的生母。福临即位后，她被尊为皇太后；其孙康熙帝玄烨登基后，又被尊为太皇太后。

孝庄亲历三朝政局，培养辅佐了顺治帝、康熙帝两代君主。但这样一位清初的风云女子，她的身后事却打破了旧例，既未按祖制与皇

《大清圣祖仁皇帝实录》关于孝庄太皇太后临终前的记载

太极合葬于盛京（今沈阳）昭陵，也未立即下葬，而是一拖再拖，最终建陵于清孝陵（顺治陵）以南5公里风水墙外的昭西陵，给历史留下了未解之谜。

康熙二十六年（1687年）九月，孝庄身患重病。康熙帝见祖母病危，昼夜不离左右，亲尝汤药，精心侍奉，并传谕内阁，非紧要事件，勿得奏闻。十二月二十五日，75岁的孝庄逝世，康熙帝为其加上尊崇的谥号——孝庄仁宣诚宪恭懿翊天启圣文皇后。

依照帝后合葬的传统，孝庄当从葬于盛京（今沈阳）皇太极的昭陵，可她却被安葬在远离昭陵千里之外的河北遵化的昭西陵，这是为什么？

民间流传，孝庄曾一度下嫁小叔子多尔衮，她自觉对不起前夫皇太极，更怕在阴间受到惩罚，因而选择了远离昭陵的昭西陵作为永安之所。

另有传闻，说孝庄逝世后，也曾依照祖制起送盛京，但送葬队伍行至遵化，棺椁突然沉重得抬不动，杠夫只好安歇请旨。恰在这时，康熙帝做了一个梦，梦中孝庄嘱咐他："吾不忍远离汝父子，决计不与太宗合葬，只在现在棺椁停放处安葬即可。"遂葬遵化。

正史的记载或许更可信些。《清实录》载，孝庄临终前曾对康熙帝说："太宗文皇帝梓宫安奉已久，不可为我轻动。况我心恋汝皇父及汝，不忍远去，务于孝陵近地，择吉安厝，则我心无憾矣。"孝陵即顺治帝陵，属于清东陵。康熙帝遵从祖母的遗愿，把灵柩暂时停放在遵化。

令人感到疑惑的是，从孝庄去世到康熙帝驾崩的35年间，康熙帝一直没有将她入土安葬，而是"暂安奉殿""岁必诣谒"。

有人说，这是康熙帝为了去拜谒时能与祖母更亲近些的特殊安排。也有人说，康熙帝对于把祖母送到盛京与祖父合葬，还是葬在东陵，一直犹豫未决，最终把这个棘手的问题留给了儿子雍正帝。

直到雍正二年（1724年），孝庄才正式下葬。当时，雍正帝曾发谕旨："钦惟孝庄文皇后，躬备圣德，天锡纯禧，诞育世祖章皇帝，瑞应昌期，君临万国。逮我圣祖仁皇帝，继圣嗣统，久道化成，立万世无疆之业，皆我孝庄文皇后福德兼隆之所启佑也。康熙二十六年十二月，慈驭升遐……于康熙二十七年四月安奉梓宫于孝陵之南，为暂安奉殿，迄今三十余年矣……今昭陵安奉日久，若于左近另起山陵，究非合葬之义。且自孝庄文皇后安奉以来，我圣祖仁皇帝历数绵长，海宇乂安，子孙蕃衍，想孝庄文皇后在天之灵，极为安妥，遗命谆谆，圣祖仁皇帝遵奉三十余年，今朕身任付托之重，山陵典礼宜斟酌尽善，永垂万世。"昭西陵的建制也体现了他所说的"斟酌尽善"，一则建于孝陵以南风水墙外，表明虽与孝陵近在咫尺，却与东陵体系有所区分；二则名为昭西陵，又表明与盛京昭陵虽远去千里，却仍为一体，可谓两全其美。

康熙帝的启蒙老师竟是位奇女子

陈宜耘

每个人都有自己的启蒙老师,皇帝也不例外。比如清代的康熙帝,他传奇的经历、丰富的学识一直被人们津津乐道,更让世人好奇他的启蒙老师究竟是谁?康熙帝的启蒙老师的确非常特殊,可谓奇女子!

其人传奇,其性巧黠

康熙帝名玄烨,说起他的幼年,必提及他的奶奶——孝庄太后对他的抚育、保护和培养。由于清初天花肆虐,玄烨不足两岁时就离开紫禁城,到北长街路东的福佑寺避痘。受客观条件限制,孝庄太后难以每天到孙儿避痘场所抚育施

福佑寺

教。因此,孝庄太后亲自挑选了一人,每日前往玄烨居处,照料孙儿的饮食起居,代替她对孙儿施教,做玄烨的启蒙老师。

康熙帝晚年忆及此段经历,很是感伤:"世祖章皇帝因朕幼年时,未经出痘,令保姆护视于紫禁城外,父母膝下,未得一日承欢,此朕六十年来抱歉之处。"

孝庄太后挑中的人选,乃是自己非常信赖、有一定文化素养和创造力的随身侍女、得力助手——苏麻喇姑。

苏麻喇姑,蒙古族人,出生在内蒙古科尔沁草原的贫苦牧民之家。她是清初颇具传奇色彩的女子。

她的生年已无可考。但据《啸亭杂录》记载:"苏麻喇姑,孝庄文皇后之侍女也""国初衣冠饰样,皆其手制"。而《清史稿》记载:"盖清自崇德初元,已厘定上下冠服诸制。"就此推算,崇德元年(1636年)苏麻喇姑就参与了制定清朝冠服工作,当时至少也是十八九岁年纪,才能担此重任。据此推算,她约生于1616年前后,与孝庄太后年龄相近,比康熙帝大40岁左右。天命十年(1625年),苏麻喇姑作为孝庄的陪嫁侍女之一被带到盛京,从此在万人景仰而又神秘的皇宫里,开始了她极富传奇色彩的一生。

在陪伴孝庄学习的过程中,她不仅掌握了满语,而且写得一手漂亮的满文。历经数年熏陶,加之她"性巧黠",成长很快,是孝庄众多陪嫁侍女中最为出色的一个,深得孝庄器重和信赖。

赖其训迪,手教国书

苏麻喇姑在协助孝庄抚育、培养清朝开国两位幼龄帝王时付出了巨大努力。为了照顾幼年康熙帝,无论春夏秋冬,她每天骑马往返于慈宁宫与福佑寺之间,风雨无阻,北长街的路上留下她奔波的身影。

康熙帝曾回忆说:"朕自幼龄学步能言时,即奉圣祖母慈训,凡饮食、动履、言语皆有矩度,虽平居独处,亦教以罔敢越轶,少不然即加督过，赖是以克有成。"这份教育、监护的事务便由苏麻喇姑负责。

苏麻喇姑不仅指导、规范玄烨每日的饮食起居和言谈举止，更重要的是教育他读书写字。"赖其（苏麻喇姑）训迪，手教国书"，《啸亭杂录》中有关《苏麻喇姑》的这条记载，记录了玄烨幼时，苏麻喇姑辅导其学习满文，耐心讲解、反复示范，手把手地教其书写的情形，这为玄烨日后的满文功底打下了良好基础。而《清圣祖实录》记载："朕自五龄，即知读书"，也可以侧面印证这段史实。

由于苏麻喇姑的教育引导，康熙帝产生了喜读书、爱学习的志趣，这也是康熙帝作为杰出帝王受到的最早启蒙教育，为他日后的成长发展奠定了坚实的基础。

苏麻喇姑作为孝庄与玄烨保姆、乳母之间的联络人，将玄烨日常起居情况及时报告孝庄，并按照其旨意，对保姆进行督导，涉及有关生活物品事宜，即与分管官员协调沟通，妥善处理，确保玄烨宫外避痘生活保障，从而为年幼玄烨的身心发育、健康成长起了决定因素。

苏麻喇姑终生未嫁，倾注其全部心血和精力辅佐孝庄，在培养保护福临、玄烨两位幼龄帝王的艰难历程中，竭尽全力，得到了孝庄的信任和重用，更得到了康熙帝及其儿女们对她的敬重，亲切地称其为"苏麻喇妈妈""苏麻喇祖母"。

性好佛法，暮年持素

苏麻喇姑晚年的主要精力更多用于佛事活动。《啸亭杂录》记载其"性好佛法，暮年持素"。她每日在佛像前为当朝康熙帝念佛祈福，祝愿其长寿安康，表达了对康熙帝的一片赤诚之心。

而康熙帝对苏麻喇姑的理解和尊重，也是前所未有的。苏麻喇姑晚年生病期间，康熙帝正在塞外巡视，得到皇子们发来的奏报，甚为焦虑，命令全力以赴挽救苏麻喇姑的生命，指派留守京城值班的皇三子、皇八子找医送药，并嘱咐皇子们，让苏麻喇姑仍旧留在原住处疗养，不按惯例，挪往养病之所。贫苦牧民出身的苏麻喇姑，从不信医药，尽管病情十分严重，仍坚持自己多年的习惯，拒服康熙帝的指示用药。最终，康熙四十四年（1705年）九月初七日，年逾九旬的苏麻喇姑因急性菌痢死于宫中。

苏麻喇姑去世后，在京皇子参加遗体安放仪式，由她抚养大的十二阿哥为之供饭诵经，按照苏麻喇姑的身份等级，享此殊荣的仅此一人。生前，她与孝庄日夜相伴，死后，她的墓也伴随孝庄太后经历了由"暂安"到"奉安"的过程，最后被葬在清东陵风水墙外东南方向的新城，其园寝规格，应是依照宫中嫔的等级标准。

启蒙教育对人的一生至关重要。康熙帝如此博学而又成功的背后，显然与他儿时的启蒙老师、传奇女子苏麻喇姑密不可分。

清宫的神秘部门
——粘杆处

孙浩洵

说到粘杆处（亦可写作黏杆处、粘竿处），人们多联想到血滴子，时下流行的一些清宫电视剧也多提到这个神秘的部门。据传，粘杆处为清世宗雍正帝所创，意在刺探情报、铲除异己，是一个训练有素的特务组织。但历史上的粘杆处到底是什么样的部门？职能又是什么呢？

粘杆处的正式名称叫做上虞备用处（也称尚虞备用处，满文：dergi buthai hacin belhere ba）。根据《光绪朝会典事例》记载，粘杆处在顺治初年就已经设立，初归侍卫处管理，当时主要是上驷院的司辔、司鞍侍卫的兼差，没有定员。其后一直存在，到宣统年间仍有关于粘杆处的记载。

粘杆处长官最初为侍卫班长，后来改为管理大臣，主要在宗室王公、蒙古王公、额驸、满洲蒙古大臣内选用，无定员。其下主要设侍卫和拜唐阿（也

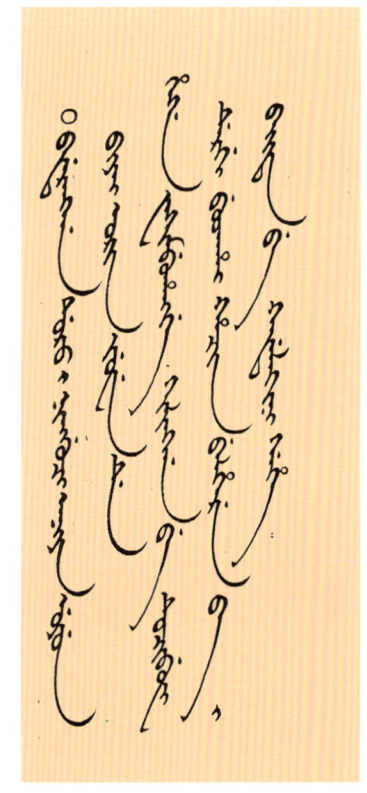

简派希凌阿管理上虞备用处事务事谕旨

作栢唐阿，指各衙门部院管事无品级、随营听用之人）。协理事务头等侍卫1名、粘杆长、头等侍卫1名、二等侍卫3人、三等侍卫21人、蓝翎侍卫15人；额设粘杆拜唐阿40名、备网拜唐阿12名、额设库拜唐阿10名。除此之外，还有一些扈从的备差侍卫、拜唐阿、鱼钩匠、守库掌、笔帖式等。

粘杆处真如野史所说搞一些诸如暗杀、窃取情报的事务吗？据《御制增订清文鉴》记载，该处用于造办渔猎之网、杴网、夹子、粘杆等物。昭梿的《啸亭续录》则认为该机构主司皇帝巡狩时扶舆、擎盖、捕鱼、罝雀之事。由此我们不难看出，粘杆处主要是随侍皇帝出巡渔猎的机构。实际上，粘杆处主要职掌有三：

一是分班入值，宫廷宿卫。按照规定，管理大臣应将粘杆处侍卫分为六班，分别在宫内当班，站岗，保卫宫廷安全。

二是巡幸扈从，供其执事。皇帝巡幸出行之时，粘杆处必须派员陪銮伴驾，随侍皇帝，做执灯、帮车、帮轿、提镫、捕鱼、逮鸟、抓兽、修网等事。

三是稽查可疑，派员缉拿。道光十四年（1834年）发生了韦陀保假冒都察院呈递折件之事。此后，道光帝就定下规矩，粘杆处侍卫每天早晨在奏事处接收折时派两员稽查，如奏事处查出某人形迹可疑，立即拿获。

究竟什么样的人可以在粘杆处当差呢？除了管理大臣必须是宗室王公等外，如侍卫必须洁身自好、行动敏捷、年轻力壮、弓马娴熟者方可担任，目的在于"盖以少年血气偾张，故令习诸劳勤，以备他日干城侍卫之选"。权倾朝野的大贪官和珅，就在乾隆三十七年（1772

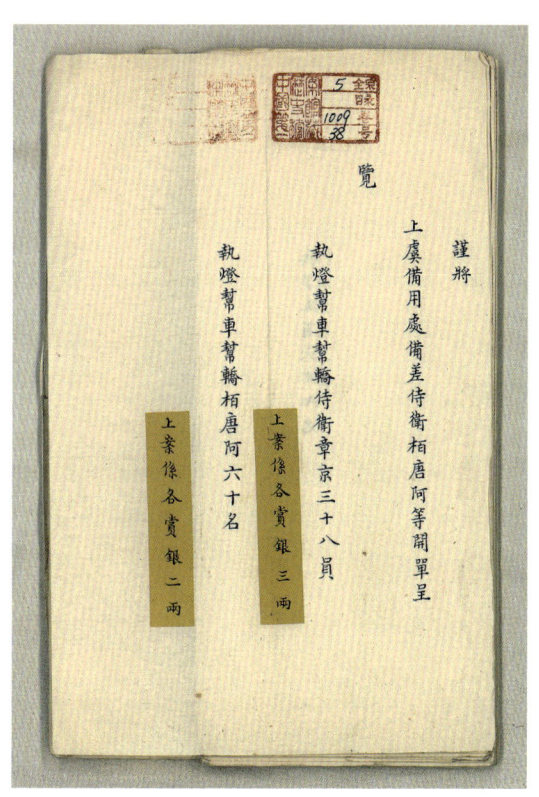

总管内务府呈上虞备用处等侍卫柏唐阿清单

年),被授三等侍卫,旋挑补粘杆处侍卫,随后平步青云。此外在雍正朝以后,粘杆处也逐渐成为一些王公大臣赎罪效力行走之场所,这在实录中多有记载,如胡什礼、扎勒杭阿、富昌等皆曾在此工作。

  粘杆处到底是不是一个训练有素的特务组织?按照现有史料来看,粘杆处只是扈从服务皇帝的机构。如果我们想要对粘杆处进行更加深入的研究,无疑需要更多相关史料。可喜的是,目前中国第一历史档案馆的档案数字化成果不断涌现,可供利用研究的档案会愈加丰富,笔者相信这将有助于揭开粘杆处的神秘面纱。

康熙帝御书"中山世土"

刘洪胜

琉球（现日本冲绳县），自明朝起就是中国的藩属国，每两年来华进贡一次，其贡使乘船由福建登陆，北上进京。明末，局势动荡，中琉交通中断。顺治年间，清廷遣使招抚琉球，续建中琉宗藩关系。康熙帝即位后，双方关系发展迅速。

顺治十一年（1654年），清朝颁给琉球诏书印信，并沿袭明代朝贡体制，因南方反清力量活跃，清朝未"封"、琉球未"贡"，中琉交通即告中断。至康熙二年（1663年），清朝遣使册封尚质为琉球国中

康熙题匾——中山世土

山王，琉球随后遣使谢恩，自康熙五年（1666年）起两年一贡，双方建立起实质性的宗藩关系。后因吴三桂起兵叛乱，耿精忠踞福建响应，中琉交通再次中断。其间，琉球派员探问并拒绝耿精忠招抚。康熙十六年（1677年）二月，清军收复除厦门外的福建全境。次年，琉球恢复朝贡。

康熙十九年（1680年），琉球世子尚贞（尚质长子）派遣耳目官毛见龙、正议大夫梁邦翰赴京入贡并请求袭封"中山王"。康熙帝认为琉球"恭顺可嘉"，同意遣使册封，并命翰林院检讨汪楫、内阁中书舍人林麟焻为册封使。汪楫请求皇帝颁赐御书，礼部奏议不准，康熙帝却不以为意，亲书"中山世土"四字赐给琉球。众臣认为，不仅其字体"尽善尽美，毫发无憾"，而且使属国"咸知皇上以人文化成天下之意"。

康熙二十二年（1683年），汪楫等携带诏敕和御书赴琉球册封尚贞为中山王，得到了琉球方面的高度重视和反馈。尚贞给康熙帝的奏书称"蒙皇上特恩赐臣御笔，煌煌天翰遥颁小邦，荣光烛天……"，又称因康熙帝"文德功烈，格天感神，且有御笔在船"，册封船到达琉球时出现了"万鸟绕篷而飞，两鱼夹舟而进"的瑞象。琉球作为明朝藩属，经济文化发展久受其益。明朝覆灭，又经清初交通反复断续，中琉关系不确定因素增强。尚质去世之后尚贞久未受封，康熙帝此时遣使册封又亲赐御书，其政治意义巨大。尚贞获得的不仅仅是"中山王"的封号和御书，更是清朝重视琉球，中琉关系朝着更紧密方向发展的强烈信号。同年十一月，尚贞遣使谢恩，并进献了感谢册封国王和颁赐御书的贡物。

康熙帝御书"中山世土",开创了清朝皇帝颁赐琉球御书的先例。此后各朝均有颁赐,颁赐时机也不限于册封国王,雍正帝就曾在琉球遣使庆贺登极时,赐"辑瑞球阳"四字。康熙帝为琉球题写御书,还对其他藩属国产生了影响。册封安南的使臣明图也请求赐安南御笔,康熙帝认为"安南亦系外藩,既已颁赐琉球,安南亦应颁赐",时值康熙帝巡幸五台山前夕,出行回京后,御书"忠孝守邦"四字赐给安南。

随着局势的稳定,中琉关系在结束了交通时断时续的状态之后,步入了快速升温的轨道。进贡物品、赏赐物品、接贡、贸易免税、派遣官生等活动及制度不断完善,开创了中琉关系长期稳定发展的新格局。

宫廷鹰鹞

刘桂林

鹰鹞是历代文人墨客笔下的重要题材之一,尤以题咏描绘鹰鹞的诗词歌赋、绘画书法不胜枚举,而在诗文中提到鹰鹞的佳句,更是不可胜数。遨游苍穹的鹰鹞,为何如此博得人们的青睐?其中一个重要原因,是由于它具有不畏艰险、敢于进击的天性。

以射猎习武为世代习俗的满族人民,很早就与鹰鹞结下了不解之缘。他们生活的东北地区更是成为向清廷进献鹰鹞的基地。在呈进清廷的鹰鹞中,当首推名鹰海东青。由于此鹰自海东而来,所以称之"海东青",也名"海青"。它俊健无比、擅捕天鹅,从它捕得的天鹅的嗉囊中,还往往可以获得珍贵的东珠,因此备受人们的喜爱。

清代鹰户同其他皇庄庄户一样,照例要向宫廷交纳赋税丁银。如果鹰手向朝廷交鹰,则可将鹰折银,抵销正赋。《大清会典事例》记载,顺治十八年(1661年)议准,凡鹰户投充新丁,有交海青者,每架可折银30两,另赏银10两、

明 林良《双鹰图》

毛青布20匹。而交普通鹰者，一等鹰每架折银15两，二等鹰10两，三等鹰5两，四等鹰和体长尺余、只捕小鸟的鹞子，仅折银1两。辽东、黑龙江一带是呈进名鹰海东青的主要地区，其他地方鹰户捕猎海东青的，皇帝也谕令照例赏赐。从朝廷优厚赏赐来看，也足见海东青之珍贵。

各地鹰手由鹰户头目率领猎捕鹰鹞。捕得的鹰鹞，一方面呈进宫廷，由清宫内务府养鹰鹞处收缴饲养，供皇帝御用；一方面用鹰鹞来猎获雉鸡，供内廷御膳和祭祀。

随着木兰秋狝的开展，在清康熙年间宫内即设立了鹰房，用以饲养鹰鹞。乾隆十一年（1746年），改鹰房为养鹰鹞处，除饲养鹰鹞外，还饲养猎狗，因而也称狗处。据《啸亭续录》记载，养鹰鹞处始设于紫禁城东华门内。嘉庆七年（1802年），奉谕令迁往东安门内长房。据《历代职官表》记载，养鹰鹞处设管理事务3人，由王公、御前大臣或侍卫等兼任；协办事务兼鹰上统领2人，头领和副头领各5人，另有笔帖式3人。

此外，在西直门法华寺内，还建有规模宏大的鹰厂，在鹰厂内建有精致的雕笼，专以饲养鹰、鹞、雕之用。据清代内务府档案记载，乾、嘉年间曾经对雕笼大加修饰。由于饲养鹰鹞数量的增加，有时雕笼不足，赶忙添做。嘉庆十八年（1813年），笼养鹰鹞雕等猛禽，占有正房和厢房达14间之多。雕笼每座各面阔、进深1丈2尺，柱高1丈，5檩挑山。笼内放置直径3尺、高1尺的40斤木盆一个，以投放饲料和饮水。鹰鹞入笼饲养之前，由养鹰鹞处行文内务府营造司，要求建造或修理雕笼。嘉庆六年（1801年）三月，有6只雕要入笼饲养，就修理了旧有的3座雕笼和3个杉木鹰盆，另外添做3座雕笼，并成造了铁箍杉木鹰盆3个。当时仅用于添造3座雕笼的席箔，就达144领。按照养鹰鹞处要求的日期，这3座雕笼在城内成造之后，装13车，从城内米盐库再运到西直门法华寺鹰厂，以备应用。如果所养之鹰雕出笼，仍由养鹰鹞处知会营造司，将无用的雕笼派人查收，拆卸后再运回城内米盐库收存。

野生的鹰鹞，原本以飞鸟和各类小动物为食。它们由宫廷饲养时当然要顺其食性，喂以肉食。据宫内所存乾隆年间的《养牲底簿》记载，雕鹰每只每日食用羊肠10两，而鹞子每只每天则食用6只麻雀。

海东青雕像

每当秋高气爽，禽兽肥美之时，清帝总要巡幸木兰，行围射猎。届时车水马龙，浩浩荡荡。在上万人的狩猎队伍中，养鹰鹞处的官兵鹰手披弓架鹰，威风凛凛，北上随围。经过精心饲养训练的鹰鹞，此刻是大显身手的时候。行围结束后，照例要举办庆功会。在艺人们演奏的乐曲中，还有一首《飞燕捉天鹅》的曲子。不仅如此，康熙年间，皇帝还曾谕令在华的西洋人利类思（意大利）撰写了洋洋万言的《鹰论》。乾隆时期任职宫廷的西方画师郎世宁（意大利）、艾启蒙（波西尼亚，在今捷克）等，也在画幅上描绘过苍鹰的雄姿。鹰鹞之被清宫重视，由此可见一斑。

望子成龙的康熙帝

陈宜耘

望子成龙,是每位做父亲的心愿,从古至今无一例外。康熙帝便是其中之一,他不仅是一位深谋远虑的政治家,同时也是一位为培养下一代不遗余力的父亲。康熙帝有子35人,成年者20人。在他看来,众多皇子的教育事关清王朝的兴衰成败,至关重要。所以,康熙朝皇子们在四五岁就开始读书学习,比雍正帝之后历朝皇子(6岁读书)都要早一些,而且皇子学习的时间大都在10年以上。即使皇子受封分府,康熙帝仍指派老师与之同住府中。

针对皇子的教育,康熙帝严格选派品行端正,学问优长的老师,而且亲自参与教学,采取重点施教,区别管理的方法。

首先,对已定为皇储的二阿哥胤礽重点教育。6岁前,胤礽由康熙帝亲自教育。康熙帝在宫中对皇太子勤加提命,督促其背诵经书,并亲为讲解,日夜不辍,可见他的用心与严格。对胤礽学习中存在的薄弱环节,康熙帝采取出阁(皇子成年后称"出阁")读书的新方法,即在满汉大臣面前讲释儒家经典,并命江宁巡抚理学名臣汤斌等专门辅导。由康熙帝和老师为胤礽讲解经书,然后由胤礽复述,如此循环,经过多次实践,胤礽进步很快,表现出色。汤斌曾在给家人的信中感慨:"自古来帝王教太子之勤,未有如今日者也。"康熙帝本人对自己的创新很是得意,曾对大臣们炫耀说:"自古人君于太子讲书时,从无命其复讲之例。今太子略能复讲,此例自朕始行之。"

其次，根据每个皇子的特点，因人施教。据法国传教士白晋在信中描述，"当他（康熙帝）发现他的第三个十六七岁的孩子，具有一种非常适合从事这种科学的才能，以及其他一些优秀品质……就开始亲自给这孩子讲我们的几何学原理。"这个十六七岁的孩子即皇三子胤祉。经过观察，康熙帝让十五阿哥胤禑、十六阿哥胤禄与胤祉一起，向意大利传教士德理格学习律吕知识。经过学习，康熙帝命胤祉主持纂修《律历渊源》。成书之后，胤祉再次受命修辑律吕算法诸书。在方苞、徐元梦等著名学者的参与及十五阿哥胤禑、十六阿哥胤禄的协助下，他经过一年的努力，终于完成了《御制律吕正义》一书。康熙帝对此感到由衷的自豪与欣慰。

康熙帝本人对自然科学和科学技术怀有浓厚的兴趣，是清代诸帝中学识最为渊博的一位。自然，他对皇子们的期望值也很高，希望他们全方位发展，成为广闻博学的全才。康熙帝教育皇子的方法也不拘

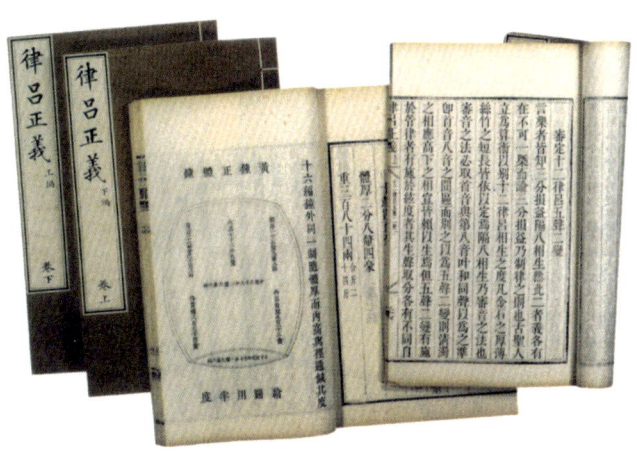

《御制律吕正义》

《大清世宗章皇帝实录》关于康熙帝观测日食的记载

一格,擅长抓住各种机会。康熙帝巡视塞外,一般会带上若干皇子,参加围猎实践锻炼,不仅训练弓马骑射技艺,而且磨炼意志,强健体魄,培养不畏艰险,勇敢顽强的性格。同时,康熙帝也不忘现场施教,如何指挥与调度,训练皇子们统兵作战的军事本领。

康熙帝还曾率皇子们在乾清宫观测日食。雍正帝曾于雍正八年(1730年)追忆当时情景:"昔年,皇考亲率朕同诸兄弟在乾清宫,用千里镜,四周用夹纸遮蔽日光,然后看出考验所亏分数。"一个身为皇帝的父亲,带领皇子们亲手操作仪器,观测日食,在整个封建社会也是绝无仅有的。康熙五十年(1711年)春,康熙帝巡视通州河堤,皇太子胤礽等7名皇子随驾,康熙帝现场指示挖河建坝事宜,现场示范如何使用科学仪器丈量土地，并耐心向皇子及大臣们讲解这一测量法的原理。

在培养知识、技能的同时，康熙帝还特别注重教育皇子们孝敬祖先，不忘满洲旧俗的传统，以及为人处世、养生之道、生活常识等方方面面。总之，作为父亲，他希望皇子们兼收满汉文化精华，成为能文能武、有勇有谋之人。

望子成龙的康熙帝，在教育皇子方面的良苦用心，在于使皇子们成为掌握知识技能最为全面的人，期望他们成为他的得力助手，守住大清的江山，巩固清王朝的统治。

《大学》
——清代皇子的必修课

刘 超

清廷吸取了前朝的历史教训,非常重视皇子的教育。雍正时设上书房,皇子、皇孙、曾孙及近支王公子弟年满6岁进上书房分房读书。皇子们读书入学年龄早、学习时间长、规矩严、课程多。学习内容包括满文、汉文、蒙语、弓箭等。所读书籍以"四书""五经"等儒家经典为主。

现珍藏于中国第一历史档案馆的《大学图》也印证了清朝对皇子们儒家文化教育的重视。原图长131厘米、宽63厘米,宣纸手工绘制。

《大学》是中国古代儒家经典著作之一,原为《礼记》第四十二篇。宋代程颢、程颐兄弟把它从《礼记》中抽出,编次章句,以与《论语》《孟子》《中庸》相配合。至南宋淳熙年间,朱熹撰《四书集注》,将它和《中庸》《论语》《孟子》

康熙帝便装写字像

合为"四书",列"四书"之首,使《大学》成为南宋以后理学家讲伦理、政治和哲学的基本纲领,在封建社会后期影响极大,是中国历代帝王必读之书。清代将其加译满文,成为满汉合璧形式,作为清朝皇室子弟日常学习的课件。

康熙帝就曾回忆，他幼时读书从不间断，累得咯血，仍然坚持，每日将老师指定的课文念上120遍，之后再背诵一段新的内容，直到把《大学》等完全背诵下来。

《大学图》作者吕抚，字安世，号逸亭，浙江新昌人，清代藏书家，生于康熙十年（1671年）十二月，卒于乾隆七年（1742年）四月。他为便于世人掌握《大学》之道，继承儒家思想，恪守人世间伦理道德规范，以一目了然的图谱形式绘辑了该图。后传入清朝皇宫之中，成为皇子皇孙学习儒家思想的重要教材。

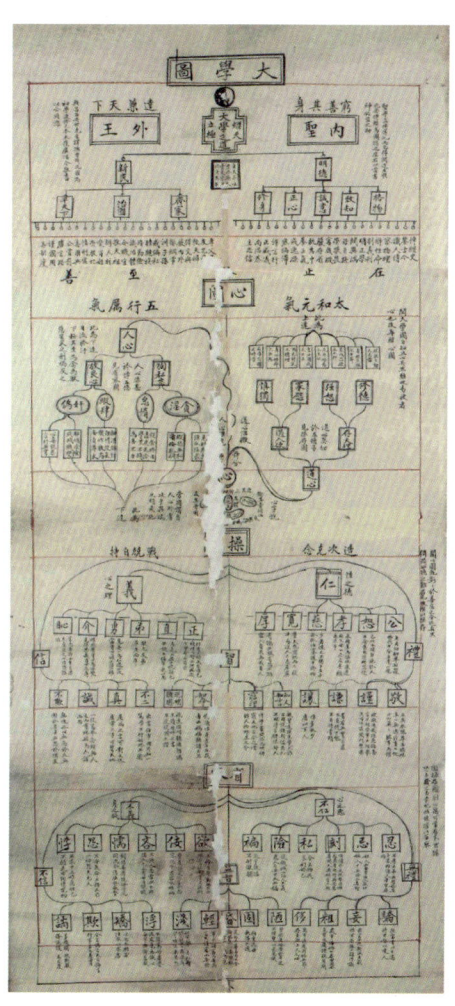

《大学图》

《大学图》由四部分组成，依次为《大学》《心图》《操存》和《省察》，以图谱形式绘辑。《大学》部分所展示的，是儒学三纲八目。所谓"三纲"，是指明德、新民、止于至善。它既是《大学》的纲领综述，也是儒学"垂世立教"的目标所在。所谓"八目"，是指格物、致知、诚意、正心、修身、齐家、治国、平天下。是为达到"三纲"而设计的条目工夫，儒家的全部学说实际上都是循着这三纲八目而展开的。所以，抓住这三纲八目就等于抓住了一把打开儒学大门的钥匙。其内涵包括"内修"和"外治"两大方面：前面四级"格物、致知、诚意、正心"是"内修"；后面"齐家、治国、平天下"是"外治"。而其中间的"修身"一环，则是连结"内修"和"外治"两方面的枢纽，它与前面的"内修"项目连在一起，是"独善其身"；它与后面的"外治"项目连在一起，是"兼善天下"。两千多年来，它铸造了一代又一代中国知识分子的人格心理，让一代又一代中国知识分子秉持"穷则独善其身，达则兼善天下"的信念，实践人生的追求。《大学图》则是儒家经典《大学》的通俗图解与形象诠释，以言简意赅的词句诠释了《大学》，通俗易懂的语言阐明了儒家思想文化精髓和基本内涵。该图简明、新颖、独特、便于学习、记忆和掌握，有些标题和诠释可谓作者的独创和人生经历的总结，是一幅难得的、具有博古鉴今意义的思想伦理道德图谱。同时，它也成为清朝皇帝修身养性、内圣外王的道德标准。

"正大光明"匾背后的故事

王光越

紫禁城,肃穆的太和殿,金镶玉嵌的天子御座,衬托出皇权的无限威严。在漫漫的中国封建社会里,为了这赫赫皇权,演绎出了太多太多父子反目、骨肉相残的历史活剧。其中有郑伯克段欲擒故纵的机谋;有唐太宗玄武门布下的刀剑;有曹子建《七步诗》的凄楚哀怨;也有大宋内廷"烛光斧影"的传闻疑案……登上宝殿御座,"君临天下"不再单是一种威仪,而是封建社会特定的民族、阶级、集团乃至个人利益的最高体现。

到了清代,从太祖努尔哈赤到康熙帝玄烨,在100余年的时间里,攻城略地,平藩戡乱,设署建制,励农经商,无论军机政务多么繁忙,却始终不能摆脱激烈的皇权斗争的困扰,以致堪称一代明君的康熙帝,也被皇子之间的相互攻讦、结党谋奸弄得心力交瘁。

从皇位传承的模式上看,在康熙帝之前,清太祖努尔哈赤的儿子皇太极,是通过八王共治的推选制度继承汗位的。皇太极的儿子福临,基本上也是采用推选制继位的。康熙帝幼龄继位,则是孝庄皇太后的决策并取得了顺治帝福临的同意。在皇帝继位的前前后后,存在着激烈而复杂的权力斗争,虽然都最终避免了统治集团内部的分裂,但由皇权传承而引起的强烈政治震荡,在很大程度上影响着清朝统治的稳固和行政效率。

康熙帝是一位深受儒家文化影响的帝王,他很早即发现了缺乏规则的皇位传承，不利于皇帝的集权和封建政权的巩固。又恰逢平定三藩之乱的艰难时刻，康熙帝几欲亲征的决心和计划，为其推出嫡长子继承制提供了契机。康熙十四年（1675年）六月，康熙帝宣布以年仅两岁的嫡子允礽为皇太子。允礽在嫡子中虽排行第二，但因他的同胞哥哥夭折，遂位序第一。是年十二月十三日举行了清朝第一次立储大典，翌日，颁诏天下："授允礽以册宝，立为皇太子，正位东宫，以重万年之统，以系四海之心。"

但令康熙帝没有想到的是，在"一人之下万人之上"环境中成长起来的皇太子，日益显现出偏狭、暴戾、焦躁的性格特征。特别是随着年龄的增长，客观上他成为其他成年皇子觊觎皇位的首要攻击目标，而其自己也越来越不能安于长期处于储君的地位了。因此围绕皇太子形成了太子党，与之对立的是由部分皇子组成的反太子党。

太子党肆恶虐众，贪渎纳贿，对皇权产生了威胁；反太子党寻机攻讦，最终导致了康熙帝两立两废皇太子的结果，从此他再未明立皇储。但康熙帝已经不能遏制皇子们谋取皇位的野心了。后来的雍正帝胤禛，在他继承皇位的同时，也背负了阴谋篡位的恶名，留下了千古之谜。使得雍正帝的地位长期不得稳固。

雍正帝即位后，从自己争夺皇位的亲身经历中吸取了教训，建立了"秘密立储"制度。在《雍正起居注》中记载了雍正元年（1723年）八月十七日的谕旨。是日，雍正帝在乾清宫西暖阁面谕总理事务王大臣、满汉文武大臣、九卿：

我圣祖皇帝……命朕缵承统绪，于去年十一月十三日，仓辛之间一言而定大计……圣祖之精神力量，默运于事先，贯注于事后，神圣睿哲高乎千古帝王之上，自能主持，若朕则岂能及此也……今朕诸子尚幼，建储一事必须详慎，此时安可举行。然圣祖既将大事托付于朕，朕身为宗社之主，不得不预为之计。今朕特将此事亲写密封藏于匣内，置之乾清宫正中世祖皇帝御书正大光明匾额之后……以备不虞。诸王大臣咸宜知之。或藏数十年亦未可定，尔诸王大臣等当各竭忠悃辅弼朕躬……（诸臣表示无异议后）留总理王大臣将密封锦匣收藏于正大光明匾额后……

向王大臣、九卿表明不再公开立皇太子，而将立皇太子的秘密谕旨由王大臣见证藏在匣内，放于乾清宫"正大光明"匾后，待皇帝驾崩时一同拆启，当众宣布传阅，即刻确定皇子的帝位。正所谓公同所启，立定大统。

乾清宫正大光明匾额

关于秘密立储，有学者认为康熙帝已有计划，但未及实施。姑且不对此说进行辨析，仅就清代的秘密立储制度而言，无疑是雍正帝确立的。这种立储形式其实也并非清朝皇帝首创。据《旧唐书》卷一百九十八《波斯传》载："其王初嗣位，便密选子才堪承统者，书其名字，封而藏之。王死后，大臣与王之群子发封而视之，奉所书名者为主焉。"康熙帝与雍正帝作为饱读经史的帝王，对古今帝王术绝对是留心的，他们都可能留意过这条记载，只不过是雍正帝成了这种秘密立储制度的实践者。

秘密立储因为不过早地宣布皇位继承人,也不因循嫡长子继承制,所以有心帝位的皇子,从理论上说都有机会。他们心存希望,在不知父皇好恶的情况下,便会努力用帝王的标准来塑造自己的形象,以求将自己的名字简于帝心。同时,还因为没有明确的竞争目标,所以也不可能形成庞大政治集团的结党行为。此法虽不能彻底消弭统治者内部争夺帝位的斗争,却避免了公开确立皇储所造成的皇子之间的血腥争斗,以及储权对皇权的威胁,减弱了帝位之争的激烈程度,使得皇权得以平稳过渡,也使以后的皇权斗争,变得温和、充满计谋。其中最具典型意义的,就要算道光之子奕詝和奕䜣两兄弟争储了。

道光帝共有9个儿子,其中有条件和能力竞争帝位的只有奕詝和奕䜣两兄弟。两人关系密切,如同一母同胞。无奈皇帝既称寡人,皇位只有一个,究竟谁能成为皇位继承人,朝廷内外猜测颇多。

中国第一历史档案馆藏有道光帝的秘密立储匣。匣中有立储谕旨一份,满汉合书:"皇四子奕詝著立为皇太子。"又汉文书"皇六子奕䜣封为亲王"。内层的包封纸上写有"道光二十六年六月十六日",并有道光帝的签名。外层包封纸上写有满文"万年",也有签名。说明道光帝早在死前四年就已确定继承人。朱谕一份,上书"皇四子奕詝著立为皇太子,尔王大臣等何待朕言,其同心赞辅,总以国计民生为重,无恤其他"。放在一个带有"慎德堂"图记的板夹中。根据《上谕档》和《清宣宗实录》可以证明,此份朱谕是道光三十年(1850年)正月十四日道光帝临死前在圆明园慎德堂亲笔写的。但是它不是匣中的原藏谕旨,而是公启匣后一并放入保存的。

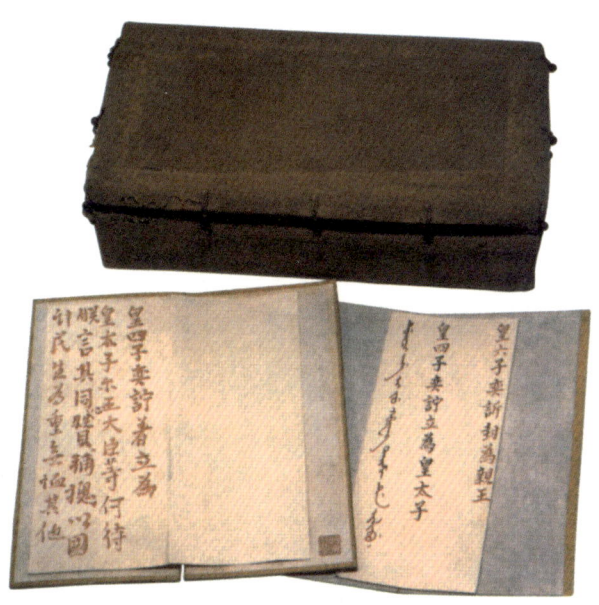

道光帝立储密旨及立储密匣

面对历史的沧桑，也许有读者还会发问：秘密立储制度，虽然有利于皇权的平稳过渡，但是不是也在很大程度上抑制了皇子之间的正面竞争，也不利于皇帝发现皇子所存在的人格缺陷。如果当初康熙帝采取了秘密立储，那么后来做皇上的就很可能不是有才干的雍正皇帝了，也就没有了康乾盛世。如此，清朝的历史会不会是另外一番景象呢？

历史是不能假设的，它把从历史个案的偶然性中探索历史发展必然性的任务，留给了后人。

紫禁城里闻皇子诵读声

张小锐

走进故宫的乾清门,就进入了内廷。在乾清门内东侧,坐南向北,有5间围房,在清代这里称为"上书房",专用于清代皇子、皇孙、曾孙及近支王公子弟读书学习。紫禁城里,宫禁森严,入宫当差者,未进东、西华门,就会被告知保持低声,怕惊了"圣驾"。因此,偌大宫廷,通常四周阒寂,唯有时时从上书房传出的皇子们朗朗的读书声,给空寂森严的内廷,平添了几许生色。

上书房正门

上书房的设立

清代皇帝对皇子的教育,甚为重视,顺治帝时即有上书房之说。康熙三十二年(1693年)初设"上书房",地址没有定所,曾先后在内廷的南熏殿、西长房、兆祥所、咸福宫等几处地方。到了雍正元年

（1723年），最终确定于乾清宫南庑的东首建上书房，此处距离乾清宫很近，便于皇帝亲自监督。雍正帝御书对联赐挂书斋："立身以致诚为本，读书以明理为先。"后来在西苑、圆明园皇家园林内也设有上书房。

上书房的规制

上书房，又称"尚书房"。按照清制，皇子、皇孙自6岁起就要到上书房来接受教育。老师称师傅，由翰林院官员担任，称上书房行走。上书房设总师傅，由级别更高的翰林院掌院学士充任。师傅主要教习经史、诗词及满、汉等文字。此外，皇子们还要在上书房学习弓箭，由精于弓马的伯哩谙达来指导，蒙古谙达教习蒙语，满族谙达教习清文。皇子要学会尊重师傅，与师傅见面行拱手礼。雍正初年还规定，诸皇子入学之日，要给师傅备下杌子（小凳）4张、高桌4张，桌上放置书籍、笔砚等。上课时间每日卯（早6时）进申（下午4时）出。课程基本是上午读书，午后写字、念古文、读诗等。所读书籍为四书五经、《性理纲目》《大学衍义》《古文渊鉴》等。总师傅每月至上书房二三次，或至各屋稽查功课。若遇元旦、端午、中秋、除夕、万寿节等重大节日，也可早下课或放假。

乾清宫旁的上书房

乾清宫是明清两代皇帝的寝宫，自雍正帝起虽改住养心殿，但乾

乾隆三十一年五月十三日

乾清宮

上諭朕昨見大學士軍機大臣面奉召見朕昨見十五阿哥所執扇頭有題畫詩句文理字畫尚覺可觀詢之知是十一阿哥之手幼齡所學如此自屬可教但洛欵作兄鏡泉三字則非皇子所宜此蓋師傅輩書生習氣以別號妄與取字不知其鄙俗可憎且於蒙養之道甚有關係皇子讀書惟當講求大義期有裨于立身行己至于尋章摘句已為末務刻以虛名相尚耶皇子中或年齒已長聞有書齋名字見之國章尚未大礙若十一阿哥方在童年正宜涵養德性尊聞行知又豈可以此種浮偽之事清其見識耶朕昔在藩邸未嘗不習意

詩文然從未有彼此唱酬題贈之事亦未私取別號循憶朕年二十二歲時

皇考世宗憲皇帝因辦當今法會一書垂問汝等有號否朕謹以未曾有號對我

皇考因命朕為長春居士和親王為旭日居士朕之有號實由

皇考所賜然亦從未以之署欵題識此皆和親王所深悉可聞而知也我國家世發浮棋之風所重在乎習國書學騎射凡我子孫自當恪守

前型崇尚本務以冀無貽悠久至於師號美觀何裨實濟豈可效書愍隨習流于虛謏而不加察乎設使不知省改相習成風其流弊必至令羽林侍衛官咸以脫劍學書為風雅相率而入於無用甚且改易衣冠變更儔俗所關於國

運人心良非淺鮮不可不知做慎朕此御製皇朝禮器圖序特暢申其言曾念阿哥等課誦過未批閱通鑑輯覽於北魏金元諸朝凡政事之守儲可法變更宜戒者無不諄切辯論以資考鑑將來書成時亦必頒賜講習益當仰體朕之思深計遠矣阿哥等誕育皇家資性原非常人可及其于讀書穎悟自易見功至若騎射行圍等事則非身習勞苦不能精熟人情好逸惡勞往往趨于呼便若不深自提策必致習為文弱而不能振作久之將

祖宗成憲閫識適惰其患且無所底止宜可不預防其漸耶阿哥等此時即苦辭章工書法不過儒生一藝之長朕初不以為喜若能熟諳國語編習弓馬乃國家創垂令緒朕所嘉尚實在此而不在彼總師傅等須董率泉師傅教以正道總諸達亦

旨令衆諸達時剽提撕勤勉勿使阿哥等耽于便安著將此諭實貼上書房俾諸皇子觸目驚心咸體朕意毋忽欽此

清宫仍被视为皇帝的正寝,也成为皇帝在内廷处理政务的重要地方。上书房设在乾清宫的南面,显而易见地体现了皇帝对皇子们读书的重视。老师的选定,对于皇子、皇孙的教育起着至关重要的作用,皇帝要亲自过问。上书房师傅或由皇帝钦点;或可在翰林院学士中拣选,由内阁带领引见,再由皇帝决定;或者由总师傅保荐。乾隆帝不仅为上书房御书匾额:"养正毓德",还会时常巡查上书房皇子读书的情况。在清宫档案中就有这样的记载:乾隆二十年(1755年)正月二十六日,"上书房行走诸臣,理宜勤谨供职。乃朕今日甫及未初,偶至上书房,

《孟子》图说

并不闻皇子等读书声，行走各员多半不到。试之以诗，虽依韵完篇，而全无精义，不意平日怠懈不能尽心课读至此，毓德养正之谓何？"事后，师傅松寿、蔡新等人受到罚薪3年的处分。

乾隆帝对在上书房读书的皇子们言行举止也是格外留意。据档案记载，乾隆三十一年（1766年）五月十三日，皇帝看见十五阿哥（永琰，即嘉庆帝）手持的扇子有题画诗句，询问之后得知出自十一阿哥（永瑆）之手，但落款为"兄镜泉"三字，乾隆帝认为不妥，"十一阿哥方在童年，正宜涵养德性，尊闻行知，又岂可以此种浮伪之事，淆其见识耶！"为此乾隆帝在乾清宫召见大学士及军机大臣时谕令："凡我子孙，自当恪守前型，崇尚本务，以冀垂贻悠久。至于饰好美观，何裨实济，岂可效书。"并命将该上谕贴在上书房，警示诸皇子。而当听到上书房皇子们朗朗的诵读声，乾隆帝也会为之心动，欣然写下"为声何朗朗，毓德想鱼鱼"的诗句。

清宫里的针灸与按摩

孙浩洵

秦始皇求仙入海处

自古以来，长生不老一直是历代帝王们梦寐以求的愿望。秦始皇曾派徐福率童男童女3000人入海访求仙药；汉武帝曾笼络了一批方士大兴土木造楼候仙。结果，长生不老终究只是黄粱美梦、空中楼阁，而无情的岁月、不请自来的疾病却让帝王们心生恐惧，随之而来的是各种行之有效、就地取材并立竿见影的医疗方法的衍生，以祛病强身延年益寿为目的，针灸技术与按摩手法就这样走进宫廷。

针灸

针灸是针法与灸法的总称。针法是用特殊的针具，并以各种针刺手法刺激患者体表从而达到治疗疾病、调养身体之效。灸法是用点燃的艾绒，烧灼患者体表穴位，利用这种热刺激来祛病养身。相传，伏羲"尝百草而制九针"。战国时期的《黄帝内经》也出现了大量关于针灸的记载。到了明代，针灸也被纳入太医院十三科之中。

清沿明制，在太医院共设九科，"一曰大方脉科、二曰小方脉科、三曰伤寒科、四曰妇人科、五曰疮疡科、六曰针灸科、七曰眼科、八曰口齿科、九曰正骨科"。每科都有专门医官。乾隆三十年（1765年）九月，皇五子永琪患病，太医院慕豫生通过诊脉，发现有六脉虚，阳气不足，且伴有腿痛等症状，认为除了需要用药物"补虚温暖阳气"外，又因其"腿疾在筋络，药力难以骤到"，故请同时用针灸辅助治疗。

然而，针灸在清代宫廷中使用与否与统治者的好恶有着一定关系。康熙帝就尤为热衷针灸，康熙二十八年（1689年）四月，康熙帝传问九卿政事得失时，曾提及"朕自幼过劳，知虑所及，弗复如前，目力不能书写细字，诸疾时作，不离灼艾"。再如康熙二十八年十二月，康熙帝本欲前去祭陵，但头痛之处经过艾灸并未痊愈，只能"令皇太子恭代，三皇子、四皇子亦令前往"。与之相比，道光帝就对针灸并无好感，甚至在即位第二年，以"针灸一法，由来已久，然以针灸火刺，究非奉君所宜"为由，取消了太医院针灸一科。

按摩

按摩，又称推拿，是我国古代中医的医疗方法之一，人们认为通过按摩能帮助身体的气血运行，达到舒筋活血的目的。有关"按摩"的文字记载最早出现在甲骨文卜辞中。在《黄帝内经》也有14篇论及按摩，主要涉及按摩的起源、应用、疗法等。隋唐时期，按摩正式进入官方医疗体系，甚至出现了"按摩博士"这一官职。到了明代，按摩正式成为太医院十三科之一。

与前代不同,清廷专门设立了按摩房这一机构。《宫女谈往录》内对此有一段生动的记载:"宫里头专有一个处,叫按摩处,归敬事房管,有二百来人,规模很不小。上至给皇上沐浴、剃头、修脚,下至给一般太监剃头、刮鬓(老太监没胡子,所以忌讳说刮须)。最主要的还是伺候太妃们,腰酸腿痛、筋骨不舒,甚至因夜间睡觉枕头垫得不合适,俗话叫'落了枕'了,这都是按摩处的差事。还有太监们

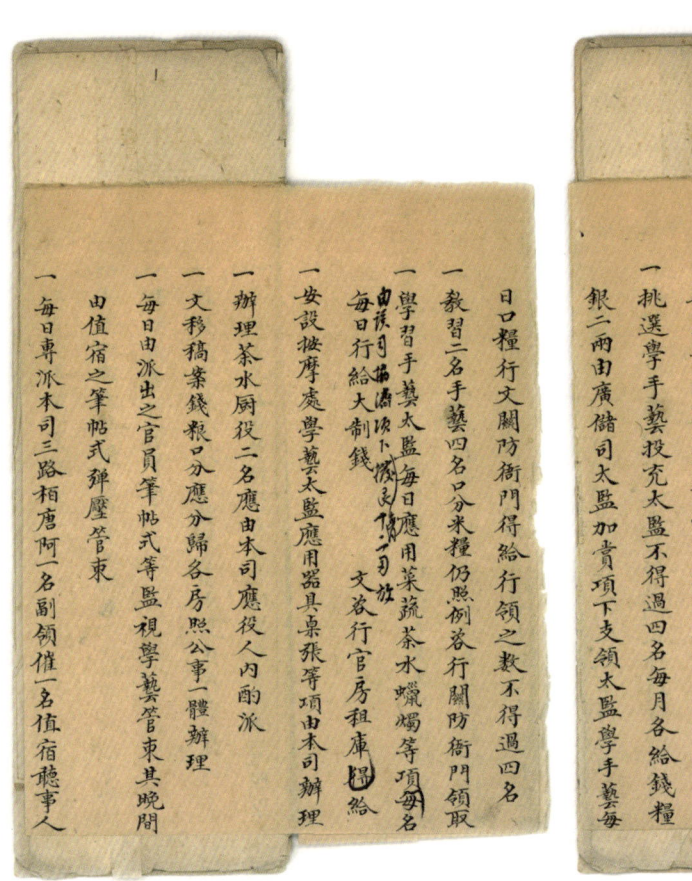

按摩所章程

平时短不了扭了骨，伤了筋，这也归按摩处来治，一般地说，皇上有御药房，太监们有按摩处。可以说，按摩处是个上下离不开，接触面最广，差事很杂的地方。"

根据中国第一历史档案馆藏档案记载，最早提到按摩房（亦称按摩处、按摩所）是在康熙三十二年（1693年）十月，康熙帝下旨令将剃头学习按摩太监10名、幼童8名及教习人2名交与内务府大臣，日间令其在外学习，晚间进内值宿。清廷除了培训剃头太监和幼童学习按摩外，还会从民间专门招募一些技术好的按摩者。康熙四十七年（1708年），康熙又下令内务府访察"外间剃头人有善于按摩者"以及所属佐领管领下人丁内有略会剃头、取耳按摩之人，如有则招募进宫。同年又规定了按摩房每年在各司可领取与办理的物品，如炭、煤、木柴向营造司领取；随侍所用车辆在掌关防内管领处领取；所用马匹、盘费则交都虞司、会计司办理等。不久又制定了相关章程。

道光十八年（1838年）七月，清廷以"此项人役向来未经传用当差不免日久废弛，且该处太监亦不按旧章学习，自应整理另议添裁以济实用"为由对按摩房进行了添裁，与此同时还制定了18条章程，主要涉及钱粮、日常生活开销、人员安排与管理三项内容。

那么按摩的手法是如何的呢？《宫女谈往录》记载了头脸以及背部不同的按摩方法。一种是用手掌，"先把双手搓热乎了，然后两个手掌对合在一起，像拜佛似地双掌合十，手指和手指之间，留有间隙，然后用双手仿佛剁菜似的，在我的头上、脸上往来地剁。他的十个手指的骨节都发出清脆和谐的声音。声音很美，很好听，就像正月里掷骰子，骰子在磁盔子里蹦跳；又好比一袋子核桃，一动袋子，核桃就咯咯乱响"；一种是用拳头，"把两手手指松松地卷起来，紧一阵、慢一阵、轻一阵、重一阵地捶打着。他们的内行话，叫打五花拳，这不是武术上的什么拳，是按摩术捶背捶腿专用的拳。捶打起来十个手指都发出咯咯的清脆的声音，如同正月里庙会上卖的风车，迎风一摇，风轮转动，秫秸杆发出脆而不喧的声响"，而这些手法，"按照穴位把肌肉关节都揉到了，都松开；在揉的过程中，又打五花拳，耳朵听着清脆的声音，让脑子里不能想别的，把神志全集中在五花拳的声音上。这样——似睡不睡，迷迷糊糊，进入沉酣的状态里，得到最大的舒服，最高的享受"。此外，除了依靠手法，相关器具也能达到按摩的效果。

随着清朝的灭亡，清宫按摩处最终退出了历史舞台。

冬季宫廷水果
——台湾西瓜

陈宜耘

台湾不仅风景如画，气候宜人，而且水果种类丰富，味道甜美。特别是台湾产的西瓜，早在清代康熙年间就是进献皇帝的贡品。西瓜，原产于非洲热带地区，沿丝绸之路传入中国，属热带水果。就地理而言，台湾位于中国东南沿海的大陆架上，东临太平洋，东北邻琉球群岛，南界巴士海峡，西隔台湾海峡与福建相望，是中国与太平洋地区各国海上贸易的重要枢纽。台湾气候冬季温暖，夏季炎热，雨量充沛，夏秋多台风和暴雨。由于北回归线穿过台湾岛中部，台湾北部为亚热带气候，南部属热带气候，年平均气温（高山除外）为22℃，年降水量多在2000毫米以上。独特的水土和气候特点，孕育了台湾独具魅力的风景，同时也为各类水果提供了适宜的生长环境。台湾产的水果更是远近闻名，尤以西瓜出名。

台湾西瓜分两种：一种是台湾土产西瓜，一种是御赐籽（皇帝赐籽）在台湾种植的西瓜。台湾西瓜于八月下种，十二月成熟，正月十五以前

木嵌各种玉石瓜果灵芝式九九如意

避暑山庄御瓜圃

在福州府起运送京。那么，台湾西瓜又是如何运到宫廷的呢？

据清宫档案记载，康熙五十二年（1713年），康熙帝派人将优质西瓜种籽送往福建试种，谕令将瓜子留大半，其余的派可靠之人带往台湾播种。康熙五十三年（1714年）十一月，闽浙总督范时崇前往台湾办理贡品西瓜的运输事宜。由于路途遥远，海上气候无常，风浪汹涌，运输十分不便，既不能保证规定的进贡时间，而且运输过程中西瓜极易磕碰损坏。这次办理皇差，直到来年正月二十三才把西瓜运到福州，这显然是延误了正月十五以前起运送京的时间。

为了保持新鲜和尽快运京，福建官府的船队，每年十一月份临近西瓜成熟期便起程赴台。台湾西瓜一运到福州，便立即北调浙江衢州府，由闽浙总督亲自挑选外观完好的西瓜，派官员按规定数量进京敬献给皇帝。同时，请皇帝回赏瓜籽，于六月带往台湾再次播种。

雍正元年（1723年），闽浙总督满保在向皇帝恭进西瓜的奏折中写道："御赐西瓜籽所获西瓜一百，泉州西瓜二十，台湾土产西瓜四十。"可见，进贡皇帝的西瓜多为御赐籽西瓜。雍正二年（1724年），雍正帝对进贡的台湾西瓜非常满意，特别用满文批示："本年西瓜甚好。籽已送去。"

由于海上运输的不便，以及大量人力物力的浪费，雍正元年（1723年）三月，雍正帝下旨："赐籽西瓜，来年进八十个足矣。泉州、台湾土产西瓜免进。"此后进贡的台湾西瓜均为皇帝赐籽西瓜，数量也有所减少。到雍正九年（1731年），进贡的赐籽西瓜由最初的100个，减到80个，最后减为12个。

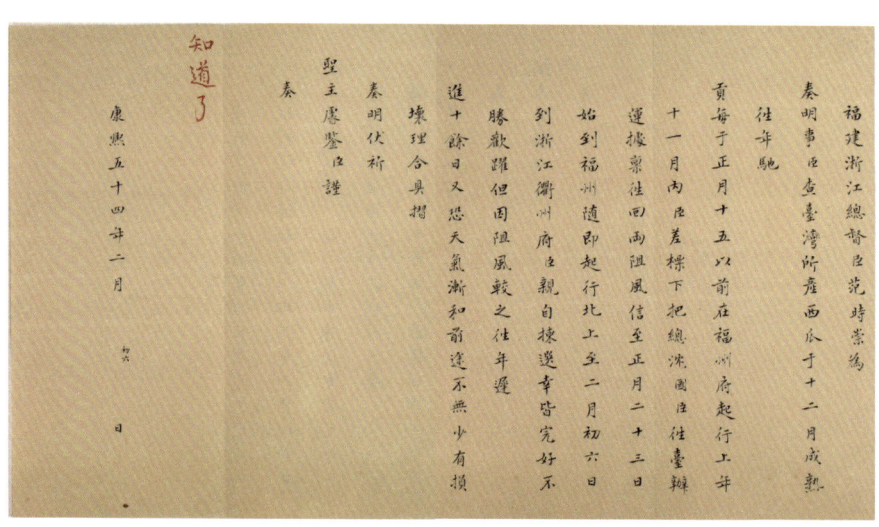

闽浙总督范时崇为办运台湾西瓜事奏折

乾隆元年（1736年）正月，刚登基的乾隆帝，给予台湾西瓜特殊的待遇。他特颁上谕，各省食物果品停止进贡，但台湾产西瓜照例进贡。皇帝不仅自己喜食台湾西瓜，还以此作为赏赉大臣的佳品。乾隆元年（1736年）三月，乾隆帝赏赐直隶总督李卫台湾西瓜1个。西瓜送到保定府，李卫随即出门跪迎，并把西瓜供奉香案前，叩头致谢："圣主在九重之上，念及微臣。瓜瓞绵绵，自天赐福。"其场面隆重而又神圣，可见御赐台湾西瓜受到何等尊荣，又是怎样的风光！时至今日，寻常百姓在冬季吃到远道而来的台湾西瓜，早已不是什么新鲜事。但说不定，这些西瓜还带着当年皇帝御赐瓜籽的基因呢。

清宫美扇

马德玲

悠悠夏日长，扇子伴身旁。扇子，可以摇动生风，是夏日人们的必备物品。而我们今天要说的宫扇，因在我国古代宫廷中常用而得名。宫扇不仅是祛暑纳凉的实用品，也是极具宫廷特色的观赏性工艺品。

早在商周时期，宫中就出现了长柄雉毛扇，但当时只是作为帝王外出巡视时的仪仗扇，同时还起到遮阳挡风避沙之用。西汉以后，随着丝织技术的发展，纨扇面世，扇子开始用于纳凉。三国时期，有了用孔雀毛、鹅毛等制成的出风和缓的羽扇。后来，宫扇又采用丝、绢、绫罗等丝织品做扇面，织绘图案。扇柄上还有扇坠、流苏等饰品。到明清时期，折扇也开始发展流行，成为"宫扇"的一部分。今天，我们只能从古代文人的画作和文献笔记等记载中见到年代久远的宫扇。而清代的宫扇，却因有许多保存于宫中，今天能够一睹风采。

清代的宫扇，扇面主要有纸质和丝织两大类，纸质扇面如素纸、色纸、金银、洒金等形式，丝织如绢、绸、缎、纱、罗、缂丝等多种质地，上面织绣花鸟等图案。扇柄的扇骨的制作材料有象牙、玳瑁、紫檀、鸡翅木、乌木、红木、檀香木、棕竹、湘妃竹、珐琅等，并且常常在竹木上雕刻精美图案，可谓材质名贵、设计雅致、做工精美。无论制扇工艺还是艺术水准，清代宫扇都达到了历史顶峰。究其原因，除了皇家用品的制造不惜工本外，还与皇帝个人的审美情趣和严格要求分不开。

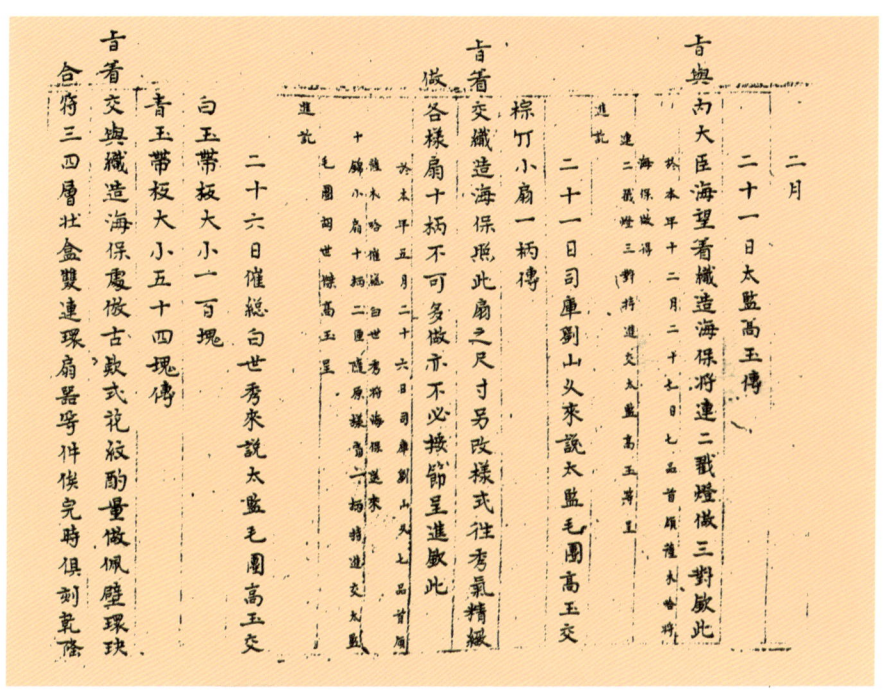

内务府造办处关于宫扇制作的档案

据清宫档案记载,继位不久的乾隆帝就对宫藏古扇进行过鉴赏和整理,并亲自授意宫扇的制作。乾隆三年(1738年)二月底,他命随侍太监找出一把宫藏棕竹股小扇,传旨苏州织造海保"照此扇尺寸另改样式,往秀气精致做各样扇十柄",还特意嘱咐"不可多做,亦不必按节呈进"。三月,乾隆帝传旨内务府造办处,将一对龙凤扇进行改造,令将扇子后面的孔雀毛拆下,换上他指定的锦面。到五月底,海保差人将原样棕竹股小扇交回,同时进缴奉旨制作的"金面十样锦扇子十柄"。乾隆四年(1739年)五月,乾隆帝又传旨让造办处修改了一把象牙扇,并将靶子中间压条花头不好的地方"着俱各另配做,先画样呈览,准时再做"。清中期正是国库充盈的时候,乾隆帝对宫扇制作又如此下功夫，宫扇质量最好也就不足为奇了。

清晚期慈禧太后主政时宫扇制作数量最多。仅在同治帝结婚时，大婚典礼处就奉旨传办了400把宫扇。在杭州织造所呈的一份《大婚典礼衣料活计各项报销册》中，详细记载了这批宫扇制作所需要的工料银两。如其中有"细绣时花双朋新样宫廷纨扇120把"，每把用料地一尺五寸（每尺价银2钱8分5厘）、绣匠三工（每工银2钱6分）、绣绒3钱（每两价银4钱4分）、真金箔5张（每张价银7分）、洒金工七分工（每工银2钱4分）、象牙柄箍及花锦沿边一副，计银1两8分、承做裱糊人工三工九分一厘工（每工银2钱4分）、大红回须并绿色辫线一挂（计银2钱8分4厘），以上每把料工银4两1钱5分9厘5毫，共用银499两1钱4分。还有"各种新样折宫扇100把"，每把用象牙等扇骨料（计银5钱4分8厘）、承做扇骨匠一工五分工（每工银2钱4分）、柿料纸一张（计银2钱3分2厘4毫）、承做扇面匠一工四分工（每工银2钱4分）、洒真金箔6张（每张价银7分）、洒金匠八分四厘工（每工银2钱4分）、骨眼旋一个（计银8分2厘），以上每把料工银2两1钱8分，共银218两。由此可见皇家制扇的考究与宫廷生活的奢华。

遥想炎炎夏日，清帝在处理政务的闲暇，把玩宫扇，享受其带来的凉爽意境；而后宫妃嫔们轻摇美扇，富贵典雅，不失为宫廷里的一道美丽的风景。

绣花团扇

没有空调房 皇帝也清凉

郑海鑫

俗语有云："小暑接大暑，热得无处躲"，"大暑"是一年里最热的时候。烈日炎炎、酷暑难当，这时候大家最惬意的就是能躲在空调房里享受清凉。在没有空调的古代，即使富贵如皇家，也只能使用扇子这一非常绿色、非常方便的降温工具来消暑，不过，清代宫廷的扇子远不是民间使用的那么简单。

无论民间还是宫廷，普通的手摇扇子都是生活常用之物。但皇家所用的扇子更像是精美绝伦的艺术品，无论是纸扇、团扇还是羽扇，用料和工艺都非常讲究，以之微微扇动，会有香风袭来，心静人自凉。

机械台扇

除了普通的扇子外，宫廷内还有一些新颖别致的机械风扇。

雍正二年（1724年）五月二十五日，雍正帝命人制作机械台扇一座。四天后，内务府造办处将所制的1架楠木架铁信风扇呈到雍正帝面前展示。只见人力驱动之下，风扇上共计6把小扇开始滴溜溜地转了起来，瞬间凉风习习，让雍正帝甚为欢喜。

雍正帝并没就此感到满足，而是命人继续制作和改良风扇，要求在原有基础上架子做矮一些、羽扇做大一些，同时再做1架黄葵纱风扇。

造办处很快又做出紫檀木架嘛呢顶大羽毛风扇1架、葵黄纱风扇1架，工艺精湛，再次获得雍正帝的好评，还获得了"黄纱风扇两架、蓝绫风扇两架"的追加"订单"。

自五月二十五日至六月二十八日，一个月之内，内务府造办处先后共制作出台式风扇6架，真是忙得脚不沾地。

拉绳风扇

当六月初八日造办处将改造好的风扇进呈后，雍正帝命人在室内推扇以解酷暑，细心的雍正帝发现他是凉快了，可因天气暑热，推扇之人汗出如浆，屋里气味委实不好。于是，好动脑筋的雍正帝又花心思琢磨怎么对风扇进行改造。

"朕想……不如将后檐墙拆开，绳子从窗下透出墙外转动。做一架，拆开墙洞，照墙洞大小做木板一块，以备冷天堵塞。俟保德收拾东暖阁之日，再拆墙砖，再做一架，放在西暖阁北边，绳子从隔断门内透在外边转动。"

雍正帝一声令下，造办处很快就造好了两架拉绳风扇，它的使用大大改善了室内空气质量，而在拆墙、做木板、在西暖阁装风扇的安排上也足见雍正帝心思之细腻。

想必是机械台扇、拉绳风扇的消暑效果很好，雍正五年（1727年）五月，雍正帝再次下旨将2架翎毛风扇安在太平台、将3架黄纱风扇安在圆明园九州清晏。

无论机械台扇还是拉绳风扇都在炎炎夏日为清宫送来了凉风，雍

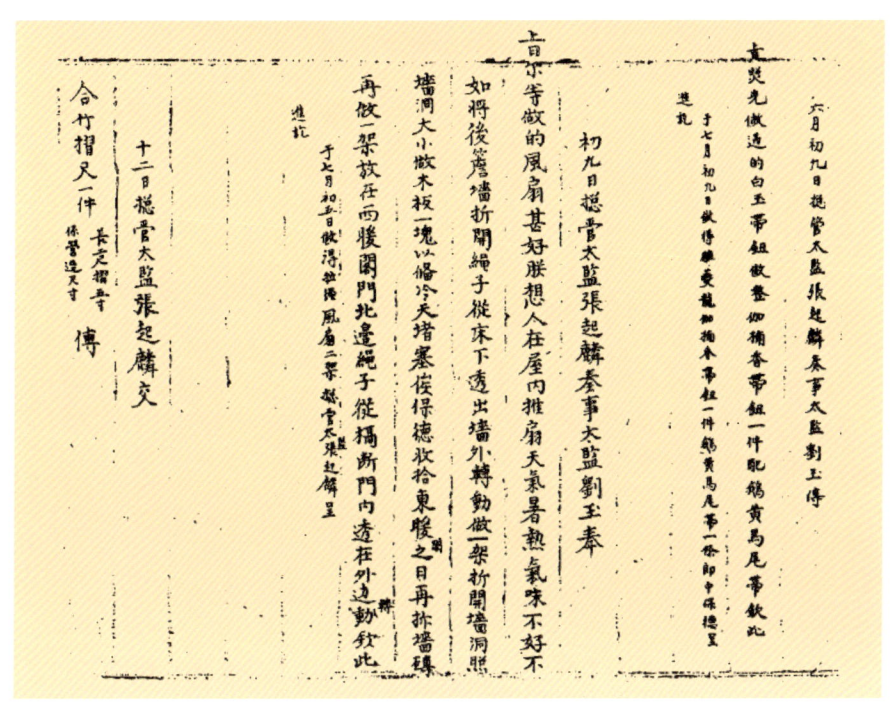

制作拉绳风扇的记载

正帝之后的继任者们也都继续命造办处打造风扇。

道光十年（1830年）六月，造办处做好1座楠木座葵花式风扇，道光帝看后对风扇的样式提出了修改意见："面上不要花纹，扇子要白绢团扇，铁管心比原样长高三寸，打眼安捎钉，铁挺比原样要粗什些，扇盘要收小，其木葫芦不要安，铜旗杆要小，推把挺比原样长高八寸，上要安横拉杆"，从花纹到扇面材质，从扇盘大小到推把尺寸，道光帝的指导细致入微，以此也足见其对风扇制作的重视。

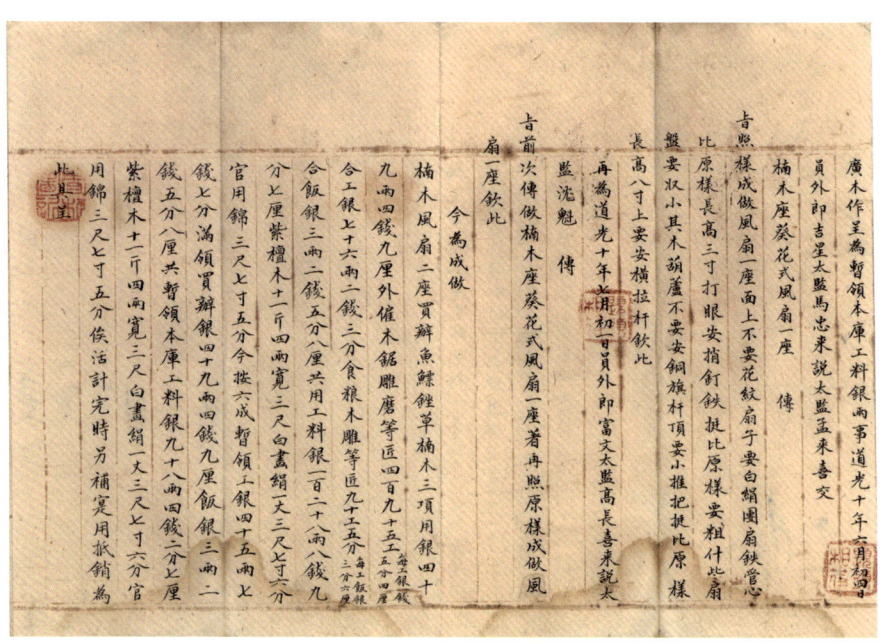

造办处广木作为暂领成做楠木风扇所需工料银两事呈稿

水风扇

用人力驱动风扇终究奢靡,而安装在圆明园四十景之一的水木明瑟殿内的水风扇,以流水为动力,更显巧夺天工。

水风扇由造办处承制,做好后从紫禁城西华门运出送至圆明园。从中国第一历史档案馆所藏一份对圆明园水木明瑟殿内水风扇修缮的档案中,我们能了解到水风扇的工料信息。因殿内水风扇经历年久,木胎浸湿槽朽难以承用,造办处造榆木水风扇一件,"用本库楠木二寸二分、买办榆木、鱼鳔用银二两六钱一分六厘,外雇木锯匠二十八工,每工银一钱五分四厘,用银四两三钱一分二厘"。

乾隆帝在《御制水木明瑟词》中称赞水风扇"用泰西水法引入室

中，以转风扇，泠泠瑟瑟，非丝非竹，天籁遥闻"。

电风扇

清末，随着西方先进科技产品的引入，电风扇也出现在清宫之中。

从一史馆馆藏内务府档案中我们可以了解到，宣统年间，西苑电灯公所为延禧宫备办风扇：订购挂扇8件，桌扇4件，壁扇2件，共计14件。

此时的造办处早已落后于时代，无力制造工艺如此"先进"的电扇。这些电风扇多由宫外购得，所费颇高：宣统二年（1910年）置办风扇用银306两2钱2分，而到了宣统三年（1911年）西苑电灯公所备办风扇差务用银款达到1682两之多。

西式手动风扇

清末引入宫廷的不只是电风扇，一些机械模型也被同时引入，将近代西方先进的科技以玩具形式展现在溥仪等皇族子弟面前。

比如有一件手动风扇，比手掌略大，用手捏动手柄或按钮，即可带动内附的齿轮装置，驱动扇叶送来阵阵凉风，兼具娱乐性和实用性。

清宫中消暑降温的风扇，从普通扇子到各类机械风扇，从雍正时期的人力风扇到乾隆时期的水力风扇，再到清末进入宫廷的各类西洋风扇，让我们了解到了宫廷风扇的制作工艺，也看到了近代先进技术对古老宫廷产生的影响。

请安折中意味多

侯文军

请安折，又称安折，主要是指各地方重要官员或在外京官呈递给皇帝请安的奏帖。清制，每逢年节、圣寿或重大喜事，官员循例具折请安。实际上，逢重大变故，官员亦会上折请安。据统计，中国第一历史档案馆藏有请安折5000余卷，167000多件。请安折规制严格，讲究颇多，朱批内容丰富，具有重要的史料价值。

一般认为，请安折制度由严至宽，康雍之后，流于形式，渐为循

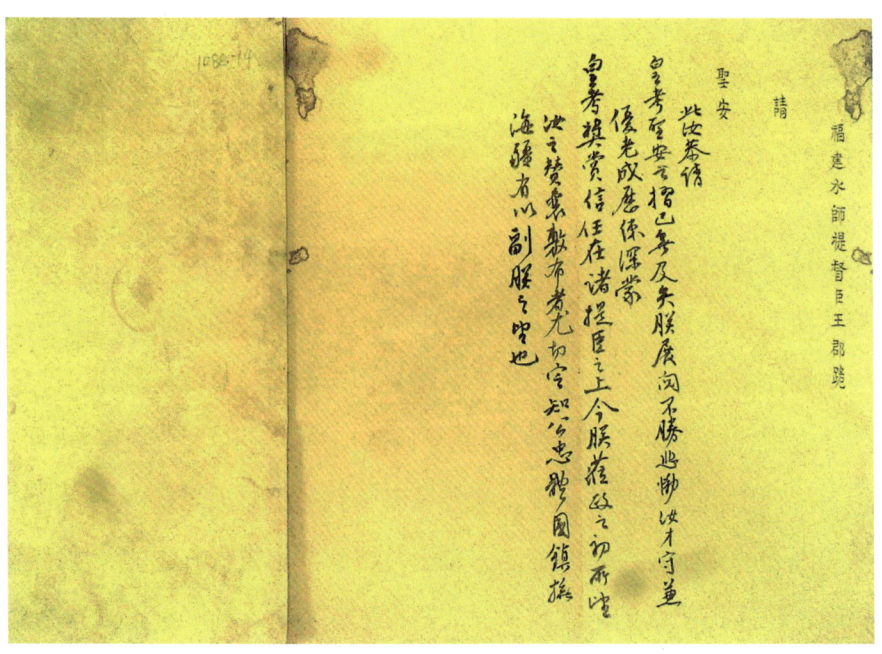

福建水师提督王郡请安折

例应办事件。官员从亲笔缮折到幕僚代拟,其内容多为简单问安语句,如"跪请皇上圣躬万安"或"恭请皇上圣安"等。皇帝的朱批内容多为程式化套语,如"朕安"或"朕躬安"等。清中以降,请安折御批罕见大段长篇,不过,在云贵总督尹继善呈递的一份请安折上,皇帝御批竟多达250字,殊为难得!

这份云贵总督尹继善为恭请圣安事奏折,三开,黄纸墨字。首扣用匀秀的正楷字体,分三行书写,折末未落具折时间。按此件请安折具折时间应在雍正十三年(1735年)七八月间,因滇黔路遥,折子到京时雍正帝已殡天。故尹氏用黄笺请安并未违制。折上御批系新君乾隆帝亲笔,墨笔行书,分17行书写,四次抬头,颇为讲究。(清制,

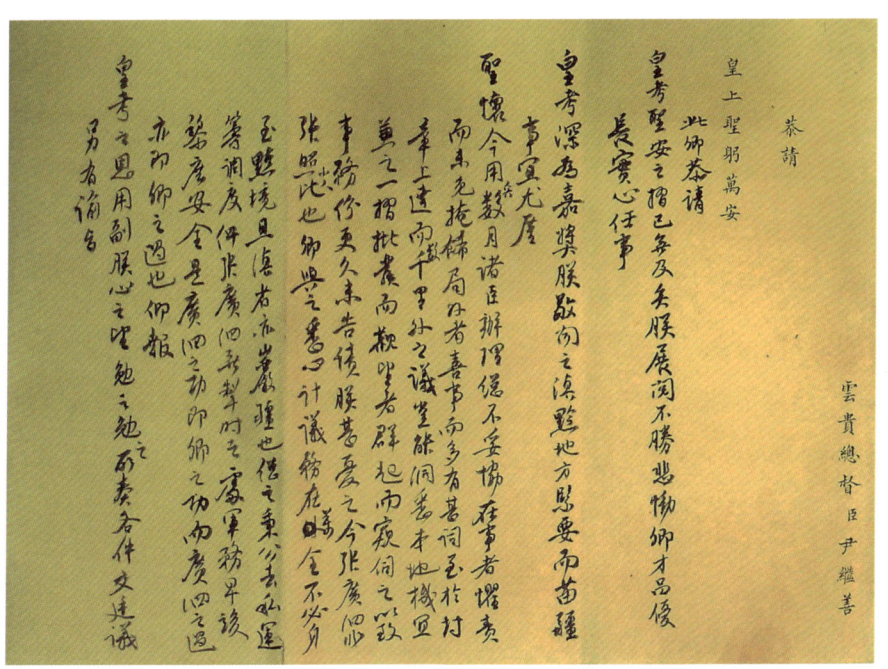

乾隆帝在云贵总督尹继善请安折上的御批

国丧期间,用墨批或蓝批。)乾隆帝在御批中,先表丧父之哀,所谓"不胜悲恸"是也;次誉尹氏之才,"才品优长,实心任事";再叙苗疆之事,"总不妥协""久未告绩"云云;最后申勉励之期,所谓"务在万全""军务早竣"云云。通篇有情有理有节,既以情感人,笼络尹氏;又恩威并施,俾其效劳。由此可见新君乾隆帝莅政之初,既怀谨慎之心,又娴驭下之术。

尹继善(1695—1771年),章佳氏,字元长,号望山,谥文端。满洲镶黄旗人,东阁大学士兼兵部尚书尹泰第五子。时人昭梿《啸亭杂录》载:"(其)白皙少须眉,丰颐大口,声轻扬远闻,著体红瘢如朱砂鲜,目秀而慈,长寸许。"尹氏迭受殊恩,仕途顺畅,入仕六载署巡抚,八年至总督,真可谓"异数谁能逮"。《清稗类钞》载其"久督两江,境内将军、提督、巡抚、河督、漕督、监政、上下两江学政九职,皆尝兼摄之"。所谓"历兼文武九印",权柄之重,可见一斑。《清史稿·列传九十四》有载:"(尹氏)莅政明敏,遇纠纷盘错,纡徐料量,靡不妥帖。"《清史稿》之《陈宏谋传》末亦载:"乾隆间论疆吏之贤者,尹继善与陈宏谋其最也。尹继善宽和敏达,临事恒若有余。"尹氏一生凡一督云贵,二任总河,三督川陕,四督两江,良有以也。

此等前朝重臣,又总督云贵,而"苗疆事宜尤廑圣怀",新君乾隆帝必然极力笼络。雍正帝驾崩后,乾隆帝随即下令召回办差不力的张照,以"久任苗疆,诸事熟练"的湖广总督张广泗替代,总理苗疆事务。十月,又授其为征苗经略,事权归一,扬威将军哈元生、副将军董芳以下俱听节制;随后又命其兼抚贵州。乾隆帝在御批里勉励尹继善,并加以指示,让他配合张广泗,"悉心计议""秉公去私,运筹调度"，争取早日平定苗疆，报答先帝知遇之恩。在鄂尔泰等人打下的良好基础上，尹继善、张广泗等人勠力同心，大定苗乱。乾隆元年（1736年），贵州另设总督，尹继善专督云南。乾隆二年（1737年），尹继善入京授刑部尚书，其间张广泗一直在贵州平叛，至乾隆六年（1741年），基本平定苗疆。历史证明，乾隆帝用人得宜，最终平定苗疆，为康乾盛世的延续创造了有利环境。

无独有偶，笔者在整理档案时又发现了福建水师提督王郡和镇守广州等处副将、管左翼总兵官事黄锡申两件请安折，内容与尹继善请安折情况类似：同样是向雍正帝递折请安而"无及矣"，乾隆帝都用黑笔御批，分别达78字和63字。此两件请安折的御批脉络、内容与尹公折类似，同样先铺叙哀情，继而示恩，再加以勉励，足见乾隆帝驭人之道的精熟。

再说清宫请安折

吴焕良

走红的折子

近期,有台湾地区网友据台北故宫"目录索引"查询的部分康雍两朝折件,关涉贡献方物、雨雪粮价、军情密报以及请安折等,编排成文,意外在大陆微博等社交媒体走红,引来围观无数,甚至引发了为数不少的再创作,成为一时爆款。

无论"送芒果"或"请安"抑或"颠三倒四絮叨雨水情形",绝非现代语境中无用的废话,相反,从他们的履历及与皇帝本人关系层面,这些"口水奏折"恰恰有着丰富的内容。让我们以"请安折"一项为例,从历史档案的角度,看看这个折子究竟是怎么回事。

皇帝的屏又是谁刷出来的

请安折,清朝臣工向皇帝、太上皇及皇太后表示请安的一种礼节性文书。请安,即问安。除大臣进呈外,也存在于皇帝与太后之间。

从内容上讲,请安折开面首题"奏",内容则甚为简单,除职衔署名外,所谓正文通常不过"恭请圣安"或"恭请万岁圣安"等样字句。无论清字、汉字,内容不外于此。

当然,也偶有"加戏"之人。雍正五年(1727年),时任苏州巡

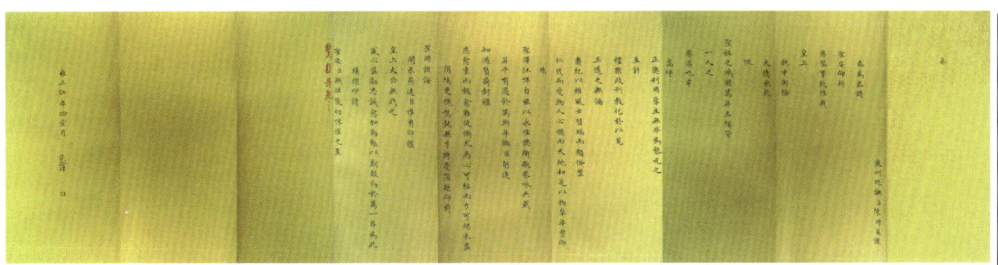

陈时夏请安折

抚陈时夏就进过一个不走套路的请安折。同光年间,进呈慈安、慈禧皇太后的请安折,会将所上徽号一同写全,此为另一体例。

请安折与其他奏事折一样,作为极私密的文书,必须由臣工亲自缮写,不谋于人、不泄于外,御批旨意亦一字不假手于人,可谓臣工与皇帝"点对点"的专属信道。据庄吉发先生《故宫档案述要》中所述,康熙帝因右手有疾,不能写字,而用左手持笔批谕。雍正帝作为皇帝中的"劳模",更是批折尤勤。外省到的折子,夜里批谕者十居八九。敬业之外兼之话唠特质,每折手书数十乃至百余言,多者甚至逾千,常有朱批胜过原折奏事篇幅。灯下批阅,常至乙夜,堕泪披览,看来当皇帝也是个苦差事。

请安折里请的什么安

请安折从内容而言高度程式化。有资格请安的官员们,无论身处何方,日复一日地以极为庄重谨严的形式,支付高昂的人力物力成本,只为向皇帝本人问一声:"您好吗?"而皇帝则答之:"我很好。"若是偶尔多一句,变成"我很好,你呢?"怕是接到朱批的臣子该涕泪横流，莫可名状了。

关于请安折进呈周期，笔者尚未找到有关制度性规定。就现存折件而言，康熙朝时任直隶总督赵弘燮进呈请安折极为频繁，甚至每日皆进。雍正朝初时任杭州织造的孙文成，则严格甚至刻板地于每月的初一进呈一份请安折。

这一切，看似毫无意义，貌似枯燥的一问一答中，内里却承载着极为重要的功用。正是这种一次次一对一的请安与朱批中，专属的私密信道不但强化着君臣之间信任与忠诚要约，而且在请安的朱批中，皇帝本人也常常会多交代一些事情。请安折恰可视作一种"信任型君臣关系"建构维系的重要工具。如雍正帝朱批时任广西提督韩良辅请安折："朕甚躬安，你好吗？尔乃朕着实赏见的人，自然不错。览尔所奏数折有何讲，得真正好提督，朕惟喜得人而已。勉之。"而对时任浙江总督的李卫，更是如同亲朋："朕安，卿好吗？新春大吉大利"以及"朕安，卿好吗？你母亲好吗？"朱批所见，可谓宠渥有加。

当然，朱批也不尽都是亲密呵护的体己话。且看其对时任安徽巡抚李成龙的朱批中，指称："朕安赏你翎子带，是你王子替你讨的。你当知你的功名身家都是你王子的好处。你若仗着你王子放胆乱来，王法无私，悔之不及时，你王子为不下你来。你若负了朕恩，坏了你王子的脸面，少与朕名声有碍，你自己想一想就了应当作何处分。"

同类语调，雍正帝于曹頫请安折中长文朱批，亦可得见。皇帝严厉训斥这位曾"饱受皇恩"的江宁织造曹家当家人："不要乱跑门路，瞎费心思力量""坏朕名声，朕就要重重处分，王子也救你不下了"。

一页字纸，在帝国的大道上往来飞奔，远近亲疏，都浓缩在字里

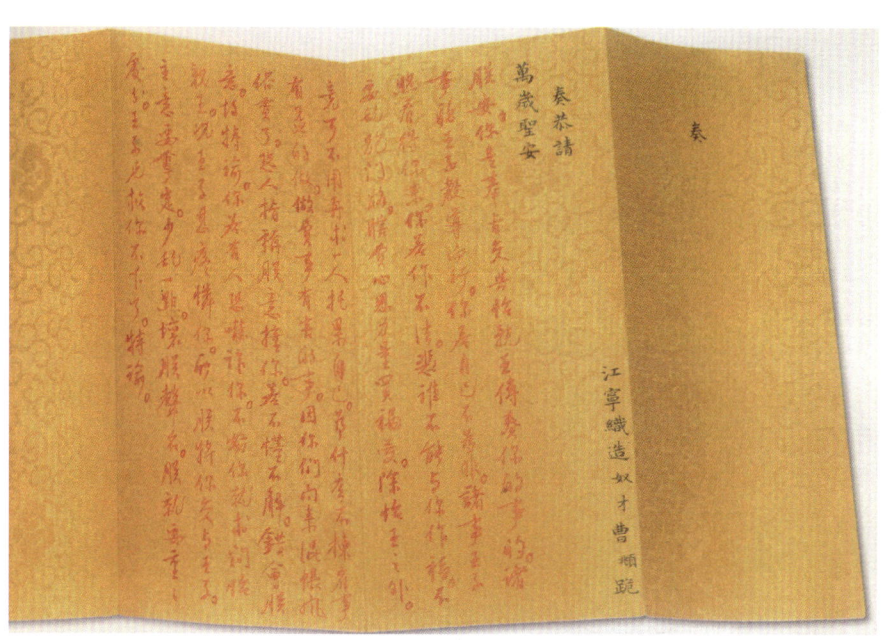

雍正帝在曹𫖯请安折内的朱批

行间。

清廷同样极为重视请安折的处置，有严格的制度加以确保运转。会典中明载，皇帝离京时，请安折亦应按时呈送御前。出巡谒东、西陵时，需于前一日呈请安折一次；驾幸避暑山庄或巡幸四方时，则每四日（地处口内）或八日（口外），呈请安折一次。呈递请安或是例行公事，千里迢迢送达御前，或仅得一"朕安"或"安"甚至都未被皇帝见到，但当呈而未呈，欠下漏下或字句舛错，那则要依律议处，轻则申饬罚俸，重则降级。

除镇守各地的封疆大吏外，更为遥远的新疆、西藏等地以及域外藩属国国王或首领，也在一次次进呈的请安奏折中不断重复着对清帝及中央的忠诚。一切看似寻常的口水话，稍作追溯，就能清晰地发现其特定的指向与功用。

有时，行为的意义，在于其执行的内容。有时，行为的本身，就是其意义的所在。皇帝的屏，不是谁都能刷，更不是那么轻易好刷的！

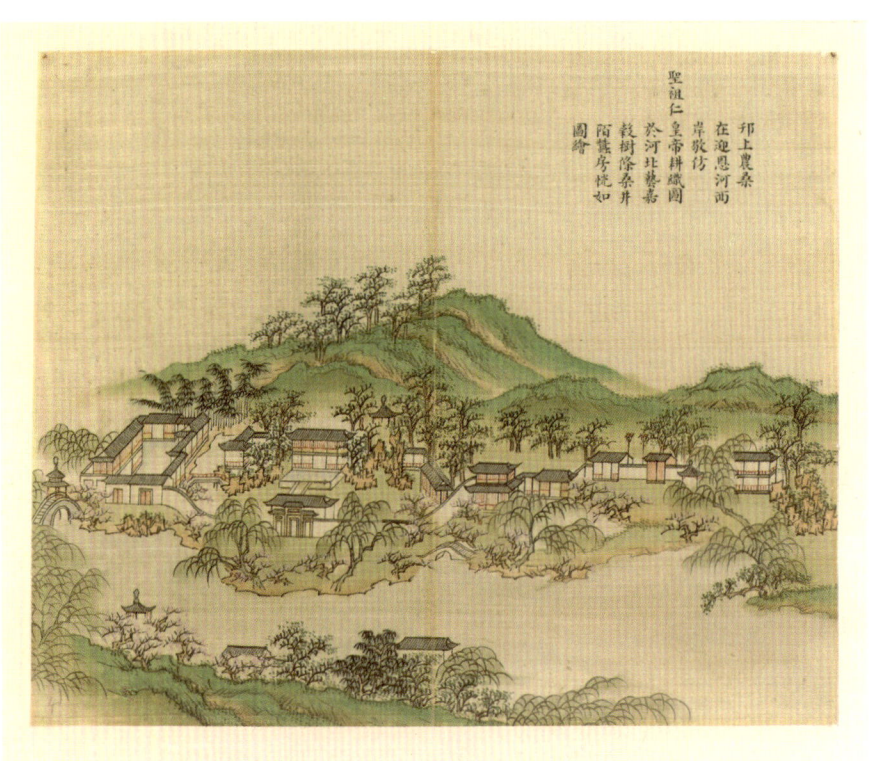

江南名胜图

备选冬奥会的吉祥物
——老北京"四不像"

刘桂林

2022年北京冬奥会和冬残奥会吉祥物全球征集活动正式结束,社会各界踊跃投稿,其中北京大兴区将麋鹿形象作为设计灵感,正式向冬奥组委会提交了设计方案。

麋鹿是原产于我国的一种稀有动物,其角似鹿、尾似驴而非驴、四蹄似牛而非牛、头似骆驼而非驼,故而得名"四不像"。

约12万年前,麋鹿就普遍生活在我国的广大地区。据不完全统计,目前已发现的麋鹿化石地点有84处之多。我国古代不乏关于麋鹿的记载,《封神演义》中姜子牙的坐骑就是"四不像",被视作神兽。但由于气候变化和人为因素,古代野生麋鹿数量逐渐减少,到了清代,仅剩皇家园囿——南苑内还生活有麋鹿,可以说,麋鹿是个地道的"老北京"。

南苑大体位于今天的北京市大兴区。据徐珂的《清稗类钞》记载:"南苑在京城南,为元时南海子故址。"所谓南海子,是对禁城之北的北海而言,南海有水泉七十二处,汇集成三个水泊,故称海子。元时每年冬春之际,皇帝常乘马亲幸南郊,纵鹰隼搏击雉兔,所以也名飞放泊。明代永乐帝定都北京以后,又在南海子增广地亩,修治周垣桥道闸门,建筑行宫,每年常蒐猎于此。

到了清代,入主中原的清朝帝王为效法乃祖、演武围猎,把南苑

南海子

定为讲武重地，对南苑的经营更为用心。据《总管内务府现行则例·南苑》记载，清初即设置了郎中等专职官员管理，后划归内务府奉宸苑管理，增设了为数1800名的海户，添设了巡守九门和各面围墙的官员兵弁，安放了庄头苑户等，制定了一整套完整的规章制度。

为了保护南苑的珍禽异兽，保证帝王的正常围猎，清廷采取了很多措施，其中主要的是鼓励猎获雕、狼、狐狸和栽种树木。

康熙三十八年（1699年），清廷规定每年四季在南苑内打得皂雕、虎斑雕、芝麻雕等，每只赏银1两。康熙四十八年（1709年）十月奏准，南苑内打得狼1只，赏银5两。乾隆元年（1736年）又奏准，南苑内打得狐狸1只，赏银1两。皇帝在南苑围猎和阿哥们学围时，对于随围人数、枪支，清廷都有严格规定，并派御前大臣、总理行营大臣稽察。若有私带鸟枪人员，发现后立即指参惩办。这些措施，对于南苑内各种禽兽包括麋鹿的繁衍，无疑起到了保护作用。

嘉庆六年（1811年）六月，永定河水泛涨，洪水流进苑内，被水冲沙压地亩130多顷，不堪耕种。为此，由5名庄头负责，常年栽种树木。道光十八年（1838年）奏准，苑内补栽树株，但有缺少，即行随时补种。此举对苑内各种禽兽的滋长起了积极的作用。

经过一番治理，南苑草木茂盛、野兔出没、百鸟鸣飞，珍奇的麋鹿也在这里迅速繁衍。据清代史料记载，康熙帝每次于南苑行猎合围之时，其他野兽不算，围中的麋鹿就达数百只。可见当时南苑内的麋鹿数目是相当可观的。清廷曾规定，不准在南苑内随意施放火枪、滥射牲畜，倘有违者，立即查拿究办。但是，置王法于不顾、偷猎苑内动物包括偷猎麋鹿的事情仍有发生。

乾隆十六年（1751年）十一月的一个刮着大风的日子，在海子南边居住的大兴县民马六指、刘五、刘八、阎豁子4人，料想苑内无人看守，商定伙同进苑偷猎。4人带了鸟枪等由海子南墙进到苑内，马六指与刘八两枪打了1只黄羊，4枪打了1只麋鹿，当即将麋鹿卸开，与黄羊分作3担挑回。接着4人又先后进到苑内两次，共打得獐子12只。挑回之后，用两头驴子驮到城里，在隆福寺大街卖掉。由于连日风大声高，院内虽有弁兵，却未发现。直到十一月二十九日夜，苑内弁兵忽然听到鸟枪声响，才发觉有人进苑偷猎，当即派员跟寻，而又遍觅无踪。随后密令多人昼夜到处访察，过了1个多月，直到次年正月初九日，将马六指等人拿获，搜出火筒、鸟枪以及带血的獐皮等物。南苑为皇帝巡幸之所，本是皇家禁地，苑外民人竟然越墙而入，窃打苑内牲畜，岂非干犯王法？结果4人都被发往打牲乌拉，给披甲人为奴了。

麋鹿行走矫健如飞，其四蹄是名贵的药材，能驱除风疾。它那美丽如枝的麋角，形扁而阔，莹洁如玉，内有黑理。如果将麋角尖向下，倒置平地之上，则鼎立不倒，为世间所仅见。麋角不仅形状迷人，更奇特的还在于每到孟冬即自行脱落。乾隆三十二年（1767年）十一月初六日，乾隆帝忽然心血来潮，派遣御前侍卫五福去京郊南苑，专程验视麋角是否脱落，果然，南苑的麋鹿正在解角。五福还将脱落的15

乾隆帝为研究麋鹿角事上谕

只麋角携进宫廷，进呈"御览"。为此，乾隆帝大为感慨。于是，在第二天便发了一道上谕，命将所有脱解麋角均咨交内务府武备院备用。到了咸丰七年（1857年），南苑的麋鹿脱角，除历年咨交武备院之外，尚存有数百只之多。

麋鹿是稀有之物，同治四年（1865年）法国传教士发现了麋鹿，盗买后运往巴黎，麋鹿从此便名扬海外，各国纷纷前来索要，恳请见赐。光绪二年（1876年）正月，德国驻华使臣巴兰德派遣翻译官阿恩德，先后两次到总理各国事务衙门，说明中国的麋鹿为别国所无，请求赐给一对。光绪十三年（1887年），日本国臣僚榎本武扬会晤清朝出使日本大臣徐承祖，面称：闻中国京师南苑内有一种野兽名麋鹿，从前曾送德国一对，现已孳生。日本向无此兽，本国君主极为钦慕，欲得之以扩眼界，恳请见赐一对。清廷便知照内务府奉宸苑办理。可见麋鹿在晚清已经远涉重洋、落户他乡。

遗憾的是，经过清朝末年的天灾人祸，原产于中国并在清代南苑传代的麋鹿，竟在中国的大地上绝迹了。

令人欣慰的是，中华人民共和国成立后，由英国回流到我国的麋鹿，在北京南苑和江苏大丰大量放养，再度恢复了麋鹿成群的景观。今天，作为2022年举办北京冬奥会和冬残奥会备选的吉祥物，麋鹿将再度被世人所认识。

乾隆年间供职宫廷的西洋人

傅育红

16世纪至17世纪初,欧洲文化进一步影响中国,史称西学东渐,此间400余年里,西洋传教士在中西交流中扮演了重要角色。他们个人具备的数学、天文、地理、音乐、书画等方面的知识,带来的新奇、精巧的西洋物件引起了最高统治者的兴趣,康熙帝曾有"西洋来人内,若有各样学问或行医者,必着速送至京中"的旨意。到了乾隆时期,供职宫廷的西洋人已为数不少。

事实上,西洋人想要进京供职并不容易。起个中国名字,学习汉语已成为来华传教士们的共识。来到中国后,他们的行踪要受到政府制约和控制,不得随意进入内地,如西洋人愿为朝廷效力,需由任现职的西洋人或地方官员荐举,奏请皇帝,得到允准后才可进京。

如乾隆九年(1744年)六月,在宫廷任职的西洋人戴进贤具奏:"西洋船上来有修士,特来效力。蒋友仁、吴直方通晓天文,艾启蒙能画,那永福能知律吕,以上四人现在澳门,应否来京,臣等不敢擅便……"后乾隆帝下旨准这四人来京。乾隆十七年(1752年)七月,两广总督阿里衮奏报,西洋人汤得徵、林得瑶知晓天文算法,张继贤善于外科,"如蒙允准愿往京效力"。得到允准后,方由地方官员派人护送照看进京。

西洋人进京后,将一些稀罕的礼物由专人转交给内务府大臣,再由内务府大臣进呈皇帝。这些礼物一般为西洋特有之物,如风琴、槟

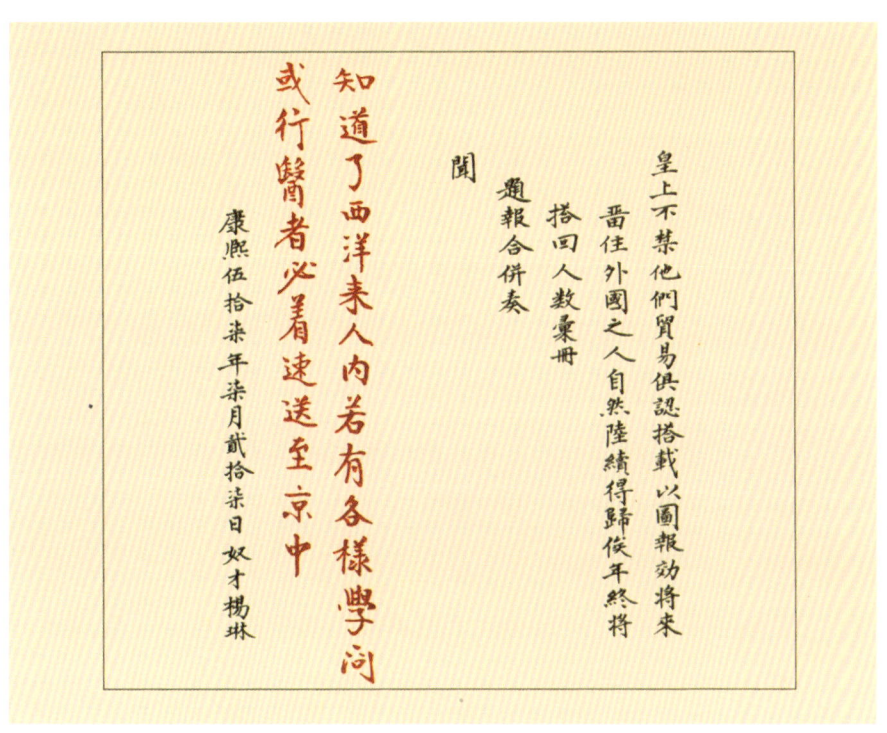

康熙帝在两广总督杨琳奏折内的朱批

椰膏、花布、新法铜版画、西洋刀子、西洋剪子、鼻烟、玻璃片画、花篮，等等。同时，他们会得到皇帝回赏的缎匹、绢丝等。

西洋人在供职期间，如若犯了错误，须具折请罪。乾隆四十年（1775年）正月十四日，身居宣武门内天主教堂的西洋人傅作霖等，因疏忽大意，引起火灾，不仅烧毁了天主堂房，而且烧毁了康熙帝御书对联及"万有真元"匾额。傅作霖等不胜惶恐，赶紧具折请旨议罪。乾隆帝不但对他们的罪责没有处治，反而照例赏借银10000两，并重新赐赏了御笔匾对。傅作霖等惊魂始定，感激涕零。

乾隆帝对西洋器物兴趣浓厚，鼓励寻访精通各类知识的西洋人，为他们进入宫廷创造了机会。精通天文的高慎思、鲍友管、傅作霖、刘松龄等人在钦天监效力；熟精钟表的李俊贤、擅长丹青的艾启蒙、善画人物的潘廷章等人入值如意馆；熟谙天文、舆图的蒋友仁，曾被派往圆明园御花园水法上行走（行走，官制名）；熟悉律吕的钱德明、谙熟天文的方守义，供职在内阁蒙古堂翻译拉丁文书。

这些西洋人虽供职宫廷，但他们的居所限制于京城的宣武门、西安门、东安门、西直门（系南堂、北堂、东堂、西堂）等地界的天主教堂内。他们中有的在中国终老，获得清廷的赏银。供职于钦天监的刘松龄，熟谙天文、算法，于乾隆四年（1739年）进京，八年补授钦天监监副，十一年升补监正，十八年赏给三品食俸，在钦天监供职35年，于乾隆三十九年（1774年）九月病故。刘松龄病故后，管理钦天监事务大臣参照先前同品级西洋人病故后朝廷赏给银两数目，奏请赏给刘松龄银200两料理后事。历康、雍、乾三朝宫廷画师兼建筑师的郎世宁，病故后获赏银最多，为300两。

供职于宫廷的西洋人，他们利用各自的专长为朝廷的机构服务，观测天文气象、编制历书、制作机械钟表、绘画人物喜容、参与清代边疆地区实地测绘、设计西洋式园林建筑等。他们通过才能的运用为中西交流做出了贡献。

清代皇帝仪仗队中的驯象

刘 恋

清代皇帝出行规格最高、规模最大的车驾仪仗队被称为大驾卤簿。崇德元年（1636年），清廷始设大驾卤簿，乾隆十三年（1748年），厘定仪仗之制，改大驾卤簿为法驾卤簿，改行驾仪仗为銮驾卤簿，改行幸仪仗为骑驾卤簿。三种卤簿合而为一，称大驾卤簿。如皇帝出宫前往天坛举行圜丘、祈谷、常雩等祭祀大礼时，使用大驾卤簿。在浩浩荡荡的仪仗队中，除引导和后扈大臣、执事人员、卫兵等人员外，还有作为仪物的动物出现，大驾卤簿中备有的宝象、导象就是其中之一。

大象，作为现存世界上最大的陆地哺乳动物，体态高大，利齿外露，形象威武。在中国传统文化中，象又与"祥"谐音，寓意国家太平、吉祥之意。所以在清代大驾卤簿中使用被驯服的大象，在皇帝玉辇前陈列四只导象、五只宝象。导象"披蓝屉，不加羁饰"，宝象则装饰繁复。《大清会典》载："宝象，络首、钩膺、鞦攀，皆编黄绒紃（音旬，细带）为之，杂饰珠宝。前后各缀朱缨二。后络珠网流苏，膺悬朱缨铜铃各三，白革为鞯，绘金龙彩云，周为花文，藉以朱氎（音选，细棉布）。鞍鞣（音休，以漆漆物）朱饰金。上载宝瓶，铜质錽（音万，马头上的装饰）金，亦饰诸宝。深一尺六寸五分，口径八寸六分，腹围五尺七寸六分。镂垂珠文。底径一尺一寸三分，足径一尺七寸，镂朵云文。盖径一尺二寸，冠火焰顶。座高一尺三寸。"宝瓶内置有火绒、火石、火镰，体现了满洲旧俗。

这些驯象的主要来源：一是东南亚各国的进贡，包括南掌（老挝）、缅甸、安南（越南）、暹罗（泰国）、廓尔喀（尼泊尔）等国，一般一次进贡两只，也有逢万寿、千秋进贡的；二是由云贵总督购买，或由云南等地土司进贡。猛拱（今云南猛拱）、孟连（今云南孟连）、耿马（今云南耿马）、车里（今云南西双版纳）、宣慰（地点不明）等土司均有进贡象只的记录。清朝地方收到贡象后，派员护送至京，沿途府厅州县需给以协助。各处驿站为象只备好草料、口粮，定量一般是每天供给料谷3京斗、糯米4京升、稻草30束，每束稻草重8斤。如象只在境内生产，则需在该处停留喂养数日后再解送。即便如此，由于水土不服等原因，运送途中还是会出现驯象倒毙的事件，有的官员会因此受罚。

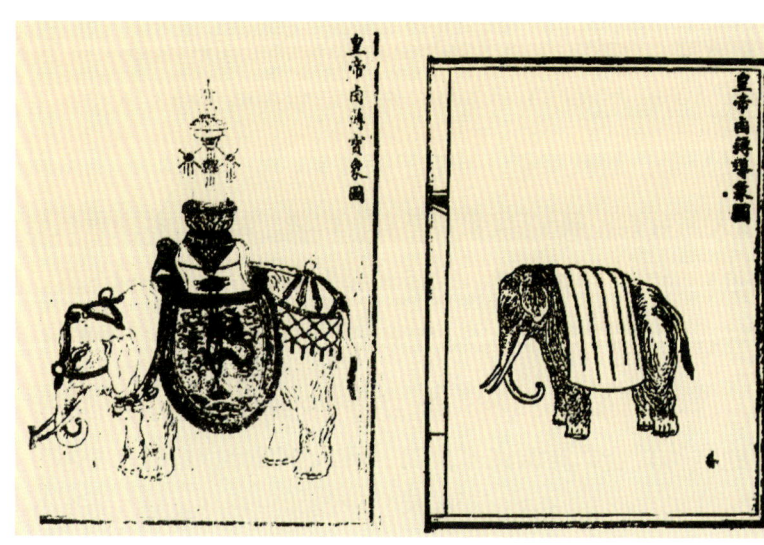

宝象（左）与导象（右）图

解送驯象花费甚巨。据档案载，道光五年（1825年），由云南解送5只驯象至京，共核销银两三千七百五十二两七钱九分四厘，包括驯象价值银、草料银以及委员象奴盘费银等。

驯象，由宫中銮仪卫驯象所设专人管理。驯象经贵州、湖南、湖北、河南等省一路运到北京后，即交銮仪卫，养于设在宣武门内的象房。象房为一象一间。《大清会典》载，象房"广七丈八尺、纵四丈，檐高一丈六尺"。每只象配有毡、被、布、线、棉花、羊毛、铁索等用具。象房需定期修缮，以供安全使用。清朝继承了明代初伏沐象的传统，使得京城百姓也有机会一饱这些象征太平盛世的庞然大物的眼福。会典载："三伏则洗象"，场面极其盛大。《帝京岁时纪胜》记述了乾隆年

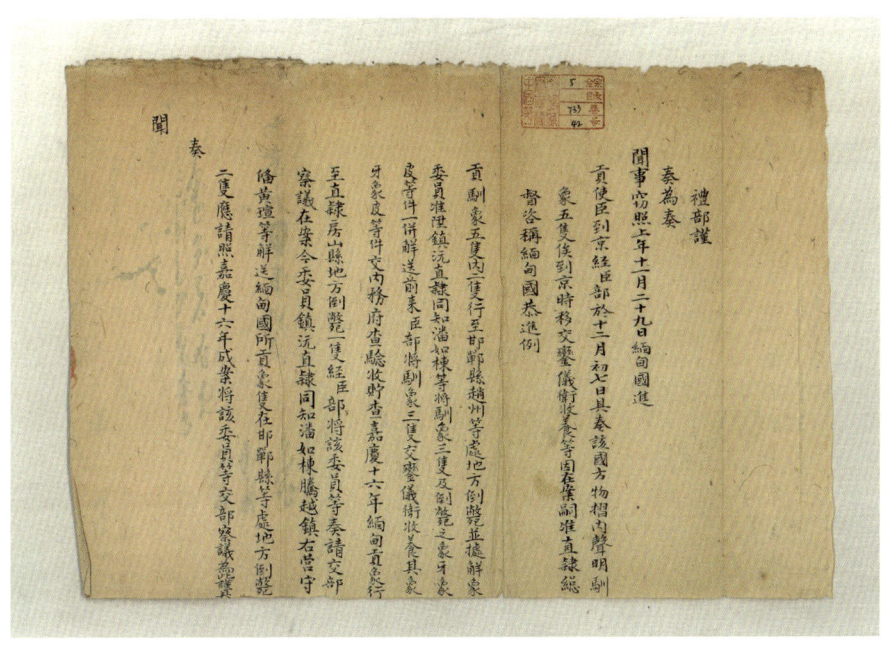

礼部为解送缅甸国驯象到京在途倒毙二只事奏折

间的沐象情景:"銮仪卫驯象所,于三伏日,职官具履服,设仪仗鼓吹,导象出宣武门西闸水滨浴。城下结彩棚,设仪官公廨监浴",驯象"四蹄如柱鼻垂云,踏碎春泥乱水纹",引得"都人于两岸观望,环聚如堵"。更有人争相花钱租赁楼上观象的好位置。象奴也会驱使驯象表演以赚取外快。《燕京岁时记》云:"观者持钱畀象奴,如教献技,又必斜睨象奴受钱满数,而后昂鼻俯首,呜呜出声。"一时为京城盛景。

有清一代,清廷对驯象十分重视,驯象数量最多时达39只,喂象校尉最多时为232名。乾隆五十七年(1792年),清廷平定廓尔喀后,廓尔喀贡象5只,乾隆帝下旨赏给了达赖喇嘛和班禅额尔德尼各1只,余下3只解送至京。虽然赏象有其政治目的,但也说明了当时京城象只数量充足。乾隆五十八年(1793年),清廷甚至一度下旨停止各国贡象。乾嘉时期以后,驯象数量逐渐减少,常常不敷仪仗使用,道光帝几次下令云贵总督购办。而后随着国力衰退,尤其是英、法等国势力进入东南亚,贡道几乎断绝,清廷亦无力豢养,驯象日渐式微。就如《燕京岁时记》所载:"咸丰以后十余年,象房无象。同治末年、光绪初年,越南国贡象二次,共六七只……自东长安门伤人后全行拘禁,不复应差,三二年间,饥饿殆尽矣。"盛极一时的驯象,从此也不再出现在卤簿之中。

乾隆帝请西洋人刻铜版画

谢小华

铜版画起源于欧洲。其制作方法，是先在光滑平整的铜版上涂抹一层防止腐蚀的蜡，然后用刀或针刻画出画面形象，再用酸性液体腐蚀，经过刻画的地方就形成凹线，在凹线内再填入油墨，用压印机将油墨刷印在纸上。其画面线条刻画细密，具有独特的艺术风格。铜版画最早由欧洲传教士在康熙年间带进中国，深得清帝和达官显贵们的喜爱。

乾隆二十九年（1764年），在清廷取得平定新疆准噶尔部叛乱的胜利后，乾隆帝决定听从西洋画师郎世宁等人的建议，将这次战况制

和落霍澌之捷图

成铜版画，宣扬自己的赫赫功绩。

但刻制铜版画，当时清廷的工艺尚有不足，因此特意寻求西洋能工巧匠的帮助。乾隆二十二年（1757年），清政府关闭了江、浙、闽海关，开放广州作为对外贸易口岸，实行"一口通商"的政策，奠定了广州作为大清国与世界各国交往和贸易的桥梁地位，而广州十三行的洋商成为与来自全球的客商打交道的必选之人，制铜版画的西洋技师就由他们寻找刻。乾隆三十年五月二十六日（1765年7月13日），两广总督杨廷璋接到乾隆帝谕旨，"将图稿发往西洋"，一同送到的还有郎世宁写的刻制方法。乾隆帝对刊刻铜版画也是不计代价，"所用工料任其开报，如数给发"。杨廷璋遂逐一在洋商中打探，终于得知法国有能刻制铜版的巧匠，且正有商船回国，于是找到法国东印度公司的大班签订了合同。合同中规定，第一批4幅画稿带回法国，照式刊刻铜版4块，每块用坚实好纸印刷200张，共计800张，印好后连同铜版带回中国。同时，付给花边银5000两做定金，如不够花销，等铜版及画带回时再补足。并要求法方，"此系传办要务，务须雕刻工夫精致，如式办就，依期带到，越快越好。"

法国大班带着第一批图稿，历经一年多的海上颠簸，在乾隆三十一年（1766年）七月初五日带到了法国，而其余的12幅图稿也于乾隆三十二年（1767年）由法商万耶带到。法国官方对此事极为重视，国王路易十五指派皇家艺术学院院长马里尼侯爵亲自负责。刻制铜版工作则由法国绘画和科学学院的科钦承办。科钦挑选了勒巴、圣奥本等一批雕刻能手，并从英国运来了铜版。还制作了一种适合铜版印刷的、被称为"大卢瓦"的特殊纸张。印制工作则由才华横溢的印

乾隆御制平定西域战图序文

刷专家博韦负责。所用油墨，则是用葡萄酒渣炼成的颜料。该种颜料阴阳配合，光洁均匀，印刷效果极富立体感。

据清宫档案记载，由于铜版雕刻工艺精细复杂且海运不便，清廷并未能如期收到法国交付的铜版画。实际上，第一批铜版和图画，直到乾隆三十五年（1770年）才回到中国。当年十月二十八日，内务府造办处收到图画后，当即交太监胡世杰呈乾隆帝御览。乾隆帝阅后传旨："仍用原随夹板木箱装好，交启祥宫收贮。"此后，画和铜版又分多次送来，直到乾隆四十三年（1778年）才算全数缴齐。共计送到铜版16块；图画每样印刷200张，共3200张。而此时，10余年过去了，当年参与起稿的郎世宁、王致诚二人都已先后去世，未能见到刊刻好的铜版画。

这些送缴到宫中的铜版画，由内务府印制了配套的御制诗文，装裱制作为《平定西域战图》，即《得胜图》，共16幅。画作描绘的都是平定西域过程中进行的一些著名战役和犒赏将士、庆祝胜利的情形。每幅画纵55.4厘米，横90.8厘米，铜版镂刻，功夫细致，洋纸刷印，融合了东西方绘画风格，深得乾隆帝喜爱。他不仅自己收藏欣赏，还赏赐给各王公百官，甚至命宫中也试着调和油墨刷印。而法国国王也在印足清帝要求的数量后，多印了一部分《得胜图》，保存在法国。至今在法国的国家图书馆和很多私人收藏家手中还有收藏。

《得胜图》组画，用西洋绘画技法勾勒中国历史，既有较高的艺术价值，又具独特的史料价值。这次两百多年前的艺术合作堪称中西文化交流史上的一段佳话。

明月之珠出江海

倪晓一

2018年1月8日落幕的文化部、国家博物馆与卡塔尔博物馆管理局共同举办的"珍珠：来自江河海洋的珍宝"展览，对珍珠进行了全新的诠释。而故宫博物院珍宝馆推出的"珠光宝气——珠宝饰品与珠宝镶嵌类器物"展则展出了百余件清代宫廷珠宝，其中也不乏精美的珍珠制品。珍珠，这种"生长"出来的珍宝，再一次引发了热爱生活和时尚的人们热切的关注。珍珠的起源、采捕珍珠的艰辛、珍珠首饰的美好寓意和超凡工艺，中西方既有不同的见解，亦有心有灵犀的默契。清代宫廷珍珠的采集和佩戴在档案中也留存了大量记载。

> 明月之珠出于江海，藏于蚌中，蛟龙伏之。王者得之，长有天下，四夷宾服。 ——《史记》

在西方，珍珠的高贵典雅不仅是财富的象征，更是地位的象征。它被用来装饰王冠、国王的宝座和教皇的权杖。而在我国，润泽完美的珍珠同样可成为皇帝冠冕衮服上的宝珠、后妃簪珥的垂珰。清代用珍珠制作的朝珠地位更是卓然。乾隆四十四年（1779年）三月二十四日，乾隆帝针对宫廷中一种特殊珍珠的用途专门下旨："正珠朝珠，定例惟御用。至皇子及亲王、郡王，不但不准戴用正珠，即东珠朝珠亦不准用。嗣后分封王爵俱不必赏给珠子朝珠。钦此。"

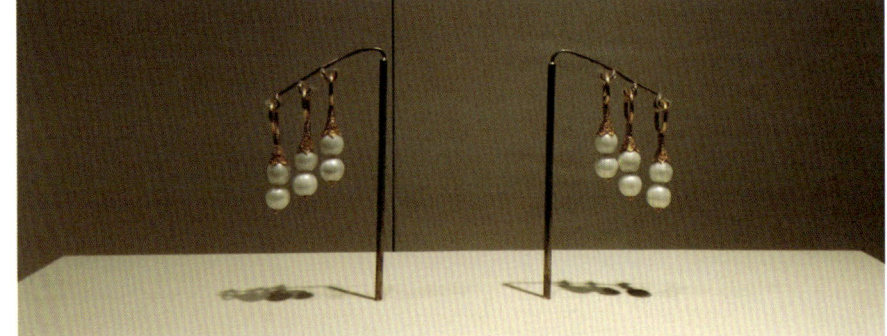

东珠饰品

朝珠是清廷礼服专用的佩饰之一。不同等级人员佩戴不同材质的朝珠，而朝珠中地位最尊崇的，莫过于谕旨中所说的"珠子朝珠"。清代皇室在各地采集来的珍珠中，对产自东北龙兴之地的东珠青睐有加，而东珠中品相最佳者称正珠。

> 海人无家海里住，采珠役象为岁赋。恶波横天山塞路，未央宫中常满库。——王建《海人谣》

东珠亦是天然形成的珍珠，需要专人捕捞采集。这种东北地区的淡水珍珠由内务府都虞司下设在吉林松花江区域的打牲乌拉处负责采捕进贡。打牲乌拉处设总管、翼长等职官。采捕的内容以东珠为主，还包含松子、蜂蜜、鲟鳇鱼、貂鼠皮等。负责采捕的人员称为"牲丁"，每30人设1个珠轩，计有65个珠轩。这意味着专为宫廷采捕东珠的人达1950人。那么，每年可以采获多少东珠呢？

以国力强盛的乾隆中晚期为例，档案记载：

乾隆三十四年（1769年），进头等东珠52颗，二等东珠116颗，三等东珠193颗，四等东珠107颗，五等东珠271颗，无光东珠285颗。

乾隆四十四年（1779年），进头等东珠22颗，二等东珠67颗，三等东珠200颗，四等东珠199颗，五等东珠257颗，无光东珠159颗。

乾隆五十四年（1789年），进头等东珠19颗，二等东珠59颗，三等东珠133颗，四等东珠234颗，五等东珠268颗，无光东珠273颗。

依上述档案记载，头等、二等东珠的数量均呈下降趋势。

> 戴金翠之首饰，缀明珠以耀躯。——曹植《洛神赋》

东珠资源稀少，采捕不易。采珠人历来生活艰辛，劳作风险大。

乾隆六十年十二月十四日奉
上谕长春宫向有孝贤皇后东珠顶冠东珠朝珠等件在彼陈设因思国家宫殿俱有定制若皇后服物陈设宫中则其地即扃闭清严未便再行居住一朝之后贵重物件原为端闱服饰自当为世代地况此等贵重物件原为端闱服饰自当为世代皇后之用又何必虚为供奉致佔宫闱之地朕前降谕旨以重华宫为每年锡宴之所将来不应复安神御当循其旧以为世世子孙衍庆联情吉祥福地即犹此意所有长春宫供奉孝贤皇后东珠顶冠东珠朝珠等物副皇帝即位后皇后即可服用从此云礽继庆翬翟增辉更为无疆盛事此旨著交内阁尚书房内务府敬事房各存贮一分以垂法守钦此

乾隆帝为孝贤皇后东珠顶冠东珠朝珠代代传承事上谕

牲丁们在采捕东珠时亦是冒着生命危险。乾隆二十七年（1762年）上谕："向来打牲乌拉采珠人等，间有淹毙，并无恩赏。嗣后着照恩赏兵丁白事例，加一倍赏给。"

或许是因为其采捕艰辛，顾念物力，清帝既严格限制东珠的使用范围，又明确规定特殊的东珠饰品要代代传承，不令其虚置。

乾隆六十年（1796年）十二月十四日，乾隆帝再颁谕旨："长春宫向有孝贤皇后东珠顶冠、东珠朝珠等件在彼陈设……况此等贵重物件，原为端闱服饰，自当为世代皇后之用，又何必虚为供奉，致占宫闱之地……所有长春宫供奉孝贤皇后东珠顶冠、东珠朝珠等物，嗣皇帝即位后，皇后即可服用……"将结发之妻孝贤皇后的东珠顶冠、朝珠谕令传给儿媳，并要求"自当为世代皇后之用"，这种传承，成全了珍珠的美丽，也成全了后世的审美。

乾隆帝养生佳肴
——燕窝

卢 溪

在清朝的皇帝中，尤以活到89岁高龄的乾隆帝寿命最长。乾隆帝的养生之道特别是其饮食结构，历来为人所称道。让我们翻开记载清宫御膳的膳底档，看看乾隆帝如何用燕窝来养生。

燕窝亦称燕菜，是某些特定种类的雨燕或金丝燕分泌唾液筑成的巢穴，采捕不易，有补肺养阴、补虚养胃、滋阴润燥的功效，是我国传统的药材和滋补饮食。相传，早在唐代，燕窝就作为贡品进贡。据明代《宛署杂记》记载，燕窝已在官府宴中占有一席之地。清人黄宫绣所编《本草求真》载："燕窝入肺生气，入肾滋水，入胃补中……是为药中至平至美之味者也。"

乾隆帝一生曾6下江南，每次南巡需用3个月左右的时间。根据中国第一历史档案馆藏《乾隆三十年江南节次膳底档》记载，南巡期间，从正月十六到四月二十（含闰二月）一共124天里，乾隆帝每日早膳前都空腹喝

康熙帝出巡图

一盏冰糖炖燕窝，从无中断。

除了冰糖炖燕窝，燕窝亦是御膳中的常馔。据《乾隆三十年江南节次膳底档》正月十六日到四月二十日的记载，其中共出现燕窝菜93种216品，平均每天出现1.7品。可以说乾隆帝几乎是天天都在吃燕窝。

天天吃，如何才能做到百吃不厌？这是对燕窝菜搭配组合与烹饪方法的考验。档案记载，乾隆帝膳食中燕窝的主要搭配有鸡、鸭、丸子、鹿肉等荤菜，有时也搭配莲子、腌菜、蒲菜、豆腐等。而烹饪方法更是花样繁多，有拌、炒、氽（档案中原为"攒"）、炖、烧、煨、清蒸、做汤等，颇具江浙菜肴的特色。

拌菜：燕窝拌鸡、燕窝拌五香鸡、燕窝春笋拌五香鸡、燕窝糖醋蒜拌鸡、燕窝王瓜拌鸡、糟油燕窝拌五香鸡、燕窝拌挂炉鸭丝、燕窝拌锅烧鸭丝、燕窝拌鸭丝、燕窝王瓜拌鸭丝、燕窝拌杂瓣。

炒菜：燕窝爆炒鸡、燕窝炒鸡丝、燕窝炒鸭丝、腌菜炒燕窝、燕窝炒杂瓣。

氽菜：燕窝肥鸡氽野鸡、锅烧鸭子氽燕窝丸子、燕窝火熏氽鸭子、燕窝蒲菜氽鸭子。

煨炖菜：燕窝炖白菜、燕窝火熏煨豆腐。

烧菜：燕窝锅烧鸡、燕窝锅烧鸡丝、燕窝火熏冬笋锅烧肥鸡、燕窝火熏脍锅烧小鸡、燕窝锅烧鸭丝、燕窝锅烧鸭子、燕窝火熏锅烧鸭丝。

脍菜：燕窝春笋脍五香鸡、燕窝脍肥鸡、燕窝脍五香鸡、燕窝脍五香小鸡、鸭子燕窝丸子脍鸡冠肉、燕窝葱椒脍鸭子、燕窝火熏脍鸭子、燕窝脍肥鸭子、燕窝脍锅烧鸭子、燕窝脍五香鸭子、燕窝脍鸭子、燕窝脍糟鸡、燕窝脍糟鸭子。

这里的脍菜可能是指烩菜,与部分菜肴中提到的"苏脍"意义不同。

清蒸:燕窝清蒸肥鸡、燕窝攒丝清蒸肥鸡。

热锅:燕窝肥鸡撺野鸡热锅、燕窝肥鸡挂炉鸭子野意热锅、燕窝肥鸡锅烧鸡野意热锅、燕窝肥鸡锅烧鸭子南鲜热锅、燕窝肥鸡锅烧鸭子热锅、燕窝肥鸡苏脍热锅、燕窝锅烧鸡热锅、燕窝火熏锅烧小鸡热锅、燕窝火熏脍肥鸡热锅、鸭子脍燕窝丸子热锅、燕窝芙蓉鸭子热锅、

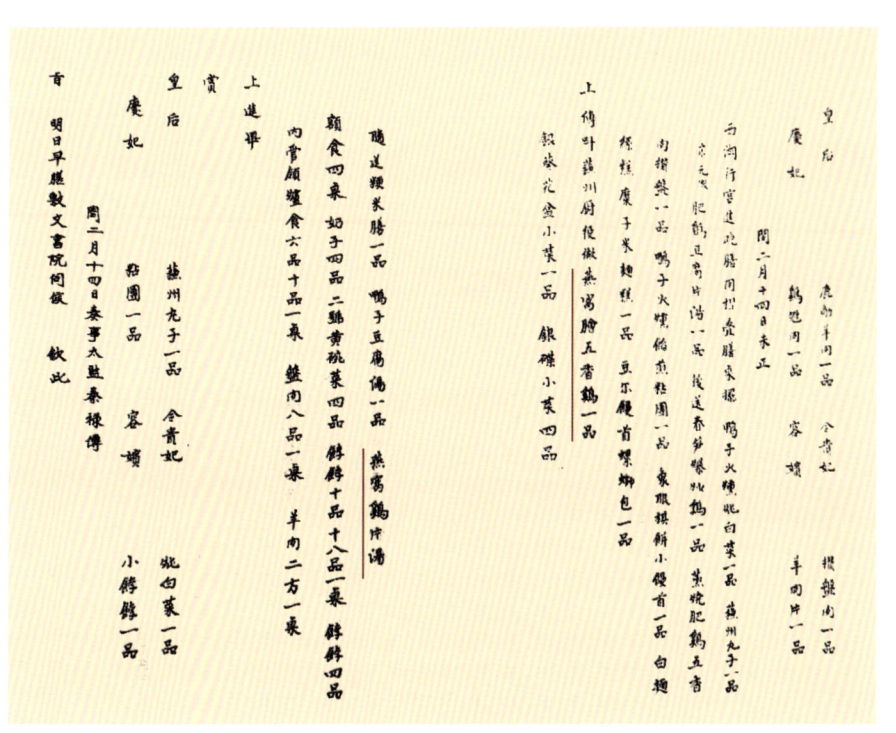

清宫档案中有关燕窝膳食的记载

燕窝红白鸭子南鲜热锅、燕窝火熏摔鸭子热锅、燕窝脍鸭丝热锅、燕窝手撕鸭热锅、燕窝鸭子热锅、燕窝鸭子攒丝热锅。

煲汤：燕窝白菜丝汤、燕窝豆腐汤、燕窝芙蓉汤、鸡丝燕窝汤、燕窝鸡片豆腐汤、燕窝鸡片汤、金丝燕窝汤、金银燕窝汤、燕窝攒丝汤。

有时甚至用作馄饨的配菜，如燕窝攒丝下小鸡馅馄饨。

还有一些从名称无法判断做法的菜肴，如燕窝春笋火熏葱椒肥鸡、肥鸡燕窝丸子、燕窝鸡皮、燕窝苏脍、燕窝芙蓉鸭子、燕窝棋盘鸭子、燕窝把等。

食不厌精，脍不厌细。这些花样常新的燕窝菜，频繁现身于乾隆帝的膳桌之上，几成家常之物。也许，对富有四海的帝王来说，它原本不过是一道寻常滋补膳食。但对于百姓甚至一般富户来说，燕窝仍属名贵之物。清初叶梦珠《阅世编》载："燕窝菜，予幼时每斤价银八钱，然犹不轻用。顺治初，价亦不甚悬绝也。其后渐长，竟至每斤纹银四两，是非大宝严席，不轻用矣。"

清末，国力衰颓，百弊丛生，官宴上却滥用燕窝成风，燕窝成为奢靡的代名词，为人所诟病。时至今日，现代医学普遍认为，燕窝虽具备一定的保健和医疗作用，但并不是"万能药"。正所谓过犹不及，提醒热衷冬令进补的诸君：燕窝虽好，食用须有度。

《延禧攻略》《如懿传》中的清宫朝珠

石文蕴

近年,《延禧攻略》和《如懿传》等剧火爆上映,清宫戏再度引起收视狂潮。作为各大影视剧播放平台观众口中的"良心剧",两个剧组都在服装配饰上下足了功夫,但有一个特别之处,观众也许并未在意——剧中主要角色乾隆帝和他的后妃们,每个人脖子上所挂的一串既非常华美又体现身份的朝珠。下面让我们通过清宫朝珠来看看两个剧组的道具功底,以及这个"小"饰品中的"大"学问。

朝珠是清代官制服饰中的重要配饰,通常与朝服、吉服等礼服配合使用。朝珠来源于佛教中的佛珠,由于清初满族统治者笃信佛教,

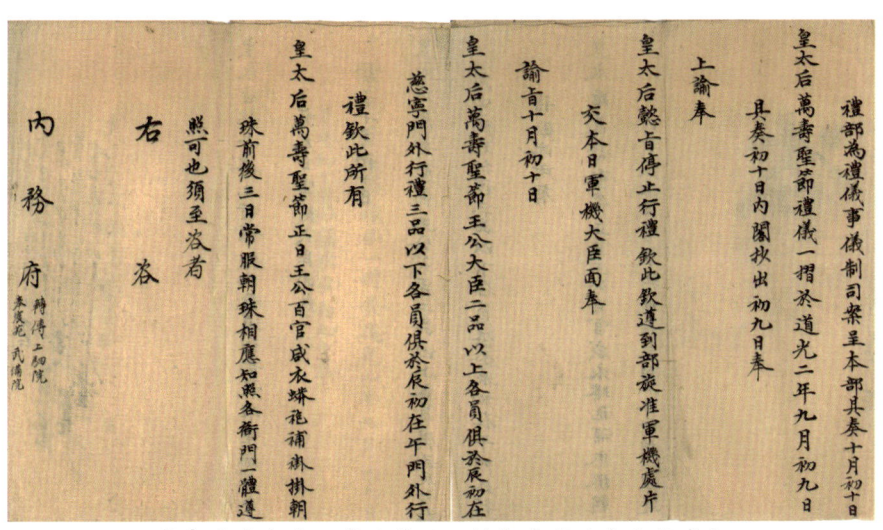

礼部为皇太后万寿圣节正日挂朝珠事致内务府咨文

逐渐将佛教中的佛珠改进为朝珠，纳入宫廷服饰中，后逐渐发展成为清代官制服饰的一部分。上至皇帝、皇太后、皇后、嫔妃，下至"王以下、文职五品武职四品以上，及翰林科道官、公主福晋以下、五品官命妇以上"人等在元旦、万寿圣节等重要场合均佩戴朝珠。

朝珠的主要形制为每盘有108颗子珠，代表了一年十二个月、二十四节气和七十二候。子珠平均由四颗佛头分开，象征一年春、夏、秋、冬四季。上面一颗称佛塔，两侧两颗为佛肩，下面的一颗称佛脐。由佛塔垂下一条背云绦系，上面结以背云，佩戴时将其放于颈后。佛塔左右两侧有3串小珠，每串10颗，称作记念，代表一个月上、中、下三旬，每旬10天。在背云和记念下系有坠角。

男用朝珠为一盘，而女用朝珠则在着朝服时佩戴三盘，一盘挂于颈上，另两盘由肩部斜挎，交叉于胸前，着吉服时佩戴一盘。

朝珠的用料十分广泛，包括珍珠、珊瑚、翡翠、玛瑙、象牙、绿松石、蜜蜡等。根据等级和使用的场合不同，用料各异。虽然朝珠在用料方面没有严格地等级划分，但是对东珠的使用却有明确规定，乾隆四十四年（1779年）降谕："正珠朝珠，定例惟御用。至皇子及亲王郡王，不但不准用正珠，即东珠朝珠，亦不准用。"

朝珠的等级划分是通过绦带的颜色予以体现。皇帝、皇太后、皇后、皇贵妃、皇太子用明黄色，贵妃、妃、皇子、亲王、郡王等用金黄色，贝勒下至文五品武四品官奉恩将军、贝勒夫人下至乡君等则用石青色。

皇帝朝珠

皇帝着朝服时所佩朝珠划分最为细致，据乾隆年间的《皇朝礼器图式》记载："皇帝朝珠用东珠……祀天以青金石为饰，祀地珠用蜜珀，朝日用珊瑚，夕月用绿松石。"

《延禧攻略》和《如懿传》中，皇帝朝服佩戴的都是东珠朝珠，这点是符合史实的。在配饰上，《延禧攻略》款皇帝朝珠参考了现存的清代顺治和咸丰年间的两款东珠朝珠，也参考了乾隆帝朝服像；而《如懿传》款皇帝朝珠的松石佛头尺寸偏小，略显小气。

皇太后、皇后朝珠

皇太后、皇后朝服御朝珠三盘，其中一盘东珠、两盘珊瑚。

两部剧中，都是按照东珠一、珊瑚二为皇后朝服搭配了朝珠。在配饰上，《延禧攻略》款皇后朝珠和皇帝朝珠保持一致，也是参考故宫博物院藏朝珠进行设计；而《如懿传》款皇后朝珠在佛头两旁没有放置隔珠，更接近于《清会典》和《皇朝礼器图式》中的样式，与孝贤纯皇后（富察皇后）朝服像中的款式一致。

孝贤纯皇后朝服像

皇贵妃朝珠

皇贵妃朝服用三盘朝珠，一盘蜜蜡、两盘珊瑚。慧贤皇贵妃朝服像中就严格遵守了这一制度。

《延禧攻略》中，魏璎珞最后成为了皇贵妃，从剧照中她戴的冬朝冠也能看出，这是皇贵妃或贵妃的冬朝冠。但是，朝珠方面，给魏璎珞配的却是皇后级别的待遇，戴了一盘东珠和两盘珊瑚，这是明显逾制了。

《如懿传》中，剧组为皇贵妃搭配了两盘珊瑚朝珠，正面的一盘粉红通透的朝珠，显然不是蜜蜡的，倒像是碧玺一类。

贵妃、妃朝珠

贵妃、妃朝服三盘朝珠，具体材质除了不能用东珠，其他没有限定。

在《如懿传》中，剧组为贵妃和妃搭配了不同材质的朝珠，除了珊瑚之外，慧贵妃和舒妃戴的应该是翡翠（道具系用东陵玉或类似玉石代替翡翠），容妃戴青金石。

嫔朝珠

嫔朝服三盘朝珠，一盘珊瑚、两盘蜜蜡。

《如懿传》中玫嫔、恪嫔和婉嫔的朝珠都有问题，玫嫔和恪嫔均为一盘玛瑙和两盘珊瑚，婉嫔为一盘青金石和两盘珊瑚，均与规定不符。

至于皇帝着吉服所佩朝珠及皇太后、皇后、皇子和其他官员的朝珠则是一盘，所用珍宝则"随所用""杂饰惟宜"。

官员朝珠

《延禧攻略》中，和硕和亲王弘昼所挂的是翡翠朝珠，按照规定亲王朝珠只是不准用东珠，其他材质都可以使用。

傅恒当时是御前侍卫，按照规定，御前侍卫可以佩戴珊瑚、蜜蜡、青金石、松石材质的朝珠，剧中他挂的红色朝珠应该是珊瑚的（道具系用红玛瑙代替）。

看到这里，相信大家对《延禧攻略》和《如懿传》里朝珠搭配的礼数和清宫廷朝珠规制情况已经有了一些了解和判断，如果您喜欢这些美轮美奂的朝珠的话，清代宫廷仍有许多朝珠保存完好留存于世，大家可以去博物馆中邂逅。

格格的嫁妆

张瑞英

清代，皇室女子（皇女和宗女）有公主、格格两种称谓。皇帝之女称公主，其中皇后所生为固伦公主，嫔妃所生为和硕公主。格格是满语称谓，汉语为"小姐"，亲王及以下王公之女统称格格，按照出身不同，有不同封号。

皇家婚礼规格极高，由皇帝、太后为未出阁的公主、格格选定夫婿，由钦天监、礼部、内务府、宗人府等多个衙门协同操办。通常于"指婚礼"毕后，由内务府着手准备嫁妆，因公主、格格们有等级差异，故在嫁妆规格上也有所差别。

陪嫁的人

公主、格格的嫁妆包括人和物两种。陪嫁的人包括人和人户，即公主、格格的随侍人员和供役使的人户。和硕淑慎公主，废太子允礽六女，雍正四年（1726年）十一月，嫁科尔沁博尔济吉特氏观音保，照和硕公主下嫁外藩驸马之例，给女子10名、人10户、庄屯2处。乾隆三十五年（1770年），明确规定了格格陪嫁人户数，"陪嫁郡主，女六名、人四户。县主，四名，三户。郡君，三名、二户。县君，二名、二户。乡君，二名"。乾隆五十四年（1789年）十公主固伦和孝公主下嫁和珅之子丰绅殷德，陪嫁女子12名、人12户、庄头3名。

陪嫁妆奁

公主格格下嫁除了陪送人和人户外，还有各种物品，统称为陪嫁妆奁，一般包括有：

衣冠：朝帽、暖帽、凉帽、朝衣、袍褂、袍、靴、靴袜等。

珍宝首饰：金项圈、耳坠、手镯、脚镯、珍珠、催生石、珊瑚、菩提、金、银等。

日用品：粉、胭脂、象牙梳、木梳、篦子、抿子、剔刷、镜子、镜套、被褥、枕头、幔、帐、帘、坐褥、床褥、车褥、包头、手帕、手巾、布包袱、绸缎、布、绒、棉线、茶桶、执壶、碗、盘、匙、面盆、手盆、锅、杯盘、灯台、浴盆等。

家具摆设：柜、案、桌椅、被格、箱子、屏风、梳妆台、木床、帽盒、帽架、火盆架、镜架、盆架、衣架、帐房、凉棚、轿车、骆驼屉等。

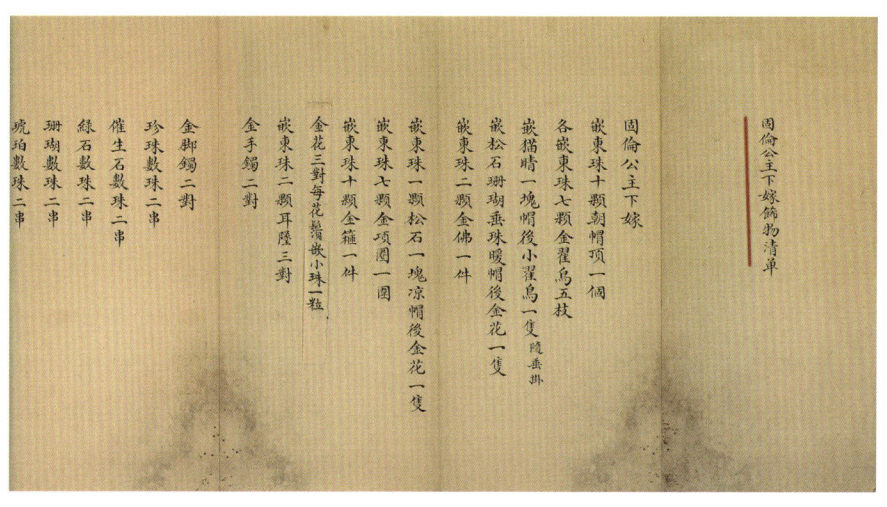

固伦公主陪嫁物品清单（局部）

其他物品：车鞍、马、骆驼等。

妆奁的具体数量和规格并无定例，视公主、格格身份等级与皇家财力而定，如固伦和孝公主，乾隆帝第十女，又称十公主，因受乾隆帝钟爱，封为固伦公主。乾隆五十四年（1789年）下嫁和珅之子丰绅殷德，妆奁丰厚，甚至十倍于之前的和硕和嘉公主，即乾隆二十五年（1760年）下嫁福隆安的乾隆帝第四女。

公主、格格妆奁包含什物具体数量难以统计，但是规格却有显著区分，仅以镶嵌东珠为例，不同等级公主、格格饰物镶嵌东珠的等级、数量差别明显。

恩赏银两

此外，公主、格格下嫁，皇帝会赏给恩赏银，一般固伦公主12000两，和硕公主10000两。例如乾隆帝第四女和硕和嘉公主，下嫁福隆安时，除按例给银10000两外，又特恩赏给银10000两开设当铺，以孳生利息，作为公主每日需用之费。并且公主、格格出嫁后可以领取俸银，从固伦公主到乡君自1000两到30两不等。

建造府第

公主或格格下嫁外藩，朝廷一般都会出料、出工，为其建造府第，以维持之前在京城生活的一些习惯。庄静固伦公主，嘉庆帝第四女，于嘉庆七年（1802年），下嫁蒙古土默特部的玛尼巴达喇郡王，其府第规格较高，房 320 间，游廊 42 间。此外，公主、格格嫁在京城或者公主、额驸长期住京，也会拨予公主府，今天我们熟悉的恭王府，原为和珅府宅，是按照公主府规格而建，在和珅抄家之后依然保留了东路的公主宅邸。

此外，公主、格格下嫁还会拨给庄田以供需用；拨给官员，包括长史、护卫、典仪官等以管理公主家务。在皇家女子的陪嫁清单中，也会赐给额驸、陪嫁女子、陪嫁人户物品以示恩赏。

清代公主、格格的嫁妆包含了衣、食、住、行各个方面，数量之多、规格之高，是普通百姓难以企及的，无不体现着皇家的气度与尊贵。这些嫁妆无外乎衣冠首饰、梳妆用品、生活用具和田产财物等，并未脱离日常生活，这与普通老百姓嫁妆功能是一样的。

打开同治帝大婚的衣箱

倪晓一

同治十一年（1872年）九月十五日，同治帝爱新觉罗·载淳与皇后阿鲁特氏举行了隆重的大婚典礼。

婚礼为我国传统嘉礼之一，向为世人所重。自周代起，婚礼已形成一整套标准礼节，历代相沿。天子、诸侯的婚礼称

同治帝和皇后阿鲁特氏（孝哲毅皇后）

"大婚"，仪制更为隆重，筹备更为精详。服饰则是礼仪最直观的表现形式。为皇帝大婚典礼精心织办的各色服饰，既有敷彩施章的繁复之美，也体现出淡雅闲逸的日常情致。让我们借助清宫档案，打开清代同治皇帝大婚的衣箱，看个究竟。

精心备办

清皇室非常重视同治帝的大婚典礼。早在同治八年（1869年）二月，两宫皇太后即下懿旨指派恭亲王奕䜣和户部尚书宝鋆共同负责婚礼筹备。

在婚礼服饰中，冠帽鞋袜、首饰、皮裘类基本为"内办"，由造

办处等机构制造或购置，需要织办的各色服饰和面料主要由三织造（江宁织造、苏州织造、杭州织造）承办。织办工作早在大婚7年之前就拉开了序幕，呈现出数量大、耗工费、需时多的特点。

据中国第一历史档案馆藏朱批奏折记载，同治六年（1867年）五月初十日造办处将皇后服饰的设计图样"红单一件、画样二十六张"下发江南织造广顺，此外江南织造还需承担一部分皇后的缂绣朝袍、朝褂、龙袍、龙褂、氅衣、彩帨、领、袖等176件、裙边32份等活计，直到两年多之后的同治八年九月才最终织办完成。而苏州织造德寿负责织办的皇帝御用30件朝袍及皇后妆奁应用的66件朝袍、朝褂、朝裙等活计，同治八年（1869年）八月间由大婚礼仪处传办，十年（1871年）四月方告完工。

上述活计还只是冰山一角。除了皇帝、皇后本人穿戴和备办皇后妆奁的服饰之外，还包括大量赏赐用的服饰、衣料等，正如德寿自述："奴才衙门连年恭办大婚典礼需用缂绣缎纱绸绉等项活计，工程浩大，限期甚紧，招募民匠几及千人，城乡分设局……"

此时清室库银支绌，经费来源也成为一大难点。负责织办所需缎匹、衣料的各织造、各关监督一再要求延期办理或另拨银两。经过多次敦促和专门拨款，各类服饰缎匹的织办工作在同治十一年（1872年）大婚典礼前终告完成。

工艺超群

古人以"花随玉指添春色，鸟逐金针长羽毛"形容绣工卓异，借

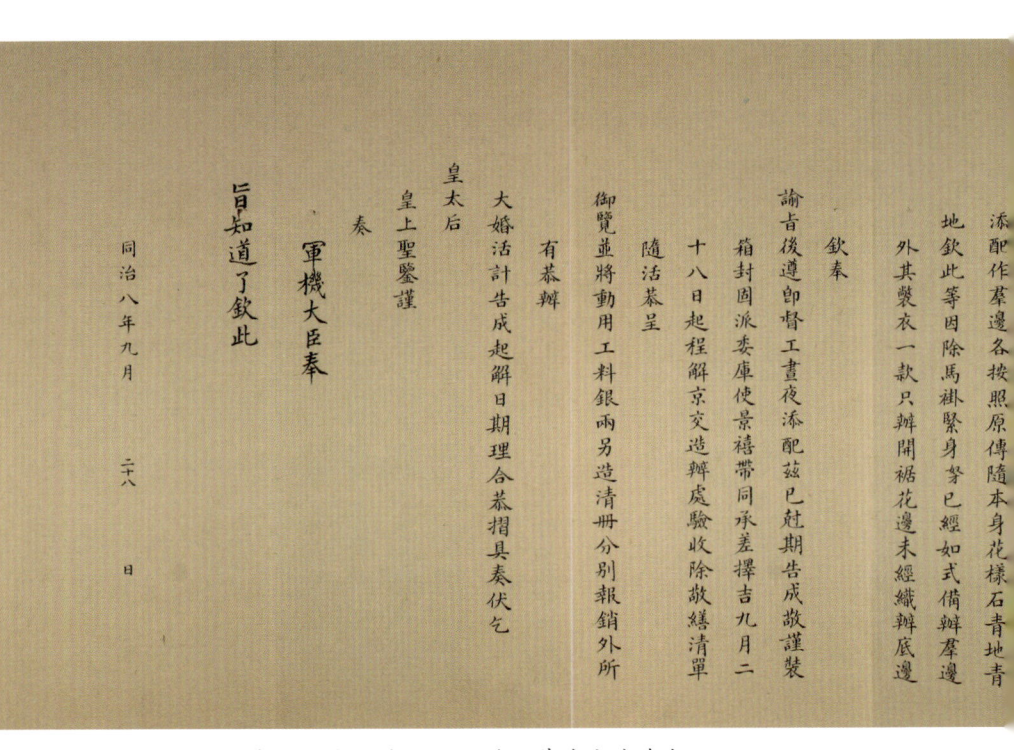

江南织造广顺为大婚活计一律告成事奏折

助清内阁黄册档案来检视这些精美的服饰，今天的我们仍可以感受到凝结于其上的精湛工艺和丰富内涵。

以苏州织造局为皇后织造的一件杏黄两面透缂五彩勾金全金龙朝袍（随石青护肩、袖头、接袖一份）为例，它使用了各色线78两4钱，圆金线367纽半，用缂丝49方，合缂丝匠980工，画匠24工5分，每件工料银为309两6钱6厘。

其中提到的"缂丝"又称"刻丝"，是一种富于艺术表现力的丝织品，因其"通经断纬"的织法，其色彩可以自由变换，且正反两面图案效果相同，有如雕镂般的立体效果，其织理之美、线条之挺括均非其他绣品可比，故古人称之为"织中之圣"。

另一件杏黄直径地纱两面纳绣五彩全洋金龙朝袍（随石青护肩、袖头、接袖1份），直径地纱与纳绣要分别办理：其中地子用2尺2寸宽缎六串纯绒直径地纱2丈3尺，护肩等用石青直径地纱7尺5寸；纳绣两面五彩云水全洋金龙，共合净绣36方5寸，用绣匠547工5分，绣洋金273工7分，画样过粉工18工2分。这一件朝袍的工料银达314两3钱9分2厘。

其中提到的纳绣是刺绣的一种基本技法，亦称"戳纱"或"纳纱"。通常是以素纱为绣底，用彩丝绣满纹样。此件朝袍纳绣纹样用绣匠500余工，工艺繁丽，可窥一斑。

除了透绰、纳绣之外，为大婚准备的衣物还较多应用了细绣技法，如同一批织造的"藕合江绸细绣五彩花卉五谷丰登八团无水袍""桃红缎细绣三蓝百蝶碎兰花氅衣"等。细绣也称"平绣"，同样是刺绣基本技法，传统的"女红"多指细绣，即在平面底料上运用各种针法进行刺绣，绣面细致入微，极富表现力。

从种类来看，为大婚准备的衣物涵盖了礼服、吉服和便服。礼服包括朝褂、朝袍、朝裙，装饰纹样多为各种龙与云水图案的组合，供重大庆典穿着。吉服一般是指各色龙（蟒）褂、龙（蟒）袍，在吉庆节日穿着，外面穿褂，褂内着袍，装饰纹样与礼服相似，此次大婚礼预备的吉服多为八团龙褂、龙袍。便服是供日常穿着的服饰，包括氅衣、衬衣等。从衣料及材质来看，既有"大毛"料如熏貂、海龙、银鼠等，也有各色丝绸，纱有实地纱、春纱、杭纱，绸有江绸、春绸、绉绸，缎有妆缎、闪缎等等。从色彩来看，除了意料之中代表皇室和婚礼的明黄、大红色之外，还有杏黄、桃红、绛色、浅绿、月白、玉色、宝蓝、石青、元青等十余种不同的底色。

可以说，每件衣裳从底料到装饰纹样无一不是精心之作。

数量可观

"妾有嫁时服，轻云淡翠霞。"民间女子出嫁，有一件美丽的嫁衣和十数件陪嫁服饰就已称得上丰足，皇后的妆奁自非寻常可比。在阿鲁特皇后的嫁妆中，仅四季衣服一项就有 280 余件（不含冠帽、鞋袜等），件件都堪称珍品。据说，把阿鲁特皇后的全部嫁妆抬进皇宫，足足用了 6 天时间。"十里红妆"，恰如其分。

不过，世间美好事物恰如彩云易散，大婚未及 3 年，同治帝和阿鲁特皇后相继离世，这些为他们的大婚典礼精心织就的华服便湮没在重重宫禁之中了。

慈禧画像赴美参展始末

苏文英

光绪二十六年（1900年），声势浩大的义和团运动在八国联军的残酷镇压和慈禧太后等当权者的出卖下，终遭失败。八国联军进犯京城，慈禧太后挟光绪帝仓皇西逃。

当时，世界各国对于实际掌握着大清帝国最高统治权的慈禧太后神秘的真容，传闻不断。西方报刊还甚至出现依据传闻描绘的慈禧画像，面目丑陋狰狞。为了挽回颜面，扭转国际舆论，慈禧太后一方面让光绪帝下罪己诏，发誓母子同心，推行新政；另一方面，她展开外交手段，倍加礼遇各国公使夫人，请各国使臣之妻与内眷到颐和园一同游宴。时任美国驻华公使康格在一封复函中写道："各国使臣之妻与各内眷入觐，本大臣兹代康夫人及同入觐之各使臣夫人与各内眷，感谢皇太后、大皇帝赐于是日在颐和园随同游宴，嗣复颁赏诸般品物"。康格夫人也由此改变了对慈禧的印象，并到处宣扬慈禧是一个"伟大的女性""机智而具有吸引力""让所有的客人着迷"。她还建议慈禧太后送画像参加即将在美

参展慈禧画像

国圣路易斯举办的万国博览会，重新树立国际形象，并介绍美国画家凯瑟琳·柯尔为慈禧画像。

光绪二十八年（1902年），康格公使转来正式请帖："大美国因购得鲁西亚纳地方（即1803年美国自法国手中买下的路易斯安那地区）设立庆贺百年赛会，总理及各董事等敬谨恭请，大清国大皇帝陛下御临斯会，并殷盼大皇帝谕饬贵国家大臣等随同前往。"随后，康格公使夫人带领美国女画家柯尔进入颐和园面见慈禧，为其画像。此次绘制画作共有4幅，参展一幅尺寸最大，高达5米，慈禧还为这幅圣容肖像画亲自设计了像框。被慈禧亲切称为"柯姑娘"的女画家，也有幸成为唯一近距离观察慈禧和当时清代宫廷生活的西方人士。

柯尔在《回忆录》中写道："在慈禧和朝臣的监视下，我被迫在所有细节上遵从数百年来承袭的中国传统方法，不可以运用阴影，只能使用轻度透视法。"此幅油画中的慈禧太后身着华服，正襟危坐，表情威严。画像带有很多中国元素，符合东方审美，所以从某种角度说，这幅油画作品融合了东西方的绘画技巧。

中国第一历史档案馆藏清宫档案详细记录了本次画像参展的全部过程。光绪三十年（1904年）内廷口谕："现在恭绘皇太后圣容告成，交外务部祗领，饬总税务司敬谨寄美，迎至会场，俾恭瞻仰……"另有驻美大使梁诚致外务部秘函："……皇太后圣容由今启程，不日可到，诚即随伦贝子驰回会场，一面订定专车前往迎迓，一面商妥会场总理弗兰西等，择定美国国家画院正厅为恭奉圣容之所。二十九日傍晚，专车行抵散鲁伊斯，先经诚等布置，借用会场铁轨，三十日直送至画院门首……""将圣容奉入厅事当中悬挂……""时已子夜，中外

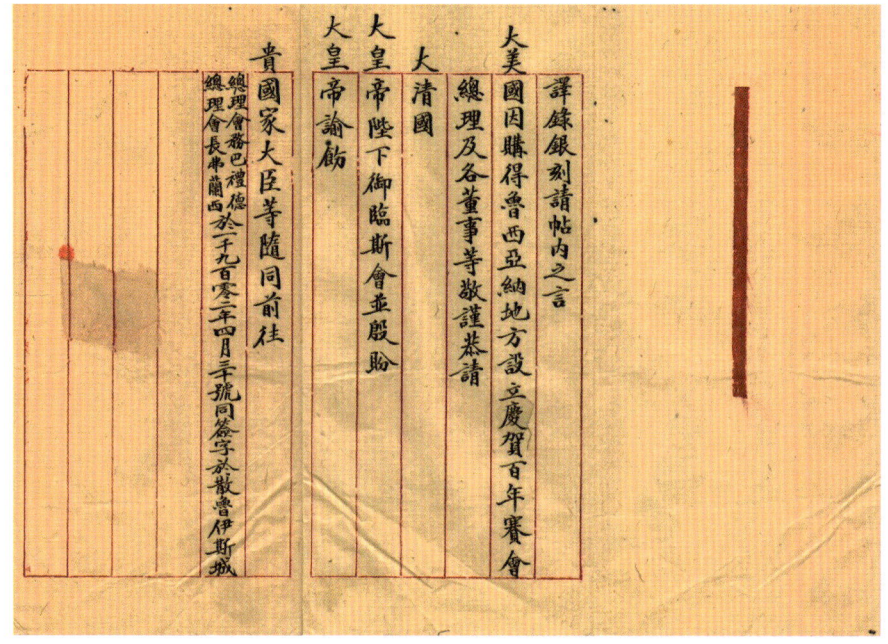

圣路易斯博览会总理会长弗兰西致大清国皇帝的请帖译文

男女翘首瞻仰,皆以幸得瞻就云日为希有之遭逢也……"

美国圣路易斯博览会于光绪三十年三月十五日(1904年4月30日)隆重召开,历时7个月,至11月底闭幕,其规模和形式都大于美国以往举办的各届博览会。清政府首次以官方名义派遣代表团参会,溥伦任正监督。展品有瓷器、丝绸、茶叶等,当然其中最重要的当属慈禧太后圣容画像。

博览会后,这幅油画由中国驻美大使梁诚代表清政府致赠美国总统西奥多·罗斯福,并在华盛顿白宫举行接收仪式。之后罗斯福总统转赠给美国华盛顿史密森尼博物馆收藏。

一张未经发行的明信片

张 敏

清光绪三十四年（1908年）八月初九日，天气炎热，北京东城区的干鱼胡同（今甘雨胡同）内，一群人围着一名人力车夫正传看着什么东西，很是神秘。管理内城的巡警走上前去查看，原来车夫手拿印有大清朝皇太后慈禧圣容的明信片，正忙不迭地向路人炫耀。巡警当即把车夫叫到巡警部盘问。该名车夫倒也爽快，很快交代了事情的经过。这张明信片是他在德国人所开的德胜洋行买来的。德胜洋行，原名卢德威洋行，是当时德国人在华开设的，该洋行同时也是一家代邮机构。

巡警厅厅长立即意识到事件非同一般。各国君主御容相片虽然允许民间购买悬供，以表示尊敬君主之意，可是还没有见过谁把大清朝皇太后的圣容印在明信片上，在市面发行流通的。这可有失大清国的体统。此事重大，于是他紧急上报民政部，民政部又咨行外务部，转告德国驻华公使雷克司，"因中西风俗不同，皇太后圣容镌印于明信片之上，中国人视为不敬，理应禁止该洋行勿得售卖可也。"

德国驻华公使雷克司接到民政部的通知，马上转饬德胜洋行停止售卖印有慈禧相片的明信片，并由该行即刻回收市面上流通的此明信片。因此，这张印有慈禧圣容的明信片也就没有继续公开发行，几乎未见市面流传。

当然，这张未经发行的明信片，并没有影响后来其他各种各样的

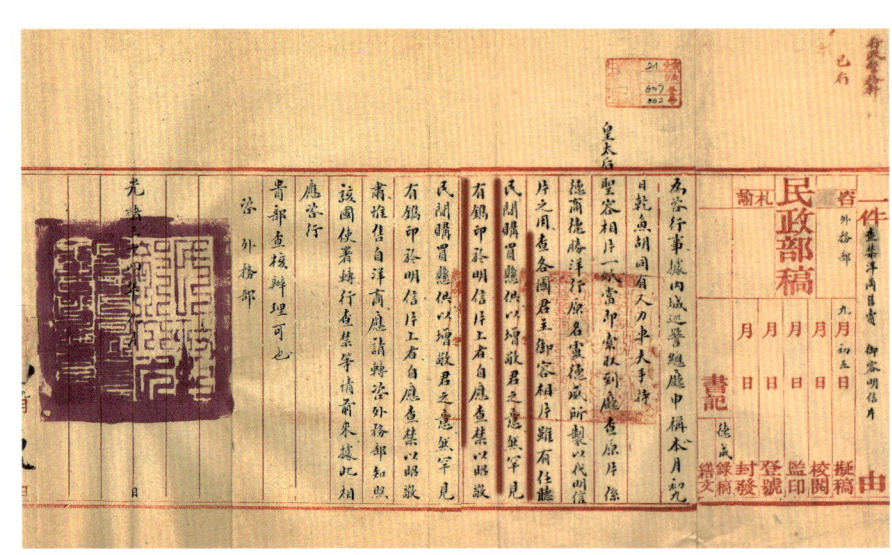

民政部为查禁洋商售卖御容明信片事咨文

明信片的大量流通。这只是在中国明信片发展长河中泛起的一丝微澜。

其实，印制明信片早已有之。1865 年，德国邮政局长斯蒂芬就已向德国政府建议使用"明信片"，任何人都可以从邮政局领取。这种"明信片"的格式、大小与信封相同，正面印有邮区名称或国徽，左侧印上邮政标志，右侧印上邮票，背面印上注意事项，为寄信者书写之用。可惜德国政府并未采纳这个建议。政府认为，这种新兴事物不会受到人们的欢迎。但在 4 年以后，也就是 1869 年 10 月 1 日这天，邻国奥地利率先发行了世界上首枚明信片，受到了世人的普遍欢迎。次年 7 月，德国也发行明信片。不久，英、法等国家纷纷效仿，相继发行。从此，明信片风靡全球。

我国发行明信片的时间较晚。光绪二十三年（1897 年），清政府才开始发行真正属于自己的第一枚明信片，即"大清国一版蟠龙直式片",面值1分。当时西方国家集邮已经非常盛行,而在中国只有少数人有此爱好。由于西方国家照相技术的普及,明信片上的图画基本上以各类摄影作品为主。我国则是手绘与摄影并用,很多明信片就显得独特而珍贵。有些外国邮商为了赚取更多的利润,在明信片的周边还印上出版国家、出版公司和出版人的姓名、地址,赋予其更高的价值。

随着时间的推移,明信片在实用方面的价值逐年降低。与运转时间长、容易丢失损坏的明信片相比,多种多样的现代化通信手段显得格外便捷,明信片似乎显得有些"过时"。有些人曾断言"明信片已死",就如同当年收音机和电视机被发明时电影的处境一样。但时至今日,电影仍然作为娱乐项目的重头戏活跃于这个时代。同样,现今世界各地的城市和景点都印制了具有自己特色的明信片,供旅游者寄赠收藏。明信片这一古老的载体已被注入了独特的旅行纪念这一现代灵魂,将继续传承下去。

印有慈禧太后形象的明信片

旧时皇家清漪园 今日百姓尽游览
——颐和园第一次开放

秦国经

四月京城花似锦，处处皆是赏花人。位于北京城西北的颐和园是大众踏青赏景的一个理想去处。万寿山居中鸟瞰，前山长廊环绕，排云殿、佛香阁、智慧海气势雄伟，碧波荡漾的昆明湖畔神笔点缀的清晏舫、知春亭和十七孔桥风景如画，后山苍林修竹、幽静娴雅是绝佳的养心之处。颐和园同园外西山、玉泉山的风景联在一起，形成"景外有景，园中有园"的美妙画卷。

然而，如此美景在不算太久之前是与寻常百姓无缘的，今天，我们就来说说清末民初颐和园开放的曲折历史。

颐和园风景

颐和园是清代著名的帝王行宫花园,建于乾隆十五年(1750年),初名清漪园;咸丰十年(1860年)被英法联军所毁,光绪十四年(1888年)在清漪园废墟之上按原规模重新修建,改名颐和园;光绪二十六年(1900年)遭八国联军破坏,光绪二十九年(1903年)又重新修复。中国第一历史档案馆所藏档案反映了这一皇家园林的肇建增扩和沿革管理的整个过程。

清代皇家苑囿,严格禁止普通百姓入内,清漪园(颐和园)也不例外。根据档案记载,山西人侯义公曾因醉酒误入清漪园,被发配到黑龙江赏给披甲人为奴,管理该处事务的官员、当天值守的兵丁都受到罚俸三个月至一年不等的处罚。即使是达官显贵、外国公使,也需得到皇帝的允许后才能入园观瞻。乾隆五十八年(1793年)七月英吉利贡使来京,被邀至清漪园昆明湖乘坐昆明喜龙大船游湖。

到了宣统时期,各国使领馆入园参观的请求日渐增多,因新皇帝溥仪尚未驻园,遂将每月初五、十五、二十五三日定为固定的参观日期,这些参观者来自俄、法、英、美、日、葡、荷等国家,但此时的颐和园仍未对公众开放。

民国建立以后,颐和园仍归逊清皇室所有。根据《清室优待条件》的规定,北洋政府准备把颐和园作为逊清皇室永久居住之地。帝制已经废除,却还要将颐和园作为"禁地",对此各界人士强烈要求将颐和园辟为公园对外开放。

1913年4月24日,步军统领衙门制定了《瞻仰颐和园简章》,即颐和园首次开放参观的办法。《简章》规定:每月开园三次,阴历逢六为瞻仰之期。凡各政党暨军学界人等欲入园瞻仰者,须在前三日将

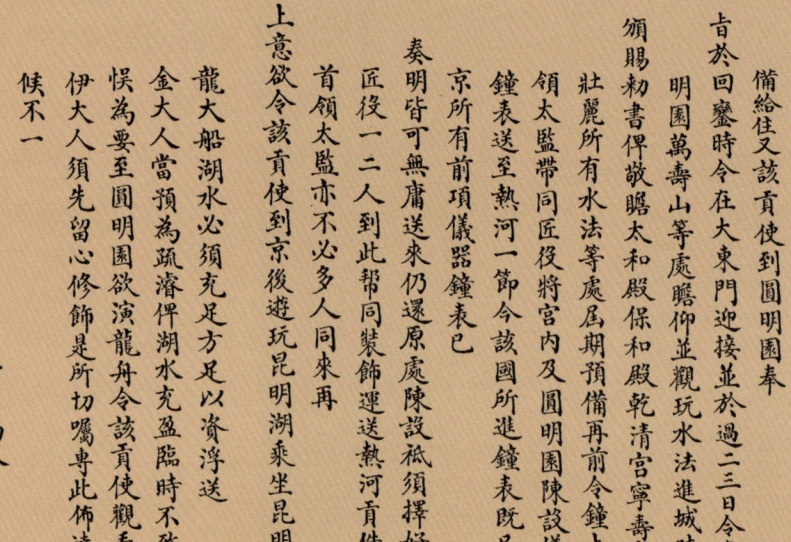

乾隆帝为英吉利贡使到圆明园观水法事上谕

姓名、年龄函致本署，填发执照。并先期知照内务府，以便放行，女界概不发照。入园瞻仰时间为上午9时至下午5时，瞻仰人员每界以10人为限，届时园外由本衙门派中营将备等官稽查，其园内由内务府稽查。凡入园瞻仰各界人等，必须服从守卫官弁的指导，在园门外验照，出园时将照收回缴销。瞻仰者对园内各处陈设物品，不得任意抚摸，以免损坏。

简章实行以后，一些人对限定日期参观感到不便，"女界概不发照"的规定也在社会上引起不满。因此，步军统领衙门又将简章进行修改，并增加了两条规定：第一，如有个别人员不能拘定原章日期者，均由各本部先期知照步军统领衙门，以凭商办。第二，各党部官眷及女校学生，由本衙门发给特别执照，于阴历每月六日参观。

颐和园虽然开放了，但参观者都是上层人士，普通民众仍不能进入，因而各界群众纷纷要求颐和园对社会开放，当时正值北洋政府财政困难之时，皇室经费逐年短欠，清室财源也日趋拮据。于是内务部、步军统领衙门和清室商定，不如开放颐和园，"于开放游览之中，寓存筹款之意"。因而提出了一个《颐和园售券试办章程》，规定颐和园从1914年5月6日开始对社会售票开放。每张进门券收大洋1元2角，排云殿每张5角，谐趣园每张2角，南湖每张3角，石丈亭每张1角，德和园每张1角……还设有人力车、太平船、茶座来增加收入。开放后每月平均卖票收入2000元左右，并逐年增多。

颐和园这座神秘的皇家禁地，首次对社会开放后，参观者络绎不绝。按当时规定，其入门券收入的三分之二归清室内务府，供逊清皇室使用。日月轮转，中华人民共和国成立之后，人民当家作主，政府也大力修缮维护，颐和园门票价格大大降低，终于出现了"旧时皇家清漪园，今日百姓尽游览"的盛世景象。

末代皇帝聘了个洋师傅

谢小华

中国最后一任皇帝溥仪,曾经聘请了一位"双语老师",这位老师对他的"皇帝"学生可谓影响深远,他们之间也建立了深厚的个人情谊,这位老师就是英国人庄士敦。

庄士敦(Sir Reginald Fleming Johnston,1874–1938),苏格兰人。1898年来华,曾先后在香港、威海卫等英国租界任要职。庄士敦受过良好的教育,拥有英国牛津大学的文学硕士学位,且能说一口流利的汉语,特别是他热爱中国文化,通晓中国历史,还钟爱中国的古典诗词和茶道。庄士敦能够受聘为溥仪师傅,既得益于他深厚的汉学功力,又与当时的中国国内政治背景密切相关。

溥仪6岁退位,一直居于紫禁城内廷中,他周围的遗老旧臣一刻也没有放弃"恢复祖业"的希望和活动。张勋复辟失败后,徐世昌于1918年9月就任民国大总统,"还政于清"一时再次喧嚣起来。徐世昌曾为清室太傅,民国建立后,仍与小朝廷保持着密切的关系。为了让溥仪了解欧洲政治制度,特别是英国君主立宪制度方面的知识,为今后可能的政局变化做好准备,徐世昌等前清旧臣希望能找一位西方人做溥仪的老师;而小朝廷也乐得如此,一方面可以请洋人当靠山,另一方面也借机密切与执掌政权的新贵们的关系。

曾于清廷担任要职,辛亥革命后在威海避难的李鸿章次子李经迈与时任英国威海卫租界行政长官的庄士敦交往甚密,对庄士敦的为人和才华极为欣赏，力荐庄士敦作为溥仪师傅。在徐世昌和数位"开明"王公的直接参与下，经过英国政府的许可，以及与清室的讨价还价，英国人庄士敦最终以教授英文的名义破天荒地受聘担任逊帝溥仪的老师。

1919年2月22日，庄士敦抵达北京。当天，北洋政府内务部特派员许宝蘅、清室内务府特派员李钟凯即与庄士敦订定了聘任合同：

第一条　聘任英国庄士敦先生为清皇帝教习，专任教授事宜；

第二条　教授学科依左列所定：英语、英文、数学、历史、博物、地理；

第三条　教授时间每日二小时至三小时，每月阴历逢二日停止教授；

第四条　暑月及中国春节假期至多不得逾一月；

第五条　清室待遇教习与其他师傅同；

第六条　教习授课时待遇清皇帝与其他师傅同；

第七条　教习每月薪金为中国银币六百圆，又津贴一百圆，于阳历每月月初由清室内务府发给；

第八条　教习住宅由清室内务府预备中国式房屋一所，不取租金；

第九条　聘任年限以三年为期，自一九一九年二月二十二日起至一九二二年二月二十一日止；

第十条　聘任年限届满时，教习回国旅费由清室内务府发给

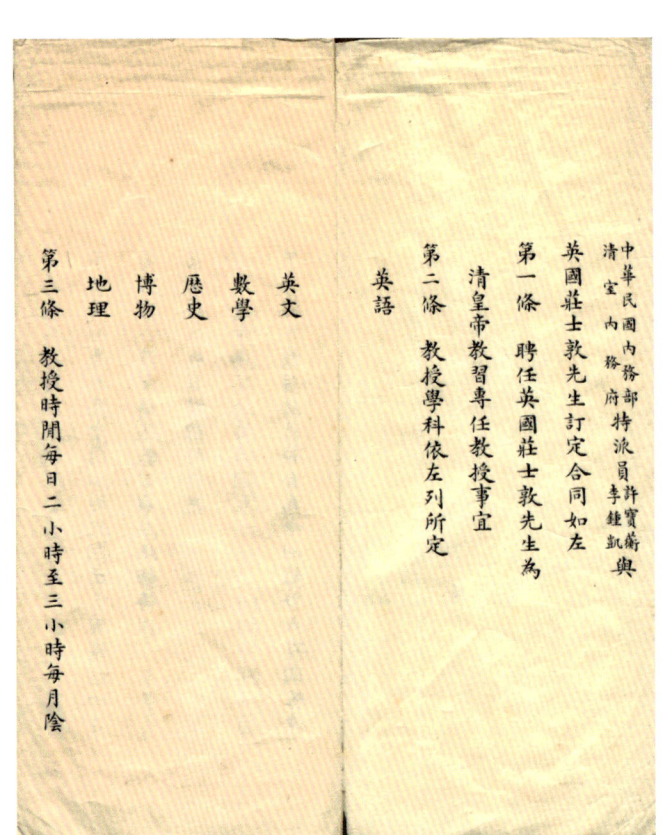

北洋政府许宝蘅等与庄士敦订定的聘任合同（局部）

中国银币六百圆；

第十一条　聘任年限届满时，如经双方同意，得继续订立聘任合同；

第十二条　教习因有事故自愿辞退时，须于三个月前备函通知清室内务府；

第十三条　教习如旷废教授至三个月或不能履行合同，或有其他情事为清室所不满足时，清室得随时辞退；

第十四条　教习自愿辞退或被辞退时,其回国旅费仍照第十条所定发给,如系被辞退时,并发给三个月薪金、津贴,即中国银币二千一百圆;

第十五条　教习未得清室之许可,不得收受其他之聘约;

第十六条　本合同用中文缮正二份,一份交庄士敦教习收执,一份存清室内务府。

观此合同,可以说北洋政府和清室内务府给予了庄士敦较为优厚的待遇,其中既有教课内容上的充分自由,又有不菲的报酬,特别是明确规定庄士敦的待遇与中国师傅相同,更属难能可贵,体现出北洋政府和清室对庄士敦的殷切期待。同年3月4日,溥仪在醇亲王载沣、中国师傅陈宝琛、朱益藩等人的陪同下,在毓庆宫接见了庄士敦,并行拜师礼。庄士敦正式开始给溥仪授课。

庄士敦的到来,似一股清风吹进了闭塞和压抑的小朝廷。他所教授的丰富多彩的知识使溥仪开始对宫墙外的世界充满了憧憬,希望自己能有一个比较"新式"的人生。溥仪受庄士敦的影响日渐加深,以后甚至到了言听计从的地步。

1922年1月10日,距离聘任合约到期尚有1个多月,"小朝廷"的总管、内务府大臣世续、绍英、耆龄"钦奉谕旨:庄士敦教授英文,

庄士敦像

三年匪懈,着加恩赏给二品顶戴,仍照旧教授,并赏给带膝貂褂一件。钦此。"这份"谕旨"等于提前延长了和庄士敦的聘约。庄士敦对此高兴地予以了接受。此时的庄士敦早已醉心于"帝师"的身份,对溥仪言必称"皇上""陛下"。第二天,他即以"臣"的名义给溥仪上折,称"闻命之下,实不胜感激之至。谨恭折叩谢皇上天恩"。

不久,溥仪更是给了庄士敦"头品顶戴",使得庄士敦在后来的回忆录中不无得意地自诩自己已经"成为一名最高官阶的中国官员"。

溥仪配眼镜

谢小华

各位戴眼镜的同学，还记得你第一次配眼镜时的情形吗？发现视力不好，就配一副眼镜，可以起到矫正视力，防止眼睛受到进一步损害。这是一件极为自然和普通的事情。可是近100年以前，末代皇帝溥仪想配一副眼镜，可不是一件容易的事。

溥仪戴眼镜始于1921年，也就是他15岁左右。当时最先发现溥仪视力有问题的是他的英文老师——英国人庄士敦。在一次授课的过程中，庄士敦偶然发现溥仪要看时间

戴眼镜的溥仪

时，总是回身看墙上一个镶嵌着巨大刻度盘的钟，而不是就摆在自己身前桌子上的一个小钟。当庄士敦就此询问原因时，溥仪的回答是看不清桌上的小钟。庄士敦意识到溥仪的眼睛可能有问题，就向溥仪的父亲醇亲王载沣、小朝廷中的官员们以及溥仪的几位中国师傅报告了这件事，希望能允许他请外国医生来给溥仪检查一下视力。"不料这个建议竟像把水倒进了热油锅，紫禁城里简直炸开了""皇上的眼珠子还能叫外国人看？皇上正当春秋鼎盛，怎么就像老头一样戴上'光子'（眼镜）？"还有人说清朝历代皇帝都没有戴过眼镜，如此有违祖制等。尤其是当时在小朝廷里很有影响力的端康太妃对此更是极力

反对，声称"皇帝戴眼镜是万万不行的"。为此，庄士敦在多次劝说无效的情况下，威胁如果到当年底仍然不许他请北京最好的眼科医生给溥仪看病，他就辞职。庄士敦自入宫以来，给溥仪带来了新鲜的西洋文明。在庄士敦的教育下，少年溥仪逐渐不满意自己封闭的生活环境和遗老们的因循守旧，觉得自己受着很大的束缚。而遗老们也觉得小皇帝越来越难以管教都是庄士敦造成的，巴不得他走。但溥仪对庄士敦却是十分信任。最后，溥仪一面极力坚持要配眼镜，一面声言决不接受庄士敦的辞职。醇亲王载沣和内务府不得已，这才在瞒着端康太妃的情况下，勉强同意了庄士敦请洋医生来给溥仪检查视力。

1921年11月7日，庄士敦和北京协和医院眼科系主任、美国人H.J.霍华德博士取得了联系。第二天，霍华德博士即和他的助手李景模博士来到紫禁城，为溥仪的眼睛进行了详细的检查。诊断结果是溥仪患有严重的进行性近视，并伴有其他的视觉缺陷，必须马上开始配戴眼镜。霍华德博士为溥仪开具了配戴眼镜的处方，同时要求在一年内还要再做复查。当两位医生听说宫中竟然反对请医生给溥仪诊治眼睛以及更反对溥仪戴眼镜的荒唐理由时，都感到十分惊讶和不可思议。

给溥仪配眼镜的是当时中国有名的精益眼镜公司。该公司是中国第一家开展验光配镜业务的眼镜公司，由学识、经验均很渊博的张士德、周云章等人集资创建于上海。该公司"验光之准、配镜之佳实可与欧美之光学家并美""驰誉遐迩，信用远超于同行"，所产眼镜甚至还得过巴拿马万国博览会的银质奖章和农工商部展览会的金质奖章。而其北京分店就位于前门外观音寺西口路北头第48号，由周云章负责经理。当时京城各界许多名流均是这里的主顾。

按约定的时间，负责给溥仪验光的周云章等两人携带设备和材料来到宫里，小朝廷内务府则按照验光要求用黑布搭了一段两丈长的黑屋，并准备好两盏煤油灯。验光进行得很顺利，约半小时即测验完毕。不几日，精益眼镜公司就为溥仪配好了眼镜。根据精益眼镜公司11月17日开给小朝廷内务府的发票，可知溥仪此次配了两副眼镜，一副是真金如意脚架克罗克司复光近视镜，一副是

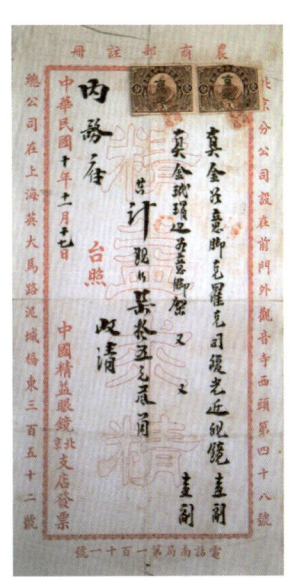

精益眼镜公司配镜发票

真金玳瑁边如意脚架克罗克司复光近视镜，共计花费七十五元三角。后又在20日配了一副真金如意脚克罗克司复光近视镜，计三十六元一角。这几副眼镜均为当时最新流行式样，选用的都是当时先进的克罗克司圆形镜片。这种镜片由英国科学家克罗克司爵士发明，能有效地去除有害光线。眼镜镜脚则为折角式。

戴上眼镜的溥仪也是一样自我感觉良好。但刚开始配戴时，碍于宫中的压力，在参加一些典礼活动的时候还要摘下眼镜，以免"失仪"。但溥仪逐渐变得一刻也不愿意离开眼镜，甚至在别人给他照相和画肖像时也要佩戴眼镜。正所谓"目光健全，思想力及，记忆力亦富，浏览群书，远眺大陆，莫不心旷神怡"。此后，眼镜伴随了溥仪的一生。

末代皇帝与美国《国家地理》

谢小华

末代皇帝溥仪拥有传奇的一生。他 3 岁登基即位,但仅当了 3 年的皇帝,就被辛亥革命赶下了皇帝的宝座。其后,溥仪一直依据与民国政府达成的退位协定留居在紫禁城内廷中,直到 1924 年底,被冯玉祥将军的军队赶出紫禁城,于 1925 年搬到天津居住。1932 年,在日本侵略势力的裹挟下,溥仪逃到长春,当上了伪满洲国执政和皇帝。1945 年日本战败投降后,溥仪被苏联红军俘获,带往苏联关押,后被移交给中国政府。经过党和人民的教育和改造,溥仪于 1959 年被中央人民政府特赦释放。此后,这位昔日的皇帝一直过着普通百姓的生活,直到 1967 年病逝。

可以说,溥仪的前半生绝大部分时间是处在闭塞、禁锢的环境中,缺少自由外出的机会。因此,溥仪很喜欢阅读报刊,任自己的思绪在文字中翱翔。

现今保存在中国第一历史档案馆的众多溥仪订阅书报期刊的档案中,有数件美国国家地理学会致溥仪的信函,说明溥仪也曾是至今在世界上享有盛誉的美国国家地理学会的会员和《国家地理》杂志的忠实读者。

这几件信函于 1925-1929 年间从美国国家地理学会位于华盛顿的总部寄出,寄达地址是天津的张园,收信人均为溥仪本人。溥仪于 1925-1929 年间在此居住。信函中寄来的有《国家地理》杂志订单、

1926年国家地理学会会费缴纳单据

读者意见反馈表、会员推荐单、宣传折页等。从杂志订单来看，不同年份的订单上均打印有英文"大清皇帝陛下"或其年号"宣统"等字样，还标有下一年度杂志的全年订阅价格。此外，还有一封时任美国国家地理学会财务主管艾德森（John Joy Edson，1846-1935）给溥仪的信。写信时间为1926年5月26日。信中请溥仪尽速汇款以续交下一年度会费。此信打印在有国家地理学会标志水纹印的专用信纸上，信的末尾有艾德森的亲笔签名。寄赠的国家地理学会宣传册页图文并茂，印制精美。主要内容是介绍国家地理学会对世界地理人文的探索，

天津张园（溥仪曾于1925—1927年在此居住）

并以当时较为稀见的照片形式展示世界各地，包括中国西藏的风土人情，以激发起读者对地理的兴趣。

溥仪喜爱地理。1919年3月，当溥仪的英文老师庄士敦与溥仪初次见面后，在写给英国当局的备忘录中，提及溥仪"有广泛的地理知识，对旅行和探险感兴趣"。在庄士敦开始教授溥仪后，他们之间曾"无拘无束地用汉语谈论"地理学和旅行。1929年12月29日，美国的《星期日晨报》刊登了该报对溥仪的专访。文中，溥仪说他曾读过许多美国的期刊杂志，学到了很多东西，但更向往能自由周游世界，亲眼看一看各国的风土民情。想必溥仪一定曾通过《国家地理》杂志神游过这个奇异的世界吧！令人遗憾的是，由于种种原因，溥仪亲眼看一看各国风土民情的愿望终其一生未能实现。

《国家地理》杂志曾经寄托着溥仪对自由旅行的梦想，而这些信件和资料是美国国家地理学会曾与中国末代皇帝溥仪交往关系的见证，弥足珍贵。

国家地理学会寄赠给溥仪的宣传折页

工作掠影

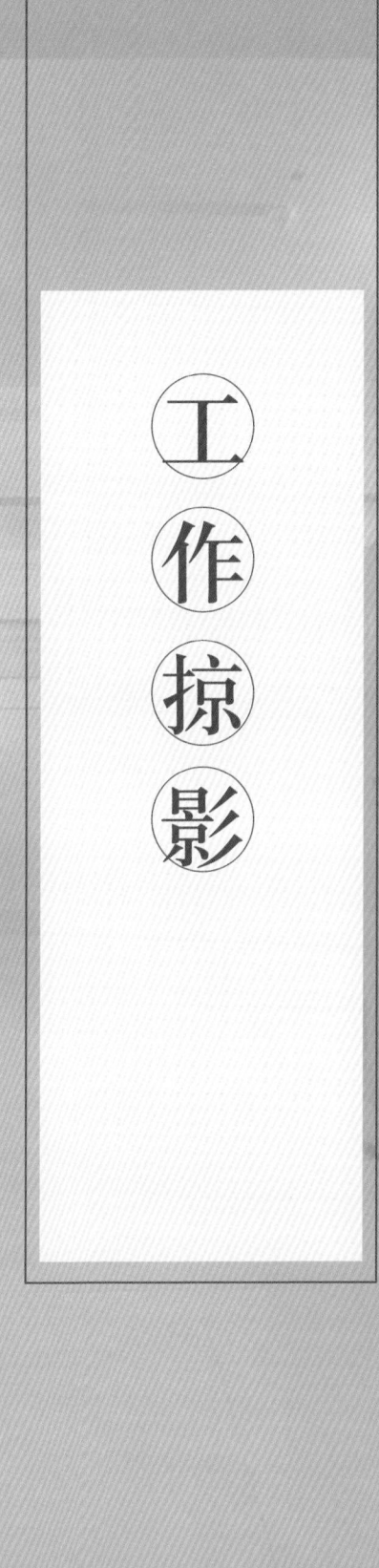

老照片中的明清档案人

伍媛媛

1924 年,清逊帝溥仪被逐出紫禁城。1925 年 10 月 10 日,昔日神秘森严的紫禁城成为故宫博物院,深藏宫中的明清档案及部分历史文物由图书馆下设的文献部负责清查整理,办公地点设在故宫院内东南角的南三所。1927 年 11 月,文献部改称掌故部,1928 年 10 月,掌故部从图书馆分出,改称为文献馆。

内阁红本库档案堆置情形

从文献部到文献馆,人员由数人增至十数人,接收的宫中、内阁、军机处、内务府等各处清代档案堆积如山,尘封渍积,无章可循。

文献部首位负责人沈兼士

文献馆专门委员陈垣

据当时参加整理工作者回忆,内阁大库内除架上档案外,地板上所堆的档案"积若小丘,差不多没有下脚的地方","残乱档案,几乎堆到房顶……屋角柜后也都是档案,可谓杂乱无章的一库乱档而已"。这样霉气弥漫、令人欲呕的工作环境,加之当时社会动乱、军阀混战、财政支绌，明清档案人却无人计较报酬，矢志从事档案的整理工作。有关他们当年工作的艰苦场景，可从仅有的一些老照片里管窥一二。

文献部在沈兼士的带领下，在陈垣等专门委员的指导下，以"普遍的整理与系统的分类"为原则，不避烦琐，不求速效，务使珍奇者不因破损见遗，平凡者可赖以统计而有用。方甦生、单士元、单士魁、张德泽等老一辈的档案工作者扫去浮蒙

文献馆职员整理档案实况

实录库整理档案情形

的历史尘迹，苦心孤诣，悉心清点，分门别类，梳理大略，初步确立了明清档案的管理体系，奠定了明清档案的整理基础。

面向学术界和社会大众，本着"籍作重修清史之长编，以供史家之参考"的目的，文献部及后来的文献馆逐步公布和开放了《文献丛编》《掌故丛编》《史料旬刊》《清三藩史料》《清季教案史料》等一批珍贵档案史料，开辟了发掘公布明清档案之路。开展日常业务的同时，前辈们注重结合工作进行学术研究，在档案整理、档案文书制度及明清历史研究等方面涌现出一批专家。如张德泽对军机处及其档案的研究、刘官谔对内务府舆图的研究、方甦生对内阁档案的研究、李德启

《文献丛编》

《掌故丛编》

《史料旬刊》

对满文档案的研究、单士元对清代档案释名的研究、王梅庄对清内阁黄册的研究、单士魁对清代题本的研究，各有成果。明清档案事业在艰难中起步，逐渐被世人关注。

1931年，"九一八"战火的硝烟危及祖国的文化遗产，明清档案与故宫文物不得不装箱避寇，南迁西运，辗转上海、南京、四川等地，进行了旷日持久的大迁移。万余箱档案文物在战争年代颠沛于"难于上青天"的蜀道之中，在回归之日，不仅数目完整还几无损失，这是明清档案人保护国宝、与敌抗争的文化抗战，是先辈在民族危难关头竭尽全力保护文化遗产的壮举。

1938年故宫第三批西迁文物在川陕公路上的艰苦运输情形

1948年故宫博物院文献馆同仁合影

在保护国宝的同时，明清档案人也不忘自身的职责，不仅在迁运途中开展文物点查、晾晒、展览等工作，也从未停止过业务工作，使整理、出版工作在困境中有序推进。例如，为加快《史料旬刊》的出版，沈兼士馆长领导馆内职员省去档案抄录过程，直接由排字工人看档案原件排字。为了保证档案原件的完整与清洁，他就派馆员手持档案原件站在排字工人身旁，并在工人排字的同时负责校对。他们这种忘我工作的敬业精神，令后人肃然起敬。

追昔抚今，正是有了前辈们的艰苦创业，才开辟了明清档案事业的先河。他们的敬业与坚守值得我们永远缅怀。

南迁西运的档案箱

丁 好

在中国第一历史档案馆六层阁楼的一角，整齐码放着多个旧木箱。这些木箱粘贴着许多封签，箱体上还保留着墨书、朱书两种箱号。虽然这些标志大多已经残破褪色，但依稀可见"乾隆""政府行政院""民国二十二年"等字样。这些古旧的木箱身世非同寻常。它们是明清档案南迁西运的见证，承载着明清档案的沧桑岁月。

时光回到国难当头的1931年。"九一八事变"后，日军迅速占领

南迁西运时盛放明清档案的木箱

东北并进逼华北，局势日趋危急。为使国宝免遭战火侵袭，不落入敌人之手，1933年至1936年，故宫博物院将包括文献馆明清档案在内的1.9万余箱文物进行南迁，自北平经上海运抵南京。1937年淞沪会战爆发，这批南迁文物在日军的炮火下，又分三路紧急向西南大后方四川迁移。这些木箱对南迁西运中的明清档案起到了举足轻重的保护作用。

木箱每口长三尺，宽、高各一尺半，当年造价约一银元。因经费不足，只好买一些装香烟用过的旧木箱，用来装档案和图书。启程前，所有档案分类装箱，统一编号。装箱要求紧实，填满缝隙，凡箱内空隙处，用纸、棉等填充，以防运输途中摇晃受损，并且箱内加放樟脑丸，以防虫蛀。当年档案与文物的装箱工作同时进行，加封后分批起运。装箱历时一年之久。

南迁西运路途遥远、跋山涉水、危险重重。装有档案的木箱先用火车运到浦口，然后装船运达上海。在上海再次核对点收，并另编箱号，采用"沪""上""寓""公"四字来分别代表古物、图书、文献三馆及秘书处的箱件，再由火车运往南京，文献馆共运3766箱档案。

南迁西运的亲历者那志良先生在《我与故宫五十年》一书中，回忆起由陕西至四川运输途中的"翻车"事件：一辆装运文物的车，在经过绵阳附近的一座便桥时，司机不慎，车翻了下去。现场查看，不幸之中的大幸有三，一是便桥不高，车仅是翻下，箱子未坏；二是冬季河水甚少，翻车的地方没有水；三是满车装的都是文献馆的档案及图书馆的书籍，不怕震动。1947年12月，抗战结束后，南迁西运的档案同文物一起又被安全运到南京朝天宫文物库房保存。1949年后，

档案文物在运输途中

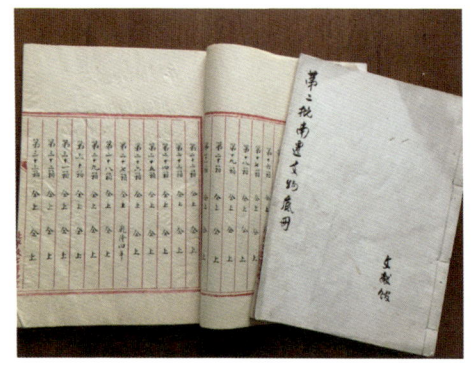

第一、二批南迁文物底册

辗转穿越了大半个中国的明清档案，除一部分被国民党政权运往台湾外，其余陆续运回北京，近100个当年装运档案的木箱保存在一史馆。

拂去历史的尘埃，这些貌似简陋的木箱见证了在民族危难关头，先辈们不辱使命，不惧牺牲，保护国宝的壮举，谱写了一曲与敌抗争、文化抗战的凯歌。木箱身上厚重的历史烙印永远不会随着时间的流逝而消磨，那段峥嵘岁月，激励着一代代档案人要牢记自己光荣而神圣的使命。

国际档案日专题
——清代档案在海外

李 阳

清代国家机关档案,是了解和研究清代历史的宝贵资料。目前,除了绝大部分集中保存于中国第一历史档案馆外,还有部分分藏在海内外各档案馆、图书馆及博物馆。

海外清代档案史料分布情况

目前清代档案分藏在美国、英国、日本、俄罗斯、德国、法国、荷兰、加拿大等国家。各国主要收藏机构如下:

美国,国会图书馆、哈佛燕京图书馆、哥伦比亚大学东亚图书馆、加州伯克莱大学东亚图书馆、普林斯顿大学葛思德东亚图书馆、耶鲁大学东亚图书馆、斯坦福大学东亚图书馆、西雅图华盛顿大学东亚图书馆、北卡罗来纳大学威尔逊图书馆等。

英国,公共档案馆、国家档案馆、伦敦档案馆、大英图书馆、伦敦大学亚非研究学院图书馆、牛津大学波德兰图书馆、剑桥大学东方研究系图书馆、伦敦大学图书馆。

日本,国立国会图书馆、国立公文书馆、东洋文库。

俄罗斯,俄罗斯帝国对外政策档案馆、圣彼得堡俄罗斯国家历史档案馆、俄罗斯海军历史档案馆等。

《大清搢绅全书》（哥伦比亚大学东亚图书馆藏）

此外，法国国家档案馆、德国国家档案馆、荷兰国家档案馆、莱顿大学图书馆、意大利罗马国家档案馆、加拿大国家档案馆、澳大利亚国家档案馆，均收藏有清代档案。

海外清代档案史料存藏举例

由于海外存藏分散，现择其较具特色一二家列举说明：

哥伦比亚大学东亚图书馆，其起源可追溯至1902年，距今已有110余年的历史，在北美以收藏中国地方志、文学作品和家谱档案著称，善本书及特别收藏以中文为主，大量清代资料为哥伦比亚大学独有。

哥伦比亚大学东亚图书馆收藏的资料：

专题史料

《中国近代教育史料汇编(晚清卷)》

《清宪政编查馆奏稿汇订》

《晚清民初西藏事务密档》

《清内务府档案文献汇编》

《中日甲午战争奏稿》

《晚清民国对外商事贸易统计资料》

《稀见中英鸦片战争密奏》

《清代六部文案手折》

《清代八旗史料汇编》

《清末民初(未刊)府州县清档》

《清蒙古事宜折奏文书》

《清代黄河流域洪涝档案史料》

地方志、家谱

法律史资料

《秋审比较条款附案》

《历朝折狱纂要》

《秋审实缓比较成案》

《秋谳辑要》

《馆稿节钞》

《学案初模》

《学案续编》

《驳案续编》

《各省秋审》

《新例要览》

《刑案成式》

《刑部说帖揭要》

《(大理院判解)新刑律集览》

晚清一系列小册子

中日甲午战争议和小册 4 种

蒙古新疆西藏小册

教育小册汇辑

清季铁路小册 8 种

清末官制吏治小册 8 种

清季实业小册 10 种

清季刑法小册 3 种

清季时事新政小册 3 种

传记行述汇辑

218 卷，如传、列传、家传、行述、行状、行略、事略、事状、事实、事迹备刻等

珍贵史籍

慈禧太后所赠开馆之书《古今图书集成》5044 册

《大清搢绅全书》(搢绅录) 892 卷，嘉庆癸亥年至民国十七年 (1803—1928 年)

《时宪书》114 卷，嘉庆元年至民国元年 (1796—1912 年)

加州伯克莱大学东亚图书馆，1947 年开馆，其收藏强项是中国历

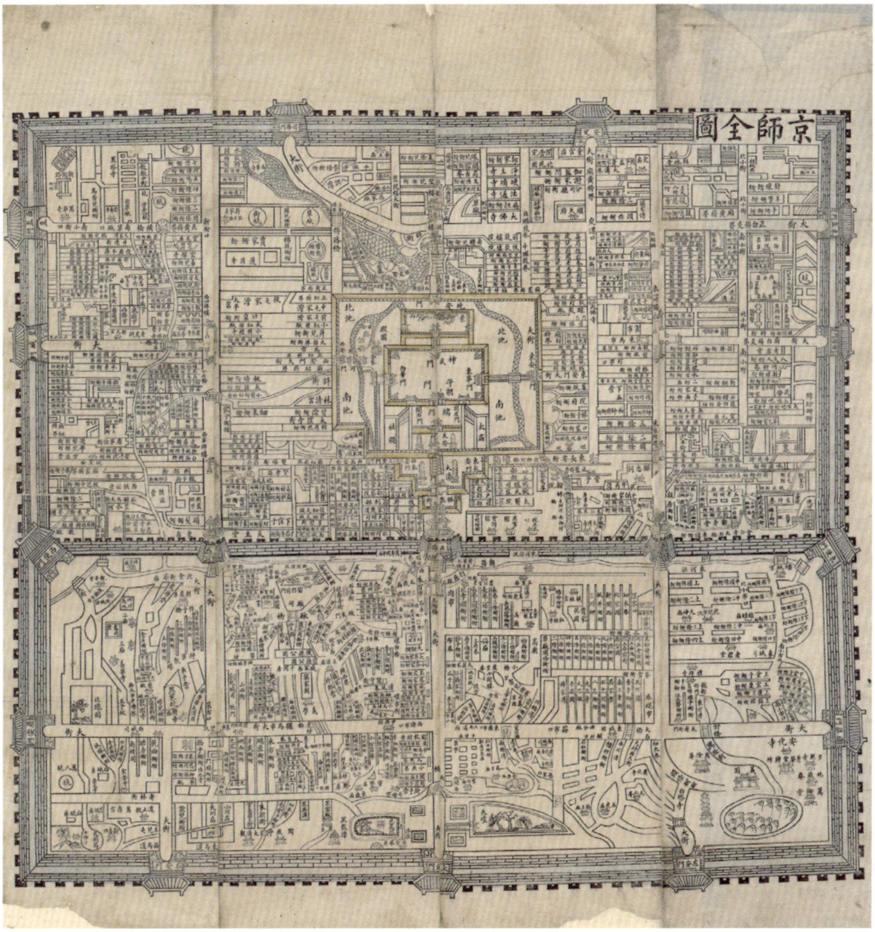

《京师全图》（哈佛燕京图书馆藏）

史、文学、哲学、宗教及艺术史方面的经典作品。例如清代出版物，光绪朝钦定大清会典、国朝文录、大清通礼等。通过近年该馆出版物，如伯克莱加州大学东亚图书馆中文古籍善本书志（2005）、伯克莱加州大学东亚图书馆藏稿钞校本丛刊（2006，2013）、伯克莱加州大学东亚图书馆藏碑帖（2008）等，我们也能获取大量资料线索。

此外，该馆还藏有收集自世界各地图书馆和档案馆的关于18至20世纪中国、美国及太平洋地区贸易文化交流方面的资料，包括航海日志、日记、信件、账簿、贸易物品记录、价格记录、地图等丰富的一手资料，是研究18至20世纪中国对外贸易，乃至跨太平洋及世界范围内商业、航海等社会经济各方面的珍贵史料。

哈佛燕京图书馆，1928年开馆，至今已有将近90年的历史，是中国本土以外东亚研究中最大的大学图书馆。该馆所藏清代档案资料年代跨度很大，从清初到清末均有存藏；且形制多样，有舆图、簿册、折件等。如《京师全图》《大清万年一统地理全图》《盛京内务府顺治年间档册》《批折旧式》《正红旗奏折》等。

其中彩印本舆图及图说可谓各有特色，十分珍贵。舆图不同于文字类文献，以地图与文字相结合的方式清晰描绘疆域、山脉、河流、街道、城市、建筑等，包含政治、经济、地理、历史、文化等多重信息，在文献利用上有不可替代的价值。如疆域图、水系图、城市图，信息量丰富，对于研究清代疆域、城市、山川地理均有重要参考价值。

海外所藏相当数量的清代档案资料，为中国乃至东亚近代、现代历史研究提供了丰富的史料。

一脉相承 妙手回春
——明清档案修复记

邢 洲

中国第一历史档案馆馆藏明清档案卷帙浩繁，装帧形制复杂多样。这些档案自清末以来，几经流离，其中部分档案严重污损、虫蛀、霉变，一史馆肩负着档案修复与抢救的重任。档案修复工作始终坚持"修整档案文件，一律保持原有形式，以存史料真正面目"的原则，要求在修复、揭裱霉烂档案时杜绝档案的二次损伤，因此修复时尽可能选用与原件颜色相适宜的旧料，文字残缺或图绘脱色等情况概不填补，以保留档案的历史原貌。

一史馆的档案修复工作一直有着自身的技艺传承，从第一代由荣宝斋的师傅开启，到今天经过几代人的努力，在承袭传统技艺的同时，也融入了现代科技作为辅助。一些独创的修复技术革新，曾获得国家档案局科技进步奖。修复工艺在国内同行中成为佼佼者。

多年以来，一件件残破的档案经过选纸、染色、拼对、揭旧、修补、托裱等复杂工序，重新呈现出历史的本来面貌。下面一组图文，展示了一史馆修复残破档案的过程。

修复前

首先要精心准备，反复讨论修复方案，准备修复材料，主要包括

修复前的档案

测量档案与修复用纸厚度

染纸并测量修复用纸酸碱度

选纸、染纸、托覆被纸、染绫、托绫等。为使修复纸张与原档相近，需反复试验不同纸张组合的厚度、强度、以及染色后酸碱度，最终搭配出原有效果。

修复中

原档残破、碎片较多，还存在虫洞、絮化现象，造成拼对和揭旧

正面拼对

反面揭旧　　　　　　　　　　背面补纸、摘边

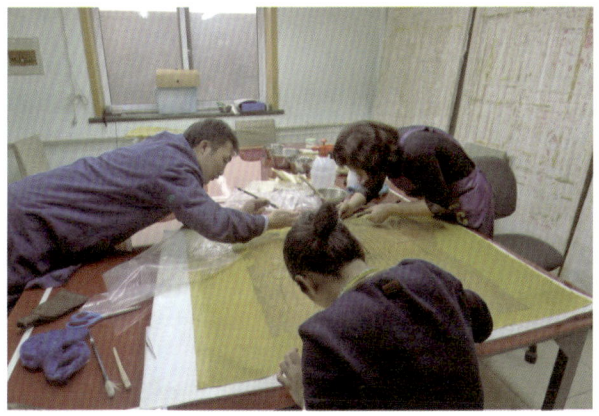

正面复查

覆被上墙

方裁

打蜡

砑光

工作的困难，需要正面拼对字迹后，再翻转至反面揭旧、修补，托纸加固后对正面再次检查。

修复后

明人周嘉胄《装潢志》云："不遇良工，宁存故物。"一史馆在历史档案的修复工作中，循物理，秉良工，使濒临消亡的历史档案的生命周期得以延续。

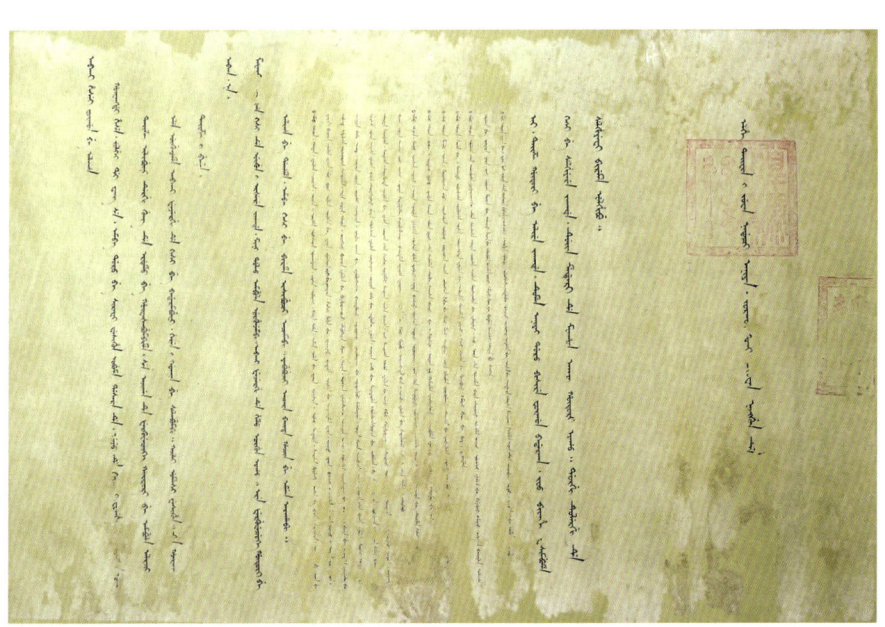

我在档案馆修明档

徐桂芬　邢　洲

中国第一历史档案馆现存1000万件明清档案，其中明代档案仅有3000多件。

存世稀少的明代档案

明清档案和殷墟甲骨、敦煌藏经、居延汉简被称为近代古文献的四大发现。其中明代档案存世量非常稀少。

清顺治五年（1648年）九月，清廷为修明史颁谕内三院，在全国范围内搜集明代档案，可是搜集工作成效甚微，修史过程中仍感史料严重匮乏。康熙四年（1665年）十一月十一日，再谕礼部征集明朝档案。现存于一史馆的明朝档案就是根据这些谕旨在全国搜集并保存于清内阁大库的。经过政权更迭、战乱破坏，历经劫难的明代档案损失相当严重。中华人民共和国成立后，东北图书馆、北京大学、中国人民大学等单位将所存内阁大库档案移交一史馆（包含明代档案），加上一史馆旧藏，才使这3000多件明代档案得以集中保管。

一史馆保存的明代档案，时间跨度较大，最早洪武四年（1371年），最晚崇祯十七年（1644年）。文种繁多，有敕谕、诰命、题行稿、题本、奏本、揭帖、咨文、舆图、契约、实录、圣训、簿册等，其中题行稿、题本、奏本所占比重较大。洪熙、正统、景泰、天顺、弘治等时期的档案基本无存；宣德、成化、正德、嘉靖、隆庆时期的档案不多；万历时期以档簿居多。保存相对较多的是天启、崇祯两朝的档案。因此现存明代档案的史料价值和文物价值显得愈加珍贵。

明代兵部题行稿重修缘起

题稿是上呈皇帝批示的文稿，题稿经皇帝批示后，向有关衙门或官员发送的行文稿，称为行稿。题稿和行稿连在一起，题稿在前，行稿在后，称题行稿。根据北大移交目录记载，1922年一批明代兵部题行稿移交北京大学文科研究所，1952年又移交故宫博物院档案馆（现一史馆）。

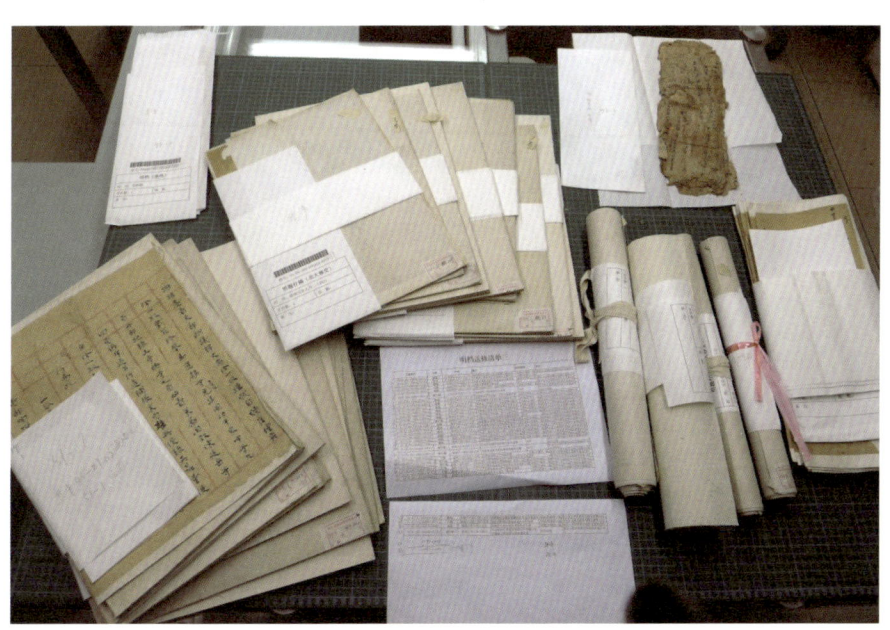

存在修复错误的部分明代档案

2016年，一史馆在档案整理过程中发现，这批移交的部分明代档案存在修复错误，或将不同件档案合并为一件，或将一件档案拆成多件，或将折件变成了近似横批的形制。这不仅改变了明代档案的原貌，更影响到研究和利用。2016年8月，明代档案重新修复工作开始启动。

重新修复定原则

因需要修复的明代档案原修复方式繁简不一、修复质量参差不齐，为尽可能恢复档案原貌，我们秉持三个修复原则：

修复人员工作照

（一）保留原裱原则。原裱的保留能更好体现档案在不同保管时期的面貌和印记。如部分档案背面托纸处有"一九六二年三月修"的印记或原档纸张絮化严重的档案，我们尽量在原装帧形式上做最小干预。

（二）还原处理原则。最大限度还原待修明档的原貌。如折件类型明档宽度差别较大，通过比较大小和对照原始痕迹，将折件类档案宽度尽量还原为原始宽度。

（三）重新修复原则。针对原修补方法和原材料存在不足的档案重新修复，使档案更好保存。

为缺失处增加空白页

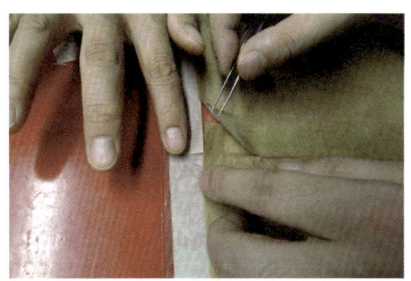
调整绫边与档案、补纸距离

修复后的近似横批类型档案

揭去褙纸

修复后的折件类型档案

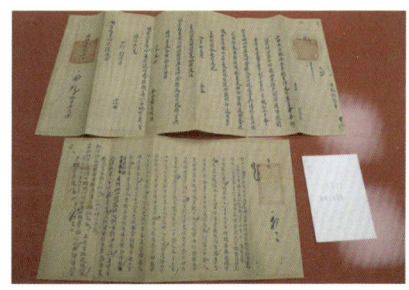
合并档案拼对印章

砖状档案揭分前状况

修复后的砖状档案

科学甄别分类型

在坚持保留原裱、还原处理、重新修复三原则基础上,我们从档案实际状况出发,分为以下四种修复类型:

(一)近似横批类型。这种类型的档案原是折件,被托裱成近似横批形制,成卷筒状。近似横批类型的档案处理起来比较复杂。要先浸泡,然后将部分褙纸分开、绫子揭掉,如果遇档案边缘分离不整齐或有缺损的情况,要先用颜色相近的纸将缺损补齐,待上下边修补整齐后,再镶上绫边,再经覆褙、排实晾干、压平、打蜡、砑平等工序方可完成修复。

(二)折件类型。这类档案是明档的原始状态。重修时需揭去褙纸,分件补托完整,对需要合件的折件进行拼接处理。

(三)砖状档案。这类档案粘黏严重,处理起来并不容易。我们先用湿毛巾将其洇湿以进行揭分,如遇字迹断裂,则用宣纸将断裂处粘住。再将揭分后的档案进行拼对,用颜色相近的纸张将其托出。

经过近一年的辛勤努力,这批159件明代档案恢复了原状,也纠正了原来修复过程中的错误。希望这批经过修整的珍贵明代档案能为存史咨政发挥积极的作用。

临其意 摹其形 存其真

胡锦春　许妍婷

临摹，是中国传统书画研习与复制的技艺。宋人黄伯思在《东观馀论·论临摹二法》中解释："临，谓以纸在古帖旁，观其形势而学之，若临渊之临，故谓之临。摹，谓以薄纸覆古帖上，随其细大而搨之，若摹画之摹，故谓之摹。"

历代书画中有不少都是时人或后人的摹本，像东晋王羲之的《兰亭集序》真迹已失传，但"唐人五大摹本"流传至今，从不同层面表现了"天下第一行书"的神韵，件件流光溢彩。

历史档案的临摹复制属传统手工技艺，是中国第一历史档案馆长期保持的一项特色工作，在整个档案系统也是"凤毛麟角"。经妙手临摹的档案复制件，内容与原档相同，载体、形制、色泽等均与原档接近，做到了临其意、摹其形，更存其真。

多年来，一史馆手工临摹复制的档案在展览、收藏、文化交流等方面发挥着重要作用。现将三件富有特点的复制珍品记录如下：

精心临摹的金榜

金榜，是清代科举考试进士题名揭晓榜，分为大金榜和小金榜。一史馆馆藏的清代科举金榜已列入联合国教科文组织《世界记忆名录》。

大金榜以黄榜纸墨书考中进士的名次、姓名、籍贯，以皇帝诏令的形式下达，殿试揭晓后张挂于东西长安门（文东武西）外。一般高0.8-0.9米，长10余米，满汉文合璧，接缝与榜末时间处钤"皇帝之宝"印玺。

小金榜则以黄折纸墨书考中进士的名次、姓名、籍贯，交由奏事处进呈皇帝御览，一般高约0.3米，长数米，满汉文合璧，不钤印玺。

临摹复制大小金榜的方法和步骤基本相同，主要流程为：

1. 选配材料：尽可能选取与原件相同或相近的材料，有些材料还需后期加工做旧。

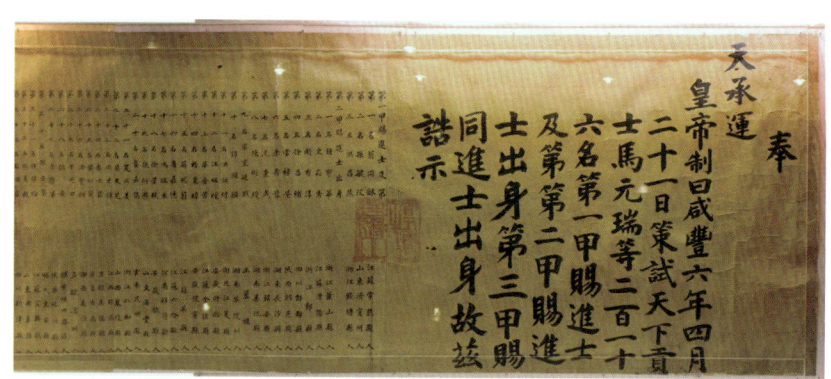
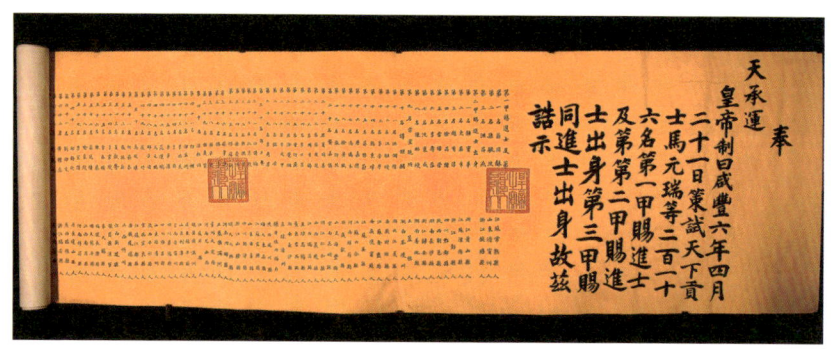

咸丰六年大金榜原件（上）和复制件（下）

2．底稿制作：底稿制作的精确与否，直接影响到复制件的质量，因而要做到尽量精细、准确，减小误差。

3．临摹复制：要临摹出文字的流畅和神韵。

4．后期制作：按原件形式完成装帧。

下图这件临摹的咸丰六年（1856年）大金榜，记录了本科共取中翁同龢等216名进士的信息。此件档案临摹到第二甲第六十三名为止，属局部复制，4米多长。大字采用双勾廓填法，小字直接临摹，先分

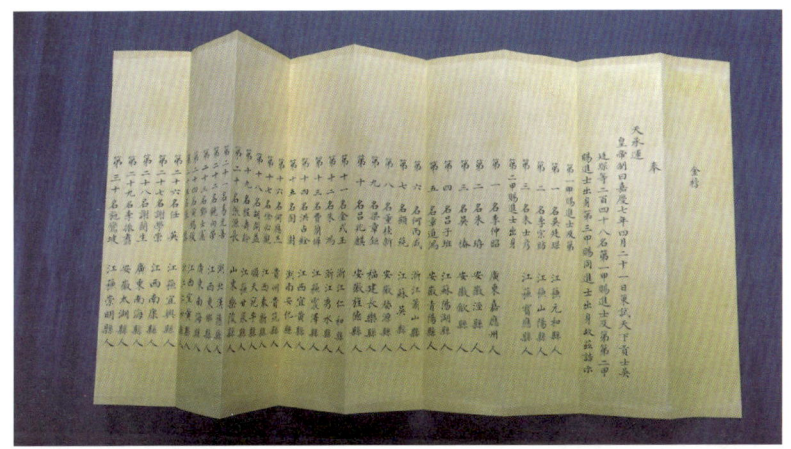

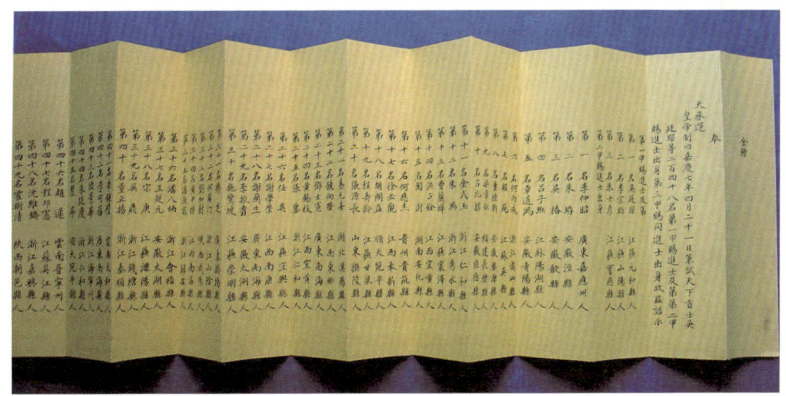

嘉庆七年小金榜原件（上）和复制件（下）

幅临摹，再按顺序拼接托裱，最后加盖原样复制的"皇帝之宝"印玺。

嘉庆七年（1802年）小金榜，榜文有满汉文字520余行。此件档案为满汉文全本复制，一共108扣，近10米长，汉文3500多字，满文3300多字。本件在复制时，先将染过的黄纸按原样折成折件，再通篇临摹。临摹满文之前要学习满文的书写方法，勤加练习直到书写流畅方可下笔。

临摹并重的照会

下图这件晚清照会档案是韩国派驻中国公使请求觐见清朝皇帝给外务部的照会，原件为皮纸蓝格墨字，钤盖"大韩国特命全权公使印"。

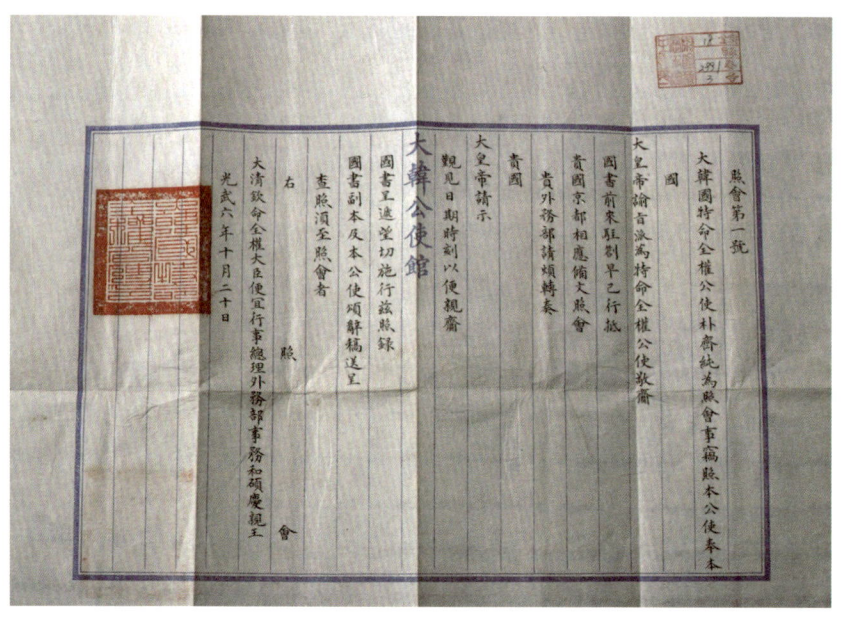

照会原件

临摹复制的步骤：首做底稿，皮纸做旧，以工整的蝇头小楷临摹照会文字，然后选用颜料，摹绘蓝色线格，再篆刻复制一枚相同印章，用同色朱砂印泥钤盖。最终复制件的效果非常逼真。

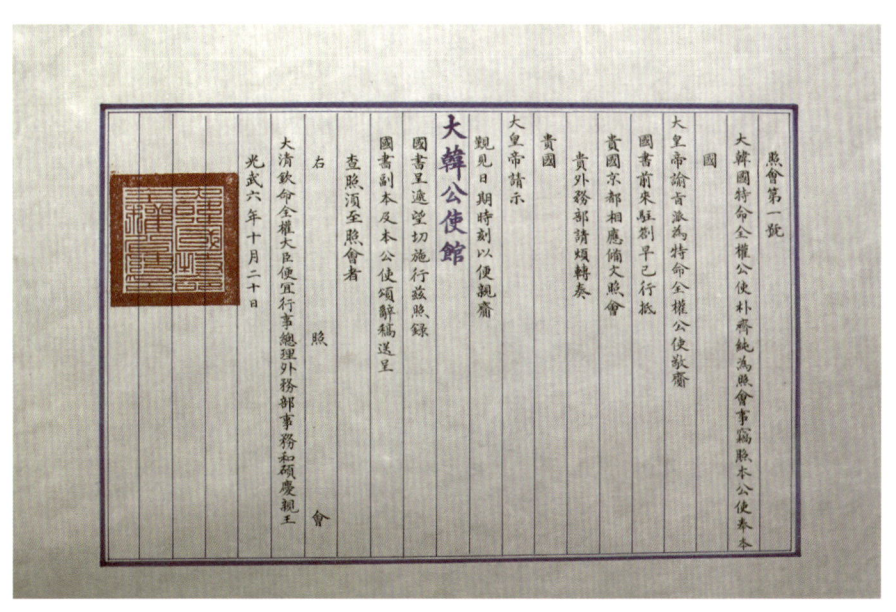

照会复制件

创意复制的消寒图

一史馆有些藏品不属于正式的公文档案，临摹复制时，在坚持临其意、摹其形、存其真的基础上，临摹师也会尝试进行适当的艺术加工，以增加其艺术性和吸引力。

比如恢复原件残缺部分的文字与图案，并根据原件的内容、特点和历史背景进行艺术构思，对其尺寸、颜色、装帧装裱形式等进行艺术创新加工，从而使复制件既不失其原貌特色，又增加一定的艺术性和观赏性。

《消寒图》是一史馆最早制作的文创产品之一，临摹复制时即采用了创意复制的方式。《消寒图》是清代宫中冬季消闲填写娱乐图画的文字游戏，有多种形制，一般是每天填写九个九划双钩大字中的一划，来打发九九寒冬。

上面这件葫芦形的消寒图，将"雁南飞哉柳芽待春来"九个双钩大字排列成葫芦状，再以上至三皇五帝，下至清朝定鼎中原的中国历史歌诀盘旋相连，新颖别致，寓教于乐。

消寒图复制件

在临摹复制这件档案时，临摹师恢复了残缺的笔画，将无装裱的原件选用皇家黄色锦绫装裱成镜片，将"雁南飞哉柳芽待春来"九个双钩大字颜色加重，凸显出朱砂色，增加了整个画面的立体感。最终的成品复制件较原件更加美观大气。

档案修复技艺体验

于 梅　许妍婷

中国第一历史档案馆拥有一批修复师，他们的职责是修复破损档案、还原档案原貌，这项工作在外界看来有一种神秘感。现在，就让我们跟着修复师，去亲身体验一下传统手工修复技艺吧。

准备材料、工具和设备

"工欲善其事，必先利其器"，选择合适的材料、工具和设备是做好档案修复工作的物质基础。

在修复师的建议下，在正式上手体验前，我们先要准备好下面几类道具。

（一）档案修复材料，包括纸张、粘合剂、染料、丝线、棉线、纸捻钉等。

常用的重要材料有：

1. 纸张：配纸的颜色、质料、性能、薄厚、酸碱度一定要合适。

2. 粘合剂：俗称浆糊，是修补、托裱档案不可缺少的粘接材料，其质量直接影响档案修补的好坏，必须选用优质粘合剂。

粘合剂的原料会因各地区的产料和传统不同而略有差别。比如，北方地区一般用去掉面筋的面粉，即麦淀粉；江南一带多用精白面粉（富强粉）；广东地区有用白芨水浆糊的；日本则用粳米粉、粟米粉、淀粉或精白面粉调制。

（二）档案修复的工具，包括：排笔、毛笔、针锥、启子、刀子、剪子、镊子、裁板、尺板、槌板、木槌、砑石、盆、勺、锅、锯等。

常用的重要材料有：

1. 排笔：长锋排笔最好，也可根据需要把多管排笔锯断为4—8根管的小排笔。现在也有用日本排刷的，但其吸水性不如排笔。

2. 毛笔：修复工作中使用毛笔的时候很多，一般建议用"大白云"或羊毫笔。若选择质量不好的毛笔，使用时容易掉毛。

3. 启子：材质有竹子或牛角的，片状，一头扁圆，专门揭挑档案或启下上墙档案，根据需要打磨出合适大小。

4. 棕刷：用棕榈树生长的棕丝和剑麻纤维编扎制成，应尽量选用棕丝细密、编扎硬实、大小适宜的品类。

不同的档案修复用纸

档案修复用粘合剂（麦淀粉）

（三）档案修复常用设备，包括：修裱工作台、拷贝桌、纸墙等。

1. 修裱工作台：俗称案子，以干燥木材为胎，披麻带灰，刷桐油

部分档案修复工具

排笔（左）和日本排刷（右）

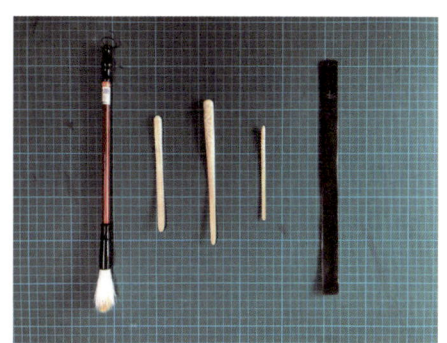
毛笔和启子

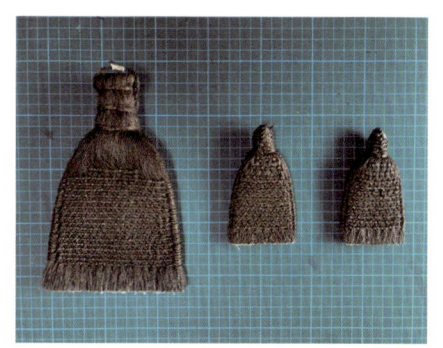
棕刷

大漆，经传统工序制成。

2. 纸墙：又称大墙、纸笸，绷平干燥用。纸墙粘合要结实不空壳，墙面要平整光洁，使用之后要定期修整。

3. 拷贝桌：一般在玻璃台面下安设灯管，用于检查档案的破损状况、残破档案的拼接、修补破洞等。

修复操作流程

准备好材料工具以后，档案修复体验终于可以进入实操环节了。

修裱工作台

纸墙

修复师告诫我们，这时应该慎之又慎，因为微小的错误也可能会造成不可逆转的损失，必须遵守一套完整、严格、规范的修复工艺。

一史馆修复师经过多年的实践总结，根据两种不同的档案修复类型，实践中已经初步形成相对规范的操作流程。

（一）修补档案流程

①选择材质、尺寸合适的操作台面

②合理摆放台面材料和工具的位置

③调试粘合剂

④铺垫宣纸

⑤打开档案，背面向上

⑥舒展档案，除霉除污

⑦修补残破处、晾干

⑧喷水，上盖撤潮纸，压平

⑨原样复原

修复师传授修补档案技艺

在体验修补档案时,修复师提醒需要特别注意以下问题:

1. 磨薄补纸边缘。补纸粘合档案时,需磨薄粘合重叠处的纸张边缘,最大化地还原所补档案残破处纸张的原来厚度。外界有些字画修补除了对补纸进行磨边以外,也会在字画残破需要修补边缘做磨边,出于对原档保护考虑,档案修补时一般不采用此法。

2. 正确使用粘合剂。用毛笔的笔尖在破损处和孔洞周围涂上粘合剂,切勿用排刷在补纸上全部涂刷粘合剂(这样做的弊端很多:压平环节干燥后残破处的粘合剂会粘上撤潮纸;档案装订后若空气中湿度增大,修补处很容易和前一页粘连)。

压实时手部动作要准确,规范动作为手掌侧边缘"轻敲",切勿用手指按压、手掌拍平等其他动作。

(二)托裱档案流程

①选择材质、尺寸合适的操作台面

②合理摆放台面材料和工具的位置

③调试粘合剂

④铺膜（宣纸）

⑤打开档案，背面向上

⑥舒展档案，除霉除污

⑦刷浆（粘合剂）

⑧补缺、接边、溜口捡毛（排刷掉毛）

⑨上背纸

⑩下膜

⑪排实修整

⑫上纸墙干燥

⑬下纸墙裁装

⑭原样复原

在体验托裱档案时，修复师提醒需要特别注意以下问题：

1. 托纸。正确辨别纸的正（光）反（糙）面，托纸时让纸的糙（反）面对纸的光（正）面。仔细辨别纸的纹理，两张纸粘合在一起时纹理方向要一致。同等大小的纸托好后要左右上下对齐，确保托纸不坏不斜。

2. 接纸。接纸的一侧要接直、接准，直是指两张纸重叠的接口处与所托纸的上下部分是垂直90度，让上下两张纸完全重合；准是指两张纸的搭口在考虑干燥、伸缩、牢固等因素的基础上尽量接细，让纸与纸重叠的距离尽量"窄"，做到"固而窄"。

（三）两个流程中需要特别注意的共性问题

1. 调制粘合剂。只有当水温合适、水粉比例准确时，才能调制出粘性最好的粘合剂。当粘合剂浓度过高时，档案会出现褶皱、凹凸不平，托裱档案折件时容易起裂；粘合剂浓度过低、过生或过熟又会导致粘性不足，起不到粘接修补材料的作用。

2. 残破处补纸的使用。补纸厚度、颜色和档案纸张厚度、颜色要近似，补纸纹理和档案纸张纹理方向要一致，补纸和档案粘合重叠处要"细接"（根据档案的具体状况尽可能接得"精、细"）。

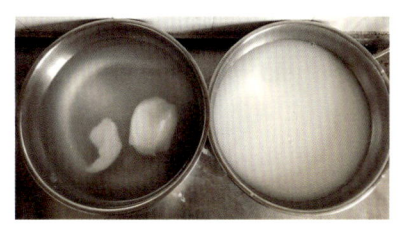

不同浓度的粘合剂

经过这一次档案修复的体验，我们发现修复师的工作真是需要匠心良工，除掌握必要的档案修复基础知识外，还需在实际操作中不断磨炼心性、锤炼技能，方能使修复技术日益精进。正如明代周嘉胄在《装潢志》中所说："良工须具补天之手，贯虱之睛，灵慧虚和，心细如发。"

皇家档案防火今昔谈

蔡立骁

2018年，巴西国家博物馆发生严重火灾，90%的馆藏文物化为灰烬，损失无法估量，成为21世纪的一个文化悲剧。回溯历史，清代紫禁城曾多次起火，宫中的文书档案也难逃厄运。

档案被焚

《清实录》记载，雍正三年（1725年），吏部文选司失火，"延烧房屋十数间，所有档案被毁"；乾隆朝，玉牒曾遭焚毁，乾隆帝对宗人府官员严厉斥责并处罚"宗人府王公等，平日办事草率，毫不尽心。今失火焚毁玉牒，伊等之怠玩可知。玉牒非寻常档案可比。着将该衙门王公等，交部严察议奏"。嘉庆二十四年（1819年），文颖馆的大火，导致这一编纂汇集当朝优秀诗文的官方机构退出历史舞台。

档案文书被火会导致重要政务信息的缺失，为防患于未然，清廷要求"至内阁本章，及各衙门档案，皆应于正本外，立一副本，另行收贮。"实施多种举措加强宫中防火。

灭火设施

吉祥缸：在中国古代，灭火主要依靠的是水。明清时期紫禁城内

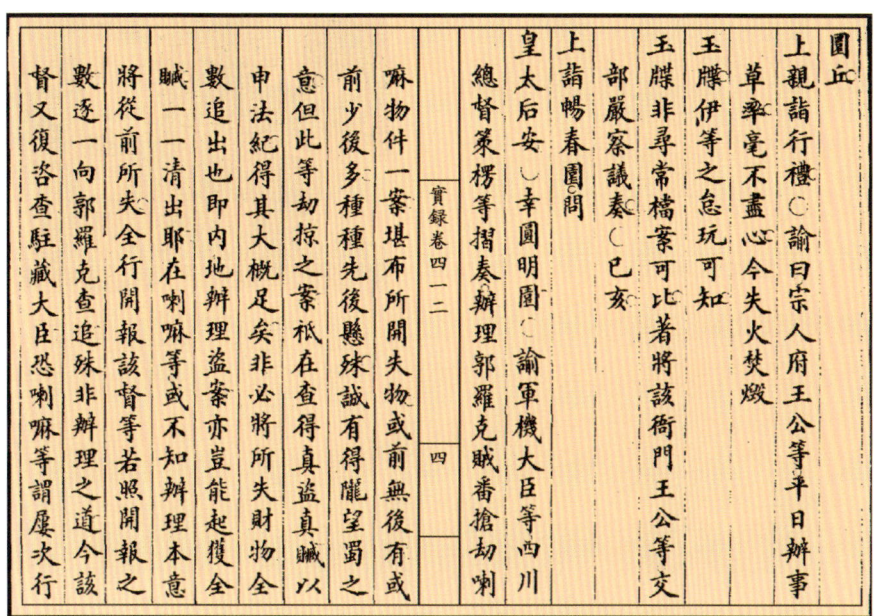

《大清高宗纯皇帝实录》关于玉牒被焚的记载

遍布水缸,用以灭火,因忌讳水、火二字,便称其为"吉祥缸",又称"太平缸""门海"。据《清会典》记载,清代皇宫内共有水缸308口,根据各宫殿防火需求设置大小规格和数量。为保证水缸能

吉祥缸

够发挥作用,安排专人每日挑水,保证水缸满水。冬季为防止缸内水冻结,每口缸下设置炭炉,为缸内的水加温,并由专人负责。

激桶:清顺治年间出现的激桶(又称机桶或水龙),是一种使用

人力操作的喷水灭火设备。主要利用杠杆和活塞原理,通过一提一压,将水桶内的水喷射出去,达到灭火的效果。自雍正五年(1727年)起,宫内普遍设置激桶,取得了较为良好的灭火效果。

激桶实物

灭火队伍

火班:清代建立了专门的宫廷灭火队伍——"八旗火班"。其主要由步军统领衙门、内务府护军营和銮仪卫选派官兵组成。挑选火班人员时,突出要求年力强壮、操演技艺娴熟。值宿要求由"总管内务府大臣、护军统领掌钥匙,护军参领共同稽查。嘉庆十九年(1814年),清廷制定了《紫禁城内及圆明园火班章程》。

有清一代,火班人员和灭火器具逐步增加。光绪十四年(1888年),因贞度门发生火灾,光绪帝下旨要求对火班进行认真整顿,故内务府重新修订了《火班章程》。主要调整了火班的组成人员和统属关系。除步军统领衙门步军100名保留外,护军营和銮仪卫官兵均予撤回;另由内务府挑选年力精壮的民役苏拉200人,专充激桶兵,分为两班,5日一换;每晚宿值激桶兵操演激桶一次,确保激桶使用技艺娴熟。

此外,清宫内设有37处火烛班值班点,均配置有防火器具;宫内太监被编集成队,用以应急救火;宫内地面、沟渠定期维修,拔除杂草;京内大臣和八旗官兵也有入宫救火之责……

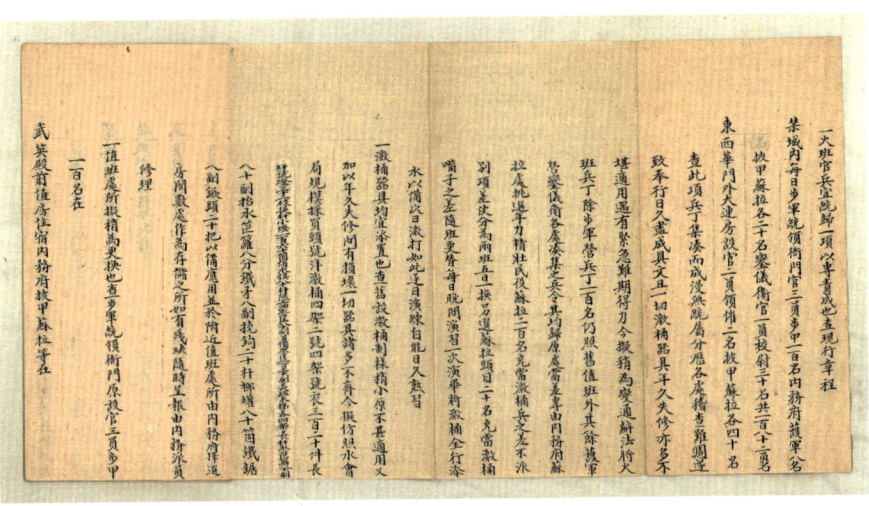

光绪十五年《火班章程》清单（局部）

今日消防

清代以灭火为主，现在以防火为重。清宫的这些灭火举措曾起到了一定作用，如今，中国第一历史档案馆肩负着保管好珍贵的1000余万件明清档案这一历史文化遗产的神圣使命和重要职责。在消防设备、监测体系、队伍培养等方面均实现了现代化。

（一）提高消防安全意识

一史馆邀请专业的消防警官进行消防安全知识讲座；组织职工参观中国消防博物馆并进行消防培训演练；利用电子板报、发放消防常识手册进行消防知识宣传等等，使消防安全意识落实到每个人的心中。

（二）推进隐患排查治理

安保工作经常开展隐患排查整治，对老旧大功率断路器及时更换，对所有房间线路进行标准化整理。

（三）提升火灾防控能力

建立日常排查、巡检制度；加强消防设备设施的维护、保养及检测，使其保持良好运行和监控状态；每周组织一次微型消防站拉动演练。

巴西国家博物馆发生的严重火灾，向全世界敲响了警钟。档案安全，是档案馆、档案工作者、档案事业的红线、底线和生命线。安全工作任重道远，永无止境。

明清档案工作掠影（一）
——汉文档案整理

谭 景

在"互联网+"的时代，大数据、云信息风起云涌、风光无限。中国第一历史档案馆将传统的历史档案工作与"互联网+"时代的新理念、新方法进行了"联姻"。

2011年5月6日，标志着一史馆藏明清档案整理和数字化工作启动的号角吹响，正式拉开"举全馆之力，集社会之智，打好档案整理和数字化建设的攻坚战"的大幕。年均整理和数

一史馆档案整理及数字化项目开工仪式

字化档案要达到150万件，开始试行电子档案著录工作；在5年内将完成全部档案文件级整理，基本完成档案数字化和缩微工作。面对占馆藏档案总量80%，总计700余万件，其中100多万件为残破档案的工作量，整理工作要率先上马。

为尽快完成占馆藏绝大多数的汉文档案的整理，一史馆购买社会服务，对适宜整体发包整理的档案采用项目制管理，馆方与驻场服务公司通力协作，自2011年5月至2015年5月，明清档案整理数字化

工作全面推进，成效显著，共完成四期9个项目，计60个全宗64098卷5410046件档案的文件级整理；做到"一件不丢，一件不损，一件不乱"，达到了整理质量的历史新高。

整理前：入库调研，精细排查，记录备案

对请安折档案进行入库调研

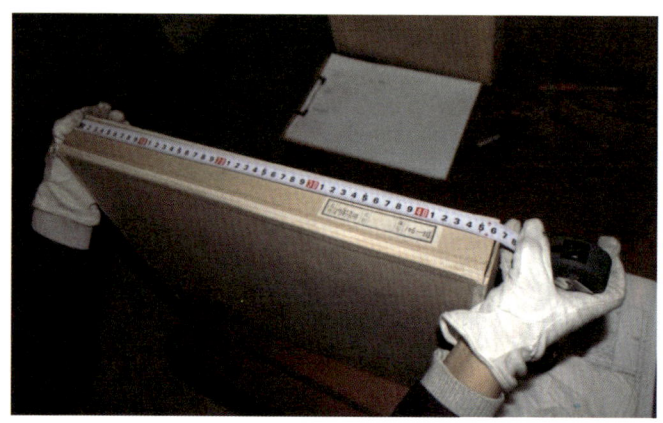

精细测量，认真记录

整理中：优化流程，培训指导，加强管理

根据档案状况和公司的实际情况，馆方多次对工序进行调整，最终确立了汉文档案整理工作基本流程。

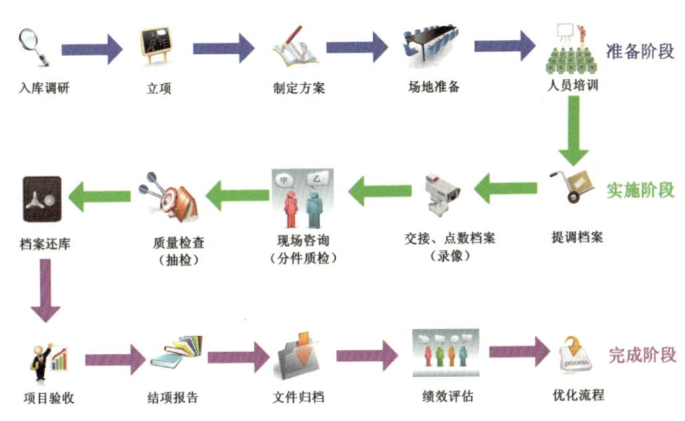

汉文档案整理项目组管理工作流程图

对公司全体员工进行业务培训

严格细致的提档点数

在整理过程中，最受瞩目的当属档案安全管理。如何保证每一件档案的安全，答案就在这里：

档案在场地内、场地间保存及周转,必须封箱

严格巡查,及时沟通,加强指导和监督

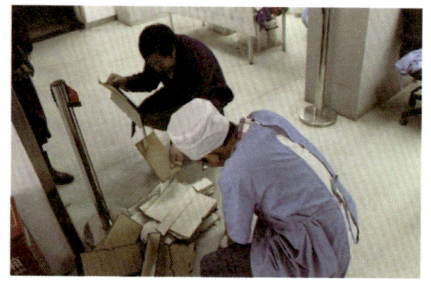
把好出口,旧档案盒逐一破拆,专人检查

破拆后的旧档案盒统一摆放,每日专人处理

整理后:规范验收,安全归库,秩序井然

到 2015 年,适合发包的汉文档案已整理完毕,一史馆开始对零散档案进行清理、整理,至今也已取得了阶段性成果。

提交验收的档案成品目录及文件

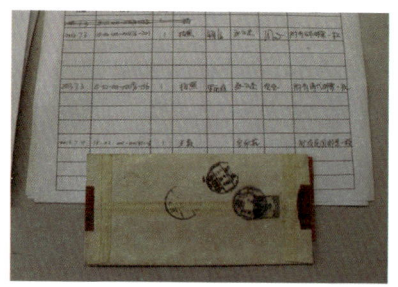
珍贵档案专门登记,贯穿全部工序

档案整理前后的对比图

明清档案工作掠影（二）
——档案数字化

卢 溪

中国第一历史档案馆在明清档案的保护与利用上，以往采用的方法是将档案拍摄成胶片，供利用者在阅读机上阅览有关内容。随着数字技术的快速发展，档案数字化成为主流。自2011年开始，一史馆在国内同行业中率先采用先进的数字化手段，并借助于社会力量，在馆藏1000余万件档案的开放、保护和共享上迈出了坚实而勇敢的一大步。在过去的5年时间里，一史馆按照科学严谨的工作流程，执行先进的管理工作模式，保证了数字化成果的高质量。

档案数字化工作特点：一是工区规模大，直接参与员工120余人，

档案数字化工作协同处室

档案清点分类与送修

工区面积 300 余平方米，配置数字化设备 150 余台；二是加工数量多，年均数字化档案可达 80 万件 800 万画幅；三是质量要求高，图像质量差错率低于 1‰，档案信息漏扫率低于 0.1‰，高于国家和行业标准；四是工期时间长，从 2011 年开始，已完成 5 期项目工程，后续项目工程仍在开展；五是协调部门多。

严格而顺畅的数字化工作流程：第一步是清点分类；第二步是逐页扫描，扫描要求分辨率 300DPI，色彩模式为全彩扫描；存储格式为 TIFF、JPEG2000、JPG；第三步是数据质检，采用智能处理，智能转换 JPG/智能裁切/智能查重，人工图像质检覆盖率 100%，人工原件质检覆盖率 100%；第四步是成品验收，项目监管做到卓有成效。成品验收包括图像抽检、原件比对抽检、验收抽检。

明清档案数字化工作对档案的保护和利用意义重大，影响深远。我们期待通过数字化工作，早日向国家和社会提交一份满意的答卷。

档案逐页扫描

档案数字化安全工作零事故

明清档案工作掠影（三）
——汉文档案著录

陈 洁

汉文档案的著录是中国第一历史档案馆的一项重要工作。所谓档案著录，就是对档案主题信息判断、选择、记录的过程。"著"重在标引，是将内容主题的自然语言转化成检索的标准语言的过程。"录"即抄录，是将档案的形式特征如责任者、具文时间等原始信息逐项对照记录。整理后的档案，如果不经过著录流程，不拟定题名，是难以检索利用的。

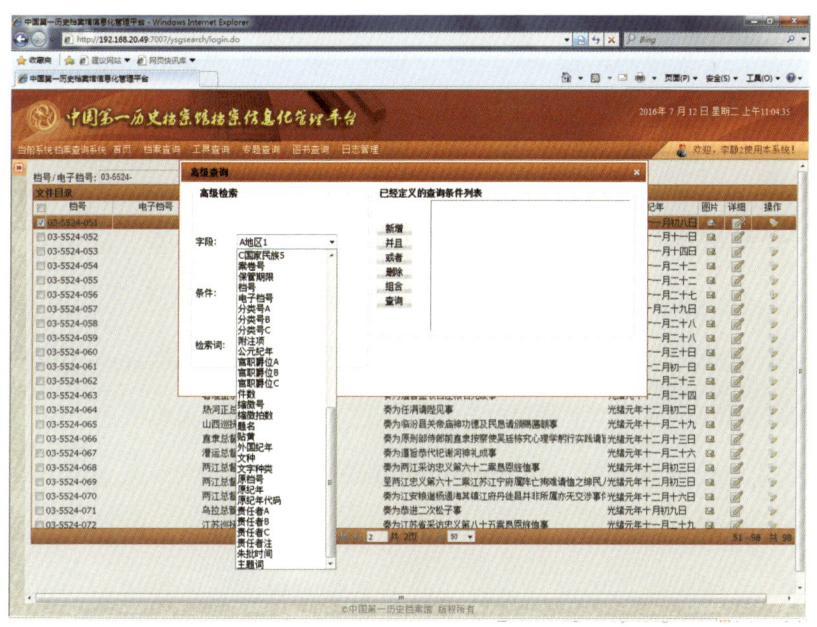

利用者在信息管理平台通过检索字段定位查找档案信息

20世纪80年代对原档进行手工著录

自1925年一史馆的前身——故宫博物院文献馆成立以来,老一辈档案人便孜孜不倦地辛劳工作。他们按批次提调原档,逐件审读档案内容,认真提取主题信息,截至2010年,共开放档案检索目录300余万条。

为满足社会不断增长的利用需求,新一代档案人决定在整理和数字化工作的基础上,尝试使用图像著录模式开展档案著录外包工作。利用图像进行著录,首先避免了著录人员直接接触原档,不干扰原档的保护环境。其次,档案图像可以同时被不同的计算机获取,各字段由不同人员分别著录,档案著录不再"一件终身制"。原本手工单件著录只能顺序进行的工序,如今可以同时推进,缩短了时间,提高了效率,方便质检与管理,有效降低了著录差错率。如果说原档手工著录像是比较原始粗放的家庭式作坊的话,外包图像著录模式则像是信

项目管理组对外包著录人员进行业务培训

息化生产的工业流水线。著录人员根据以往著录经验，将著录流程分割成各项工序，通过编制加工系统软件，设定功能模块，安插专职人员，实现了网络化管理。

外包著录听起来容易，但是要确保著录的安全性、准确性和完整性，这条流水线的打造可是凝聚了新一代档案人满满的心血。首先遇到的难点便是如何培养著录队伍。清代档案文种繁多，行文字数各不相同，以题本为例，通常由上千字构成，内容具指性不强。初识档案，对于非专业人员来说，简繁字对照尚且存在困难，更别说通读档案、提炼主题了。为了提升外包人员的业务素质，项目管理组开展了清代题本简介、题本主要内容、题本术语、题本相关职官介绍、著录细则解读、主题词标引等专项培训课程，考培结合，边讲边学边用，迅速培养出一支专业化队伍。

每天有3000件档案在各流程中著录流转

　　著录的关键环节，是拟定档案题名。要为历史档案拟出符合现代检索需要的题名，需要档案著录人员有较为系统的古汉语、历史、文书制度等方面的知识，同时具有准确提取信息、凝练语言的能力。这一方法将传统经验与实际操作有效融合，开创了题名拟定的新模式：首先对档案内容分类整合，制定出不同类型的题名格式；然后训练外包著录人员标引档案主题，围绕人、事、地、时四要素，用对照填空的方式组织语句；加上日常逐一排查纠错，三管齐下，使题名拟定速度和质量稳步提升。

　　在生产过程中，著录工作不断摸索建立合理的管理操作流程，反复研究软件模块设定和各项功能开发。进一步细化档案主题词、自由词及动词标引规则，将著录条目整合为三类34个字段，先后增加题名标识、主题词自动提取、著录差异比对等功能，将计算机批量解决

著录实验项目管理组进行现场答疑

清代内阁工科题本著录实验项目成果

问题的能力最大化。各项工序流程趋于完善，著录速度和成品质量维持较高较稳定的水平。

著录工作始终将质量控制贯穿生产过程，把现场咨询放置在工作链条的最前端，实时在岗在线答疑，持续提供知识补给并形成咨询反馈记录。后端则严格成品数据质检验收，发现问题及时修复，确保质量。

以"馆藏内阁工科题本档案数字图像外包著录实验项目"为例，用145个工作日，共著录条目110222条，差错率为0.5%，档案安全、著录质量和效率全面超越以往。著录实验项目组通过外包，在项目管理、培训组织、软件开发、工序设置、成品验收等各环节采集了大量数据，经过整合和研究分析，为著录工作打下坚实的基础。

如今，档案著录的新模式扩大了专业化队伍，增强了信息化加持，贯穿了流水线式的工序设置，积累了成熟的经验，相信不久的将来，互联网上会出现更多更丰硕的明清档案著录成果！

明清档案工作掠影（四）
——档案保管工作

孟飞旺

坐落在北京故宫西华门内的中国第一历史档案馆，珍藏着被誉为20世纪早期"中国近代文化史上的三大发现"（甲骨文、敦煌写经、大内档案）之一的"大内档案"——清代皇家档案。这些承载着明清政治、经济、文化、外交等各方面的原始记录、体量逾千万，不仅是中华民族的宝贵财富，也是世界重要的文化遗产。明清档案工作第一位就是确保档案安全，要保护好、管理好这些档案。

健全制度，完善设施，确保档案实体安全

一史馆保管处制订有库房签封制度、双人双钥入库制度、出入库登记制度、技保制度、定期定点查库制度。正是这些管理制度的健全，确保了档案的安全。在强化日常管理的同时，建立紧急预案。由于档案馆建筑年代久远，库

排架整齐有序

房及阁楼在雨季存在安全隐患，因此档案存放采取"穿靴打伞"特殊措施防范。"穿靴"就是为集中码放的档案铺设防水托架，"打伞"就是为库房排架苫盖防水材料。

锁库贴封条

入库登记

"穿靴"

"打伞"

技术保护人员在检测纸张

建立台账，披沙沥金，抢救珍贵历史档案

"摸清家底、建立台账。"保管工作对现有14个档案库房进行全面清理盘库，充实了各库档案清库数据台账，摸清了馆藏档案的家底，为档案数字化工作的开展奠定了良好基础，为档案库房科学有效管理创造了条件。

本着对保存在一史馆的每一张纸片"不抛弃、不放弃"的高度负责的原则，保管工作人员克服种种困难，对存放在阁楼的100多箱残破零散档案进行彻底的清理。位于顶层的阁楼，空气不流通，清理时正值盛夏，温度很高，加上残破档案尘土飞扬，需要戴上厚厚的口罩和手套，小心翼翼地清理遴选。由于阁楼憋闷，长时间与粉尘接触，有些工作人员身上发生过敏反应，刺痒难忍。经过大家披沙沥金的"淘宝"，共抢救出折件档案37954件，木质红绿头牌档案1箱，清末民初报纸15箱。

协调配合，规范操作，保障档案安全高效流转

在整个档案整理、数字化流程中，档案原件提调是起点，档案成品入库是归宿，安全高效流转是保管工作的难点。几年来，为配合档案整理数字化五年工程，保管处人员每年进出库房提调档案约500批次，提调归还档案数量高达400万件，一度保持在每天2万件的超高工作量。为此，必须加强部门之间协调联动，规范交接操作流程。采取了入库预约、工作核对、归库清点、规范交接等手段来保证档案安

阁楼残档清理前

阁楼残档清理中

阁楼清理出的红绿头牌

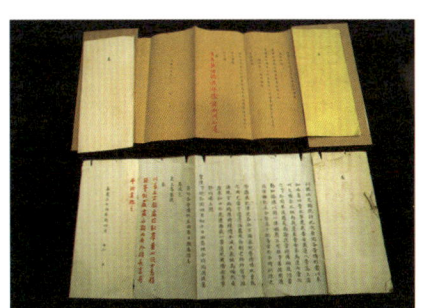
阁楼清理出的朱批奏折

全和工作效率。

广泛合作，加强管理，实现专业技术保管

为了实现长期保存和进行多介质备份，一史馆拍摄了数万盘缩微胶片。这些胶片对保存条件有特殊要求。为实现缩微胶片档案的安全存放和有序管理，一史馆委托中国电影资料馆北京东郊

档案入库前保管员清点档案

办理档案提调出入库交接手续

整理数字化后档案归库

库代存胶片档案。该库房具备安全完善的保管条件，符合缩微胶片的技术要求，保持温度 $10\pm1℃$、相对湿度 $45\%\pm5\%$ 的标准。保管员与技术保护人员定期前往检查。

对外交流，展示精品，加强档案宣传力度

在对外交流活动中，为了展示馆藏精品档案，一史馆专门开辟特藏库、玉牒库，挑选馆藏档案中一些具有代表性的珍贵档案原件进行展示。

重视修复，打破常规，加快档案修复速度

延长历史档案寿命、修复受损档案是保管工作的永恒主题。馆藏档案存在时间少则 100 年、多则达 600 年，其间受到南迁西运影响，部分档案出现了粘连、霉变、残缺、褶皱等破损现象，加大档案修复

位于中国电影资料馆北京东郊库的胶片档案库

保管员用专业设备检查胶片档案

贵宾参观特藏库

修复工区

力度迫在眉睫。修复工作打破传统思维，引入社会力量，近5年时间共修复档案2.6万件24.84万平方尺，使残破档案实现了"起死回生"。在保管工作人员的精心呵护下，古老的历史档案不仅安全存放，而且寿命还在延长。

明清档案工作掠影（五）
——明清档案的编纂出版

王 征

自古以来，我国就有编纂档案文献的传统。现藏于中国第一历史档案馆的明清两朝中央和国家机关档案，是记载明清时期军政大事的"机要""绝密"文件，几百年来深藏于禁宫之内，秘不示人。明清档案编纂工作，就是以今人之手揭开这些历史档案的神秘面纱，通过珍贵档案的公布和编纂成果的出版，把"死档案"变成"活资料"。

档案文献编纂，是按照一定题目要求，查找和挑选档案材料，将档案原文（全部或部分内容）进行科学系统的加工编排，进而整理出版的一项工作。一史馆明清档案的编纂工作，主要程序包括选题、选

《清宫内务府造办处档案总汇》

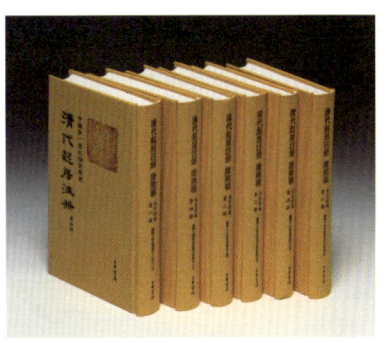
《清代起居注册—康熙卷》

《清代军机处电报档汇编》

《澳门问题明清珍档荟萃》

材、加工、拟题、编排和审校等。

选题的确定是一项科学而严谨的工作。社会各界对明清档案需求的广泛性、明清档案内容的丰富性，决定了编纂选题种类的多样性。如被列入国家经济发展研究规划中的选题有康熙、雍正朝《汉文朱批奏折》，康熙至同治朝《汉文起居注》《乾隆朝上谕档》《清政府镇压太平天国档案史料》等；被列为国家清史编纂委员会"档案丛刊"出版项目的有《清代军机处电报档汇编》《清代中南海档案》等。

明清档案编纂工作还主动围绕国家中心工作，深入挖掘明清档案内涵，积极发挥其独特的价值和作用。1997年，为迎接香港回归，编纂了《香港历史问题档案图录》；1999年，为迎接澳门回归，推出了《明清时期澳门问题档案文献汇编》《澳门问题明清珍档荟萃》《明清澳门问题皇宫珍档》等系列成果；围绕台湾问题，编纂了大型出版项目《明清宫藏台湾档案汇编》；围绕纪念辛亥革命100周年，推出了"十二五"国家重点出版规划项目《清宫辛亥革命档案汇编》等。

根据选题查找与选定档案材料是一项繁难细致的工作，也是关系

《明清时期澳门问题档案文献汇编》

《清宫辛亥革命档案汇编》项目签约仪式

《清宫辛亥革命档案汇编》

《明清宫藏台湾档案汇编》

到编纂质量高低的关键环节。由于档案史料浩繁芜杂,且存放分散、线索隐显不一,因而搜集、查找需要尽可能全面,以"宁多勿漏"为原则。尔后,再经过初选、复选、选定,去粗取精,由博及约,渐次精当,最终使入选档案紧扣选题。

　　选题确定后,要对档案内容进行排印或影印加工。或对档案原文进行转录、标点、校勘等文字加工;或依照档案原貌进行拍照、扫描、图像处理等数字加工。再通过为档案文件拟写标题的方式,合理概括、

课题组进行项目研讨

《清宫恭王府档案总汇》

准确揭示档案文件的内容信息，为编制全书目录打下基础。

然后，根据所收档案的具体情况及编纂要求，对档案加以分类编排，确定其编纂体例，使入选的档案史料有序化，成为系统的有机整体。最后，再对全书文字和图像进行多次审核，对版式、封面设计和校样等进行反复校对，以确保最终的出版质量。除此之外，档案编纂工作一般还会涉及各类辅文材料的编写，如注释、按语、序言、备考、插图、年表和凡例等。

当然，提到明清档案编纂工作，还有不得不说的《历史档案》这块"金牌阵地"。创刊35年来，《历史档案》始终坚持公布明清档案文献，刊发明清史学论文，探讨明清档案业务，打造了一个兼顾资

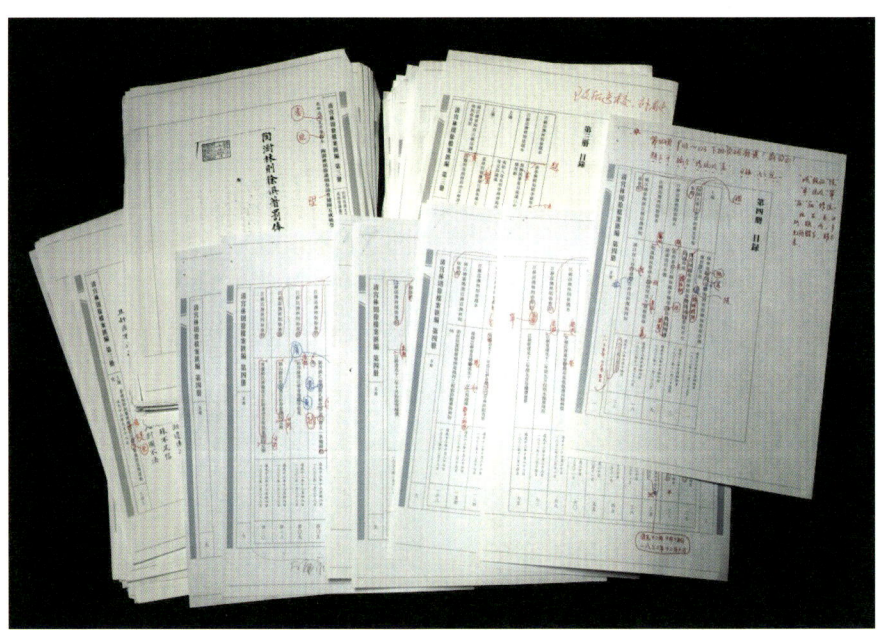

审校中的《清宫林则徐档案汇编》稿件

《历史档案》

料性、学术性和知识性的学术季刊。截至2015年底,已出版140期,刊发档案史料748组1400余万字,学术论文2700余篇1700余万字,每期发行量6000余册。先后被评为国家新闻出版总署中国期刊方阵"双效期刊"、全国中文历史类核心期刊、《中文社会科学引文索引》(CSSCI)来源期刊和《中国学术期刊综合评价数据库》来源期刊。2015年,在"最受海外机构欢迎的中文报刊"评比中跻身前50名的行列。

一史馆的明清档案编纂工作,自1925年文献馆时期开始,历经几代档案人的接续传承,截至2015年,已有236种3531册档案史料出版发行,成为各大图书馆的重要典藏,是历史研究者的可靠资料,更是历史文化走近社会生活的独特载体。

明清档案工作掠影（六）
——信息化工作

胡芳芳

随着电子技术的飞速发展，计算机网络与存储技术给历史档案的信息化工作带来了新的机遇与挑战。中国第一历史档案馆自2010年开始档案整理和数字化以来，我馆内的电子档案数量剧增，截止到2016年7月底，我馆数据存储总量达到5.1PB。

一史馆信息化建设可以分为五个阶段：1985年为信息化工作的起步阶段；1991年为目录数字化阶段；2001年为缩微胶片数字化的开始，数字资源在局域网内使用阶段；2010年数字化全面快速发展阶段；2016年开始进入服务大众互联网阶段。

自2010年开始档案整理和数字化以来，一史馆的电子档案数量剧增，在《一史馆年度数据量变化图》中可以清晰看到，一史馆自2011年至2016年7月底的年度数据量变化。截至2016年7月底，我馆数据存储总量达到5.1PB。

随着档案整理及数字化项目的大力开展，基础环境不断完善，一史馆信息化基础环境在规模上有了扩大，在架构上进行了优化，在性能和安全水平上也有了很大提高。依据实际情况，网络处搭建了硬件平台、软件平台和数据中心。

一史馆现有各类机房8个，其中中心机房1个、存储备份机房2个、备用电源机房1个、网络机房4个。中心机房存放我馆局域网核心交换机及部分接入交换机、光纤交换机、服务器及磁盘阵列等；存储备份机房存放磁盘阵列及下电停用的老旧设备以及磁带库设备；备用电池机房存放 UPS 电池柜；网络机房存放接入交换机。馆外还有 3 个机房，实现了对数据的异地备份。

中心机房局部图

当前一史馆共有存储设备 8 套，SAN 网络交换机 4 台，迁移存储 1 套，海量数据离线存储设备 1 套，服务器 30 余台。所有设备通过 IP 网，SAN 网实现了馆内数据的流通。为确保网络安全，所有接入局域网的计算机均安装了主机监控与审计系统，并通过专业杀毒软件进行病毒查杀与防御。

软件平台搭建上，实现了档案信息化系统平台软件建设与运维管理，电子数据组织与维护服务管理。当前我馆目前主要使用如下信息系统：档案信息化管理平台软件，全文数字化检索系统，归档备份软件系统及互联网站系统。

档案信息化管理平台。该平台已开发了5个支撑平台、4项Web服务、5个业务子系统、6个工具软件，采用"物理集中、逻辑分离"的设计思路，设计不同的用户和表空间，搭建了6个数据库，形成了完整的数据安全解决方案，保证数据安全可靠。

全文数字化检索系统。该系统是基于馆藏档案开发的全文检索软件，包括清实录、清会典、军机处上谕档等产品。目前，本馆开发的档案文献发布系统及古籍浏览器已集成在档案信息化管理平台的古籍档案检索系统中，可通过古籍浏览器进行全文检索。

一史馆部分存储设备图

一史馆部分机房网络走线图

归档备份软件系统。我馆通过备份软件提供的强大数据备份和存储资源管理功能,满足馆内档案信息化项目生成的成品数据备份、恢复测试、离线磁带库资源管理、磁带出入库等需求,另外对馆内在线数据库提供离线备份保护。

另外,通过门户网站与微信公众号,向社会发布信息,为公众提

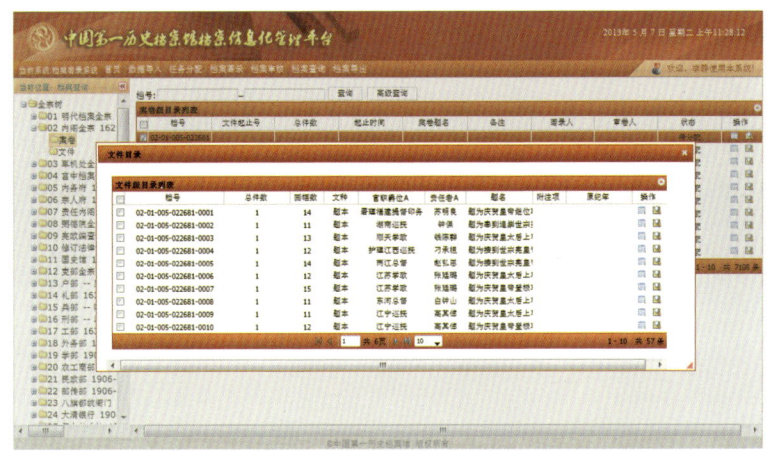

一史馆档案信息化管理平台

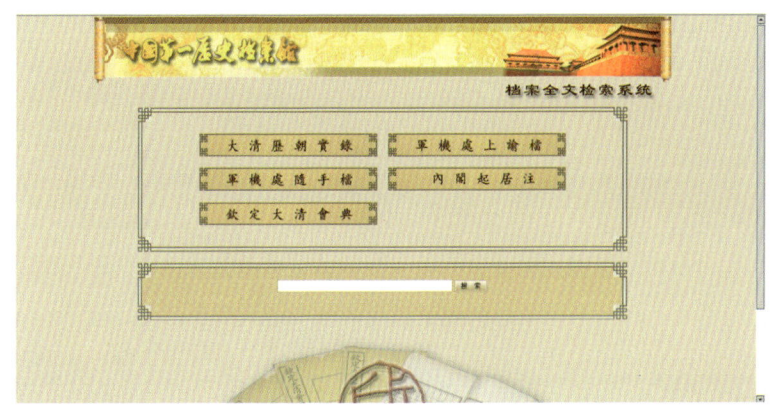

一史馆全文数字化检索系统

供服务，开启社会公众了解一史馆的新窗口。

档案信息化工作既需要对档案的了解，又需要具有前沿的互联网视野，深入理解档案的数据保护和挖掘等综合知识和经验的积累。经过20多年的发展，一史馆的信息化工作取得突飞猛进的发展。今后，一史馆将继续努力，做好信息化服务。

明清档案工作掠影（七）
——满文档案工作

李 刚

在中国第一历史档案馆所藏档案中，200余万件的满文档案独树一帜，是打开清史研究大门不可或缺的钥匙。多年来，一史馆满文档案工作的开展和满文人才的培养，对清史研究至关重要。

满文档案整理

满文档案整理工作属于档案的基础性工作，传承已久。满文档案整理任务重、数量大、涉及档案种类多，因满文语言的特殊性，满文档案工作无外力可借，全部依靠一史馆满文专业人员完成。

2011年至2016年，满文档案进入大规模整理阶段，大体分为三步实施：

（一）前期准备。为保证整理工作顺利开展，要进行深入细致的调研，撰写调研摸底报告、整理方案，遵照程序报请立项。

（二）工作开展。满文档案整理工作过程可概括为"七个环节"：提调档案、分配任务、档案整理、质量检查、成果移交、档案消毒、归还库房，各环节环环相扣。其中档案整理是打破原来的案卷，区分类项后，按时间重新分件组卷，故该环节又可细分为区分类别、分件装袋、排列顺序、组卷装盒、编写档号、采集信息几个流程。

满文档案整理启动仪式

入库调研

满文档案整理工作场景

（三）收尾结项。项目完成后，安排专人整合数据、撰写整理编目说明和满文档案简介、编制目录，并提请验收。

五年来，一史馆整理编制满文档案目录达270余册。

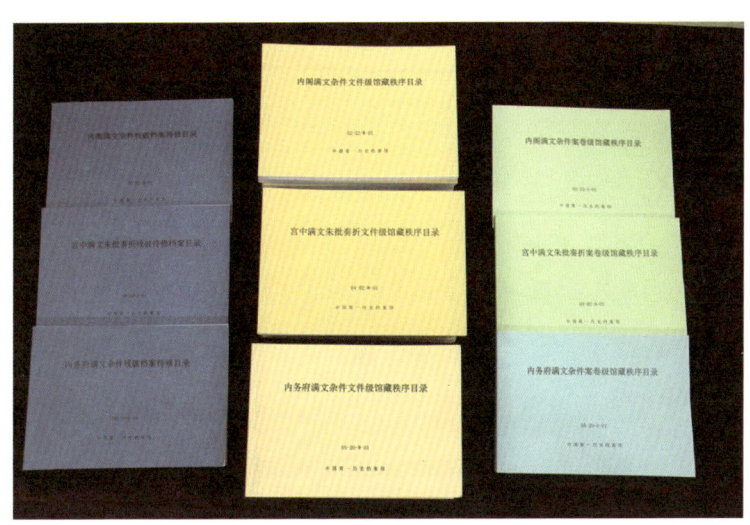

满文档案部分目录成果

满文档案整理坚持"安全为重，质量为本，进度为上"，其间未发生任何安全事故，保质保量推进。

2011年4月至2016年8月，完成整理满文档案64万余件，涉及内阁、军机处、宫中、内务府、宗人府、理藩部、宁古塔副都统衙门档等10个全宗。整理除完成预定计划目标58万件外，还启动了计划外的过渡库满文档案及卓索图盟扎萨克衙门蒙文档案整理，相互工作仍在持续开展。

整理后的满文档案

满文档案著录

著录工作可生成方便、快捷和准确的检索目录，为利用和编研档案奠定基础。

自2014年起，满文档案著录工作在集中精力完成整理项目同时，抽调人员，启动军机处满文上谕档、议复档、寄信档等档案的著录项目，利用馆网络平台和档案扫描图像，通过计算机进行规范和标准化著录，为大规模开展电子著录工作积累经验。到2016年8月底，已完成著录7.3万余条，其中军机处满文上谕档4.5万余条已全部完成著录，准备提供利用。

截至目前，一史馆已完成军机处满文录副奏折和内阁满文题本的

满文档案著录工作场景

标准化著录，又结合编辑出版项目完成清代内阁雍正朝吏、户两科史书及珲春副都统衙门档案的著录，合计约32.7万条。但仍有大量满文档案待著录，著录工作将成为满文档案工作很长时期内最主要的任务。

满文档案编译

长期以来，利用满文档案进行清史等方面研究的需求十分迫切，故而满文档案的编译出版很受欢迎。1980年至2010年间，满文专业人员曾编译出版一批在国内外影响较大的史料及目录，如《满文老档》《康熙朝满文朱批奏折全译》《雍正朝满文朱批奏折全译》《清代边疆满文档案目录》《珲春副都统衙门档》《雍正朝内阁六科史书·吏科》《内阁藏本满文老档》《清朝前期理藩院满蒙文题本》等，计30种540余册。

2011年以来，一史馆又陆续出版满文档案出版物4种309册，其

《乾隆朝满文寄信档译编》

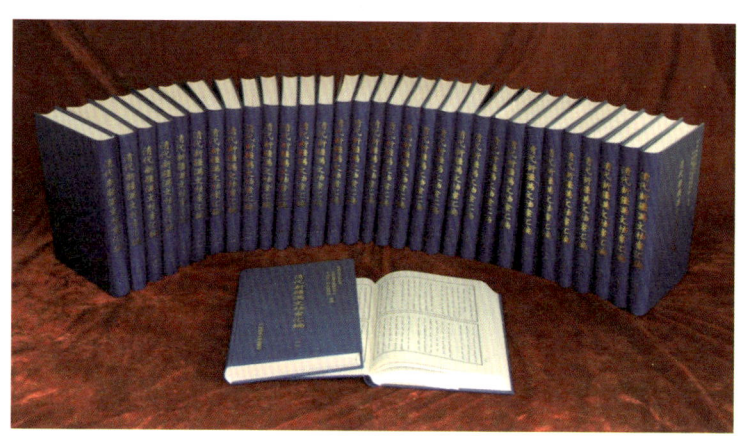

《清代新疆满文档案汇编》

中《清代新疆满文档案汇编》为满文原件编辑出版，《乾隆朝满文寄信档译编》为满文原件与汉译文合集出版，《清代东归和布克赛尔土尔扈特满文档案全译》《清初西洋传教士满文档案译本》为单纯汉译文编辑出版。这些满文史料形式多样，数量可观，内容丰富，系统可靠，是开展研究不可多得的第一手材料，在国内外颇有影响。

满文档案提供利用

满文档案经过整理著录和数字化后，可面向公众提供利用。截至本文完成时为止，内阁满文题本及满文录副奏折著录数据和图像已实现挂接，满文题本著录数据8万余条，扫描图像119万余幅；满文录副奏折著录数据15.8万余条，胶转数图像85.9万幅。这些档案开放后，受到了利用者好评。

一史馆除了继续做好满文档案的各项基础业务工作之外，自2014年起，又将满文档案图像识别软件研发和满文档案全文检索数据库建设等工作陆续提上日程。这些探索性、开拓性的工作，对满文档案的整理、著录、编目、翻译、出版和利用都将产生更为深远的影响，并将持续推进档案的信息化水平。

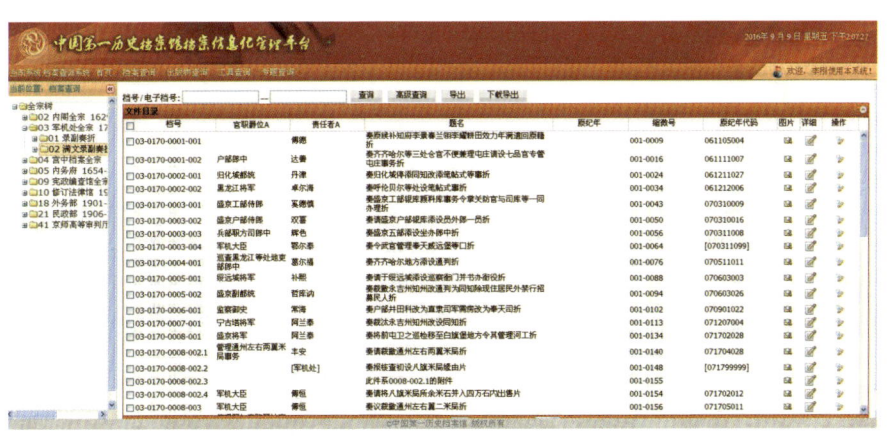

一史馆档案信息化管理平台中的满文录副奏折利用界面

明清档案工作掠影（八）
——档案利用工作

王金龙

中国第一历史档案馆的档案利用工作是以广大利用者为服务对象，以馆藏档案信息资源为服务内容，采用多种有效方式，及时、准确地满足用户对档案信息的需求。开展档案利用工作，同时也是对馆藏档案资源和档案工作最有效最实际的宣传。

1932年，故宫文献馆（一史馆前身）订立《档案借抄规则》，标志着明清档案正式提供社会利用。时间过去80余载，档案利用工作随着时代的变迁，不断改进。近年来，一史馆的明清档案正在逐步实现数字化，利用理念、利用方式和利用范围也随之不断更新。

利用者在平台上查阅档案

利用咨询实现数字化

明清档案既是档案,也是文物,每一件都是独一无二、不可替代的。为保护好这些国家珍贵的文化遗产,也为实现更便捷的利用检索,自 2008 年以来,一史馆利用工作实现数字化,利用者可借助一史馆的信息化管理平台进行更为便捷的查档。据不完全统计,截至目前,一史馆接待国内外利用者累计已超过 20 万人次,相信未来会有更多的人走进档案馆。

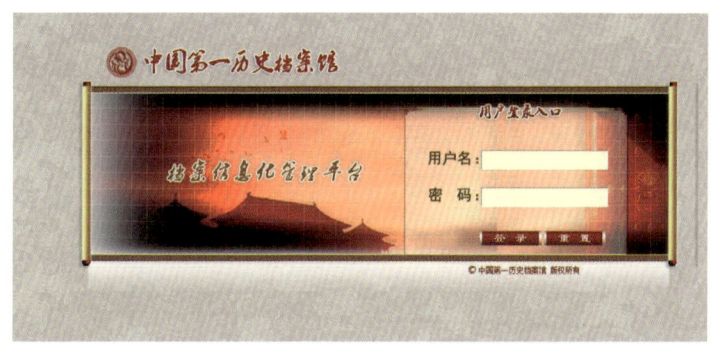

一史馆信息化管理平台界面

利用服务方式多元化

利用者可以在馆内查阅 210 余万件数字化的档案内容(可参阅一史馆微信公众号"皇史宬"的"了解更多"栏目);可以全文检索清实录、清会典及军机处上谕档等档案文献;利用缩微胶片查阅清代谱牒档案、顺天府档案、黑龙江将军衙门档案等专题档案;还有一批馆藏档案编纂出版成果,供开架阅览。随着业务体系不断完善,一史馆

开架阅览的出版物

还将致力于为来馆的利用者和馆内人员提供更加优质、全面的图书资料方面的咨询、借阅服务。

利用者还可在一史馆官方网站（www.lsdag.com）上查阅档案目录，现已有75万余条清代奏折档案目录可以在线提供利用，并会持续发布。此

一史馆官方网站首页

外，一史馆还接受电话和邮件的初步咨询，作为读者前来查档的指引。

宣传展览形式多样化

在开放档案利用的同时，为了让社会更加了解明清档案，2016年3月16日，一史馆微信公众号"皇史宬"开通。该公众号以介绍馆藏珍档、档案文书和明清档案工作为主，采用"以档说档"的形式，推

为利用者提供的《查档指南》和档案介绍

出公众喜闻乐见的档案内容，讲述档案背后的历史故事。每周三固定推送的原创文章，受到越来越多的读者关注和点赞。一史馆还通过合作举办专题展览形式，让明清档案走出皇宫，走进大众生活。近年，先后在深圳市档案馆、珠海市档案馆、广州市番禺区档案馆举办"清宫秘藏档案珍品展"。这些展览以历史档案的独特价值吸引公众的关注。同时，在馆内长期陈列明清档案文书展，吸引了来馆学习交流的同行。未来，伴随新馆建设的启动，近万平方米的展厅，给举办更多明清档案大型展览提供了广阔的空间。

开放档案加快速度

开放档案是新时期党和国家赋予档案馆的一项重要而艰巨的任务，又是档案馆工作发展的需要。目前，一史馆档案开放鉴定工作正在加快速度，以期扩大档案开放范围，满足更广泛的利用需求。2011年至2016年，一史馆先后开放了军机处满文录副奏折、内务府奏销档、内阁吏科题本、宪政编查馆、修订法律馆、京师高等审判厅－检查厅、内阁满文题本、内阁工科题本等档案65万余件，约占开放总量的1/3。并正在探索新的服务方式，希望在不久的将来能够实现互联网远程服务。

利用成果造福社会

综观多年来明清档案的利用情况，在四个方面成果突出：

（一）学术研究。明清档案是一代代学人取之不尽、用之不竭的"学术金矿"，到馆查阅档案的著名学人，早期有胡适、福开森、费正清、郑天挺、范文澜、周汝昌等，晚近有孔祥吉、金庸、孔飞力（Alden Kuhn）、阎崇年、茅海建、白彬菊（Beatrice Bartlett）等，他们的许多著述都是在明清档案第一手史料的佐证下完成的。

早期利用者查阅档案

学者们利用明清档案写出的部分著作

（二）编史修志。数十年间，各地地方志编修大量采用明清档案。2004 年启动的清史编纂工程，一史馆以合作项目的方式主动提供所需档案，还有《教育志》《兵志》《驻防将军都统大臣表》等 50 多个清史编纂项目组到馆利用档案，摘录复制档案达 2 万余件。

（三）探寻家史。"参天之木，必有其根；环山之水，必有其源。"追本溯源，寻根问祖是中华民族的传统。出于厘清家族谱系的需要，每年都有许多利用者前来查阅与自己家族有关的档案。

（四）文化建设。明清档案在推动各地方、各部门、各行业文化建设中也发挥着独特作用。在景山公园恢复寿皇殿原貌时，有关档案为拟定恢复计划提供了可靠依据。故宫博物院编纂《明清建筑大事编年》也大量使用了建筑工程方面的档案。各地档案馆、博物馆、展览馆和纪念馆为举办各种主题展览，前来查档者络绎不绝。

档案利用工作就是让更多的读者享受到更为广泛、贴心的服务，这是一史馆利用工作者的共同心愿，也是全体一史馆人的共同心愿。一史馆欢迎您的到来。

明清档案工作掠影（九）
——安全保卫工作

王玉田

安全工作是档案事业发展的基石。多年来，中国第一历史档案馆始终把确保档案及皇史宬古建安全放在首位，从档案实体、古建及楼宇、水火电、安全设施设备及人员等各个方面实施严格管理，逐步建立了人防、物防、技防相结合的综合防范体系，确保了明清档案和皇史宬古建安全。

健全安全管理制度

为使安全工作有章可循、有规可依，先后制定档案安全工作细则、安全检查、监控值班、人员进出、用火用电、设施设备、楼宇及古建安全管理等制度，编制防火、供暖防水、防汛等应急预案。建立沟通协调、宣传教育、责任倒查、隐患整改等工作机制。

（一）按责任负责。每一位职工都要签署责任书，强化人人都是安全员、档案安全人人有责的意识。依据规章制度，按照责任要求，督促各类人员熟悉职责，各负其责，尽职尽责。

（二）按层次负责。实行能级管理，按级负责，一级抓一级，一级对一级负责。

（三）按部门负责。按照行政、业务部门责任分工，归口抓、分类管。

（四）按分工负责。各级主要领导负全责，分管领导负主责，具体工作专人负责，按照管理责任目标，把安全工作明确到具体人，做到处处有人抓，事事有人管。

各项规章制度

馆领导检查档案安全

强化工区安全监管

为保证档案整理及数字化工作中的档案安全，一史馆采取有力措施，加大人员管理、档案流转、场地管控的力度。在人员管理上，为纯洁档案工作人员队伍，严格落实外包公司及主管部门初审、安保部门复审、派出所网审的三级政审制度。人员进入工区采取持证、人脸通系统识别、指纹备案相结合的方法管理；在档案流转过程中采取全程视频监控、进出工区登记等措施；在场地管理上，安全巡查员每2小时巡查1次，安全监督员全时、全程盯守，外包公司安全员不间断

档案工区安全巡查

巡视；各类设备更新和报废由采购、使用、安保部门三方到场检查确认，登记封箱张贴封条方可运出。

加强火灾防控

建立微型消防站，组建志愿消防队，加强消防安全"四个能力"建设，采取走出去、请进来等形式，组织进行安全基本常识、设施装备操作、疏散演练、应急处置等业务培训。采取"职工自查、部门复查、安保处专查、多部门联查、馆领导带队全面查"的方式进行火灾隐患排查，清理整治各类库房及疏散通道可燃物。对工作使用的化学试剂及易燃易爆物品进行登记造册，统一管理，过期药剂及危险品送专业机构销毁。

应急疏散演练

志愿消防员训练

重点加强水患治理

针对馆舍建筑陈旧、汛期漏雨严重，供水管线老化、漏水风险较高的实际隐患，制定防汛及供暖期间防水应急流程，对邻近档案库房的暖气设施及管线全部更新改造，重点部位布设防水报警监测设施，并挖凿泄水孔；楼宇周围及阁楼布置防汛设备，汛期加大巡防力度。

特大暴雨后清理电梯井道积水

注重古建保护

依据国家相关法规，一史馆建立健全皇史宬古建经常性保养维护、抢险加固、重点修缮、消防安全、应急处置等机制。以发宣传手册和张贴挂图等形式,向周边居民宣传古建保护知识。定期进行保养维护,清理和整治院内及周界环境。配置防汛沙包及排涝水泵,安装和检测火灾报警、消防供水、防雷等设施,升级视频监控系统,达到无死角、全覆盖。加强安全值班,古建及周界全天候不间断巡查。

保障机电设备安全运行

注重机电设备日常的保养维护,改造空调冷却塔及工区送风设施,专人负责库房空调温湿度调控,使库房温湿度控制在适合档案存放的范围。库房照明全部更换为冷光源,加装办公楼应急照明及疏散设施,改造数据传输机房及消防设施供电线路,实行人员下班及节假日全馆断电,确保用电安全。

安全工作永远在路上。安保部门将不断增强忧患意识和责任意识,以最坚决的态度、最严格的制度、最有力的措施、最有效的手段,全心全意做好明清档案及皇史宬的安全工作。

皇史宬大殿顶部日常维护

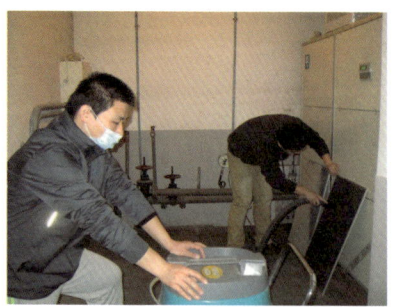
中央空调日常保养

明清档案工作掠影（十）
——清宫珍档展览 走进当代生活

谢小华

2016年11月12日，由中国第一历史档案馆主办、深圳市档案馆承办的"清宫秘藏档案珍品展"在深圳市档案中心隆重揭幕。本次展览展期4个月，面向社会公众免费开放。明清档案又一次以展览的形式走出深宫，走进当代百姓生活。

本次展览历经精心筹划。2014年8月，两馆正式达成办展意向。两年多来，在双方的共同努力下，各项工作进展顺利。秘藏清宫的百

展厅一览

展厅一览

余件档案文书珍品,终于跨越了大半个中国,呈现在深圳各界朋友的眼前。

展览秉持宣传档案精品、传承历史文化的理念,以一史馆陈列室常设档案文书展览为基础,结合实际新增并调整了部分内容,最终确立8个组成部分,分别是:皇帝专用文书、臣工题奏文书、衙署往来文书、专门文书举要、内府编修典籍、明清舆图照片、皇家生活档案和清宫档案中的深圳。

展品精心搭配,尽量照应多方需求。其中有列入《中国档案文献遗产》名录的庄妃册文、清代玉牒、清代科举金榜等国家级珍贵档案,亦有鲜为人知的雍正帝朱批履历排单、清末四码电文、清帝用药底簿、清代戏单等记录珍贵历史细节的档案文书。

展出的雍正朝履历排单

而一批记载深圳历史的清宫档案，同样受到观众们的广泛关注。档案中展示了以赖恩爵为代表的赖氏家族的光辉业绩，记录了"三洲田起义"等重要历史事件，其中一件咸丰六年（1856年）两广总督叶名琛所上的题本中，明确出现"深圳墟"之名。

这次展览，是历史档案走进当代生活的有益尝试。一场展览，浓缩了历史、档案、档案中的历史，凝结着厚重的时空记忆。当它呈现在深圳这座充满勃勃生机的年轻城市，会带给人们怎样的感受？恰如主办方致辞中所言："就像面朝奔腾的江河抛掷出几枚石子，希望它能带给大家一些思考、几分沉淀、几许回味、一丝启迪。"

开展3天以来，已有数百人前来观展，《深圳特区报》《深圳商报》《晶报》、大粤网、中国经济导报网、凤凰资讯等多家媒体对展览进行了报道。

这次展览，也是共享档案资源、创新服务方式的有益尝试。一史馆始终秉持开放的态度，不余遗力推动清宫档案以展览的形式走进人们的日常生活。以往，曾成功举办"辛亥革命档案史料展""清宫秘

展厅一览

档真迹展""清帝政务活动展""清宫佛事活动秘藏档案展""清季外交文书档案展""清代中琉关系档案史料特别展""明清澳门历史文献档案展"等数十项专题展览,明清珍档不仅走出了北京,也曾走出国门,让全社会得以一睹明清档案风采,引发各领域的文化思考和探索。在档案事业走向创新发展、协调发展、绿色发展、开放发展、共享发展的今天,一史馆仍将着力推进馆际档案资源共享,继续加强各方合作,不断创新服务方式,携手共建美好未来。